LIZ GREENE

Die Dame des Puppenmeisters

Ein astrologischer Roman

Aus dem Englischen übertragen
von Ilse Wint

GOLDMANN VERLAG

Originaltitel: The Puppet Master
Originalverlag: Routledge & Kegan Paul Ltd., London

Umwelthinweis:
Alle bedruckten Materialien
dieses Taschenbuches
sind chlorfrei und umweltfreundlich.
Das Papier enthält bereits Recycling-Anteile.

Der Goldmann Verlag
ist ein Unternehmen der Verlagsgruppe Bertelsmann

Made in Germany · 1. Auflage · 9/92
Genehmigte Taschenbuchausgabe

Umschlaggestaltung: Design Team München
Umschlagillustration: Peter Craemer
Druck: Elsnerdruck, Berlin
Verlagsnummer: 12183
Lektorat und Nachwort: Sylvia Luetjohann
DvW · Herstellung: Ludwig Weidenbeck
ISBN 3-442-12183-3

Für Gerhard und Hella

For through the Janus of a joke
The candid psychopompos spoke.

W. H. Auden

Nihil potest homo intelligere sine phantasmate.

Thomas von Aquin

Aber er ist mitten unter Euch,
und Ihr erkennt ihn nicht.

Johannes, I.26

TEIL I

YOLANDE

DIE SCHWARZE MADONNA
1429-1445

Da wir begonnen haben, mit den Göttern Zwiesprache zu halten, wisse, o Asklepios, wie mächtig der Mensch sein kann. Denn geradeso wie der Vater, der Herr des Universums, Götter erschafft, so erschafft, in derselben Weise, das sterbliche Erdenwesen selbst auch Götter. So wie Gott bestimmt hat, daß die Seele des Menschen nach seinem Bild geschaffen werde, eben so erschafft der Mensch auf Erden Götter nach seinem Bild.

Du bist erstaunt, o Asklepios? Bist denn auch Du ein Ungläubiger wie alle anderen?

Corpus Hermeticum

1

Dreckklumpen flogen und Pferdekot spritzte, als das verrückte Bauernmädchen mit einem kleinen Trupp Bewaffneter in den Schloßhof geritten kam. Der jüngste Stallbursche hatte es gesehen und flüsterte die Neuigkeit dem Konditor aus der Schloßküche zu. Der Konditor erzählte sie dem Kammerdiener des alten Duc de Lorraine, und der Kammerdiener gab sie Didier weiter, dem Zwerg des Duc de Bar. Vom Zwerg wurde sie der Kinderfrau übermittelt. Von der Kinderfrau, die man Théophanie rief, wehte sie, noch weniger vernehmbar als das gehauchte Murmeln eines reuigen Ave Maria, zu Jehan, der fünf Jahre alt war und kein Geringerer als der Sohn des Duc de Bar. Die Reise durch das Labyrinth fand schließlich ihr Ende im Ohr von Yolande, seiner dreijährigen Schwester.

Vom frostbereiften Fensterbrett ihres Zimmers hoch oben beobachteten die Kinder, wie die Männer absaßen und den Schmutz von ihren Kettenpanzern und ihren Beinschienen klopften. Sie sahen ihren Vater in seinem bespritzten Kettenhemd und dem blauseidenen, mit weißen Lilien bestickten Mantel. Sein fellbesetzter Umhang war voller Flecke. Die Frau sahen sie nur kurz, denn sie wurde von zwei Bewaffneten eilig ins Innere geführt. Eine kalte Sonne erhellte den Morast aus Schlamm und Abfällen, der von eisenbeschlagenen Pferdehufen aufgewühlt wurde, nur spärlich, und in ihrem Schein sahen die steinernen Doppeltürme der Porte de la Craffe aus wie mit Zucker bestreut. In der Ferne ätzte Rauch schwarze Flecken gegen einen weißen, wie eine Haut gespannten Himmel. Wieder brannte eine Stadt.

Jehan wartete, bis Théophanie in ihrem Stuhl eingeschlafen war. Sie nickte nach dem Treppensteigen immer ein. Gerade war sie unten gewesen und mit der Gabe des Zwergs wieder heraufgekommen. Die Einhörner und die Pfauen und die

Zentauren, die sein Vater liebevoll an die Wände des Kinderzimmers gemalt hatte, beobachteten ihn mit Wohlwollen, eingefangen in Tempera und Gips. Er zwickte seine Schwester und plusterte sich auf.

»Ich gehe zum Wandteppich«, flüsterte er.

Aus weit geöffneten Augen warf sie ihm einen dunklen Blick zu, aus Augen, die er manchmal nicht wiedererkannte. Normalerweise nahm man eine Schwester als etwas Selbstverständliches hin. Eine Zeitlang konnte man Schwestern wunderbar tyrannisieren; dann wurden sie mit irgendwelchen Fürsten verheiratet, und man sah sie niemals wieder. Das war der Lauf der Welt. Jehan hatte noch eine Schwester; sie hieß Marguerite. Doch die war noch ein Baby, und man durfte sie nicht zwicken. Er hatte auch zwei ältere Halbschwestern, die dem Kinderzimmer manchmal einen Besuch abstatteten: Sie waren Bastarde seines Vaters. Sie wirkten merkwürdig, halb schon Frauen, und neckten ihn auf eine Art, die er nicht verstand.

Aber Yolande, Yolande war anders. Vielleicht waren es ihre Farben. Das lichtblonde Haar, die hellblauen Augen und die blasse, zarte Haut, die der Familie eigen waren, hatten sie ausgespart. Bei jedem von ihnen schien die Vererbung ganz sicher gewesen zu sein, als sie ihn mit Gold, Azurblau und Elfenbein bedachte — um dieses Kind aber hatte sie verwirrt einen Bogen gemacht. Sie hieß nach ihrer Großmutter, der sie ähnlich war. Grandmère Yolande war die Tochter des verstorbenen Königs von Aragon. Auch sie hatte schwarzes, kräftiges Haar und eine fahle, teigige Haut; und die undurchdringlichen Augen, die Jehan manchmal nicht wiedererkannte.

»Wenn Du zu feige bist«, verkündete er großspurig, »dann gehe ich allein.«

Ohne ein Wort wand sie sich aus ihrem feinen bestickten Hemd und streifte einen Dienerkittel aus schwarzem Leinen über. Barfuß huschten sie vom Kinderzimmer lautlos durch kalte, dunkle, unbenutzte Räume, in denen Porträts früherer lothringischer Herzöge einander drohend und finster anstarrten; geheime, staubbedeckte Treppen hinunter, auf denen es von Spinnen nur so wimmelte; durch schattenerfüllte Vorratsräume, wo alte Gobelins und Banner traurig vor sich hinmoderten. Hinter dem Sitz des Herzogs im großen Saal lockte der Wandteppich. Dort hielt ihr Großvater Charles, zwanzigster Duc de Lorraine, Audienz.

Der alte Herzog hatte den Teppich von Philippe le Bon, Duc de Bourgogne, bekommen. Dieses Kleinod war eine von Philippes vielen Belohnungen für die Loyalität seines listigen Nachbarn für die angelsächsisch-burgundische Allianz gegen die Franzosen, die durch einen Vertrag bestätigt worden war. Zusammen mit dem Teppich waren geschnitzte Truhen, angefüllt mit frischgeprägten Goldkronen eingetroffen, die Philippes langnasiges Profil zeigten, und ein Dutzend ausgebildeter Streitrosse aus den herzoglichen Ställen in Dijon. Kurz darauf hatte der alte Charles de Lorraine seine älteste Tochter und Erbin unerklärlicherweise mit einem französischen Fürsten verheiratet: mit dem jungen Duc de Bar.

Auf der seidigen Oberfläche des Teppichs schwang ein weißgekleideter Engel eine Sichel und hielt einem kleinen Teufel eine Weintraube hin. Auf diese Weise sollte wohl das siegreiche Burgund, wenn man dem wichtigtuerischen Philippe folgte, den eroberten Gebieten seine Großmut bekunden. Zu Ehren seines Vaters hatte Jehan mit seinem kleinen Messer genau über den Trauben eine schmale Öffnung geschnitten. Für seine Schwester hatte er weiter unten in die gefalteten Hände des Engels ein Loch geschlitzt. Er war sicher, daß es dem Engel nichts ausmachte.

Den alten Herzog plagte seine Gicht. Durch die winzigen Fenster oben in der Mauer sickerte nur spärliches Sonnenlicht. Das Schilf, das auf dem weißen Steinboden ausgestreut war, stank nach Hundepisse und angefressenen Rehknochen unbestimmbaren Alters. Der alte Mann reinigte die wenigen Zähne, die er noch hatte, mit einem Zahnstocher aus gehämmertem Silber: auch dies ein Geschenk von Philippe de Bourgogne. Die sechzehnjährige Mätresse des Herzogs, Tochter eines Gemüsehändlers, räkelte sich auf einem gestickten Kissen zu seinen Füßen. Ihr schwarzes Haar trug sie offen wie eine Jungfrau; während sie Samenfäden aus den herzoglichen Kleidern zupfte, erzählte sie flüsternd Witze. An den Wänden waren Höflinge und Ritter, Priester und Sekretäre und die Gesandten aus Burgund und Aragon, aus Frankreich und Neapel, aus Florenz und Rom leblos und stumm, wie der Teufel auf dem Wandteppich, in sich zusammengesunken. Der Zwerk Didier sang im Schatten leise vor sich hin und kicherte.

Der Herold verneigte sich einmal und kündigte Monseigneur René d'Anjou, Duc de Bar, Comte de Guise, Marquis de Pont-à-Mousson an.

Yolande, die durch ihre verschränkten Finger schielte, war von der traumgleichen Erscheinung ihres Vaters ganz gefangen, der in seinem befleckten Umhang und seinem blauseidenen Mantel schlank und aufrecht den Saal betrat. Sein Haar, fein und hell und vom Helm, den er trug, zerzaust, schien ihr wie eine Strahlenkrone; für sie war er der schönste Mann auf der Welt. Seine Augen waren tiefblau. Jehans Schultern strafften sich in kindlichem Stolz. Jeder wußte es, der gerade einundzwanzig Jahre alte Duc de Bar war der tapferste Krieger auf der ganzen Erde. Er schlug Schlachten, seit er zwölf war. Jehan war sicher, daß in Wahrheit der geflügelte Engel der Vater seines Vaters war und nicht, wie es der Gesandte aus Burgund angedeutet hatte, Philippe le Bon.

Der Duc de Bar schlenderte mit der einstudierten Gemächlichkeit eines Schauspielers auf den herzoglichen Thron zu und flüsterte dem alten Mann etwas ins Ohr. Wie gewöhnlich umgab ihn sein Lieblingsduft, ein Rosenparfum, der in der säuerlichen Luft fast greifbar zu sein schien. Charles de Lorraine nahm den Zahnstocher aus dem Mund. Die Gemüsehändlerstochter gab dem Duc de Bar einen deutlichen Wink.

Zwei Wachen brachten eine zerlumpte Frau herein.

»Théophanie sagt, sie ist ganz und gar verrückt«, zischte Jehan seiner Schwester zu. »Sie ist bloß ein Bauernmädchen von einem kleinen Hof. Sie hat Visionen und hört Stimmen und kann hexen. Ich finde, man sollte sie verbrennen.«

Die Frau trug ein schmutziges rotes Kleid und eine schäbige wollene Jacke. Sie hatte den ganzen Tag in Regen und betäubender Kälte auf dem Pferd gesessen. An ihren Füßen klebten gelbe Dreckklumpen. Ihr Haar war schwarz wie das Yolandes und hing in unordentlichen Flechten auf ihrem Rücken herab. Man konnte nicht sagen, wie alt sie war.

Yolande starrte sie verzückt an. Sie hatte in stillen Neumondnächten, wenn die Wolken finster an den Sternen vorüberflogen und der Wind vor dem sicheren, heimeligen Fensterbogen des Kinderzimmers um die dunklen Zinnen fuhr, auch Visionen gehabt, und manchmal auch schlechte Träume. Obwohl sie ihre Gedanken nicht hätte in Worte fassen können, war sie doch sicher, daß dies kein gewöhnliches Bauernmädchen war. Sie antwortete Jehan nicht.

Im fahlen Licht wirkte die Haut der Frau sehr braun: So sah Bauernbrut eben aus. Yolande stellte fest, daß die Haut sich straff über hohe, gar nicht bauernähnliche Wangenknochen spannte, über ein widerspenstiges Kinn, das von Zorn sprach, und eine lange, edle Nase. Ihre Augen waren unverhältnismäßig groß und ließen jegliche Unterwürfigkeit vermissen.

»Sie ist noch nicht einmal hübsch«, wisperte Jehan.

Jene Augen, in denen unbekannte silbrige Formen und flüchtige Sonnenräder aus gebrochenem Licht schwammen, schweiften furchtlos durch den Saal. Sie hefteten sich eindringlich auf den Duc de Bar, der ihr kaum merklich zunickte. Sie wanderten weiter zum alten Herzog und waren jetzt voller Verachtung. Ausdruckslos streiften sie die Gemüsehändlerstochter und wandten sich dann ab. Die Geliebte des Herzogs kicherte nervös. Die Höflinge und die Gesandten und die Sekretäre begannen zu flüstern und bekreuzigten sich verstohlen.

Der Duc de Bar erklärte dem alten Mann, daß das Mädchen auf eigenen Wunsch an den Hof gekommen sei. Ihr Dorf lag zwar an der Grenze zu Lothringen, gehörte aber noch zum Herzogtum Bar; daher war er ihr Landesherr und für sie verantwortlich. Sie hatte einen Geleitbrief vom Hauptmann der französischen Garnison in Vaucouleurs bei sich. René d'Anjou sprach von dem großen Mut, den sie bewiesen hatte, als sie durch belagertes Gebiet zog, und übergab dann dem alten Herzog den Brief.

Charles de Lorraine grunzte und schüttelte den Kopf.

»Ich möchte Euch noch sagen, mein edler *beau-père*«, rief der Duc de Bar laut und deutlich, damit jeder im Saal das Folgende verstehen konnte, »daß meine Mutter, die Königin von Aragon, viel von diesem Mädchen gehört hat. Sie empfiehlt Euch dringend, ihm Eure Gunst zu schenken.«

»Die Königin von Aragon — Unser Herr segne sie — mischt sich in alles ein«, knurrte der alte Mann.

»Und dennoch«, sagte der Duc de Bar mit gewinnendem Lächeln und öffnete seine Hände.

Jehan wartete darauf, daß die Frau Anzeichen von Wahnsinn zeigte: Sie könnte ja einen Anfall bekommen, lallen, mit den Augen rollen, loskreischen und Schaum vor dem Mund haben. Nichts dergleichen geschah. Das Mädchen rieb die schmalen Hände, die rot und voller Frostbeulen waren, am schmutzigen Stoff ihres Rocks. Der alte Mann räusperte sich und bettete seine geschwollenen Füße bequemer. Mit kaum verhohlener Ungeduld fragte er sie, was sie von ihm wolle.

Sie atmete tief ein. Zu Jehans Erstaunen konnte sie sich klar ausdrücken, hatte keinen Schaum vor dem Mund und lallte auch nicht. Ihre Stimme war tief, männlich und ein wenig rauh: die Stimme einer jungen Frau. Yolande nickte sich selbst voller Genugtuung zu.

»Ein Pferd«, sagte die junge Frau in dem schmutzigen roten Kleid, »und Euren Schwiegersohn; und ein paar tapfere Männer, die mich nach Frankreich begleiten sollen.«

Der Zwerg Didier sprudelte plötzlich ein eintöniges Lied in die Stille:

Tres haults et puissants Seigneur
Descendez tost, et si venez avant,
La Bergiere le vous mande dire.

Jehan erkannte, daß dies ein paar Zeilen aus Versen seines Vaters waren. Der Zwerg sang ständig etwas aus den Gedichten des Duc de Bar. Im Gegensatz zu den meisten am Hof wußte Yolande instinktiv, daß Didier nicht geistesverwirrt war.

»Es ist zweifellos Deine Angelegenheit, was Du in Frankreich tun willst«, sagte Charles des Lorraine herablassend, aber nicht unfreundlich. »Aber was willst Du mit dem Duc de Bar? Bist Du seine Metze? Was bietest Du dafür? Du sollst geheime Kräfte haben. Kannst Du meine Gicht heilen?«

Die Gemüsehändlerstochter lachte schrill. Ein paar Höflinge lachten auch; es klang hohl und unecht. Röte fleckte die braunen Wangenknochen, aber die Augen der Frau hielten stand.

»Ich werde für Euch beten, Monseigneur.«

»Ich kann für mich selbst beten«, sagte Charles de Lorraine. »Was willst Du?«

»Ich? Ich will nichts. Ich diene Gott und dem König.«

Welchem König? Yolande wunderte sich. Dem englischen? Théophanie hatte gesagt, daß es keinen französischen König gebe. Nur die jämmerliche Kreatur in Chinon, Yolandes Onkel. Aber der war ein Bastard und ungekrönt.

»Dummes Weib«, bellte der alte Herzog. »Geh auf Deinen Bauernhof zurück. Wenn mein Schwiegersohn Dich entjungfert hat, so ist das eine Sache zwischen Dir und ihm. Ich kann Dir kein Pferd überlassen, und Männer schon gar nicht. Falls Du es noch nicht bemerkt haben solltest: England, Frankreich und Burgund führen Krieg miteinander. Was suchst Du wirklich?«

Sie starrte ihn verächtlich an; in ihr rangen Wut, Beschämung und die nötige Ehrerbietung miteinander. Ihr Körper krümmte sich vor Enttäuschung. In den Mundwinkeln des Duc de Bar war ein schwaches, verzweifeltes Lächeln zu sehen. Die Höflinge scharrten mit den Füßen und kicherten. Jehan, der durch die Trauben schielte, fühlte, wie Zorn in ihm aufstieg, denn man hatte die Ehre seiner Mutter besudelt. Sie konnte nicht seines Vaters Metze sein. Sie war nicht einmal hübsch. Yolandes Zorn hatte andere, verworrenere Gründe.

Das Gesicht der Frau hatte eine graue, kränkliche Farbe angenommen. Ihre Stimme zerschnitt das Geflüster wie Jehans Messer mit dem Silbergriff.

»Gebt mir Euren Schwiegersohn und ein Pferd«, wiederholte sie heftig. »Ich werde Frankreichs Feinde zerstreuen und den Dauphin Charles auf den Thron setzen.«

★★★

♏ *... Damals habt Ihr ihn geliebt, Euer Gnaden. Damals, am Anfang, als es endlich Hoffnung zu geben schien. Ihr und alle Eure Diener und Spitzel habt meinen Vater geliebt. Er war Euer Auserwählter, Eure leuchtende Traumgestalt. Sein jung-alter Verstand, befruchtet und liebkost von jedem listenreichen und erleuchteten Geist, der ihn nur lehren konnte, dachte sich den großen glänzenden Plan aus, der Euch bewies, daß er erwählt war, vorherbestimmt, die Menschen zu Gefäßen zu machen.*

Es war ein so einfacher Plan und ein so unglaublicher: In längst begrabenen Sagen herumzustöbern und den Mythos aufzugreifen, den alle schon lange vergessen hatten. Ihn in aller Stille durch den Mund Eurer Diener, den braungekleideten Mönchen, die wie Ameisen ausschwärmten, verbreiten zu lassen — aus den von Wölfen heimgesuchten Wäldern des Nordens über die ausgeplünderten Städte und Felder von Bordeaux und Maine bis zu den erdigen Hügeln der Provence. Vorzubereiten auf die Eine, die kommen wird, durch die Gottes Heilige sprechen, die Jungfrau, die Retterin Frankreichs. Das arme illegitime Kind einer herumhurenden Königin und eines wahnsinnigen Königsbruders zu stehlen, das meine Großmutter in den Wäldern von Lothringen und Bar auf einem Bauernhof versteckt hatte – für den Fall, daß es einmal von Nutzen sein könnte; und das schließlich ohnehin niemand wollte.

So nahm er sie mit, Euer Gnaden. Aus der Weisheit seines großen Plans heraus langte er nach unten, packte sie und nährte sie. Er und meine Großmutter aus Aragon, meine hexengleiche Großmutter, nach der ich benannt bin. Er hegte und pflegte ihre Visionen und ihren Wahnsinn; und im Gefolge der Legenden, die Eure ameisenbraunen Gesandten ausstreuten, brachte er sie der Welt. Die strahlende Jungfrau, die das Feuer des Patriotismus entfachen und Hoffnung wachrufen, die Frankreich befreien und dann wie graue Asche im Winde vergehen sollte. Doch damals habt Ihr ihn geliebt.

Und auch später noch, Euer Gnaden, als sie auf dem Scheiterhaufen verbrannte; und noch danach, als er bei Bulgnéville für sein Herzogtum kämpfte und verlor, als er von seinem Pferd mitgeschleift wurde, die Augen blind vor Blut, und schließlich in die Spinnweben eines burgundischen Kerkers geworfen wurde. Selbst da habt Ihr ihn noch geliebt, obwohl er seine Schlacht wie die Turniere führte, die ihn so begeisterten, wie ein höfisches Schauspiel, ehrenvoll und ohne List. Als er sich aber weigerte, für Euch zu kämpfen, da habt Ihr ihn nicht mehr geliebt. Ich erinnere mich an den Tag, als dies geschah; denn ich stand vor dem Gemach im Dunkel und lauschte. Ich kannte Euch damals nicht, Euer Gnaden. Doch ich erinnere mich an den Tag, an dem ein fremder Mann meinen Vater zum Weinen brachte. Ihr konntet nicht begreifen, daß er auf eine andere Weise kämpfte.

Ich darf Euren Namen nicht nennen. Ich darf nichts von diesen Dingen enthüllen, durch den heiligen Eid, den ich ablegte, als Ihr mich zu Eurer Vollstreckerin bestimmtet. Die Welt wird Euren Namen niemals von meinen Lippen erfahren. Wir, die wir zum inneren Kreis gehören, brechen die Treue nicht. Wir bewahren

Schweigen. Doch Ihr und ich, Euer Gnaden, müssen noch über etwas sprechen, was zwischen uns nicht bereinigt ist. Kein Gelübde gegenüber Himmel oder Hölle soll mir jetzt die Lippen verschließen. Es geht um meinen Vater. Ihr, der Ihr so vieles wißt und dessen Blut so furchtbar alt ist, Ihr, dessen Hand uns alle segnet, Ihr, der Ihr aus der heiligen Geschlechterlinie stammt: Selbst Ihr habt ihn niemals verstanden. Selbst Ihr habt seine Visionen nicht verstanden, den unterirdischen Strom, der aus der geheimen Quelle sprudelt, von Anjou nach Lothringen, von der Provence nach Italien, über den Rhein in die Schweiz, nach England, der durch die unendliche Welt unsichtbar und makellos und sanft immer weiterfließt. Dieser Fluß kann weder von einem machtgierigen Spinnenkönig eingedämmt noch von einer verängstigten und unversöhnlichen Kirche ausgetrocknet oder in Rinnsale zerteilt werden. Flüsse sterben nicht. Ich werde Euch von jenem Strom erzählen, Euer Gnaden, und Ihr, der Ihr ihm sein Versagen vorgeworfen habt, werdet mir zuhören. Immer wolltet Ihr ein Schwert, einen Krieger. Was kümmert Euch ein Fresko, auf eine Kerkermauer gemalt, selbst wenn es ein Zauberbild ist, das die Macht von jener beschwört, die das Pentagramm über den Abendhimmel malt?

Ganz gleich, was er getan hat, so bekam ich zu hören, es war nicht genug. Stets habt Ihr auf eine Tat, auf ein Wort gewartet, das Euch und Euren Dienern und Günstlingen bewiesen hätte, daß er Euren Befehlen blind gehorchte. Und weil Ihr nur die Hand saht, die das Schwert nicht heben wollte, doch blind für die Strömungen des unterirdischen Flusses wart, habt Ihr ihn verraten.

Wer ist noch da, ihn zu verteidigen? Alles Asche, einbalsamierte Herzen in kleinen Urnen, graue Geister, die für mich nicht tot sind, die ich immer noch zischeln und qualvoll weinen höre bei Regen und Wind und den Schreien der Raben, die in den Türmen dieses Schlosses auf dem Vaudémont, Wotans Berg, nisten. Niemand außer mir ist von diesem Geschlecht übriggeblieben. Und ich besitze keinen Mut und keine Kampfeslust, wie meine Mutter oder Großmutter oder meine verrückte Schwester.

Ich habe noch nicht einmal soviel Mut wie jenes armselige Geschöpf meines Vaters, das die Augen der Götter als lebende Fackel entzündete. Ich bin keine Kämpferin, Euer Gnaden. Ich habe nur die dunklen Geheimnisse des Skorpions: das Schweigen, die Ausdauer und die Täuschung inmitten von Krieg und Erniedrigung und Tod. Während die französischen und burgundischen Heere über diese unaufhörlich zertretenen Felder Lothringens trampelten, saß ich da und schwieg. König Louis verleibte sich ganz Frankreich ein und spie die Skelette all dieser Adelshäuser wie Hühnerknochen aus. Das war für ihn wichtig und notwendig: Es war seine Zukunft, sein Traum von einem vereinten Frankreich, la France arrondie, *das sich aus der Asche eines hundertjährigen Krieges heil und ganz erheben sollte. Ein vereinigtes Frankreich mit dem Spinnenkönig in seinem Zentrum. Jetzt aber ist das Land unfruchtbar, seines Adels und aller Schönheit beraubt. Es wird nur durch den unterirdischen Strom wieder lebendig, der, wenn es an der Zeit ist, neue Blumen und Früchte hervorbringen wird. Und Euer früheres Goldstück, Euer Großmeister, mein Vater: Ich versichere Euch, daß seine Zeit kommen wird. Sanft und frisch wie das Fließen des Wassers — und wenn es Jahrhunderte dauert. König Louis hat gespeist, er magert ab und stirbt. Er ist an den Hühnerknochen in seinem Hals erstickt. Doch der Strom bleibt bestehen.*

Deshalb, Euer Gnaden, erzählt mir nichts mehr vom Versagen meines Vaters. Ihr braucht auch nicht meinen Verrat zu fürchten. Von allen Menschen kennt Ihr die Festigkeit meiner Treue Euch gegenüber am besten. Die zerbröckelnde Figur auf Frankreichs Thron, mein Vetter, der Thronräuber, den die Welt König nennt, liegt endlich im Sterben — denn es ging um seinen Tod oder um meinen und den meines Sohnes. Alle anderen sind verschwunden, einer nach dem anderen durch Kummer oder das Gift des Spinnenkönigs ausgelöscht wie traurige, zerschmolzene Kerzen. Denkt daran, was ich getan habe, tat ich nicht nur für meinen Sohn und für Euch, sondern auch für meinen Vater. Ihr, der Ihr so viele Dinge wißt, habt nicht gewußt, wer mein Vater war.

Doch ich werde es Euch erzählen, und Ihr werdet zuhören, um meines Dienstes willen für Euch, und auch wegen anderer Dinge, an die wir uns beide erinnern. Drei Jahre mußten vergehen, bevor meine Stiefmutter Jehanne de Laval seinen Sarg aus der Provence zurückholen und ihn sicher nach Anjou bringen konnte. Sie haben ihn so geliebt, daß sie auf seinen Leichnam nicht verzichten wollten. Daher stahl sie ihn des Nachts. Sie hat ihm ein wunderbares Grabmal aus schwarzem Vulkangestein fertigen lassen, ein Grabmal, das auch ein Talisman ist. Es befindet sich in der Kapelle, die meine Großmuter im Schatten der schwarzen Schiefertürme errichten ließ. Das schwarze Angers, das wie eine Sphinx am Ufer des trägen Flusses kauert, wo er in dunstigen Sommernächten seine Maskenspiele veranstaltete, ist noch niemals eingenommen worden, weder durch Belagerung noch im Sturm. Das schwarze Angers, wo er geboren wurde.

Sie hat den Sarg geöffnet. Der Körper ist unversehrt . . .

★★★

»Maman«, murmelte Yolande. »Wann kommt mein Vater heim?

»Ach, Dein Vater«, seufzte Ysabelle und begann leise zu weinen. Sie weinte sonst nicht. Sie war durchaus imstande, eine Rüstung anzuziehen und in die Schlacht zu reiten. Das hatte sie tatsächlich getan, als der verwünschte Antoine de Vaudémont, der Neffe ihres Vaters, nach dem Tod des alten Herzogs von seiner Burg herabgeschlichen war und das Herzogtum für sich gefordert hatte, weil sie eine Frau und die Erbschaft damit nichtig sei. Antoine de Vaudémont hatte getobt und gedroht und schließlich Philippe de Bourgogne beschwatzt, ihm ein Heer zu geben, um Lothringen von dem thronräuberischen französischen Fürsten, dem jungen Duc de Bar, zu befreien, der sich aufgrund seiner Heirat mit der Erbin nun Duc de Lorraine nannte; und der, so ging das Gerücht, eine heimliche und gotteslästerliche Beziehung zu der Hexe hatte, die im vergangenen Jahr in Rouen verbrannt worden war. Antoine de Vaudémont war in das Herzogtum eingefallen, und nun lag René d'Anjou in Philippes Kerkern in Dijon. Ysabelle war in die Schlacht geritten, eine heulende Gorgo mit wehenden goldenen Schlangenlocken, und hatte den Comte de Vaudémont vertrieben. Doch Philippe wollte seine Geisel nicht ohne ein gewaltiges Lösegeld ausspucken; und nicht ohne das Kind.

»Yolande«, sagte Ysabelle, »es gibt keine andere Möglichkeit. Ich habe es versucht. Ich habe sogar bei Deinem Onkel Charles gebettelt. Ich habe ihm eine üppige Metze ins Bett gelegt, um seine Wut auf mich zu besänftigen. Aber er ist dumm. Ein Feigling. Nun, da er seinen Thron hat, fürchtet er schon ein fallendes Blatt. Er will Philippe nicht kränken. Du bist das Opfer.«

Opfer, dachte Yolande, das ist wie Unser gekreuzigter Herr mit blutenden Händen, oder das, was die alte Théophanie macht, wenn sie sich unbeobachtet glaubt und in Neumondnächten einen schwarzen Hahn in den Keller schleppt, um die Engländer und den Comte de Vaudémont mit einem Fluch zu belegen.

»Ich will nicht sterben«, schrie das Kind und warf sich ihrer Mutter in den Schoß.

Der Ausdruck unverhohlener Angst brachte die Tränen der Mutter zum Versiegen. Ysabelles blasses, maskengleiches Gesicht, zart wie die Flügel eines weißen Falters, war fleckig geworden, so als hätte das Weinen seine Makellosigkeit weggespült.

»Sterben? Du wirst nicht sterben, Kind. So schlimm ist es nicht. Aber wir können Deinen Vater nur aus Philippes Kerkern befreien, wenn wir ihm unseren ganzen Besitz an Gold und Silber geben. Du mußt den Sohn des Comte de Vaudémont heiraten. Es bleibt uns nichts anderes übrig.«

Eine Zeitlang hatte Yolande geglaubt, ihr Vater sei tot. Geschichten liefen um im Schloß: wie er mit zerschmetterter Stirn und blutverschmierten Augen vom Feld bei Bulgnéville geschleift worden war, wie er verschwand, wie er starb. Und dann hatte sie gedacht, er würde den Tod im Kerker finden.

»Wenn ich den Sohn des Comte de Vaudémont nicht heirate«, fragte Yolande, »wird Philippe meinen Vater dann töten?«

Ysabelles Gesicht verzog sich. Ihr Mund öffnete sich und schloß sich wieder, wobei sie die Luft hörbar einzog.

»Deinen Vater«, sagte sie böse, »o nein, Philippe wird Deinen Vater nicht töten. Fünfmal habe ich Männer ausgeschickt, die ihm zur Flucht verhelfen sollten. Philippes Kerker unterscheiden sich nicht von anderen. Sie haben Fenster, sie haben Türen, es gibt Wachen, die man bestechen kann. Aber nein. Seine Ehre, so sagt er, erlaubt es nicht. Weißt Du, was er tut, Yolande? Er betet nicht oder weint vor Gram oder macht Pläne, um seine Freiheit zu erlangen. Er malt. Er malt seine verwünschten Fresken an alle Wände seiner Zelle. Er hat dreiundzwanzig Miniaturen des Duc de Bourgogne gemalt. Philippe auf dem Pferd. Philippe beim Gebet. Philippe, der den Orden vom Goldenen Vlies trägt. Das nächste wird Philippe zeigen, wie er mit seinen Mätressen Unzucht treibt. Er malt, Yolande, er malt. Er wird nicht im Gefängnis sterben. Sie sind dicke Freunde geworden, Dein Vater und der Bourgogne. Und Sonette. Er schreibt Sonette, sage ich dir.« Ihre Stimme krächzte. Yolande fuhr zurück. »Sonette! An diesen anderen Narren, diesen erbärmlichen Idioten, den Duc d'Orléans, der in einem englischen Verlies verfault. Sie schreiben einander Gedichte, Dein Vater und der romantische Charles d'Orléans, und Philippe macht den Botenjungen. Und ich, ich kämpfe und verkaufe alles, was wir besitzen, und reise kreuz und quer durch Frankreich, um Freunde mit Geld zu finden — und Dein Vater schreibt Sonette.«

»Vielleicht sind es verschlüsselte Botschaften, Maman«, sagte Yolande trostlos.

»Es sind Sonette, sage ich Dir. Flußnymphen und weihevoller Frühling, Schäfer in Arkadien, unterirdische Ströme. Pfui!

Er wird nicht im Gefängnis sterben, Kind. Aber ich, ich werde vor Erschöpfung sterben, wenn wir ihn nicht befreien können. Ich liebe ihn«, sagte Ysabelle mit einer gewissen Verlegenheit. »Ich kann dieses Herzogtum nicht ohne ihn regieren. Ich brauche ihn. Ich arme Närrin. Und dabei bin ich mehr Mann als er.«

»Nein!« schrie Yolande auf, warf sich gegen ihre Mutter und trommelte mit den Fäusten auf sie ein. »Er ist der tapferste, schönste Mann auf der Welt.«

»Ach, Yolande«, sagte die Herzogin müde. »Du mußt nach Vaudémont gehen.«

»Nach Vaudémont? Jetzt? Aber ich bin doch erst sechs. Ich kann nicht mit sechs Jahren heiraten! Oh, Du hast mir doch gesagt, ich müßte nicht sterben!«

»Kind, Kind. Du wirst wie eine Prinzessin behandelt werden, die Du bist. Du wirst in Antoine de Vaudémonts Haushalt leben. Aber du bist eine Geisel. Du wirst von Antoine de Vaudémonts Lehrern unterrichtet werden. Und wenn Du fünfzehn bist, wirst Du seinen Sohn und Erben heiraten. Deine Kinder werden Lothringen erben. Es ist gar nicht so schlimm«, setzte sie hinzu. »Er ist gerade ein Mann geworden. Dein Vater war zwölf, als ich ihn heiratete. Ich habe gehört, daß Ferri de Vaudémont gut aussieht, sehr gut sogar.«

»Ich verstehe nicht«, schluchzte Yolande, obwohl sie sehr gut verstand. Sie würde wie ein Jungtier verschachert werden, damit der Vater dieses so gutaussehenden Jünglings den Versuch aufgäbe, ihren Vater zu töten und sein Herzogtum zu stehlen.

»Es ist eine Ehre«, sagte Ysabelle und wurde plötzlich wieder zur Herzogin. »Deine Kinder, Yolande. Nicht Jehans, sondern Deine werden Lothringen erben, wenn Euer Vater tot ist. Denk nur, Dein Sohn. Es ist nicht so schlimm.«

»Es ist nicht schlimm für Euch, Maman«, sagte Yolande. »Aber ich bin es, die zu den Feinden gehen muß, und ich werde meinen Vater nicht wiedersehen, bis sie es gestatten, und ich werde zu denen höflich sein müssen, die versucht haben, uns zugrunde zu richten ...«

»Yolande!« Das Kind reizte sie jetzt wieder. Vor Scham überzog sich ihr Gesicht erneut mit Röte. Das war der Fluch ihres Teints: Jede Erregung fleckte die empfindliche Haut. »Du bist eine Prinzessin von Anjou-Lorraine. Sei dessen würdig. Du bist für eine hohe Heirat geboren. Wäre Dir ein Kloster lieber? Diese Heirat ist keine Schande. Wir sind alle so geboren, wir Frauen. Wir sind Schachfiguren. Es gibt Schlimmeres auf dieser Erde, als die Comtesse de Vaudémont zu sein. Wir können nichts daran ändern.«

Kalte Wut stieg in dem Kind auf. Es spuckte aus. Die Augen, dunkel und undurchdringlich, sogar wenn sie lachte, waren alt und hart und furchterregend.

»Ich werde diesen gutaussehenden Ferri de Vaudémont nicht heiraten. Ich werde nicht weggehen. Ich werde ihn verfluchen. Ich werde einen schwarzen Hahn opfern, wenn der Mond dunkel ist, und ich werde den Tod über ihn verhängen. Ich werde Puppen aus Wachs und Spucke machen und ...

»Yolande!« Ysabelle bekreuzigte sich und schlug dem Kind auf den Mund. »Wo, in Gottes Namen, hast Du solche Dinge gelernt? Laß mich so etwas nie wieder hören, sonst lasse ich Dich auspeitschen. Nie, nie, nie!«

Yolande preßte die Lippen zusammen. Ihre Augen veränderten sich nicht. Ihr schmaler Körper, der steif war vor Empörung, strahlte Zorn aus.

Ysabelle tat so jäh einen Schritt zurück, daß sie fast gefallen wäre.

»Yolande, ich kenne Dich nicht«, sagte sie mit tonloser Stimme. Sie drehte sich in ihren feinen Lederschuhen auf dem Absatz herum und rannte aus dem Zimmer.

Viel später hielt das Kind den noch zuckenden, schwarzen, blutigen Körper des Vogels in seinen Händen und erbrach sich inmitten von Staub und Spinnen — aber Ferri de Vaudémont starb nicht.

2

Didier, der Zwerg, sang beim Festmahl anläßlich des Todes der Königin von Aragon und schenkte seinem trauernden Herrn Wein aus Anjou ein. Er wartete, bis Yolande vom Tisch aufstand, um sich in ihr Gemach zurückzuziehen. Dann schlich er ihr durch die von Fackeln erhellten Gänge nach, die sich durch das befestigte Schloß des schwarzen Angers zogen. Morgen würden sie die alte Königin begraben, die in der von ihr selbst erbauten Kapelle St. Maurice feierlich aufgebahrt lag. Heute abend war ein Besucher da.

Der Zwerg kauerte sich vor der Tür des Gemachs nieder. Kein Laut drang von der anderen Seite der geschnitzten Schranke. Er wußte, daß sie weinte. In den Jahren, die sie nun in Vaudémont lebte, hatte er sie oft besuchen dürfen; schließlich war er nur ein blöder Zwerg, dessen Gegenwart ihre gewöhnlich trübe Laune aufzuheitern schien. Manchmal sang er oder jonglierte, oder er brachte ihr harmlose Geschenke: eine Handvoll Frühlingsblumen oder eine dunkle Rose aus dem Garten ihres Vaters. Er beobachtete sie und lernte sie kennen. Er sah, daß sie oft weinte — aber nur, wenn sie allein war.

Der Zwerg wartete geduldig, eine Stunde, zwei Stunden, während er leise vor sich hin sang. Die Musik und das Geplapper aus der Halle verstummten nach und nach. Im fahlen Fackellicht huschten Gestalten vorüber, doch sie achteten nicht auf ihn. Er war bloß Didier, René d'Anjous Zwerg.

Yolande hatte die seltsame, strenge Großmutter kaum gekannt. Als nominelle Königin von vier Königreichen war sie eine Herrscherin ohne Land gewesen, die tyrannische spanische Vettel, die Frankreich viele Jahre lang unsichtbar regiert hatte. Währenddessen hatte der alte König Charles VI. im undurchdringlichen Panzer seines Irrsinns getobt und geschrien und die fette Königin aus Bayern mit den Herren des

Hofes Unzucht getrieben, und die englischen Truppen und die *écorcheurs* hatten eine Spur aus Knochen und Hungersnot und vergewaltigten Leichen auf den Feldern und in den Städten hinterlassen. Die hexengleiche Frau mit dem schweren Kinn hatte auch den bedauernswerten Dauphin, den späteren König Charles VII., durch seine Gemahlin beherrscht, die ihre Tochter war. Die alte Frau hatte sie alle gerettet. Didier wußte, daß sie nicht wirklich gegangen war, sondern sich wartend in Yolandes jung-alten Augen verbarg.

Er wartete, bis ihm der Augenblick günstig schien. Er konnte das Knurren und Scharren der Hunde in der Halle hören, welche die hingeworfenen Knochen verschlangen. Er stieß die Tür auf und schlich sich in das Gemach. Er fand sie, wie sie mit versteinertem Blick auf dem Betschemel kniete. Auf dem schwarzen Damast ihres Mieders waren feuchte Flecke zu sehen. Die Haube, die sie unbeherrscht von ihren Haaren gerissen und vor dem Feuer auf den Boden geworfen hatte, sah aus wie das dunkle Gefieder eines toten Vogels. Sie bewegte sich nicht, drehte aber ihre Augen so, daß sie denen des Zwergs begegneten. Ihr schwarzes Haar hing wild und zerzaust auf ihre Brust. Sie war sechzehn Jahre alt.

Der Zwerg rieb seine Hände aneinander und drehte sich auf Zehenspitzen in einer Pirouette. Stets verstand ihn dieses dunkle, stolze Mädchen. Sprache war etwas Unsinniges und Gekünsteltes. Wäre er nicht ein Zwerg gewesen und seinem Herrn ganz zu eigen, hätte er sie vielleicht begehrt. Sie war nicht hübsch und sanft und golden wie ihre Schwester Marguerite, die den jungen König von England heiraten sollte, um den Krieg zu beenden. In diesem undurchdringlichen Gesicht spukte etwas anderes: etwas Dunkles, Wildes und Bitteres, wie alter Wein. Wie er, so war auch sie verkrüppelt, wenn auch unsichtbar. Didier fragte sich, ob sie wohl je geheilt würde. Eigentlich hätte sie Ferri de Vaudémont schon vor einem Jahr heiraten sollen. Doch ihr Vater hatte, aus Mitlied und in stummem Einverständnis, die Zeremonie aufgeschoben.

Der Zwerg begann zu singen. Er war so alt wie Yolandes Vater, aber seine Stimme war dünn wie die eines kleinen Kindes:

Tres haults et puissants Seigneurs
Descendez tost, et si venez avant,
La Bergière le vous mande dire.

Der Feuerschein tanzte auf seinem weißen, traurigen Gesicht. Yolande stand wortlos auf. Didier legte eine Hand auf seinen Mund, gebot ihr Schweigen und schlich zur Tür.

Er führte sie in die dämmrige Kapelle, wo der Leichnam aufgebahrt lag. Die Bewaffneten, welche die Tür bewachten, nickten kaum merklich. Sie waren nur gekommen, um für die Seele der Königin zu beten. Vier einsame Kerzen standen um die Bahre, die mit schwarzem Damast und den Lilien von Anjou und Neapel und Sizilien, dem doppelarmigen Kreuz von Jerusalem und den blutroten Streifen von Aragon behängt war. Der schwache Lichtschein stieg empor und verlor sich im Kirchenschiff. Die Einbalsamierer hatten ein Wunder vollbracht: Die Königin von Aragon schien nur zu schlafen. Ihr schweres Kinn, das von einem dünnen Leinenband gehalten wurde, setzte sich in seiner Widerspenstigkeit über den Tod hinweg. Die Münzen auf ihren Augen glänzten matt. Didier führte sie zum Podest und kniete vor der Toten nieder. Yolande blickte ohne Interesse auf den Leichnam. Die Seele war gegangen. Es war niemand mehr hier.

Starke, harte, alte Frau, dachte Yolande, daß sie ein Königreich auf ihren Schultern tragen konnte. Ihre Männer hatten sie alle im Stich gelassen, teils aus Schwäche, teils durch den Tod. Ihren Ehemann hatte sie jung verloren, als er in Italien seinen vergeblichen Kampf führte. Sechs Jahre lang hatte Philippe de Bourgogne René d'Anjou gefangengehalten, und seine Jugend war dahingeschwunden. Der ältere Bruder, Louis, war wie sein Vater in Italien gestorben, als er für seinen Anspruch auf das Königreich Neapel kämpfte, wie es das

Recht des Erstgeborenen von Anjou war. Louis war nominell König von Jerusalem, Sizilien und Neapel, Duc d'Anjou und Comte de Provence gewesen. In einer Zelle, in der gemalte Fresken die Wände zierten, gingen alle diese Titel auf René, Duc de Bar und Lorraine, den jüngeren Sohn, über. Philippe hatte diese »Thronbesteigung« mit einem Becher Wein gefeiert, bevor sich die Tür hinter ihm wieder schloß und der Schlüssel umgedreht wurde.

Doch die alte Königin von Aragon, die ihr Leben lang Pläne geschmiedet hatte, plante weiter. Ihr letzter Einfall, der über ihren Tod hinauswirkte, versprach Erfolg. Marguerite, die goldene Tochter des neuen Königs von Sizilien, sollte den jungen König Henry VI. von England heiraten und dadurch einen hundert Jahre dauernden Krieg beenden . . .

Yolande hatte durch Antoine de Vaudémonts und Philippe de Bourgognes Gnade die Erlaubnis erhalten, nach Angers zu reisen, um an der Beisetzung ihrer Großmutter teilzunehmen. Sie hatte ihren Vater sechs Jahre nicht gesehen. Als Philippe ihn endlich freiließ, obwohl die Hälfte des Lösegeldes noch ausstand, war er nach Italien gesegelt, um König Alfonso von Aragon sein neues Königreich zu entreißen. Er hatte den Kampf verloren und war müde und ohne einen Pfennig nach Angers zurückgekehrt.

Yolande befürchtete manchmal, daß über ihrem Vater auf dem Schlachtfeld ein Fluch hing.

Didier stand schwerfällig auf und griff nach ihrer Hand. Hier wartete nichts. Er führte sie hinter den Altar, wo ein kleiner Raum lag, der mit einem Wandteppich abgetrennt war. Durch einen Spalt zwischen Wandteppich und Türrahmen fiel ein Streifen gelben Lichts. Der Zwerg verneigte sich und verschwand im Dunkeln.

Vorsichtig bewegte sie sich auf den Vorhang zu und hörte nun Stimmengemurmel; sie lehnte sich behutsam gegen die Wand und blinzelte in die Öffnung. Drei Männer saßen an einem kleinen Tisch: ihr Vater und zwei andere. Beide kannte sie nicht. Einer trug das braune Habit eines Franziskaners. Das war nichts Ungewöhnliches: Die alte Königin von Aragon hatte sich mit den braunen Mönchen umgeben, sie waren Teil ihres Spitzelnetzes. Das Gesicht des Mönchs wurde von einer Kapuze beschattet. Der andere war ein Italiener und trug sein helles Haar nach florentinischer Mode lang und untadelig gewellt. Er war sehr jung, kaum dem Knabenalter entwachsen — vielleicht ein Page vom Hof der Medici. Er war elegant, beinahe geckenhaft gekleidet, wie ein Höfling. Seine langen Gelehrtenhände fuhren unruhig hin und her, wenn er sprach.

»... und mein Herr wünscht, daß Ihr dieses Geschenk annehmt, um Euren Kummer zu mildern. Er weiß, was es bedeutet, eine geliebte Mutter zu verlieren. Es wurde erst letztes Jahr aus Thrakien zurückgebracht. Ich bin gerade mit der Übersetzung fertig. Mein Herr sagt, daß er das Versprechen, das er Euch gab, nicht vergessen hat. Er hat von dem unterirdischen Strom einen Kanal abgezweigt, um Italien zu bewässern.«

Auf dem Tisch zwischen ihnen lag ein Manuskript. Yolandes Vater streichelte das Pergament zärtlich, als wäre es die Haut einer Frau. Sein feiner, beweglicher Mund verzog sich zu einem Lächeln. Im Schein der Kerzen wirkte sein einstmals blondes Haar grau wie Asche. Er war dreiunddreißig Jahre alt.

»Sagt meinem Freund Cosimo de Medici«, sagte König René d'Anjou, »daß ich ihm von ganzem Herzen danke. Sagt ihm auch, daß ich von seinem Plan gehört habe, Akademien zu gründen. Das freut mich sehr. Gerade das habe ich erhofft.«

Der Florentiner neigte den Kopf. »Wenn es nicht überheblich wirkt, Monseigneur, so muß ich in dieser Sache ein wenig Ehre für mich beanspruchen. Der größten Akademie, der in Florenz, werde ich selbst vorstehen, obwohl ich noch jung bin. Wir werden sie Plato-Akademie nennen. So ist es am einfachsten. Sie wird großen Andrang erleben.«

»Ach, Signor Ficino«, sagte der König von Sizilien, »Ihr und Euer Herr habt schon so viel getan, um mir meinen Kummer zu erleichtern. Das sind gute Neuigkeiten. Dieses Manuskript. Wem gehört es? Wie heißt es?«

»Es ist das *Corpus Hermeticum*, Monseigneur«, sagte der Florentiner.

»Ich kann es nicht glauben«, sagte René d'Anjou mit ehrfürchtigem Flüstern. »Ich dachte, das sei nur eine Legende. Er hat es also gefunden. Signor Ficino, ich danke Euch.«

Der junge Mann stand auf und verneigte sich artig. Der Mönch saß schweigend und bewegungslos da, sein Gesicht lag im Dunkeln. Yolande, selbst in Schatten eingehüllt, war sehr beunruhigt, weil sie seine Augen nicht sehen konnte.

Als der Florentiner gegangen war, wurde ihr Vater still.

Der Mönch hatte seine Hände sorgsam auf der Tischplatte ineinandergelegt. Der König von Sizilien blätterte in den Pergamenten. Er wollte sie gleich lesen, gleich verschlingen. Dann wurden seine Hände ruhig. Er sah den Mönch nicht an.

»Was habt Ihr in Italien getan?« fragte der Franziskaner schließlich. Seine Stimme war tief und voller Mißbilligung — oder auch Spott.

Yolande zog scharf ihren Atem ein. Die Arroganz dieses Mannes war verblüffend.

Der König von Sizilien zuckte zurück. Er trug schwarzen Samt, der seine Blässe noch betonte. Er war aus den Kerkern Dijons zurückgekommen und sah immer noch gut aus, doch sein Gesicht zeigte Spuren.

»Ich habe getan, was ich unter den Umständen für das beste hielt. Ich konnte Neapel nicht halten. Meine Truppen waren zahlenmäßig in der Minderheit. Und ich hatte so gut wie kein Geld mehr. Ihr wißt das.«

»Ich weiß, was für ein *Farrago* Ihr aus Neapel gemacht habt. Alfonso von Aragon ist kein Krieger. Ein Bewaffneter aus Anjou wiegt zehn seiner spanischen Idioten auf. Was habt Ihr getan?«

König René senkte den Kopf. »Ich habe versagt. Es tut mir leid.«

»Leid?« fuhr der Mönch ihn an. »Ihr seid nicht einmal in Neapel gewesen, als seine Truppen von der Seeseite her angriffen. Ihr wart in Florenz und machtet Cosimo de Medici den Hof, spracht über Feinheiten in griechischen Manuskripten. Eure Truppen waren führerlos. Was für ein Mann seid Ihr nur?«

König René sagte nichts.

»Euer schwaches Weib hat in Neapel mehr erreicht, als Ihr im Gefängnis wart. Ihr hättet sie dort lassen sollen, um mit dem König von Aragon zu kämpfen. Ihr hättet in der Zeit daheim bleiben und Fresken malen können. Seid Ihr denn ein Narr?«

Der König von Sizilien, Neapel und Jerusalem, der ohne Königreich war, hob den Kopf und straffte seine Schultern. Sein Gesicht war sehr weiß. Unter den tiefblauen Augen hatten seine Gefangenschaft und sein Versagen tiefe Höhlen zurückgelassen.

»Ich bin kein Narr«, sagte er ruhig. »Ich bin kein Krieger, das ist alles. Ich bin ein Künstler. Ich liebe den Frieden, die Schönheit, die Wissenschaften. Ich kann nicht kämpfen. Ich habe es versucht. Jedesmal habe ich versagt. Ich habe Euch gebeten, einen anderen an meine Stelle zu setzen. Ihr habt mir eine Macht übertragen, die ich nicht ausüben kann. Nicht auf die Weise, wie Ihr es wollt.«

»Wie wollt Ihr sie denn ausüben?« Die Stimme des Franziskaners triefte vor Ironie. Er war unerbittlich. Yolande dachte: Er versucht, meinen Vater zu zerbrechen.

»Was ich in Italien begonnen habe«, sagte König René, »werde ich in ganz Frankreich verbreiten. Ihr habt mir gesagt, daß ich ein Versager und ein Narr bin. Nun, ich sage Euch, daß ich kein Mann des Krieges bin. In dieser Weise kann ich Euch nicht dienen. Frankreich ist durch die ständigen Kriege nur noch ein blutiger Brei. Das Land ist verwüstet. Ich habe kein Geld mehr, um eine Armee zu unterhalten. Ich kann Euch ein Hohepriester sein. Aber kein *Condottiere.* Ich werde das geheime Wissen weiter verbreiten. Doch es ist ein unterirdisches Wissen. Ein stiller See, ein verstohlenes Wachstum. Ihr müßt mir Zeit geben. Ich werde durch die Maler, die Dichter, die Philosophen wirken. Durch Magie. Durch Visionen. Nicht durch Blut.«

»René, René. Haben wir Euch umsonst zum Großmeister gemacht?«

»Ich bin in der Tat kein Großmeister, wenn Ihr glaubt, daß wir unsere Aufgabe allein durch Niedermetzeln erfüllen können. Dann wären wir nicht besser als die Engländer, die Burgunder, die *écorcheurs.*«

»Wißt Ihr, was der Dauphin Louis ist?« fragte der Mönch.

»Ja«, sagte der König von Sizilien müde. »Ich weiß. Ich weiß.«

»Wißt Ihr, daß er jetzt schon, im Alter von erst zweiundzwanzig Jahren, dieser gemeine kleine Valois, einen Plan ausheckt, wie er die Macht der Adelshäuser beschneiden kann? Wißt Ihr, daß er schon jetzt ein Mörder ist? Wißt Ihr, daß er Euch, seinen Onkel, schon vorgemerkt hat, um Euch bespitzeln zu lassen, weil er den Hochadel haßt, und besonders diejenigen, denen große Länder gehören und die insgeheim den König beherrschen? Er ist brillant, dieser junge Mörder, und verschlagen. Wo Ihr ehrenhaft seid, ist er raffiniert. Er hat einen Aufstand gegen seinen Vater angeführt, der fehlgeschlagen ist. Der nächste könnte Erfolg haben. Er will Euer Land, René. Wollt Ihr ihn, wenn er König ist, etwa mit Malerei und Dichtkunst bekämpfen?«

»Ich will nicht gegen den Dauphin Louis kämpfen. Ich will gegen die Finsternis kämpfen, die in ihm nur ihren Ausdruck findet. Ich will den Krankheitskeim bekämpfen, der seit hundert Jahren den Geist dieses Landes verdorben hat. Die Pest der Rohheit und der Unwissenheit. Die Qual der Sinnlosigkeit.« Die melodische Stimme schwoll an und wurde wieder gedämpft. »Ich muß es auf meine Weise tun. Ich bitte Euch. Ersetzt mich durch einen anderen, wenn Ihr wollt. Beseitigt mich. Aber fordert mich nicht mehr auf zu kämpfen. Ich habe

Jeanne d'Arc, die Jungfrau, für Euch geschaffen. Ich kann für Euch den König beherrschen. Doch ich werde kein Schwert mehr heben. Zuviel Blut ist geflossen. das Land stinkt nach Blut. Und jetzt hat auch der Golf von Neapel den Gestank von Blut und den Leichen meiner Truppen, die von Fischen und Krebsen angefressen werden. Ich habe meine Töchter geopfert, die ich liebe, sie in Ehen ohne Liebe gezwungen, um diese verfluchten Kriege zu beenden. Ich sage Euch, ich werde nicht mehr kämpfen.«

Das Pergament, das nur eine Legende hätte sein können, lag gelb und einladend im Kerzenschein. Der König von Sizilien legte die Hände vor das Gesicht und beugte sich über den Tisch. Es war nicht sofort zu bemerken, daß er weinte.

Der Franziskaner stand auf und schob zornig den Wandteppich zur Seite. Yolande trat wütend und verständnislos ins Dunkel zurück, um ihn vorbeizulassen. Er drehte sich um und sah sie. Schatten umhüllten ihn; sie konnte nur den schwachen Glanz seiner Pupillen wahrnehmen. Er starrte auf das weiße, verzerrte Gesicht, die riesigen, brennenden Augen, das wirre Haar. Sie wirkte wie eine Rachegöttin. Eine schwarze, zornige Wolke des Hasses ging von ihr aus. Der Mönch sagte nichts, er atmete tief aus, tauchte in die Dunkelheit und verschwand.

* * *

M *... Mein Sohn hat blaue Augen, Euer Gnaden. Sie sind nicht tiefblau wie die See, wenn sie an die Küste der Provence schlägt, und auch nicht wie der azurne Baldachin, der sich wolkenlos über dem Château von Tarascon ausbreitet, wo die letzte Zufluchtsstätte meines Vaters war; auch nicht so wie die Saphire, die er mir gab, eingefaßt in gehämmertes Gold, die einst den Hals einer Merowinger-Königin schmückten. Sie sind hell, und die Iris ist tiefschwarz umrandet, wie man es bei manchen Nachttieren findet. Wie die Himmel des Nordens. Wie Eure Augen, Euer Gnaden. Natürlich hat die gewöhnliche Menschen-*

welt Eure Augen niemals gesehen. Die Welt schaut meinen Sohn an und sagt: »Welch helles Kind, und beide Eltern sind so dunkel! Aber ja doch, der Großvater.«

König Louis hielt meinen Sohn für einen Dummkopf, und zwar wegen des Bären. Er fand ihn eines Tages beim Jagen in den Ardennen. Ein kleines Jungtier, mutterlos und fast tot vor Hunger und Kälte. Ihr kennt die Ardennen, Euer Gnaden. Ihr wißt, welche seltsamen Dinge in diesen öden, wilden Wäldern leben und sterben. Die alten Könige Eures Geschlechts jagten dort, bevor der vorletzte an einem weißen Stein geopfert wurde; bevor die Überlieferungslinie ins Unterirdische tauchte wie ein Tier, das sich vor dem Licht versteckt. Ihr wißt, wie die Kiefern und Buchen dort seufzen und murmeln. Als warnten sie Euch, Ihr könntet dort Artemis beim Bade in ihrer heiligen Quelle finden, während ihre Gefährtinnen, die Nymphen, durcheinanderhüpfen und zwitschern, ihren Alabasterleib streicheln und den Mond in wilden Liedern ansingen. Als wollten die Kiefern und Buchen Euch etwas erklären, solltet Ihr sehr unvorsichtig oder sehr weise sein wie Aktaion, der von seinen Hunden in Stücke gerissen wurde.

Also, der Bär. Mein Sohn hatte Mitleid mit dem Tier und brachte es mit nach Nancy. Er fütterte es mit weichem Brot, das er in Milch getunkt hatte. Und es lebte und wuchs, und sein Pelz wurde dick, und es folgte ihm durch die langen, leeren Gänge des Château. Eine Zeitlang schlief es sogar unter den verblaßten Fresken von Einhörnern und Pfauen und Zentauren, die mein Vater auf die Kinderzimmerwände gemalt hatte.

Und weil er mit diesem Tier sprach, Euer Gnaden, hielt König Louis ihn für schwachsinnig. Er war schon ein Mann und brachte dem Bären Kunststücke bei, fütterte ihn mit Leckereien und sang ihm etwas vor. König Louis kam nach Nancy, weil Charles de Bourgogne, der Sohn des alten Philippe le Bon, vorhatte, ein Heer aufzustellen, um sich Lothringen einzuverleiben. König Louis dachte, er könne Lothringen als erster schlucken, und so kam er nach Nancy, um meinen Sohn zu vergiften. Der König fand ihn im Hof, den jungen Mann, der gerade Herzog von Lothringen geworden war, und mein Sohn wandte sich um und lächelte. Ihr kennt dieses Lächeln, Euer Gnaden: Es ist das Lächeln eines Kindes. Seine Zähne sind weiß und gut und gerade — wie Eure Zähne. Und sein Atem ist angenehm, sein Körper jung und schlank und kräftig, und sein Kopf ist voller Tücke. Er drehte sich zu König Louis um und lächelte, und dann sang er dem Bären ein kleines Liedchen vor. Das Tier rollte im Staub herum, kniete sich auf ein Vorderbein und neigte den zottigen Kopf. König Louis, der Menschen verachtete, Tiere aber duldete, versuchte, den Bären zu sich zu locken. Der Bär knurrte, und sein Maul begann zu tropfen. Seine kleinen gelben Augen waren alt und hart und furchterregend. Mein Sohn legte seine starken Arme um den Bären und sprach sanft in sein Ohr; dann drehte er sich wieder dem König zu und zeigte sein unschuldiges, listiges Kinderlächeln.

Später meinte König Louis zu mir, daß es um meinen Sohn wirklich schade sei. Ich senkte den Kopf so tief, daß die Sonne mein Gesicht im Schatten ließ. Ich sagte traurig: »Ja, es ist wirklich schlimm, doch es ist Gottes Wille.« Und ich erweckte den Anschein, als würde es mir das Herz brechen, als wäre ich auch ein bißchen verrückt — eine närrische, alternde Frau, schon zu lange Witwe, mit einem schwachsinnigen Sohn, der zu Tieren sprach. Ich brüstete mich vor König Louis mit der Braut, die ich für meinen Sohn gefunden hätte, einer Braut mit Vermögen und Land: seine Cousine Jeanne d'Harcourt, der Krüppel, die wie die andere Jeanne war, die Jungfrau von Orléans, denn auch sie konnte weder den Körper eines Mannes noch sein Kind tragen. Wir waren für ihn ein aussterbendes Geschlecht, degeneriert durch zuviel eigenes Blut. Das Château knarrte und krachte über ihm, es wankte und verfiel. Der König sah sehr zufrieden aus. Er war so zufrieden, daß er für dieses Mal seiner Hand Einhalt gebot. Und damit war Zeit gewonnen, denn mein Sohn vernichtete das Heer von Charles de Bourgogne, der in Lothringen eingefallen war, und tötete ihn außerhalb der Mauern von Nancy: und schließlich fiel das stolze Herzogtum Burgund, und der Bär tanzte zu dem Gemetzel und heulte und knurrte. Und als König Louis sich endlich aufraffen und diesen Schwachsinnigen, der sich als durchaus nicht schwachsinnig entpuppt hatte, zu den anderen in den Acheron schicken wollte, nun ja, seht Ihr, Euer Gnaden, da war mein Arm länger geworden, obwohl es nur der Arm einer alten Frau war.

Doch seine Augen, Euer Gnaden: Es sind Eure Augen. Da ist nichts von Ferri in ihm, und Ferri hat es von Anfang an gewußt. Trotzdem hat er ihn mit Großmut und Freundlichkeit behandelt. Aber Ihr: Was kümmert Euch die Schande eines betrogenen Ehemannes? Was kümmert Euch meine Schande, meine Schuld? In jener Nacht in Angers konnte ich Eure Augen nicht sehen. Ich haßte Euch mehr, weil Ihr Eure Augen nicht zeigen wolltet, als wegen der Worte, die Ihr meinem Vater sagtet. Nun folgen mir die Augen meines Sohnes überallhin, denn er weiß, was ich getan habe. Er weiß nur noch nicht, wer sein Vater ist, Euer Gnaden. Soll ich ihm also von seinem Vater erzählen?. . .

3

Das schlurfende Geräusch von Sandalen riß Yolande aus ihrem Traum, noch ehe der Schatten des Mannes wie eine Vorankündigung über den schwarzweißen Steinboden des Altarraumes fiel. Für einen kurzen Augenblick wurden ihre Schultern steif vor Zorn. Sie konnte sonst nirgendwo hingehen außer zu dieser verlassenen Kapelle auf dem Hügel von Sion. Es war eine Schande, sie selbst noch an diesen Ort zu verfolgen. Die Schwarze Madonna von Sion-Vaudémont, die inmitten von vertrockneten Blumen stand, beobachtete sie teilnahmslos, so als wolle sie vor Ungestüm warnen. Kalter Regen schlug gegen die Scheiben. Im Gesicht von Martha, welche die Füße des Herrn wusch, war das Fensterglas zerbrochen.

Sie betrachtete den Schatten. Es war nur einer der Hofmönche, einer der allgegenwärtigen Franziskanerbrüder in ihren braunen Kutten. In Vaudémont wimmelte es genauso von ihnen wie in Angers. Die alte Comtesse de Vaudémont, Yolandes Bewacherin und zukünftige Schwiegermutter, gehörte als Laienschwester dem Dritten Orden an. Der Schatten rührte sich nicht. Er sah ihr beim Beten zu. Wieder durchzuckte sie der Zorn, wie ein Stachel der Leidenschaft. Voller Eigensinn wandte sie sich weder um noch sagte sie etwas.

»Mein Kind, es wird dunkel. Der Weg ist schlüpfrig. Du solltest ins Schloß zurückkehren. Sie suchen nach Dir.«

Seine Stimme, die einen fremden Akzent hatte, war weder rauh noch unfreundlich. Trotzdem konnte sie ihm das Eindringen nicht verzeihen. Sollen sie doch suchen, dachte sie. Von ihrer allmorgendlichen Rückkehr in die Welt bis zu ihrem ungeduldig erwarteten, erbitterten Abschiednehmen jeden Abend wurde sie beobachtet, bespitzelt, gab man ihr Ratschläge, tuschelte über sie — und wurde von ihr getäuscht. Die Kapelle schien ihnen allgemein zuwider zu sein, denn bislang waren sie ihr noch nicht hierher gefolgt. Hier konnte sie sich ganz ihrem Haß hingeben. Vielleicht lag dies ja an der Schwarzen Madonna, die sie zu verstehen oder sich sogar mit ihr zu verschwören schien. Ihre Kränkungen, ihre Wunden, eine nach der anderen, brachte Yolande der alten Muttergottes wie Geschenke dar: Ihren Vater, wegen seines Opfermessers, das sie zu einer Klausel in einem Vertrag gemacht hatte. Ihre Mutter, wegen ihrer heimlichen Freude über die Trennung. Ihren Bruder Jehan, wegen seiner gleichgültigen derben Scherze, seiner Männlichkeit. Ihre Schwester Marguerite, wegen des glitzernden Throns, der Verheißung von Macht und Liebe. Philippe de Bourgogne, wegen seiner Rachsucht und selbst um der dreiundzwanzig Miniaturen willen, sechs Jahre vom Leben ihres Vaters. Antoine de Vaudémont, wegen ihrer Gefangenschaft. Ferri. Ach ja, Ferri. In den zwölf Jahren ihrer höflichen Inhaftierung hatte sie ihn kaum einmal zu Gesicht bekommen. Der Herr, das mußte sie zugeben, war bis jetzt gnädig gewesen. Sie betete darum, daß er im Kampf oder an der Pest sterben würde.

»Mein Kind.«

Sie hatte den Mönch völlig vergessen. Unwillig sammelte sie die umherirrenden Bilder ein, die wie zitternde Schiffe auf jenem dunklen Meer des Schmerzes trieben.

»Ich kenne den Weg«, sagte sie kühl. »Ich bin ihn zwölf Jahre lang zu jeder Jahreszeit gegangen. Zweifellos tut Ihr nur Eure Pflicht. Bitte stört mich nicht in meinem Gebet.«

Der Schatten, der über den Stein fiel, bleib unbeweglich. Sie konnte das schwache Geräusch seines Atems hören, wenn das Prasseln des Regens nachließ. Widerstand war unnütz und sinnlos; sie nahmen ihn einfach nicht zur Kenntnis. Man würde sie weiterhin in Tugend, Pflicht und Frömmigkeit unterweisen. Sie fühlte sich wie eine Kletterpflanze, die versucht, an einer glatten Felswand aus poliertem Glas Halt zu finden.

»Du wirst von Deinem Haß verzehrt«, sagte der Mönch. »Er wird Dich vernichten.«

Leicht überrascht blickte Yolande ihn endlich an. Seine Kapuze war bis über sein Gesicht gezogen, das im Schatten lag. Sie konnte sich nicht daran erinnern, ihn jemals am Hof von Vaudémont gesehen zu haben. Doch sie hatte auch nie versucht, diese sich zum Verwechseln ähnlich sehenden braunen Ameisen voneinander zu unterscheiden. Sie machten sie unruhig, ließen sie die Kapelle von Angers nicht vergessen. Das letzte Tageslicht war draußen am Fenster verebbt, das Loch in Marthas Gesicht schwarz geworden. Der Regen war hereingesickert und hatte eine Pfütze auf dem Boden gebildet.

Yolande, die noch immer kniete, begann nervös an den Perlen ihres Rosenkranzes zu drehen.

»Was mich verzehrt, gehört meiner eigenen Seele«, sagte sie gereizt. »Bitte seid so gütig und laßt es dort.«

»Du nährst Deinen Kummer wie ein Kind an Deiner Brust«, beharrte der Mönch. Die seltsam akzentuierte Stimme klang plötzlich gezwungen, wie die eines Schauspielers in einem Theaterstück. »Du hast in der Beichte nichts davon gesagt. Es würde Dich erleichtern, Dein Herz auszuschütten.«

Der plötzliche Weinkrampf erfaßte sie ebenso unvermutet, wie der vorangegangene Sturm die sich öffnenden Apfelblüten geschüttelt hatte. Zornig riß sie den Rosenkranz entzwei, klirrend rollten die Perlen über den Boden.

»Die Beichte!« zischte sie giftig. »Das ist Euer magisches Universalheilmittel für alle Übel. Scheinbar werden meine Sündenbekenntnisse von Hand zu Hand weitergegeben, wie der *Roman de la Rose.* Versetzen sie Euch in Erregung? Glaubt Ihr etwa, die Beichte könnte mich kurieren? Oder das Gebet? Glaubt Ihr denn, daß ich mich um Euren schmächtigen, freudlosen Gott schere? Mein Leben ist mir gestohlen worden. Ich bin eine Gefangene. Wißt Ihr nicht, daß ich auch eine Frau bin? Seit vier Jahren habe ich meine Menstruation, ich kann Kinder gebären. Habe ich die Wahl, wessen Kind ich austrage? Habe ich die Wahl, mit wem ich mein Bett teile? Ihr Narr, was wißt Ihr denn von meinem Körper, meinen Träumen, meinem Schmerz und meiner Sehnsucht? Ihr seid nur ein Mönch.«

Sie war sicher, daß er lachte, doch vielleicht waren es auch nur die Wachskerzen, die Schatten über sein halbverborgenes Gesicht warfen. Sie konnte die hageren Konturen seiner Wangenknochen, eine schmale, adlerförmig gebogene Nase und geblähte Nasenflügel erkennen. Seine Augen konnte sie nicht sehen. Sie hatte die seltsame Eingebung, daß er sich irgendwie über ihren heftigen Ausbruch amüsierte. Er trat zurück und entzog sich ihrem seitwärts gerichteten Blick. Sie hörte das Schlurfen seiner Sandalen hinter sich und preßte die Fingerknöchel gegen ihre Augen.

»Wenigstens meine Schwester wird sich eine Königin nennen«, stieß sie voller Bitterkeit hervor. »Vielleicht wird sie sich einen hübschen Liebhaber zulegen, wenn sie sich einsam unter den Engländern fühlt.« Ihre Stimme war wie das Klagen eines Wolfes, der sich im Wald verirrt hatte. »Wer wird meine Vergewaltigung und meine Einsamkeit in Vaudémont heilen?«

Sie erhob sich, um ihm endlich gegenüberzutreten. Doch er war fort, hatte sie mit dem zerbrochenen Rosenkranz in den Händen allein gelassen.

Yolande wandte sich der Schwarzen Madonna zu. Das teilnahmslose Gesicht bot einzig Geduld als Trost an. Die Kerzen verliehen ihm einen merkwürdig wilden, fast orientalischen Ausdruck. Der steinerne Mund hing schlaff und sinnlich, wie von einer vergessenen Befriedigung, herab. Sie hatte niemals danach gefragt, woher die Figur stammte. Keiner in Vaudémont sprach darüber. Das Geräusch von Pferdehufen, die draußen auf den Steinen klirrten, riß sie aus ihren Träumen.

Sie freute sich darüber, daß sie ihnen Ungelegenheiten bereitet hatte. Es war der Mühe wert, zu schimpfen und unablässig in alles ihre Nase zu stecken, um sie wissen zu lassen, daß ihr Wille nicht zu brechen war. Doch ihr Körper wußte plötzlich, daß sich ihr Schicksal gewendet hatte. Sie erstarrte. Ferri de Vaudémont hatte die Kapelle betreten. Sie starrte ihn verwundert an. Im Laufe von zwölf Jahren hatte sie ihn nur dreimal kurz gesehen, und niemals allein.

Das ist mein Bräutigam, dachte Yolande. Der Vater meiner ungeborenen Kinder. Die Schwarze Madonna hätte verlegen kichern können, doch sie blickte nur voller Mitgefühl. Von seinem dunklen Haar, das bis auf die Schultern fiel, tropfte Regenwasser auf die Steine herab. Er trug einen pelzgefütterten Umhang, der völlig durchnäßt war. Er war sieben Jahre älter als sie. Unzählige Kämpfe hatten zwei feine Narben in Wange und Stirn hinterlassen, während das Herumhuren bei der Nachhut des Heeres vermutlich für die träge Schwere seiner weißen Augenlider verantwortlich war. Übelkeit ergriff Yolandes Magen.

»Ihr werdet mit mir kommen«, sagte Ferri de Vaudémont ruhig. Yolande war zu sehr von ihrem Haß und dieser neuen, Übelkeit hervorrufenden Angst erfüllt, um zu erkennen, daß seine Stimme einen sanften Klang hatte.

»Das werde ich nicht«, entgegnete sie hochmütig und wandte ihren Kopf weg. Plötzlich fühlte sie sich wie ein Kind. »Ich werde ins Schloß zurückkehren, wenn ich mein Gebet beendet habe. Ich möchte jetzt allein sein. Ihr habt Eure Zeit vergeudet.«

Er gab einen Laut von sich. Entsetzt stellte sie fest, daß er belustigt war. Doch ihre Heftigkeit verschwand, als sie bemerkte, daß sein Gesicht freundlich war und seine dunklen Augen unter den schweren Lidern Verständnis zeigten.

O Gott, dachte sie, er kann auch nichts dafür. Es ist die Schuld seines Vaters und meines Vaters. Er ist eine ebenso machtlose Marionette wie ich. Wer wußte denn, welche Frau er geliebt, welche Frau er sonst geheiratet hätte?

Mitleidig senkte sie schließlich ihre Augen und ging ihm durch die Tür voraus. Der Regen schlug ihr heftig entgegen, es roch nach vermoderten Blättern. In der Dunkelheit waren zwei Streitrosse an einer Eiche festgebunden. Ferri de Vaudémont hob sie galant in den Sattel und schwang sich dann selbst mühelos hinter sie. Auf dem anderen Pferd saß zusammengekauert der Mönch.

»Ihr habt größere Überredungskunst als ich«, sagte er trokken.

Irgend etwas stimmte nicht. Durch die Kälte und den Regen und den Geruch von Verwesung war ihr Geist schwerfällig. Unter den Pferdehufen konnte sie die bleichen Körper zertretener Narzissen wahrnehmen. Sie versuchte, sich im Sattel umzudrehen, denn als der fremde Akzent plötzlich aus der Stimme verschwunden war, hatte sie endlich, zu spät, erkannt, wer die Gestalt unter der Kutte und Kapuze auf dem schwarzen Pferd war. Hände, starke Hände packten ihre Schultern.

»Fürchtet Euch nicht«, flüsterte Ferri de Vaudémont ihr ins Ohr, »und hört auf, mit mir zu kämpfen. Ich werde Euch nichts tun. Wir reiten zu meinem Château in Joinville.«

Das Pferd stampfte unruhig im Schlamm und wieherte. Regen trieb ihr in die Augen und machte sie blind.

»Yolande«, sagte er mit sanfter Stimme, die Zerknirschung verriet, »ich entführe Euch.«

Stundenlang glitt das Streitroß fast unbeweglich in einem Kokon aus Regen und Finsternis dahin, während die Landschaft gespenstisch vorüberflog. Manchmal, während sie in einen betäubenden Halbschlaf sank, träumte sie, daß sie durch die Öffnung des Vulkans über den Styx in den Acheron gelangt waren; und daß die Säle der Unterwelt mit schimmernden Saphiren und Narzissen geschmückt waren. Am Ende mußte er sie vom Pferd heben, denn sie war mit der strömenden Nacht und den unsichtbaren Sternen eins geworden.

Sie erwachte auf einem Wolfsfell und stellte fest, daß ihr Kleid und ihre Lederschuhe vor dem Feuer trockneten, das in einem großen Steinkamin loderte. Der Feuerschein brannte in ihrem aufgelösten, durchnäßten Haar. Irgendwo zwischen Acheron und Lethe hatte die Erschöpfung alle Spuren von Furcht getilgt. Um diese Tageszeit verlief das Leben hier ruhig, Geister erhoben sich aus den Nebeln des über die Ufer getretenen Flusses, der unterhalb des Schlosses dahinströmte. Bis auf eine Handvoll schweigender Diener lag das riesige Anwesen von Joinville verlassen da. Yolande starrte träumerisch ins Feuer.

»Ich konnte nicht anders handeln«, sagte Ferri de Vaudémont ruhig. Er hatte ihr Wein und eine Schale mit Früchten gebracht.

»Ich war dazu gezwungen. Euer Vater hätte mich für immer und ewig hingehalten. Jahr für Jahr hat er eine Ausrede nach der anderen vorgebracht. Wir hätten schon vor vier Jahren, als Eure Menstruation anfing, verheiratet werden sollen. Mir wurde befohlen, Euch auch gegen seinen Willen zu nehmen. Ich mußte gehorchen.«

Yolande hörte seiner Rechtfertigung interessiert zu, denn sie gab ihr Macht, und diese nutzte sie mit Genugtuung.

»Ihr seid zu sehr versessen auf die Mitgift von jenen achtzigtausend Goldflorins«, sagte sie giftig. »Ich wußte nicht, daß Eure Habgier ebenso groß wie die Eures Vaters ist. Doch Eure Vorliebe für Huren ist wohlbekannt und hat zweifellos Eure Schatullen geleert.«

Aus dem Schweigen konnte sie das Ausmaß ihrer Beleidigung ermessen.

»Nein«, sagte er endlich, »Ihr versteht nicht.«

»Ich verstehe sehr wohl«, entgegnete Yolande heftig. »Ihr seid stärker als ich. Hier ist niemand, der mir zu Hilfe kommen würde. Ihr könnt mir die Kleider ausziehen und meinen Körper untersuchen. Ich versichere Euch, daß er ohne Makel ist. Ich bin noch Jungfrau. Ich habe keine Verunstaltung. Der Prämie mangelt es vielleicht an Feinheit und Anmut, doch zweifellos ist sie eine kleine Anstrengung, für die Mitgift und ein Herzogtum, wert.« Die leblose Monotonie in ihrer Stimme schlug plötzlich um, wie ein Tier entblößte sie ihre Zähne. »Doch ich schwöre Euch bei den Gebeinen meiner Großmutter, daß Ihr kein Vergnügen an dieser oder irgendeiner anderen Nacht finden werdet. Ihr habt mich meiner

Mitgift wegen geraubt. Nun gut. Ihr könnt meinen Körper vergewaltigen, mich aber könnt Ihr nicht berühren. Wenn Ihr in Eurer Leidenschaft keucht und stöhnt, so blickt in meine Augen, denn sie werden geöffnet sein und Euch haßerfüllt betrachten. So wird Eure Mitgift aussehen, Monsieur. Achtzigtausend Goldflorins und lebenslanger Haß.«

Sie schluchzte unterdrückt. Durch die Öffnung des Kamins war das Ächzen des Windes zu hören.

»Yolande! Ihr versteht so vieles nicht. Ich bitte Euch, legt nicht die Last Eures Hasses auf meine Schultern. Euer Vater muß uns jetzt verheiraten, um einen Skandal zu vermeiden. Die Hochzeit Eurer Schwester ist festgesetzt. Der König, der Thronfolger, alle Adelshäuser werden anwesend sein. Ich habe sichergestellt, daß eine Doppelhochzeit daraus wird. Das ist alles. Ich werde Euch nicht anrühren, wenn Ihr nicht wollt. Euer Vater hätte Euch alles sagen sollen. Er hätte es nicht so lange vor Euch verheimlichen dürfen.«

»Was hätte er mir sagen sollen?«

Ferri de Vaudémont begann umherzulaufen; seine Schritte hallten geräuschvoll wider.

»Euch sagen, wer er ist, was wir sind. Warum wir heiraten müssen.«

»Ich bin keine Närrin, Monsieur de Vaudémont. Ich kenne den Grund sehr wohl. Da ist die Kleinigkeit der Erbfolge von Lorraine und achtzigtausend Goldflorins.«

»Nein, Yolande. Diese Art von Mensch bin ich nicht, solche Dinge bedeuten mir wenig. Es ist Eures Vaters wegen. Nach Italien verweigerte er den Gehorsam. Er hatte kein Recht dazu.«

Sie wandte sich vom Feuer weg. Die schreckliche Nacht in der Kapelle St. Maurice rief einen nagenden Schmerz in ihr hervor, doch trotzdem verstand sie nicht. Sie versuchte, sich auf seinen schlanken Körper vorzubereiten. Ihre Hände waren schweißnaß. O ja, er sah tatsächlich gut aus, wie ihre Mutter einmal gesagt hatte. Hübsch, sehr hübsch. Eine schöne

Stirn, eine kräftige Nase, gutmütige Augen, schmale und anmutige Hüften. Doch er wirkte nicht erregend auf sie.

»Wem hat er den Gehorsam verweigert?« fragte sie. »Philippe de Bourgogne? Weil die Hälfte des Lösegeldes nicht bezahlt worden ist? Pfui!« Voller Verachtung spuckte sie ins Feuer.

»Ihr wißt es, Yolande. Ihr habt gelauscht. Dem König hat er den Gehorsam verweigert.«

Ihr Mund öffnete und schloß sich wieder.

»Dem König? König Charles, meinem Onkel? Jener Mönch dient dem König? Unsere Hochzeit hat aber doch nichts mit dem König zu tun! Er wollte niemals, daß wir heiraten, er legte sogar Einspruch ein, er hatte nur Angst vor Philippe. Ich verstehe nicht«, sagte sie schließlich und wandte sich verzweifelt wieder den Flammen zu. Der Mönch, der Mönch. Der König von Frankreich, dachte sie, dingt sich grausame Fürsprecher.

»Nein. Euer Onkel Charles«, sagte Ferri de Vaudémont mit flüsternder Stimme, als ob noch andere als Geister ihn hören konnten, »ist nicht der König. Er wird nur König durch die Gnade und mit der Erlaubnis des wahren Königs genannt.«

Sie lachte grell. Ihre Mutter hatte ihr früher einmal gesagt, daß ihr Lachen grob sei.

»Monsieur de Vaudémont, wir alle wissen, daß der König ein Bastard ist, sein Vater war Louis d'Orléans. Doch er wurde in Reims gekrönt und mit dem heiligen Öl gesalbt. Mein Vater hat sein Knie vor ihm gebeugt. Er ist der König von Frankreich. Seid Ihr betrunken, oder habt Ihr den Verstand verloren?«

Sein Mund bewegte sich lautlos, er war einem Lachkrampf nahe. »Yolande, ich könnte Euch lieben lernen«, sagte er und hielt sich die Seiten.

Sie fing unsinnig zu kichern an. Sonst hätte sie nur schreien können.

»Der König«, sagte Ferri de Vaudémont, unvermittelt hatte er seine Selbstbeherrschung wiedergewonnen. »Seine Gnaden, der wahre König von Frankreich.«

»Ihr meint Henry von England«, flüsterte sie entsetzt. »Ihr steckt mit den verwünschten Engländern unter einer Decke.«

»Nein!« rief er, und sein Ruf hallte nach oben gegen die hohen Deckenbalken und die kalten Steinwände und prallte von dort zurück gegen ihre Ohren: Nein, nein, nein ...

Das leise Schlurfen der Mönchssandalen verband sich mit dem Echo. Seine aufrechte, von der Kutte eingehüllte Gestalt warf einen schlangenförmigen Schatten in die hinter ihm liegende Finsternis. Er betrat den Raum langsam, fast feierlich, wie ein Schauspieler eine Bühne, und blieb vor Ferri de Vaudémont stehen. Vergoldet vom Feuerschein, schlug er seine Kapuze zurück. Da sah Yolande endlich seine Augen: blaß, mit dunklen Ringen um die Iris, wie die Augen eines Nachttieres. Ferri de Vaudémont kniete nieder, ergriff die bleiche, gemeißelte Hand und küßte sie.

»Seine Gnaden, der König«, sagte er.

Yolande und der Mann in den Franziskanerroben sahen einander an. Im Feuerschein wirkte das weiße Gesicht wie Marmor. In der kalten Dämmerung war Ferri de Vaudémont, angespannt und zitternd vor Erschöpfung und Begeisterung, auf dem Streitroß von Joinville an den Hof von Nancy geritten, um ihrem Vater René d'Anjou, König von Sizilien und Neapel und Jerusalem, mitzuteilen, daß seine Tochter keine Jungfrau mehr sei. Sie ärgerte sich etwas darüber, daß dies nicht den Tatsachen entsprach, doch war sie deshalb wütend auf sich.

»Wer seid Ihr?« fragte Yolande, und ihr Blick glitt über die Oberfläche seiner blassen, schattenumringten Augen. Zu weit in sie vorzudringen, war eine Reise, die zu unternehmen sie noch nicht bereit war.

»Der König«, sagte er lachend. »Wie Euer Gemahl erklärt hat.«

Das Timbre seiner Stimme hatte sich verändert, es war leiser und tiefer geworden. Jede Spur eines Akzents war verschwunden. Jetzt erkannte sie diese wieder.

»Er ist noch nicht mein Gemahl«, sagte sie boshaft. »Mein Vater wird vielleicht eine Überraschung bereithalten.«

»Euer Vater wird gar nichts tun. Er hat versagt und muß dafür Wiedergutmachung leisten.«

»Ihr seid kein Mönch.«

»Offenbar nicht, Madame.«

Er lächelte. Seine blassen Augen flackerten, wie Feuer, das sich im klaren Wasser spiegelt. Yolande betrachtete die gewölbten Lippen. O Gott, dachte sie, was soll aus mir werden? Ich soll Ferri de Vaudémont heiraten, doch ich begehre diesen Mann.

An einem vorher bestimmten Punkt zwischen dem Feuer und den Schatten berührten sich ihre Augen und begannen zu kreisen. Yolande dachte unerklärlicherweise an das verrückte Bauernmädchen, das einmal nach ihrem Vater und einem Pferd gefragt hatte. Feuer und Asche am Ende der von Flammen erhellten Reise. Die Engländer aus Frankreich vertreiben. Den König in Reims krönen. Ich diene Gott und dem König. Welchem König? hatte sich das Kind verwundert gefragt. Dem König, dem König.

»Yolande«, sagte der König, »ich wollte Euch von Eurem Vater erzählen. Ich wollte Euch von mir erzählen. Wer wir sind, wonach wir streben. Ich glaube, daß ich statt dessen das *droit du seigneur* beanspruchen werde.«

Yolande war nicht überrascht. Sie wußte, daß sich das Rad des Lebens weitergedreht hatte, daß Zeit und Schicksal in dem vollen steinernen Mund der Schwarzen Madonna aufeinandergetroffen waren, die natürlich schon lange vorher alles gewußt hatte. Yolande fing an zu lachen, doch dieses Lachen war lautlos, sie hätte auch Atem schöpfen können.

»Yolande«, sagte der hagere Mann leise. »Deine Augen. Deine Augen verbrennen mich.«

* * *

M . . . Deine Augen verbrennen mich, sagtet Ihr, Deine Augen; und der Raum zwischen uns, zwischen Flamme und Schatten, war gar kein Raum, war eine Leere, in die das Feuer strömte, in die meine Erinnerung und meine Bitterkeit strömten, so daß das Feuer Eure Hände mich schon berühren ließ, bevor sie mich berührten, und alle Bitterkeit schwand. Ach, ist es nicht seltsam, welche merkwürdigen Dinge in unserer Erinnerung bleiben, wenn die Flamme alle Erinnerung auslöscht, welche unbedeutenden Dinge. Der Geruch des Wolfsfells, das sich unter uns krümmte, als wolle es eine Paarung auf feuchtem Waldboden zurückholen, und die Naht feiner goldener Haare, die sich Euren Bauch hinunterschlängelte. Und die Weichheit Eurer Haut an meinen Lippen, an verborgenen Stellen — ich hatte nicht gewußt, daß die Haut eines Mannes so weich sein kann wie die einer Frau; und die Geister, die sich herbeidrängten, um zuzusehen, denn kein Feuer ist wie das in Acheron. Die Erinnerung sank tief hinunter in das Blut des Körpers, der, obwohl noch jungfräulich und unberührt, sich an Jahrtausende von Liebe und sogar an die Zeiten erinnern konnte, als Sie sich mit der Schlange paarte und alles schuf, was lebt, und das Feuer, das Feuer.

Hexe nanntet Ihr mich und sagtet lachend, ich sei ein Feuergeist; ich müsse auf der Hut sein, damit man mich nicht verbrenne wie die arme Jungfrau Jeanne. Ich fragte Euch, mit Lippen, die satt und träge waren vor Befriedigung, was sie wirklich gesehen hatte. Ihr sagtet : Gesehen? Es gibt Sehen und Sehen. Sie sah die Götter. Jeder, der die Götter in ihrer wahren Gestalt gesehen hat, kann nur in die Flammen gehen. Erinnerst Du Dich an Aktaion? fragtet Ihr.

Ich erhob Einspruch: Aber sie sah doch die heilige Katharina und die heilige Margarete und den heiligen Michael. Und Ihr sagtet mir, daß Götter und Heilige von den Menschen erschaffen werden: Wie die Götter die Menschen erschaffen haben, so schafft der Mensch die Götter nach seinem Bild. Und was sind die heilige Katharina und die heilige Margarete und der heilige Michael, wenn nicht Gestalten, die der Mensch geschaffen hat — Brennglä-

ser, welche die Dinge aufnehmen sollen, die so strahlend sind, daß er ihren Anblick nicht ertragen kann.

Ich fragte Euch: War sie die Geliebte meines Vaters? Ihr lachtet. Euer breiter Mund zeigte beim Lachen reine, weiße Zähne. Nein, sagtet Ihr, René war nicht ihr Liebhaber. Ihre Geliebten waren nur die Götter. Arme Jeanne – sie war verkrüppelt. Den Körper eines Mannes hätte sie nicht tragen können und auch nicht sein Kind. Aber in gewisser Weise waren sie doch Liebende, sagtet Ihr. Denn was man erschafft, das liebt man auch.

Ich fragte Euch: Woher kam sie? Wie habt Ihr sie gefunden?

Ihr sagtet, daß Königin Ysabeau sie nicht gewollt habe. Niemand wußte von ihr. So wurde sie heimlich der Königin von Aragon übergeben. Um sie aus dem Weg zu schaffen oder zu verstecken – Ysabeau war es gleich. Ein totgeborenes Kind wurde ausgerufen, während der alte betrogene König in seinem Irrsinn heulte, weil er glaubte, er sei aus Glas, und in seiner stinkenden Zelle sein Bett beschmutzte. Aber, so sagtet Ihr mir, sie wurde nicht eigentlich gefunden: Sie wurde geschaffen, denn der Mensch schafft Menschen in der gleichen Weise, wie er Götter schafft. Und der Mensch, der das Wesentliche erfaßt und gestaltet, kann auch in einem verwirrten, häßlichen Mädchen, das unter einem alten Baum betet, ein Gefäß erkennen, aus dem Mythen fließen können.

Ich fragte Euch: Wer hat sie erschaffen? Wer hat sie geformt?

Und Ihr sagtet: Dein Vater, Yolande. Wer anders als Dein Vater?

Ich sagte: Ihr habt ihn zum Weinen gebracht. Ich sah, wie Ihr ihn verletzt, wie Ihr ihn zerbrochen habt, und ich haßte Euch dafür. Warum habt Ihr ihn zerbrochen?

Ihr lachtet wiederum. Euer Mund lachte weiß, aber Eure blassen Augen wurden zornig. Ihr sagtet: Ja, ich habe Dich damals vor der Tür, im Dunkeln, gesehen, und ich hielt Dich für eine Erynnie, und ich habe mich gefürchtet.

Ich fragte Euch: Habt Ihr Euch wirklich vor mir gefürchtet? Habt Ihr Euch jemals gefürchtet? Wer seid Ihr?

Ihr sagtet: Ich bin ein Mann. Manchmal habe ich Angst um mein Leben, denn ich bin jung. Manchmal um meine Träume, denn mein ganzes Geschlecht ist auf der Flucht. Manchmal fürchte ich den Tod, denn ich bin ein König und habe keine Söhne. Vor einer Frau hatte ich mich vorher nie gefürchtet. Aber schau mich nicht so an, berühr mich nicht auf diese Weise, denn ich habe Angst, Du könntest das Fleisch von meinen Knochen essen, wie ein Wolf, nein, tu es nicht, oder Du findest den geheimen Ort, wo mein Wille und mein Geist und mein Fleisch mit einem einzigen Band zusammengeknotet sind, und Du wirst das Band mit Deinen Lippen, mit Deinen Augen zerschneiden, ja, so, so zerschneidest Du das Band.

Es war in jener Nacht in Angers, Euer Gnaden, daß er mir die Kette aus goldgefaßten Saphiren gab. Ihr, Ihr habt ihn seiner Qual und seinen Selbstvorwürfen überlassen. Ihr sagtet: Was habt Ihr in Italien getan? und dann habt Ihr ihn gemartert und ihn allein gelassen. Ich fand ihn und hielt ihn, während er weinte. Ich sah nicht einmal auf das Manuskript, das offen und einladend auf dem Tisch lag, das der junge Florentiner gebracht hatte. Es war nicht die Zeit, Manuskripte zu lesen, die vielleicht Legenden waren, denn auf dem Boden des Raumes lagen überall die Scherben zerbrochener Würde und Männlichkeit.

Er sagte mir nichts in jener Nacht. Und ich verstand nichts. Er gab mir die Kette und nannte mich seine schwarze Prinzessin und sagte mir, daß ich eines Tages mehr begreifen würde. Ihr wußtet alles und wart dennoch entschlossen, ihn zu verderben. Ich wußte nur, daß er ein schmaler Lichtschein war, wie eine einzige Kerze in einem großen Saal voller Schatten, eine einzige Flamme nur, die aber ein Feuer hätte entfachen können. Ihr habt ihn beinahe ausgelöscht. Er brauchte danach lange, um zu genesen. Ganze Monate verbrachte er damit, in den Gärten von Angers seltene Rosen zu pflanzen und Vögel mit exotischem Federschmuck in vergoldeten Käfigen zu bewundern. Und dann endlich las er das Manuskript. Hofft Ihr immer noch, daß ich Euch vergebe?

Vierzig Jahre sind vergangen, Euer Gnaden. Meine Stiefmutter hat ihm ein schönes Grabmal errichten lassen, und die Würmer werden ihn nicht anrühren. Es gibt so vieles, das ich nicht vergeben kann. Ich bin im Zeichen Skorpion geboren, und wir können nicht so leicht verzeihen, denn das kommt uns so wie ein Tod vor. König Louis, der im Sterben liegt, hatte bei seiner Geburt den aufsteigenden Skorpion im Osten; auch er kann nicht vergeben. Aber mein Vater hatte ebenfalls den Aszendent Skorpion, und er verzieh Euch. Der Tod in vielerlei Gestalt schreckte ihn nicht. Nur der Tod anderer raubte ihm den Schlaf. Um Eurer schmalen Hände willen, die mich einst verbrannten, und um Eurer weißen, reinen Zähne und Eurer Augen willen, die mich aus dem männlichen Gesicht meines Sohnes anschauen, und um der Kraft der Muskeln willen, die im Feuerschein auf Eurem Rücken und Eurem Gesäß spielten, eine vierzig Jahre alte, feuergemeißelte Erinnerung an Euch, dessen Namen ich keinem nennen darf, weil Ihr der König aus dem alten Geschlecht seid und ich die Dienerin, die Ihr berufen habt: Kann ich Euch, wegen all diesem, vergeben?...

4

In Florenz hatte Cosimo de Medici dem König von Sizilien zwei Türkenkinder geschenkt, die er aus Venedig bekommen hatte. Nun waren sie zu hoffnungsvoller Männlichkeit herangereift und marschierten turban- und juwelengeschmückt an der Spitze eines Zuges, der sich von der Place de Carrière durch die Straßen von Nancy zum herzoglichen Schloß bewegte. Die Türken trugen kurze Blusen aus rotem und weißem Damast, und ihre Beine steckten in bunten Seidenhosen. Jeder von ihnen führte an einer silbernen Kette eine Löwin mit.

Die Löwinnen hätten wohl Mitleid mit den Türken haben können, denn das Gedränge der Stadtbevölkerung und das Durcheinander von singenden, jubelnden und kreischenden Stimmen war furchterregend. Von der feierlichen Zeremonie in der Kapelle St. George bis zum Turniergelände auf der Place de Carrière, und nun wieder zum Château zurück, wogte die Menschenmenge und stand knöcheltief in einem Blumensumpf. Das Geräusch war so beständig und durchdringend wie Ebbe und Flut. Jede Adelshochzeit war ein Anlaß zum Feiern. Diese war Anlaß zu Freudentaumel und Delirium, denn die beiden Bräute waren Töchter ihres geliebten Herzogs, des Königs von Sizilien, und solch eine Pracht hatte man in Nancy seit Menschengedenken nicht mehr gesehen. Außerdem würde diese Hochzeit zwei Kriege beenden: den Bürgerkrieg in Lothringen und den Krieg zwischen England und Frankreich.

Die Löwinnen blieben jedoch stumm — sei es aus Verstocktheit oder weil die Tiere instinktiv um die Sinnlosigkeit menschlicher Träume wußten.

Didier, der Zwerg, war unpassenderweise in Silber gekleidet und schwang das Hochzeitsbanner, das die Embleme der Königshäuser von Lancaster und Anjou trug. Er ritt der königlichen Gesellschaft auf einem riesigen fuchsfarbenen Streitroß voran. Er hätte wohl lächerlich aussehen können, wäre da nicht eine gewisse, schwer zu definierende Würde um ihn gewesen. Er machte sich Sorgen um Yolande.

Das Turnier war, wie alle künstlerischen Schöpfungen König Renés, ein Meisterwerk an Stil, Farbe und Harmonie gewesen. Obwohl einige Personen, von denen man wußte, daß sie zum Hof des Dauphin Louis gehörten, *sotto voce* Bemerkungen darüber machten, daß der König von Sizilien die glänzende Oberfläche des Lebens allzusehr liebe und daß es ihm viel zu viel Spaß mache, das Geld des Königs von Frankreich auszugeben, fand beinahe jeder das Erlebnis äußerst erhebend. Es war mehr gewesen als eine Vorführung von gewandten Rittern und königlichen Stallmeistern, die ihre kriegerischen Fähigkeiten unter Beweis stellten. Jede Komponente war sorgfältig abgestimmt, von der Musik bis zur Farbe der Pferde. Der König von Sizilien hatte selbst eine glänzende Vorstellung geboten, als er gegen König Charles ritt: in schwarzer Rüstung, mit schwarzer Lanze, schwarzem Schild und schwarzen Samtbehängen, die wie Seufzer eines Trauernden vom Sattel in den Staub des Platzes hingen. So erinnerte er daran, daß alles Leben vergänglich ist — und daß die Hochzeitsnacht auch die Entführung der Jungfrau in die Unterwelt, in die Nacht des Todes bedeutet.

Und wirklich war das ganze Turnier ein Zauberbild gewesen. Didier verstand etwas von Zauberbildern. Irgendwo in den Sehnen und den Arterien seines kleinen entstellten Körpers spürte er die Beschwörung der gestaltlosen Götter, wie sie in irdische Symbole flossen, die wie Spiegel geschaffen waren, um die Gabe zu empfangen. Wie oben, so unten: Das war die Kunst von Hermes, dem Magier. Für die anderen war es nur ein ungewöhnlich fröhlicher und bezaubernder Nachmittag gewesen, an dem Gedanken unbekannter und seltsam leichter Art die sonst dunklen Gänge ihres Verstandes erhellten.

Zwei Dinge ließen dem Zwerg keine Ruhe, als er durch die

Straßen ritt. Er fühlte sie mehr, als daß sie ihm bewußt waren. Didier hätte seine Ahnungen in keiner menschlichen Sprache ausdrücken können. Sein Herr verstand ihn meist; Yolande auch. Und noch jemand. Diesmal aber schien sein Herr die feinen, verstohlenen Wege, in denen der Zwerg sich verständlich zu machen pflegte, absichtlich zu übersehen. Didier fragte sich, ob König Renés hell wie die Sonne blitzender Geist das wahre Ausmaß und die wirkliche Natur des Schattens, der vor ihm lag, erkannt hatte.

Der Zwerg wußte genau, was mit Yolande nicht stimmte. Am frühen Morgen, als die Kammerfrau den Schleier aus reiner Seide um ihren Kopf drapiert und ihr in die Wangen gekniffen hatte, um ihnen Farbe zu geben, war Yolande in Ohnmacht gefallen. Allgemein wurde angenommen, daß Angst und Aufregung sie überwältigt hätten: Das kam bei adligen, behüteten Bräuten nicht selten vor. Ihre Reise durch den Acheron war nur vier Menschen bekannt, und die Wahrheit darüber wußten nur zwei. Die Kammerfrau flüsterte dem Oberhaarkünstler zu, daß man dieses Mädchen schwer durchschauen könne. Wer wußte schon, was sie von dieser Heirat hielt? Sie war nicht bereit, ihre Gefühle irgend jemand mitzuteilen. Die Schwester dagegen konnte man so leicht verstehen wie ein farbenprächtiges Banner im Wind.

Sie hatten Yolande sanft auf einen Divan gebettet, ihr brennende Federn unter die Nase gehalten und mit Rosenwasser getränkte Leintücher auf ihre kalte Stirn gelegt. Yolande war schnell wieder zu sich gekommen und hatte dann während der ganzen monotonen Zeremonie eine, wie es schien, heitere Würde bewahrt. Nur Didier hatte beobachtet, daß sie unter dem glänzenden Seidenbaldachin, als sie in die Namensliste schaute, ungewöhnlich viel Wein trank und daß ihre Hände unmerklich zitterten; und daß sie ihren Vater nicht ansehen wollte. Ferri de Vaudémont, der nun ihr Gemahl war, auch nicht, obwohl er das Turnier gewonnen hatte. Nicht einmal dann schaute sie ihn an, als er ihr vom Rücken seines Kampfrosses aus, entsprechend der Sitte, stolz die Trophäe präsentierte, die er erstritten hatte. Yolande hatte ihre bleiche Hand ausgestreckt und die Gabe angenommen, aber ihre verschleierten Augen waren dabei zu Boden gerichtet.

O ja, Didier wußte, was mit ihr geschehen war. Das Rad des Lebens hatte sich gedreht. Er konnte es in der eigenartig geladenen Atmosphäre um sie herum förmlich riechen. Es war, als wäre sie gezeichnet.

Das zweite war schwerer faßbar, war unheimlicher. Es betraf den Dauphin Louis.

Der Dauphin Louis hatte im Elsaß gekämpft, eine zerlumpte Armee von *écorcheurs* gegen die Schweizer geführt. Dem König Charles war es ratsamer erschienen, seinen rätselhaften und furchterregenden Sohn in sicherer Entfernung zu halten; und er hatte in irgendeinem unterirdischen Gang seines schwerfälligen Hirns gehofft, daß Schweizer Lanzen oder die Pest sein Problem für ihn lösen könnten. Doch Louis hatte sich als geschickter Führer erwiesen, sogar gegen die sprichwörtlich unbesiegbaren Schweizer. König Charles, der sich daran versuchte, einen ungenießbaren Brei aus Eifersucht, Widerwillen, Schuld und Pflicht zu verdauen, hatte ihn unerklärlicherweise zurückbeordert. Und nun war er in Nancy, eine langsame, schmale, finstere Gestalt, die an diesem strahlenden Tag einen Schatten auf die leuchtenden Blüten warf.

Nicht, daß er sich schlecht benahm. Er sprach fast die ganze Zeit nur mit den unansehnlichen Mitgliedern seines Hauses. Es war bekannt, daß er seinen Vater in gewisser Weise verachtete, und ebenso den alten Adel, der so schamlos einen derartigen Luxus zur Schau stellte, während das Volk nach so vielen Jahren des Krieges immer noch hungerte und litt. Der Dauphin verstand sich nicht auf Zauberbilder. Trotzdem war er einigermaßen höflich, sogar seinem prunkliebenden Onkel, dem König von Sizilien, gegenüber. Der Zwerg spürte jedoch aus Gründen, die nur die langsame, unerbittliche Logik seiner Instinkte kannte, wie sein Atem rasselte, seine Stirn feucht wurde und sein Magen sich zusammenzog, sobald die schmale, graugekleidete Gestalt heranschlich. Didier brachte es nicht über sich, ihm in die Augen zu sehen.

Natürlich gab es die normalen politischen Rangeleien. Die konnten überall vorkommen und waren nichts Neues. Jeder Höfling suchte einen Platz neben dem König zu erhaschen. Die besten Plätze waren jedoch schon besetzt: von Agnès Sorel, der exquisiten Geliebten des Königs, und von seinem sympathischen und begabten Schwager, dem liebenswürdigen König von Sizilien. Daß die königliche Mätresse und der königliche Schwager spät in der Nacht, in kleinen abgedunkelten Räumen, im Schutz von Wandbehängen, hinter denen niemand etwas vermutete, über seltsame Dinge sprachen, das wußte man nicht. Für den Dauphin Louis war es schlimm genug, daß es am Hof nur so von Leuten aus Anjou wimmelte. Man mußte mit Neid und Eifersucht rechnen.

Didier hätte sich wohler, ja sogar glücklich gefühlt, wenn es nur um Neid oder Eifersucht gegangen wäre. Wie eine besorgte Mutter blickte er auf die bunte königliche Gruppe zurück, die hinter ihm ritt. Der König und seine Gemahlin Marie d'Anjou, der König und die Königin von Sizilien und René d'Anjous Sohn Jehan mit seiner Gemahlin Marie de Bourbon. Ein Bräutigam, Ferri de Vaudémont, ritt allein, sein Gesicht war ganz nach innen gekehrt, nach außen wirkte es glatt und nichtssagend. Seine Frau hatte sich als Rätsel entpuppt. Der andere Bräutigam, König Henry VI. von England, kniete irgendwo jenseits des Kanals auf einem kalten Steinfußboden und verlor sich in gefährlichen Verzückungen seines unerwartet fleischfressenden Geistes. Sein Stellvertreter, der alternde, gepflegte Earl of Suffolk, ritt neben Marguerite. Sie sprudelte und schäumte über wie ein Sturzbach. Yolande ritt neben ihrem Vater, eine dunkelgemeißelte Figur in einem bunt aufgeputzten Brautkleid.

Wie betäubt saß sie neben ihrem Ehemann an der Festtafel. Musikanten überschütteten die Tafelnden mit einem Schwall süßer provenzalischer Weisen. Der große Saal war geschmackvoll mit goldenem, tiefrotem und weißem Stoff geschmückt, mit einem Heer von Bannern, Tausenden von Kerzen und vielen, vielen Fackeln in vergoldeten Haltern. Fünf gemalte Schilde waren oben an den Wänden zu einem fünfeckigen Bild zusammengestellt: die zwei Fische von Bar, das doppelarmige Kreuz Jerusalems, Lothringens silberne Adler, die weißen Lilien von Anjou, die umrandeten Lilien von Neapel und Sizilien.

Der Tisch des Königs stand auf einem Podest vor einem Wandteppich: vor demselben Wandteppich, den der alte Herzog Charles de Lorraine von Philippe de Bourgogne bekommen hatte. Wäre Yolande zu diesem Zeitpunkt in der Lage gewesen, auch gewöhnliche Dinge wahrzunehmen, dann hätte sie wohl bemerkt, daß die beiden Schlitze — einer über den Trauben und der andere zwischen den gefalteten Fingern des Engels — nicht ausgebessert worden waren. Durch sie schlängelte sich ein Gewirr von unwillkommenen Erinnerungen in die Vergangenheit und in die Zukunft. Vom Boden stieg ein betäubender Geruch nach frischem Gras, Rosmarin und wildem Thymian auf. Die duftende Wolke legte sich schwer auf die Augen und die Brust der Braut. Der Raum schwankte in goldfarbenem Nebel. Die Stimmen und die Musik hämmerten boshaft gegen ihre Schläfen. Yolande hielt sich am Tisch fest und hoffte, er würde sich als Freund erweisen, wenn sie fallen sollte. Eine starke Hand schloß sich um ihr Handgelenk. Sie wandte sich unerträglich langsam um und sah, wie durch einen mit Saphiren und Narzissen geschmückten Tunnel, die dunklen, schwerlidrigen Augen ihres Mannes.

Gut, früher oder später wird er es erfahren müssen, dachte sie, er ist kein Dummkopf. Der Earl of Suffolk zu ihrer Rechten, der versucht hatte, den Geruch nach Alter und unerfüllbarer Hoffnung mit einem Schwall von Jasminwasser zu überdecken, erzählte ihrer Schwester gerade eine amüsante Geschichte über den jungen König von England. Er hatte schlechte

Zähne. Marguerites reizendes Gesicht blühte in seine Worte und sein Lächeln hinein und trank Sonnenschein und Träume.

Ferri de Vaudémont lehnte sich zu seiner Braut hinüber und sprach mit der Selbstsicherheit eines Ehemannes und der Bescheidenheit einer Schachfigur, die weiß, daß sie Glück gehabt hat.

»Wenn Ihr ohnmächtig werdet«, sagte er, »wird es Gerede geben.«

Ein Geruch nach toten Narzissen traf sie.

»Es wird ohnehin Gerede geben, Monsieur«, sagte sie brutal, »in sieben Monaten.«

Sein Gesicht fiel auseinander, als ob sie es zertrümmert hätte. Zum ersten Mal durchzuckte sie ein ganz ungewohnter Blitz von Reue: nicht, weil sie sich schuldig fühlte, sondern weil er litt. Aber er mußte doch gewußt haben, als er von Joinville in die kalte Dämmerung hinausritt, was er dort zurückließ.

Er schaute und schaute sie nur an. Von weit, weit her folgte sie den beiden Narben auf seinem Gesicht: Eine zog sich über dem linken Auge hin, die zweite wand sich an den Wangenknochen hinunter. Es waren dünne, gutverheilte Narben, sie verunstalteten ihn nicht. Doch ihr schien plötzlich sein ganzes Gesicht mit Narben übersät.

Eine Stimme sprach, die sie schließlich als ihre eigene erkannte.

»Ferri«, sagte sie sanft, »Ferri, es tut mir leid. Es war, ich konnte nicht, oh, warum habt Ihr mich dort gelassen, mit ihm?«

»Nein, nicht«, sagte er.

»Ihr müßt ihm vergeben«, flüsterte sie, »denn er trägt nicht allein die Schuld.«

»Ich habe so lange auf Euch gewartet«, sagte er, »Euch so lange begehrt.«

Yolande konnte nichts sagen.

»Ich habe nicht das Recht«, war seine Stimme zu vernehmen, die aus einem unerkennbaren Scherbenhaufen hervorquoll, »in Zweifel zu ziehen, was er getan hat.« Das zerschmetterte Gesicht glättete sich langsam wieder. »Ich werde das Kind als meines anerkennen«, sagte er mit belegter Stimme. »Ich muß es wohl als Ehre betrachten.«

Weiter unten am königlichen Tisch saß Yolandes Vater, der scheinbar die strahlende Oberfläche des Lebens liebte; er fütterte die vierzehnjährige Hofdame seiner Frau, Jehanne de Laval, mit gezuckerten Pflaumen. Alles lachte. Die Musikanten lachten durch ihre Lauten und Flöten und Geigen. Frieden, es würde Frieden geben. Wein floß, Toasts wurden ausgebracht. Yolande mochte nicht in die dunkle Ecke schauen, wo der Dauphin hockte. Sie hatte es gesehen, genau wie Didier.

Der König von Sizilien, der nach Rosen duftete und in seiner mit Hermelin besetzten Brokatrobe prächtig anzusehen war, erhob sich und verkündete, daß es nun Belustigungen und darauf Tanz geben würde. Ein Dienerschwarm tauchte auf, um leere Becher neu zu füllen. Die Musikanten stimmten einen langsamen und doch hüpfenden Rhythmus an. Didier, der Zwerg, sprang flink auf die Tischplatte, die beiden jungen Türken folgten nach. Sie fingen an, mit Früchten zu jonglieren, und machten Handstand. Der Zwerg gab eine ausgezeichnete Vorstellung als Komiker: Er fiel, er plumpste, er wand sich, schwankte hin und her und stolperte herum, er bekam Pfirsiche und kandierte Orangen ins Gesicht und gegen den Bauch. Seine Hosenklappe war riesig groß und mit Englands Löwen und den Lilien von Anjou bestickt. Die Türken waren fast nackt; nur blutrote Seide war üppig um ihre Lenden gewunden. Nun begannen sie, Feuer zu schlucken und mit kleinen Messern zu jonglieren, während der Zwerg herumzappelte, als wäre er aus Gummi, sie nachäffte und Fratzen schnitt. Gelächter schwoll an und ließ nach, schwoll an und ließ nach, wie Regengüsse.

Yolande saß ruhig da und blickte in das traurige, weiße

Gesicht des Zwergs. Die Hand ihres Mannes lag noch um ihr Handgelenk.

»Ich werde Euch andere Kinder gebären«, sagte sie still. Er sagte nichts, doch sein Griff wurde fester, so als hätten sie einen Pakt geschlossen.

Didier und die Türken stellten jetzt pantomimisch einen Raubüberfall dar. Die dunklen Körper, beide mit einem langen Messer bewaffnet, standen über dem Zwerg und gestikulierten; der warf mit Pfirsichstückchen um sich und schützte seinen Hosenlatz mit einer Brotplatte. Die Musik raste nun wie angstvolles Herzklopfen. Einer der Türken führte einen Stoß gegen die gepolsterte Tunika des Zwergs, durchstach gleichzeitig eine verborgene, mit Schweineblut gefüllte Blase. Das Ding platzte mit einem leisen Knall, den Yolande vernahm, während das verzückte Publikum Geräusche von sich gab, als wäre es erschreckt, erstaunt oder auch erfreut. In hohem Bogen spritzte es blutrot aus dem durchbohrten Wams, und der Zwerg drehte Pirouetten und tanzte herum und jaulte leise. Und wie er so spritzte, wandte er sich um und schlug einen halben Purzelbaum rückwärts. Durch irgendeine Verschwörung von Luft und Fackelschein richtete sich der Strahl, wie von selbst, auf die dunkle Ecke, wo der Dauphin saß.

Endlich blickte Yolande dorthin. Louis traf es wie ein Schlag. Sein unschönes Gesicht, das durch die Hängenase seines Vaters und durch schlaffe Lippen verunstaltet wurde, sah verblüfft und verwirrt aus, so als hätte man ihn bei der Darmentleerung ertappt. Über seine Stirn hatte das Schweineblut ein heiliges Zeichen gemalt. In roten Rinnsalen lief es vorn an seinem grauen Gewand herab. Es tropfte von seiner linken Hand, die überrascht worden war, als sie einen Brotbrocken aufklaubte.

Ein kleiner Seufzer entrang sich den Feiernden. Die Musikanten beeilten sich, die Spuren zu übertönen. Munteres Gekicher überbrückte nach und nach den jähen Abgrund.

Der Earl of Suffolk stieß ein vergnügtes Brüllen hervor, und Jehan d'Anjou wieherte wie ein Pferd. König Charles machte einen Witz über heiliges Öl. Es wurde gelacht, alles schien wie immer zu sein. Der Dauphin, der seine Fassung zurückgewonnen hatte, starrte den Zwerg drohend an, der seine Ungeschicklichkeit oder seine seherischen Fähigkeiten gar nicht bemerkt zu haben schien und fortfuhr, mit den Türken herumzutollen.

Yolande sah ihren Vater an. Sein gutmütiges, edles Gesicht war sonderbar leer. Die tiefblauen Augen waren verschleiert. Ein dummer Streich, schienen sie den Zuschauern zu sagen, ein Unfall, ein törichter Zwerg — natürlich wird er dafür ausgepeitscht werden. Didier kletterte vom Tisch, warf mit einem Stück Marzipan nach dem alternden Bräutigam-Stellvertreter und verschwand. Die Türken hüpften hinterdrein, wobei sie Saltos schlugen. Der Dauphin saß bewegungslos wie eine Schlange. Er hatte seine Hand abgewischt und auch sein Gewand, wo nun ein brauner Fleck zu sehen war. Auf seiner Stirn aber leuchtete immer noch das eingetrocknete Zeichen.

Die Diener schoben im hinteren Teil des Saales mit viel Getöse die Tische zur Seite, um eine Tanzfläche zu schaffen. Die Musikanten glitten in eine *estampie* über — das war eine ungefährlichere Beschwörung. Ein kleines Häuflein Geistlicher war verspätet eingetroffen. Sie meinten wohl, ein Abend voller Gebete müsse Gott genügen; nun waren sie bereit, ihren Sinnen etwas zu gönnen. Das Gesicht des Bischofs von Toul, der die Hochzeitszeremonie abgehalten hatte, war schweißnaß und glänzte im Fackelschein wie ein Ei.

Ferri de Vaudémont legte seine Hand unter Yolandes Ellbogen. Ihre Augen waren noch erfüllt von der bluttropfenden grauen Gestalt. Sie wußte um die Wahrheit dieser Vision, aber sie kannte ihr Zeichen noch nicht. Sie zitterte, als hätte ein kalter Wind sie getroffen. Sie hätte schreien mögen. Sie wußte, wie es für Jeanne gewesen war. Sie mußte das Feuer willkommen geheißen haben.

»Yolande«, sagte der Bräutigam mit Nachdruck. »Wir müssen tanzen. Wir müssen einmal zusammen mit Eurer Schwester und Suffolk tanzen. Dann gehen wir. Man wird nur kichern und lachen und Witze über unsere Eile machen. Wir sind hier nicht das Paar, auf das es ankommt. Ich muß mit Euch sprechen. Bevor ich nicht mehr sprechen kann.«

Seine Hand zog ihren Ellbogen von der sicheren Stütze des Tisches fort. Sie stand schwankend auf und lehnte sich an ihn. Marguerite war voller Anmut zum Saalende geeilt und führte den schwitzenden Suffolk an der Hand. Ihr weißes Kleid umflog sie wie eine Blume. Die Musik rieselte auf sie nieder wie ein Blütenregen. Ein großes Gedränge hatte begonnen, weil alle Paare von den Tischen aufgestanden waren. Körperliche Bewegung würde Schatten und Vorahnungen vielleicht vertreiben. Yolande hatte den Saal zur Hälfte durchmessen, als sie sah, wie ihr Vater, der sich gerade erhoben hatte, erstarrte.

Sie blieb stehen, wie vom Blitz getroffen.

Das Häuflein der Geistlichen hatte sich gelichtet und war auseinandergelaufen. Sie konnte das glänzende, weiße Gesicht des Bischofs von Toul erkennen und das rote, eingefallene des Bischofs von Brescia, dem Gesandten des Papstes. Sie sah die Schar brauner Ameisen. Blasse Augen, die sie auf eine so große Entfernung, in einem solchen Gedränge, eigentlich nur hätte ahnen können, suchten nach ihr. Die Gesichter und die Stimmen wichen zur Seite, um einen Durchgang zu schaffen. Undeutlich nahm sie Ferri de Vaudémonts regungslose Gestalt wahr, die, wie durch den Blick eines Gorgonenhauptes, zu Stein geworden war.

Louis, der Dauphin, kroch langsam aus seiner Ecke hervor, wie eine Spinne, die unterirdisch etwas strömen fühlt. Aber auch er mußte bewegungslos stehenbleiben, aufgehalten durch eine unsichtbare Schranke, die ihm keine Bewegung gestattete. Die fünf Personen standen ganz starr inmitten der brodelnden Menge.

Für Yolande hatte sich jede andere Vision aufgelöst. Nur

noch die blassen, dunkel umrandeten Augen waren da, die aus dem ausgezehrten weißen Gesicht hervorstachen.

Zuerst glaubte sie, sie würde ohnmächtig werden. Dann aber straffte sie sich, denn sie war eine Prinzessin von Anjou-Lorraine und die Tochter ihres Vaters. Sie blickte über die leuchtende Oberfläche des von Menschen wimmelnden Raumes hin, legte ihre Hände behutsam über ihren Leib und lächelte.

TEIL II

LOUIS

DIE SPINNE
1445-1453

Schlechtigkeit liegt in der Natur der Menschen, da es unter ihnen kein Verständnis gibt für die Dinge, die geweiht sind. Denn das Wissen um die Dinge, die geweiht sind, ist wahrhaft das Heilmittel der stofflichen Leidenschaften.

Wenn aber Unwissenheit herrscht und es in der Seele des Menschen kein Verstehen gibt, dann dauern die unheilbaren Leidenschaften der Seele an. Und zusätzliches Übel kommt mit den Leidenschaften in Form einer unheilbaren Wunde. Und die Wunde nagt beständig an der Seele, und durch sie gebiert die Seele Würmer des Bösen und stinkt. Aber Gott ist nicht die Ursache dieser Dinge, denn er hat den Menschen Wissen und Verstehen gesandt.

Corpus Hermeticum

5

Quer über das Schießschartenfenster stieß eine Spinne einen einzelnen Faden. Sie kroch in ein ockerfarbenes Loch, das die Sonne beschien, und zog sich dann schnell wieder zurück, weil die Helligkeit sie schreckte. Sie kroch denselben Weg zurück und fügte ihrem Faden einen weiteren hinzu, hing dann still und beobachtete.

Louis, der wie gewöhnlich in schmutziges Grau gekleidet war, kauerte am Fenster. Der Tag versprach heiß zu werden, obwohl sich jetzt noch Nebel, klebrig wie ein unerwünschtes Gefühl, an den zu Figuren geschnittenen Hecken des Parks festklammerte. Über den feuchten Boden marschierte im blassen Schein des Morgens die schottische Garde des Königs.

Seine Hände, die ständig in Bewegung waren, webten rastlos an einem unsichtbaren Muster. Die knotigen Finger verschränkten und lösten sich wieder voneinander. Seine schiefe Kinnlade, die unter herabhängenden Lippen unbeugsam blieb, war grimmig zusammengepreßt. Sein Gesicht war wachsfarben. Er hätte wohl mit den Fingern an der Steinmauer gekratzt, wären seine Hände nicht so fest ineinander verschlungen gewesen.

Sein Vater, der König, wies ihn immer nur zurück, verspottete, verlachte ihn. Nun auch die Braut, die Louis wollte, die er ihm verweigerte und damit seine Pläne zunichte machte.

Unschuldiges, morgendliches Strahlen streifte die kegelförmigen Helme, die sich in würdiger Ordnung bewegten: ein Hellebardenwald, glänzende Harnische, vergoldete Spangen und Verzierungen. Louis starrte auf die Hecken. Dreißig Bogenschützen, mehr würde er nicht brauchen. In Gedanken sah er aus den Schatten jener albernen Puppen, die man aus dem Laub geschnitten hatte, Bogenschützen kriechen. Grün wie die Büsche, unsichtbar in all dem Laub und Gras. Pfeile wurden aufgelegt. Eine unmerkliche Bewegung der befehlenden Hand. Seine Finger woben und zeichneten Figuren. Das feine Sirren, das Zischen von dreißig Pfeilen zur gleichen Zeit, und das leise, zupfende Geräusch, wenn sie sich oberhalb der Rüstung in die Adern und Muskeln von ungeschützten Hälsen fraßen. Blut auf dem grünen Gras, dem wunderbar gepflegten Rasen des Parks von Chinon; glänzende Körper, die leblos und blutleer niederstürzten.

Louis blinzelte und sog an seinen Fingern. Der Traum verblich. Die schottische Garde, die Beschützer des Königs, marschierte noch immer vor und zurück, und das Sonnenlicht glitzerte auf den Helmen und den Hellebarden, den Harnischen, den Spangen und Verzierungen.

Nur dreißig Bogenschützen. Wenn er doch nur dreißig finden könnte! Er starrte so sehnsüchtig auf die schottische Garde des Königs, daß es nicht verwundert hätte, wenn sie unter dem Ansturm seines Hasses niedergesunken wäre.

Zwei Männer waren bei ihm in seinem abgelegenen Gemach. Sie beobachteten den Dauphin, sprachen aber nicht, denn sie waren nicht angesprochen worden. Hin und wieder sahen sie einander verstohlen an, so als hofften sie, der andere könne das Rätsel der kauernden Gestalt am Fenster lösen.

Der ältere von ihnen hieß Antoine des Chabannes, Comte de Dammartin. Er war ein ehemaliger *écorcheur*, der in der armseligen Gardetruppe des Dauphin aufgestiegen war. Er hatte mit Louis gegen die Schweizer gekämpft. Weil der Comte de Dammartin an Frankreichs Zukunft glaubte und glühend die Ankunft des legendären Großen Monarchen erwartete, der diese Zukunft verwirklichen sollte, folgte er Louis wie ein treuer Hund. Man konnte schließlich nicht wissen, aus welchem unansehnlichen Keim ein Großer Monarch entstehen konnte.

Der jüngere Mann saß im Schatten. Das Morgenlicht fiel noch nicht auf sein schmales, kluges Gesicht. Er trug smaragdgrüne Seide, die seiner kleinen, hageren Gestalt Würde verlieh. Zahlreiche goldene Ringe schmückten seine Finger. Er war ein Kaufmann: der reichste Mann in Frankreich. Wegen seiner Hakennase sagte man von ihm, sein Vater sei Jude gewesen. Sein Name war Jacques Coeur. Aus seinen Schatullen war die Armee des Königs bezahlt worden, die kürzlich die Engländer aus den meisten Gebieten der Normandie und der Guienne vertrieben hatte. Seine Mittelmeerflotte trieb Handel zwischen Marseille, Genua, Konstantinopel und dem Osten. Er war auch der Kämmerer des Königs. Man wußte, daß Jacques Coeur von allen Heiligen am meisten die heilige Magdalena verehrte, denn er hatte nach ihr sein schnellstes und schnittigstes Schiff benannt.

Die prächtig beschuhten Füße des Kaufmanns stießen gegen die verwesenden Knochen, die von den Hunden auf dem Boden zurückgelassen worden waren. Die verschimmelten Gobelins und die modrigen Bettvorhänge strömten einen muffigen Geruch aus. Die geschnitzten Stuhlbeine waren von den Hunden unbarmherzig angenagt worden. Staub hatte einen schwermütigen Schleier über die elfenbeinerne Makellosigkeit der Jungfrau Maria auf dem Betstuhl gelegt. Am Ende des langen Gangs, fünf Räume entfernt, vergnügte sich König Charles in einem sauberen, prunkvollen Gemach, das nach Sommer duftete und voller Sonnenlicht war, unter parfümierten Seidenvorhängen mit der wunderschönen Agnès Sorel im Bett.

Die Spinne, deren Geduld schließlich belohnt wurde, krabbelte unvermittelt, als sie ihre Beute ausgemacht hatte, über die Schießscharte. Es war ein kleiner weißer Falter, der träge auf den Lichtfleck zugeirrt war. Die schwarze Gestalt kroch beinahe freundschaftlich über die weißen, verschlungenen Knöchel von Louis' spinnenden Händen.

Er wandte sich langsam vom Fenster ab. Seine blinden Augen starrten am Comte de Dammartin vorbei, dessen brutales Gesicht den beunruhigten Ausdruck einer besorgten Mutter zeigte. Jene Augen, schwarz und leer, beachteten auch den in smaragdgrüne Seide gekleideten Kaufmann nicht. Louis schlüpfte leise aus dem Raum und schlenderte den Gang entlang; dann schlug er mit den Fäusten gegen die ihn verhöhnende Zimmertür seines Vaters.

Der alte *écorcheur* hastete ihm nach. Er fand den Dauphin, wie er webte und kratzte und seine blutigen Finger an der unnachgiebigen Eiche wund schlug. Die Tür sprang auf. Der Comte de Dammartin versuchte, seinen Herrn am Arm zu packen. Doch der junge Mann war schneller und entschlüpfte den tastenden Händen. Agnès Sorel stand im Türrahmen, dazu zwei Bewaffnete. Ihr Porzellangesicht war bleich und ausdruckslos, obwohl ihr zerwühltes, kupferfarbenes Haar und der Zustand ihrer Kleidung beredt vor einem Eindringen warnten.

Diese Frau, sagte das dunkle Etwas, das von Louis Besitz ergriffen hatte. Sie beherrscht deinen Vater, durchkreuzt deine Pläne, macht gemeinsame Sache mit dem Haus Anjou. Diese Frau hat sich der Heirat, die du willst, entgegengestellt. Diese Frau kennt dich, sie weiß von der zerbrechlichen, puppengleichen Gestalt, die in einer Lache von Erbrochenem lag und einmal ein bezauberndes schottisches Mädchen war. Diese Frau kennt den Unterschied zwischen Pest und Vergeltung; diese Frau weiß, daß du gemordet hast. Diese Frau schändet deine Träume, entehrt deine Mutter, verachtet dich. Diese Frau begehrt dich nicht.

»Du wirst mir keinen Strich durch die Rechnung machen, Hure! Ich sage Dir, ich werde die Tochter des Duc de Savoie heiraten«, schrie er töricht, so als hätten sie schon stundenlang über diese Angelegenheit geredet. Agnès Sorels Gesicht behielt seine milchweiße Ausdruckslosigkeit. Sie wich in des Königs Gemach zurück und versuchte, die Tür zu schließen. Knotige Finger, bleich und webend, legten sich um ihren Hals. Sie schrie. Dann waren die Bewaffneten über ihm, drehten ihm die Handgelenke um, die Frau kreischte, und die stolpernde, schlampige Gestalt des Königs, der sich hastig angezogen hatte, brüllte und fluchte, und der alte Mann zeterte und zog an ihm herum, wie ein erschreckter Hund. Die Finsternis war nicht zum Zuge gekommen. Louis starrte wie ein Rasender um sich und versuchte, Wörter zu formen. Die Tür wurde zugeschlagen, und der Comte de Dammartin führte ihn weg.

»Herr, o Herr«, murmelte der alte Mann vor sich hin. Unter seinen Händen bebten die schmalen Schultern wie im Krampf. Louis stürzte am Betstuhl nieder, mitten in einem Haufen angenagter Knochen. Keuchend rang er nach Luft.

»Ich werde sie umbringen, ich werde sie töten«, fauchte die Stimme zwischen entblößten Zähnen hervor. Es war nicht klar, wem die Stimme gehörte.

Die staubige weiße Figur der Jungfrau Maria blieb unnahbar und zeigte kein Mitgefühl. Der alte Soldat rang kläglich die Hände. Vierzig Jahre hatte er gegen die Engländer gekämpft. In Agincourt hatte er sein Pferd verloren. Er hatte damals mindestens fünfzig Dörfer zerstört und nicht weniger als dreihundert Frauen vergewaltigt und im Krieg und bei den Plünderungen in den Städten unzählige Männer erschlagen. Er liebte seinen jungen Herrn auf dem Schlachtfeld, um seiner Kaltblütigkeit und seiner ungetrübten Klarheit willen, und weil er grausam war wie eine gehärtete, glänzende Klinge. Als er auf den grauen Körper blickte, der sich krümmte und nach Luft schnappte, fürchtete Antoine de Chabannes sich zum ersten Mal.

»Herr«, sagte der zähe *échorcheur,* »es ist Euer Vater.«

»Mein Vater«, keuchte die Stimme. »Mein Vater.«

»Wo beginnt Haß?« sagte der Kaufmann sanft. Die smaragdgrüne Seide raschelte wollüstig, als er seinen Körper dehnte. »Oder Demütigung? Habt Ihr ihn nicht zuerst gehaßt, Monseigneur, und Euch über seine Schwäche und seine Verschwendungssucht lustig gemacht, als Ihr von Loches hierherkamt? Kein Mann verträgt es, wenn sein Sohn seine jämmerliche Nacktheit aufdeckt. Eines Tages wird er sterben, Monseigneur. Wartet ab und geduldet Euch.«

Eines Tages, dachte Louis. Aber das kann in zehn Jahren, in dreißig, in hundert Jahren sein. Schwächlinge, Narren und Betrogene starben nie. Sie lebten endlos, ewig. Hatte die Jungfrau von Orléans diesen Schwächling, diesen Narren etwa mit einem Zauber belegt, daß er nicht krank wurde und starb?

»Gott«, sagte die rauhe, krächzende Stimme zwischen zusammengebissenen Zähnen hervor, »liebt ihn offenbar, sonst wäre er schon längst am Wein oder an den Pocken zugrunde gegangen. Mit dem Gestank der ihm eigenen Feigheit.«

»Herr«, sagte der Comte de Dammartin eindringlich. Die weiße Gestalt sah entsetzlich klein und machtlos aus. »Herr, Ihr müßt Euch beruhigen. Ihr müßt Euch Ruhe gönnen. Ihr seid erregt. Euer Vater ist der König. Herr, Ihr bringt Eure Seele in Gefahr.«

Meine Seele, dachte Louis, ach, meine Seele!

Seine Augen sahen statt der staubbedeckten Himmelskönigin das Château von Châlon, wo sein junges Weib gestorben war. Sie war die Braut, die sein Vater ausgesucht hatte: die Tochter des Königs von Schottland. Eine Ehe, die kaum vollzogen wurde. Seine Augen beschworen das zarte, träge Mädchen herauf, das weiße, flatternde Ding in blütenfarbener Seide, ein Geschöpf, duftig wie Schaum, das die Poesie und die Dichter liebte und das ihn so bald betrogen hatte. Sein totes Weib. Wie hätte er die Macht der Finsternis kennen sollen, die sich im Stachel des Skorpions zusammenrollte und aufstieg wie eine Krankheit, bis er nichts mehr sah und hörte, umhüllt von den giftigen Dämpfen, nur noch an dem Etwas zerren konnte, das ihn verletzt hatte? Er öffnete seine Kinnladen, um zu schreien, aber nur Luft entrang sich ihm.

»Mein Dauphin«, sagte der Mann in der smaragdenen Seide mit fester Stimme. Louis fuhr zusammen, als hätte ein Toter gesprochen. »Monseigneur, ich werde genügend Mittel bereitstellen, damit Ihr nach Wien reisen könnt, um den Duc de Savoie zu treffen. Der Ehevertrag kann im geheimen unterzeichnet werden. Euer Vater braucht es nicht zu wissen. Ist es einmal geschehen, kann es nicht mehr rückgängig gemacht werden. Denkt lieber über Eure Zukunft nach als über Euren Haß. Hier geht Ihr ein wie ein Gefangener. Chinon ist nicht groß genug für Euch und den König. Nirgendwo in Frankreich ist genug Platz für beide, Monseigneur.«

»Ein Gefangener«, wiederholte die rauhe Stimme. Die Augen des Dauphin verschlangen noch immer Zeiträume, weiß und leer. Er kniete am Betstuhl, und seine Finger zeichneten die geschnitzten Elfenbeinfalten nach, ließen im Staub nackte Spuren zurück. Lange Zeit war er ein Gefangener gewesen. Seine ganze Kindheit war ein Gefängnis gewesen. Loches.

Er dachte an Loches: jene graue, feuchte, lichtlose Festung, wo Männer wie Maulwürfe mit Eisenzähnen Löcher ins Gestein bohren mußten, um sich gegen den Feind zu schützen. Loches war nicht für Kinder gebaut worden. Es war ein Gefängnis, das vor drei Jahrhunderten von einem außerordentlich rauhen Abkömmling derer von Anjou, Foulques Nerra mit Namen, in den Fels gehauen worden war; zu einer Zeit, wo Schießscharten als Fenster dienten und Kinder starben, sobald der Mutterschoß sie ausgespien hatte. Für Louis war Loches ein Abgrund, eine Hölle aus Grabesstille und feuchten, bemoosten Mauern. Da war er als Kind gewesen, dazu einige Diener und ein bejahrter, vergilbter Lehrer mit zerknitterten Händen, der ihn in Latein und Griechisch unterrichtete, und ein lahmer, grauhaariger Ritter, der ihn in der Handhabung der Waffen unterwies. In Loches war nichts außer schwarzer Verlassenheit. Man hatte ihn dorthin geschickt, als er zwei Jahre alt war, weil sein Vater ein Bastard war und ungekrönt, weil kein Geld mehr da war und die Engländer sich die Normandie und Guienne, Poitou und Maine einverleibt hatten und die umherziehenden *écorcheurs* die Dörfer verbrannten; und weil er der Erbe war. So schickten sie ihn dahin, wo er geschützt war, ins Gefängnis, nach Loches.

Doch da war etwas gewesen, in Loches. An einem sehr kalten Tag, er war etwa elf Jahre alt und der Winter hatte sich tief in die alten Knochen der Festung verbissen und die moosgefleckten Mauern waren eins geworden mit seiner moosbewachsenen Seele und ihren Schießscharten, da war in Loches etwas geschehen. Ein Gast war gekommen. Rot schimmerte sie im Sonnenlicht, und auf ihrer Zunge war der Hauch von Heiligen. Sie war von der Belagerung aus Orléans gekommen, um am Schrein der Schwarzen Madonna in der Kapelle zu beten. Loches besaß, wie Vaudémont, eine Schwarze Madonna: eine alte Holzfigur, die ein Bauer auf seinem Feld ausgegraben hatte. Sie war gekommen, um sie zu sehen, denn sie galt als heilig.

Sie war nicht allein gekommen. Hinter ihr drängte sich das getreue Häuflein der Hauptleute: la Hire, Donois, Gilles de Rais, Jehan de Metz. An ihrer Seite ritt der zweiundzwanzigjährige Duc de Bar, der blaue Seide mit weißgestickten Lilien trug. Die kalte Sonne liebkoste die eisglitzernden Helme und die flatternden Banner und das feine goldene Haar seines Onkels. Und noch jemand war dabei gewesen: seine Großmutter, Königin Yolande, die schwarzhaarige Vettel aus Aragon, die wie ein Mann zu Pferde saß.

Louis fuhr über die staubigen Elfenbeinschultern und dachte an die Jungfrau Jeanne d'Arc, so wie man an einem grauen Morgen an einen hellen, strahlenden Traum denkt. Eine Gestalt, der Glanz eines Kettenpanzers, ein Sonnenstrahl. Vielleicht war es auch sein Onkel gewesen, der leuchtete. Oder ganz einfach der weiße Winter, der durch die Fensterscheiben der Kapelle drang. Sie sagten ihm, daß dieses seltsame Zwitterwesen, diese Einzigartige, ihn gerettet hatte. Seinen Vater gerettet hatte, Frankreich gerettet hatte.

Dann war sein Vater König geworden, und man hatte ihn mit dem heiligen Öl gesalbt. Louis wurde Dauphin genannt und von dem Moos und der Finsternis fortgeholt und vom Licht geblendet in die gleißende Fröhlichkeit des von Anjou beherrschten Hofs gebracht. Er haßte seinen Vater, den er nicht kannte, und diesen hübschen, liebenswürdigen Onkel, der mit sanftem Lächeln und zarter Poesie herrschte, und mit Lachen und Wein.

Er haßte die Mätresse, die sein Vater höher sogar als die Königin erhoben hatte. Die roten Lippen und das Gewirr flammenfarbener Haare und die zarten weißen Augenlider dieses verlockenden Liebchens.

Träume begannen ihm den Schlaf zu rauben. Nachts erwachte er in einem Wust feuchter Bettdecken, die er mit Sperma befleckt hatte, der entleerte Körper zuckte. Er träumte von heißen Umarmungen, in denen das Wesen, mit dem er sich paarte, die weißen Brüste und Schultern von Agnès Sorel und das häßliche braune Gesicht des Bauernmädchens Jeanne hatte. Und sein blonder, in blaue Seide gekleideter Onkel grinste tückisch dazu, und die alte Königin von Aragon mit den dunklen Augenbrauen tanzte mit einem sonderbaren, gedrungenen Zwerg, der herumtollte und mißtönende Verse sang. Die Schießscharten in Louis' Seele ließen keinen Trost in ihn eindringen. Das Moos blieb stumm. Er fühlte sich schuldig, er fastete und betete.

Mit beiden Händen griff er nach der Figur. Als er sie zurückzog, waren sie voller Staub. Louis saß zwischen den alten Knochen auf dem Boden und starrte seine Finger an.

»Raus!« sagte er. Der Comte de Dammartin zögerte nur kurz und entfernte sich dann eilig.

Der Kaufmann wartete und sah ihn voll Interesse und auch ein wenig mitleidig an. Wenn dieser junge Mann doch nur weinen könnte! Tränen könnten heilsam sein wie ein klarer, süßer Quell.

»Monseigneur«, sagte er vorsichtig.

Louis weinte nicht. Das Zittern hatte aufgehört. Seine Finger bewegten sich fieberhaft, so als wollten sie sich von etwas befreien. Aus seinen hängenden Lippen quoll die Stimme hervor.

»Ich bin sein eingeborener Sohn!«

Der Schwung seiner Hand fegte die Madonna vom Betstuhl

und schleuderte sie durch den Raum. Sie krachte gegen die Mauer, und der weiße Kopf brach an der Stelle ab, wo der Hals in die geschnitzten Falten des Kleides überging.

»Raus!« zischte die Stimme böse.

Jacques Coeur ging hinaus. Wenig später verließ er das Château von Chinon und ritt mit seinen Gardetruppen nach Süden. Er wollte in die Provence, nach Tarascon, wo der Hof von Anjou jetzt residierte. Er hatte interessante Neuigkeiten für König René, seinen Herrn.

* * *

... Vielleicht zieht Ihr es vor zu glauben, Monsieur, daß ich von Eurer Existenz nichts weiß. Laßt mich Euch versichern, daß dem nicht so ist. Zwar kenne ich bis heute Euren Namen nicht, aber Ihr habt zweifellos bemerkt, daß ich nicht faul bin, wenn es darum geht, Informationen zu bekommen, die andere gern geheimhalten möchten. Ich bin berühmt dafür, daß ich auch den widerspenstigsten Zungen die tiefsten Geheimnisse entlocken kann. Es wird Euch nicht entgangen sein, daß ich aus der Festung Loches ein Gefängnis gemacht habe. Im allerersten Jahr meiner Regentschaft als König von Frankreich habe ich eine neue und passende Nutzung für Loches gefunden. In ihren kalten, steinernen Eingeweiden ziehen meine Diener, die Meister in der Fähigkeit sind, die ich am meisten schätze, Geheimnisse wie Zähne: Geschichten von Verrätern und von Verrat, die den sonderbarsten Subjekten entlockt werden. Es wird nicht lange dauern, Monsieur, bis ich Euch kenne.

Und ich sehne mich sehr danach, Euch kennenzulernen. Allein die Tatsache, daß Ihr so viele Jahre unerkannt und abgeschirmt unter meinen sonst so scharfen Augen gelebt habt, daß Ihr es irgendwie geschafft habt, sogar meinem geduldigen, emsigen Netz zu entgehen: Das fasziniert mich, Monsieur. Offenbar kann ich noch viel von Euch lernen. Wenn ich nicht von Natur aus so praktisch wäre, dann könnte ich wohl zornig auf Euch werden, denn ich habe entdeckt, daß Ihr Fähigkeiten besitzt, die ich vielleicht auch erwerben könnte. Aber nein. Ich bin ein äußerst vernünftiger, äußerst pragmatischer Mann.

Ihr könntet mich natürlich an bestimmte Gelegenheiten erinnern, da mein Geisteszustand, sagen wir, kaum vernünftig war. Diese unerfreulichen Ereignisse liegen jedoch Jahre zurück. Es ist schon lange her, daß ich brutal gepackt und gegen meinen Willen von dem dunklen Etwas bewohnt wurde, das mich einst nicht aus seinen Klauen ließ. Es gibt viele Möglichkeiten, Monsieur, mit so einem Wesen umzugehen.

Man kann sich selbst reinigen und Hilfe bei Gott suchen. Das tat ich eine Zeitlang. Ich fastete und bat die Madonna um Fürsprache, um Erbarmen, um Gnade. Ich betete in Cléry, wo es eine Schwarze Madonna gibt, und in Loches. In Chartres und in Rocamadour. Einmal sogar in Vaudémont. Ihr wißt natürlich, Monsieur, von der Schwarzen Madonna in Vaudémont. In jenen Tagen hielt ich Sie für besonders heilig, wenn Sie schwarz war. Weil die Jungfrau Jeanne, la Pucelle, *sie in dieser Form am meisten liebte. Dieses Mädchen hielt ich auch einmal für heilig. Das war, bevor Ihr und Eure Speichellecker aus meinen Gebeten sinnloses Gespött machtet. Bevor man mir meinen letzten verzweifelten Trost, meinen hungrigen Glauben wegnahm und mit den Offenbarungen und dem Abfall Eures gotteslästerlichen Kults überschüttete. Man kann mir vorhalten, daß ich diesen Kult nicht richtig verstehe. Doch jeder Verteidiger des wahren Glaubens würde ihn als etwas Verdorbenes und Ketzerisches erkennen, als Kult, der im Gegensatz zu dem steht, was die Heilige Kirche lehrt. Ihr und Eure Speichellecker, Ihr habt das bißchen Glauben zerstört, das ich noch hatte. Nun kann ich nicht glauben und wage doch nicht, nicht zu glauben. Seit jenen Tagen konnte ich nicht mehr an einer Stätte der Schwarzen Madonna beten. Allein schon deswegen, Monsieur, werdet Ihr mir sicher zustimmen, daß wir noch eine Rechnung offen haben.*

Ich habe versucht, die Kreatur in einen Käfig zu sperren. Das ist der Weg des unüberwindlichen, ehernen Willens, der monoli-

thischen Härte. Ich fand heraus, daß ich in der Tat einen eisernen Willen besitze, wie man ihn seit Philippe le Bel auf Frankreichs Thron nicht mehr gesehen hat. Ich bewundere diesen König, Monsieur. Er ist mein Ideal von einem wahren König, ein König, der sowohl regierte als auch herrschte. Ein König aus Granit. Ja, ich weiß, was Ihr sagen wollt. Daß er ein Feigling war; daß er durch seine Habgier in die Irre geführt wurde. Daß er ahnungslos schreckliche Vergeltung auf Frankreich zog, als er die Tempelritter zerschlug. Daß er und sein Geschlecht verflucht wurden.

Ich weiß von diesem Fluch. Ich werde Euch etwas anvertrauen: Ich habe mir deswegen oft Sorgen gemacht. Da ich aus Philippes Geschlecht stamme, fand ich die Auswirkungen natürlich beunruhigend. Ich gestehe Euch ein, daß dies sogar mich eine Zeitlang erschreckt hat, wo ich doch in meiner Selbstbeherrschung so unnachgiebig und so gelassen bin. Aber ich kann nicht wirklich glauben, daß der Fluch des alten Jacques de Molay irgend etwas mit mir zu tun hat, Monsieur. Das hat mich die Zeit gelehrt. Ich habe alles, was ich will: die Normandie, die Picardie, Burgund, Anjou, sogar die Provence. Alles. Ja, ich weiß, daß ich krank bin. Daß meine Krankheit von besonders ekelerregender und peinlicher Art ist. Alle alten Männer werden krank, Monsieur. Ihr könnt kaum behaupten, daß sie alle verflucht worden sind. Ihr könntet, wenn Ihr wolltet, auch meine Albträume und meine Einsamkeit erwähnen. Viele Männer haben Albträume. Schlechtes Essen fördert sie und Krankheit und der Schlaf auf dem Rücken. Und jeder König ist allein.

Ich gebe zu, Ihr könntet auch meine Ehen erwähnen. Ich weiß genau, daß sie besonders unselig gewesen sind. Doch welcher König kann schon aus Liebe heiraten? Ja, ich weiß: Ihr werdet mir sagen, daß mein Onkel René seine bleiche Ysabelle liebte. Und als sie starb, heiratete er seine zweite Frau, Jehanne de Laval, auch aus Liebe. Aber Liebe ist eine große Täuschung, Monsieur. Außerdem, was war er denn für ein König? Wäre mein Onkel König von Frankreich gewesen, hätte Philippe le Bel sich im Grabe herumgedreht und wäre auferstanden.

Ich gestehe, daß es schmerzlich ist, von zwei Frauen betrogen zu werden. Zumindest war es bei der ersten schmerzlich. Schmerzlicher, als ich es mir vorgestellt hatte. Die zweite, ja, die zweite war eher eine Beleidigung meiner Ehre als eine Wunde für mein Herz. Es war kein Herz mehr da, Monsieur. Ihr könnt Euch natürlich denken, wie verärgert ich war, als meine Frau endlich beichtete. Da war hartes Vorgehen erforderlich — doch dann gestand sie es mir. Daß es ein Mann aus Anjou war, der mich zum Hahnrei machte. Dieser großmäulige Unruhestifter Jehan d'Anjou, mein Vetter. Der Sohn meines Onkels René. Sacht war er zu meiner kleinen Frau ins Bett geschlüpft. Meiner kleinen Königin Charlotte, die mein Vater mich nicht heiraten lassen wollte. Meiner scheuen Prinzessin aus Savoyen.

Ihr müßt aber zugeben, Monsieur, daß ich mich in Barcelona gerächt habe.

Und später: Nun, das war beunruhigender, denn beim zweiten Mal fand ich nicht heraus, wer der Mann war. Ich mochte es nicht glauben, daß sie ihre Sünde wiederholen könnte, meine kleine Charlotte. Sie hat mir niemals seinen Namen genannt. Und das Kind, das geboren wurde. Meine Tochter Anne. Manchmal schaue ich in ihr klares, kluges Gesicht und sehe, wie in einem Spiegel, meine eigenen, wenig einnehmenden Züge. Nur ihre Augen finde ich erschreckend. Sie sind so blaß. So ohne Farbe, mit einem sonderbaren dunklen Ring um die Iris. Augen, die ich nochmals sah. Ich bin sicher, Ihr könnt mir etwas über diese Augen erzählen, Monsieur. Vielleicht können wir irgendwann darüber sprechen. Vielleicht in Loches.

Natürlich hat ein eiserner Wille keine wirkliche Herrschaft über die Finsternis, von der ich sprach. Sie ist von anderer Art. Diese bittere Erfahrung mußte ich machen, denn als ich meinen Willen mit ihr maß, entlud sie sich mit noch verhängnisvollerer Heftigkeit. So habe ich endlich einen anderen Weg gefunden. Annehmbarer, das müßt Ihr zugeben, als Erlösung oder Verdrängung. Freundlicher, weil wir nicht länger Feinde sind, das Wesen und ich. Ich habe einen Pakt mit ihm geschlossen. Es gehört dem

Schattenreich an, findet aber Entzücken am Licht. Ich erlaube ihm, in mein Haus zu kommen, wann es will, ohne es zu tadeln oder zu kritisieren. Dafür hat es mir ein wirklich wunderbares Geschenk gemacht. Ich glaube nicht, daß Ihr die Art dieses Geschenks erraten könnt. Es ist der endgültige Tod aller Reuegefühle.

Einmal litt ich unter unheilbarer und qualvoller Reue. Ich sah den jungen Körper meiner zarten schottischen Prinzessin an, wie sie hingestreckt auf ihrem Himmelbett lag, dem Bett, in dem ich sie in unserer Hochzeitsnacht so tolpatschig und plump besessen hatte. Da zerfleischten mich Gewissensbisse. Später dann noch ein- oder zweimal, aber da waren sie schon weniger heftig: all jene Toten aus Anjou. Denn es stimmt, was man sagt: Mit jedem Mal wird es einfacher, Monsieur.

Und so habe ich, wie Ihr seht, eine geniale Lösung gefunden. Ich bin ihr Diener geworden. Ich habe lange genug gelebt, um zu wissen, daß die meisten Menschen mit dieser Finsternis ringen, obwohl manche es, zugegebenermaßen, abstreiten werden. Vielleicht sind sie heiliger als ich; oder nicht so ehrlich. Aber wer ist größer, Monsieur: diese Männer mit ihren moralischen Skrupeln oder ich, der ich keine habe? Mein Onkel, der König von Sizilien, rang stets mit moralischen Bedenken. Die meisten Menschen haben Gewissensbisse, weil sie entdecken, daß sie auch aus Geist gemacht sind und nicht nur aus Fleisch. Meinen Onkel, König René, plagte das Gewissen, weil er entdecken mußte, daß er auch aus Fleisch und nicht nur aus Geist gemacht war. Am Ende starb er, wie alle Menschen sterben. Als ich ihm Anjou nahm, war er es, der Reue fühlte. Ein unmöglicher Mann. Theater und Musik und Miniaturbilder. Aber vielleicht habe ich einen wichtigen Punkt übersehen.

All Eure Diener aus Anjou sind tot. O ja, ich habe schließlich herausgefunden, daß sie Eure Diener waren. Nun ist keiner mehr übrig außer einer schweigsamen alten Frau und ihrem schwachsinnigen Sohn. Die beiden sind machtlos und uninteressant: nur noch flüsternde Stimmen in einem zerfallenden Château. Jene alte Frau war früher raffiniert, Monsieur. Stellt Euch vor, daß sie sieben Monate nach der Hochzeit ein Kind zur Welt brachte und der Hof dadurch erfuhr, daß ihr Gemahl sie zwei Monate vorher entführt und mit ihr geschlafen hatte. Und später war da noch eine skandalöse Affäre. Eine schändliche Geschichte. Eine fünfundvierzigjährige Frau und ein Verrückter. Sie hatte offenbar keine moralischen Bedenken. Kannte keine Gewissensbisse. Und dann das Buch, das sie mir schickte. Ein altes Pergament, ein griechisches Manuskript, das in Florenz übersetzt worden war. Ich habe den Inhalt überflogen. Es ist ein einziger Sumpf von ketzerischen Dummheiten. Als ob mich so ein Buch interessieren könnte! Wenn ich mich langweile und meine Krankheit mich bettlägerig macht, werde ich es vielleicht sorgfältiger lesen. Und dann wird es brennen, wie alle ketzerischen Dinge.

Ihr sagtet zu mir: Man kann nicht fürchten, was nicht existiert. Ihr wolltet schlau sein, Monsieur. Schlau und unverschämt. Ihr saßet in meinem Gemach, und das Feuer beschien Euer kaltes, weißes Gesicht. Ihr saßet nicht mehr als eine Handbreit von mir entfernt und wart Euch in Eurer Selbstgefälligkeit darüber im klaren, daß ich Euren Namen noch nicht kannte. Ihr brachtet mir das Manuskript von der alten Frau. Ihr wußtet, daß ich Euch nur für einen Mönch hielt, einen Diener der alten Comtesse de Vaudémont. Und als ich über das Geschenk lachte und meinte, die Comtesse de Vaudémont müsse ja gewaltige Angst vor mir haben, wenn sie mich mit solch trivialem Zeug besänftigen wolle, wurdet Ihr unfreundlich. Eure blassen Augen wurden zornig, und Ihr sagtet grausame Dinge zu mir, über Undankbarkeit und Gehässigkeit. Ich staunte über Eure Impertinenz, Monsieur: Ihr schient in die alte Frau verliebt zu sein, Ihr, ein in die Jahre gekommener Mönch. Und als ich Euch drohte, um Euch behutsam daran zu erinnern, daß ich der König sei und Ihr nur ein Diener, da sagtet Ihr: Man kann nicht fürchten, was nicht existiert. Da war ich so fassungslos, daß ich nur dasaß und große Augen machte. Und bis ich meinen Wachen befohlen hatte, Euch zu verfolgen und einzusperren, wart Ihr verschwunden.

Man beleidigt einen König nicht ungestraft, Monsieur. Ich bin nicht mein Vater, der seinen Kopf beugte, wenn er beleidigt wurde, so als ob er wüßte, daß keine Beleidigung größer sein könnte als seine bloße Existenz. In meiner Verblüffung ließ ich Euch unangetastet gehen. Und wenn ich jetzt auch krank bin — ich werde wieder gesund. Meine Ärzte versprechen mir, daß ich wieder gesund werde. Ich versichere Euch, daß ich existiere. O Monsieur, ich existiere, ich werde noch tausend Jahre existieren.

Seht Euch nur an, was ich getan habe. Ich habe eine französische Nation gemeißelt. Philippe le Bel hätte kein mächtigeres Gebäude erbauen können als dieses. Auch er hat ein Krebsgeschwür zerstört, um sein Königreich zu errichten. Er stürzte den Templerorden, der mitten in seinem Reich einen Soldatenstaat von unwiderstehlicher Macht aufbauen wollte. Ein praktisch denkender König, Philippe. Ein realistischer König. Er wußte, daß hohe Ziele fragwürdige Methoden rechtfertigen. Und ich, ich habe diese Diener aus Anjou vernichtet, die sich wie Würmer in das Herz meiner goldenen Frucht, meines geliebten Frankreichs, fraßen. Natürlich grüble ich manchmal über Philippe le Bels geheimnisvollen Tod nach. Eine sonderbare, unerklärliche Krankheit — der meinen nicht unähnlich. Doch ich bin unzerstörbar, Monsieur. Nur die alte Frau ist noch übrig und ihr schwachsinniger Sohn. Ich habe Frankreich geschaffen. Ich habe die Bruchstücke, die schartigen Brocken genommen, von den englischen Eindringlingen und den gierigen Adelshäusern ausgespuckt, die hungrigen und verzweifelten Teile vom zerstückelten Körper unseres Landes, und ich habe eine Nation geschmiedet. Mein geliebtes Kind. Und Ihr, Monsieur, Ihr sagt mir, daß ich nicht existiere.

Ich muß Euch nochmals daran erinnern, daß ich der König bin. Ein König, der regiert. Nicht nur ein Symbol. Ich habe mir mein Königtum verdient. Mein Vater und dessen Vater, wenn er denn wirklich mein Großvater war, glaubten, daß ein König herrscht, aber nicht regiert. Und daß er aufgrund seines heiligen Blutes herrscht. Doch ich bin mir meines Blutes nicht sicher: Schließlich könnte es von jedem beliebigen stammen. Ich bin mir nur des Blutes meiner beiden Großmütter sicher: der Schwarzen, der Hexe aus Aragon, und der Fetten, der Hure aus Bayern. Was blieb mir also anderes übrig, als mir mein Königtum zu verdienen? Blut macht noch keinen König, und heiliges Öl auch nicht. Während ich krank hier lag, befahl ich meinen Dienern, das heilige Gefäß aus Reims zu holen; es enthält das alte Öl, mit dem die ersten karolingischen Könige Frankreichs einst getauft wurden. Ich ließ sie meinen kranken Körper salben, Monsieur: meinen ganzen schlaffen, alten Körper mit seinem scharfen Altmännergeruch. Ich muß zugeben, es hat mir nicht geholfen. Doch Ihr seht, wie sogar das heilige Öl meinem Willen unterworfen ist.

In diesem traurigen, dunklen Raum, als Gesellschaft nur den Gestank von beflecktem Bettzeug und das Flüstern der Priester, sehe ich Euch noch manchmal vor mir sitzen. Ich erinnere mich an jeden Knochen Eures Gesichts. Ich habe ein gutes Gedächtnis für Gesichter, Monsieur. Ich erinnere mich an alles. Das ist die Gabe des Krebses, in dessen Zeichen ich geboren wurde, das gute Gedächtnis. Die Unversöhnlichkeit ist die Gabe des Skorpions, der in meiner Geburtsstunde im Osten aufging. Ein gutes, unversöhnliches Gedächtnis. Ich bin, was ich bin. Und Eure Augen, als Ihr mir mit höflichen Loyalitätsbekundungen der Comtesse de Vaudémont das Manuskript übergabt. Eine farblose Farbe, blau vielleicht, oder grau; wasserfarben, wolkenfarben, mit dunklen Ringen um die Iris. Die Farbe von Traurigkeit und Resignation, oder die Farbe frischer, noch ungeformter Hoffnungen. Ich habe nie einem Mann mit blassen Augen getraut. Und eine bleiche Haut, so bleich wie Marmor. Ein alter Mann wie ich selbst, und auf seltsame Weise doch nicht alt. Zuerst erkannte ich jene Augen nicht wieder, Monsieur. So empört war ich über Eure Unverschämtheit, daß ich mich nicht daran erinnerte, wo ich sie schon gesehen hatte. Eure braune Mönchsrobe, die kein Ausdruck von Bescheidenheit war, sondern von unerträglicher Überheblichkeit. Ein einfacher Diener. Ihr, ein Mönch, ein Bote. Ihr saßet da, als wärt Ihr der König und ich Euer Untertan.

Ich werde mich daran erinnern, Monsieur.

Seid sicher, daß ich Euch finden werde. Ich werde auch Euren Namen erfahren. Die Männer, die ich in den Eingeweiden von Loches eingekerkert habe, sprechen nur widerwillig von Euch. Und wenn sie endlich reden, benutzen sie sehr merkwürdige und unverständliche Ausdrücke. Poetische Bilder. Rätselhafte Andeutungen. Jeder müßte annehmen, Ihr wäret eine Art König. Seine Gnaden, sagen sie. Und: Er, der vom Heiligen Blut ist. Und: Wir dürfen über den Abkömmling des Rings und der Lilie nicht sprechen. Der leuchtende Sproß aus dem alten Geschlecht, sagen sie. Wovon sprechen sie, Monsieur? Vielleicht sind sie alle Dichter, wie mein Onkel, König René . . .

6

König René strich mit den Fingerspitzen vorsichtig über die Blütenblätter der Rose. Es war eine besonders seltene Rose, von einem fast schon schwarzen Dunkelrot: Blut, über dem Schatten liegt, oder das Labyrinth im Innern des Rubins. Der Strauch hatte erst spät und irgendwie zögernd Blüten getrieben. Die größeren, gewöhnlicheren Rosen um ihn herum hatten schon mindestens zwei Monate in wilder Pracht gestanden.

»Sie kommt aus Konstantinopel«, sagte der König von Sizilien voller Bewunderung. Seine Finger zeichneten die verschlungene Form des Herzens nach, das sich noch nicht geöffnet hatte. »Manchmal stelle ich mir vor, daß eine Blume, daß diese Rose sprechen könnte. Was für Geheimnisse könnte sie uns erzählen.«

Louis musterte seinen Onkel geringschätzig. Mitten in der Gefahr, die den Dauphin nach Tarascon geführt hatte, um bei seinem letzten Verbündeten Unterstützung zu suchen, wollte dieser Narr über Rosen sprechen.

»Die weißen«, sagte der König von Sizilien, »sind wie unschuldige Menschen. Sie sind ganz durchschaubar. Sie haben kein verborgenes Geheimnis. Die roten dagegen verbergen Rätsel.«

»Mon oncle«, begann Louis.

»Mein Freund Cosimo de Medici«, fuhr König René fort, »hat versucht, einen Strauch ohne Dornen zu züchten. Ich habe ihm gesagt, daß ich es für unmöglich halte. Es ist gegen die Gesetze des Lebens. Wie eine unbefleckte Empfängnis.«

»Mon oncle«, sagte Louis dringlicher.

»Wir wollen nachher über das Problem Savoyen reden«, sagte der König von Sizilien lächelnd. Der Sommer hatte es beinahe vermocht, seinem grauen Haar ein trügerisches Gold zurückzugeben. Er wurde langsam korpulent, bewegte sich aber immer noch mit Grazie. Er war jetzt neununddreißig Jahre alt.

Louis fragte sich, ob er wohl verrückt gewesen sei, diese Reise zu unternehmen. Es war ihm bewußt, daß er seinen Onkel nicht zu sehr drängen durfte. Man mußte seine Überspanntheit hinnehmen. Außerdem, wer hätte ihm sonst noch helfen können? Er versuchte, Interesse an den Rosen zu zeigen. Seine Finger ballten sich nervös zur Faust und öffneten sich wieder.

»Wir haben ein neues Tier in der Menagerie«, sagte König René, als er vor dem Dauphin den befestigten Weg durch die Irrgärten von Tarascon entlangschlenderte. »Laßt es mich Euch zeigen. Es ist außerordentlich selten. Ein Geschenk des Herzogs von Mailand. Ein Pavian.«

Louis fragte sich, wer der Pavian sei: das Tier oder der Herzog. Er war sich niemals im klaren darüber, was sein Onkel meinte. Rankende Rosenzweige griffen nach ihm und hakten sich im Saum seines Gewandes fest, als er der untersetzten Gestalt durch die Blumen folgte.

Sein Onkel wandte sich um. Die tiefblauen Augen bannten ihn. Der König von Sizilien verstand es, ihn sich zutiefst unbehaglich fühlen zu lassen. Nach Nancy hatte sich der Haß in schwerfälligen, matten Spott verwandelt. Ein harmloser Narr, der festliche Umzüge und Aufführungen und prächtige Vögel liebte. Manchmal sahen die Augen mitleiderregend hell und unschuldig aus wie Blumen.

»Ein Pavian«, sagte Louis, weil er etwas sagen mußte.

»Ein liebes Geschöpf«, sagte König René. »Mit beinahe menschlicher Intelligenz. Die Ägypter, wißt Ihr, verehrten den Pavian als Gott der Weisheit. Thot-Hermes.«

Louis fiel nichts ein, was er hätte sagen können. Er wollte den Pavian sehen. Irgendwo innerhalb der Festung mit den Schießscharten hatten stumme Tiere immer noch die Macht, ihn anzurühren. Das überraschte ihn.

Tiefe Augen, matt und verschattet, aber doch kindlich, sahen ihn an. Sie nahmen die unmerkliche Veränderung in Louis wahr, die winzige Entspannung der fest aufgerollten Feder. Der König von Sizilien lächelte.

»Ja«, sagte er, »wir wollen uns den Pavian anschauen. Und dann reden wir über Savoyen.«

Der Pavian spielte mit seinen Genitalien, als die beiden Männer zu ihm kamen. Auf Louis achtete er nicht, tappte aber schwerfällig zum vergoldeten Gitter, um den König von Sizilien anzuschwatzen. Louis fand ihn, unerklärlicherweise, widerlich. Die Laute und der Gestank zerrten an seinen Nerven. Neben dem Paviankäfig kreischten grellbunte Papageien, die hinter einem an Stangen befestigten Netz hockten. Die Blumen schrien auf. Die Weinreben drohten. Das wolkenlose Auge des provenzalischen Himmels starrte ihn an. Louis wich langsam zurück.

Der Pavian beobachtete ihn scharf aus gelben Augen und fing an zu masturbieren.

»Er hat Eure Angst bemerkt «, sagte König René.

»Ich habe keine Angst vor ihm«, schnauzte Louis. »Es ist der Gestank. Wir wollen gehen, *mon oncle*. Wir müssen noch über vieles reden.«

»Ja«, sagte der König von Sizilien traurig. Louis fragte sich, ob er wohl die Gefühle seines Onkels verletzt hatte, weil er von dem Pavian abgestoßen war. Ihn plagte der quälende Gedanke, daß ihm etwas Wichtiges entgangen sein könnte. Er konnte ihn nicht abschütteln. Er hing fest wie die Rosenzweige.

Der Park bildete ein Labyrinth, das in fünfeckiger Form von einer Rabatte aus Orangenbäumen begrenzt wurde. Die cremefarbenen Mauern des Schlosses schützten sie vor den Winden vom Fluß her. Louis dachte darüber nach, ob er sich wohl verirren würde, sollte sein Onkel ihn bei den Rosen, die nach ihm griffen, den hinterhältigen Weinreben und den kreischenden Vögeln allein zurücklassen. Ein Pfau tänzelte aus einem

Wacholderdickicht hervor und lief fast über Louis' Füße. Die Luft war voller Insekten: Schmetterlinge, Bienen, Mücken, Zikaden, Libellen. Es war unerträglich heiß. Der durchdringende Rosenduft verursachte Schwindel. Aus dem Unterholz spürte er jetzt Feindschaft. Schließlich bemerkte er, daß er vor seinem Onkel herlief.

König René beobachtete ihn nachdenklich. Wenn der junge Mann sich nur hingeben würde, damit die Harmonie ihr Werk an ihm verrichten könnte. Aber Louis kämpfte mit seiner ganzen Willenskraft dagegen an. Der König von Sizilien konnte nicht widerstehen und streichelte noch einmal die blutrote Rose, als er an ihr vorüberging, bevor die weißen Türme von Tarascon sie beide verschluckten.

Louis bemerkte zu seinem Ärger, daß er seinen Onkel mit einem jungen Besucher aus Florenz teilen mußte. Ruhelos schlich er im Studierzimmer des Königs von Sizilien umher und sog an seinen Fingern. Wütend starrte er die Bücherborde an, die mit Pergamenten und Manuskripten vollgestopft waren. Das Durcheinander regte ihn auf. Und er wurde noch gereizter, als er bemerkte, daß ihnen der Wein von König Renés Zwerg Didier serviert wurde. Louis hatte eine Abneigung gegen alles, was verunstaltet war. Außerdem hatte er den Zwerg in unerfreulicher Erinnerung.

Der Zwerg erinnerte sich seinerseits auch an ihn. Er kauerte sich nahe zu seinem Herrn und brabbelte leise vor sich hin. Louis fand den Vergleich zwischen dem Zwerg und dem Pavian unwiderstehlich.

Er sah, daß sein Onkel ihn beobachtete.

»Mon oncle«, verkündete er mit der schulmeisterlichen Stimme, die er von seinem Tutor in Loches gelernt hatte, »ich bin hier, um Euch um Hilfe zu bitten.«

»Ja«, sagte König René, »ich weiß.«

Der Zwerg räusperte sich in die Stille hinein. Der junge Florentiner, der Marsilio Ficino hieß, betrachtete sorgfältig seine feinen Hände. Ganz Europa wußte, daß Louis' Konflikt mit seinem Vater unerträgliche Formen angenommen hatte. Wie jeder andere am Hof von Florenz, so wußte auch Marsilio Ficino von dem Angriff auf Agnès Sorel. Von dem Komplott, das danach im Dunkel und im Staub eines schäbigen Gemachs geschmiedet wurde, um die schottische Garde zu vernichten und den König in die Hand zu bekommen. Von dem Verrat des alten Comte de Dammartin, Louis' Vertrauten, der mit den Neuigkeiten sogleich verstohlen zum königlichen Schlafgemach gehuscht war. Louis wurde darauf in die Dauphiné verbannt, dem traditionellen Erbteil der ältesten Söhne der Könige von Frankreich. Er konnte sonst nirgends hingehen.

Der rebellische Sohn war mit seinen schäbigen, ausgelaugten Truppen gen Süden geritten, um die Zügel eines Staates zu übernehmen, der in Gesetzlosigkeit und Chaos versunken war. Die Dauphiné war von einer Clique reicher und unabhängiger Kleriker regiert worden, die an Steuern einnahmen, was nur möglich war, und den Rest noch stahlen. Louis war vierundzwanzig Jahre alt, finster, mager, verbittert und bankrott. Er machte Valence zu seinem Amtssitz und ging daran, in seinem winzigen Staat Gesetz und Ordnung zu errichten. Und in der Dauphiné geschah ein Wunder. Innerhalb eines Jahres hatte er die am besten funktionierende und organisierte Provinz in Frankreich geschaffen.

Weil man sie ihm verweigert hatte, wollte er immer noch unbedingt die Savoyer-Heirat. Jeder Bote, den er an den Hof seines Vaters schickte, kam mit einer Ablehnung zurück. König Charles begann, die Abberufung seines Sohnes aus der Dauphiné zu fordern. Das Exil, das als Demütigung gedacht war, hatte sich auf unerklärliche Weise in einen Triumph verwandelt. Louis blieb in der Dauphiné. Versteckte Drohungen reisten, in Kuriertaschen verborgen, auf den staubigen Straßen hin und her.

Und nun eine neue Dummheit: der gescheiterte Vertrag, der die Truppen des Königs dazu gebracht hatte, nach Süden zu ziehen.

Jacques Coeur hatte in persönlichen Briefen angeregt, der Dauphin könnte von seinem Onkel, dem König von Sizilien, dessen Comté de Provence an die Dauphiné grenzte und dessen Hof zur Zeit in Tarascon saß, Hilfe erhalten.

Und dieser Narr sprach über Rosen und Paviane.

Obwohl es an diesem Tag sehr heiß war, ließ der König von Sizilien im Kamin Wacholderzweige verbrennen. Die Beeren platzten in den Flammen mit lautem Knacken und verbreiteten einen schweren, aromatischen Duft. Louis ging im Raum auf und ab und lauschte dem abgehackten Gelächter der berstenden Früchte.

»Was wollt Ihr von mir, Louis?« fragte der König von Sizilien.

»Mon oncle«, brach es aus Louis heraus, »können wir nicht allein miteinander reden?«

»Nein«, antwortete König René sanft. »Signor Ficino ist mit Eurem Problem vertraut. Unterschätzt ihn nicht, weil er noch jung ist. Er kann Euch vielleicht behilflich sein. Auch er hat ein Problem. Venedig plant, Florenz und Mailand zu besetzen. Ihr könnt Euch gegenseitig einen Gefallen tun. Euer Vater würde ein Zeichen der beständigen Freundschaft des Herzogs von Florenz sicher zu schätzen wissen. Und das um so mehr, wenn Ihr dabei behilflich seid. Auf der anderen Seite würde ein Abkommen zwischen Florenz, Mailand und Savoyen gegen Venedig Signor Ficino und seinem Herrn sehr gefallen. Ihr habt das Ohr des Duc de Savoie. Wie Ihr seht, kann seine heutige Anwesenheit Euch beiden von Nutzen sein. Und Didier«, endete der König von Sizilien mit einem spöttischen Grinsen, »Didier wird Euch nichts zuleide tun.«

Louis' Finger arbeiteten verzweifelt, sie woben und knüpften. Der Zwerg hatte eine merkwürdige Pose eingenommen: Er hatte sich unter dem Tisch beinahe zu einer Kugel zusammengerollt, preßte seine dünnen Hände auf die Ohren und kicherte.

»Ich, ich«, begann Louis. Er räusperte sich. Es wurde immer

schwieriger, Wörter zu formen. »Ich möchte, daß Ihr mit meinem Vater sprecht«, zischte er schließlich. »Euch wird er anhören und wird tun, worum Ihr bittet. Ich gehe nicht an seinen Hof zurück. Ich will mich nicht in seine Regierung einmischen, aber ich möchte die Savoyer-Heirat. Es kann Frankreich nur gut tun, an der italienischen Grenze einen starken Verbündeten zu haben. Wir hatten schon ein Abkommen, der Duc de Savoie und ich. Eine gute Vereinbarung. Und mein Vater, mein Vater schickte Truppen an seine Grenzen und brannte drei Dörfer nieder. Der Herzog hatte keine andere Wahl, er mußte das Bündnis brechen. Mein Vater wäre sonst in Savoyen eingedrungen. Es wäre auch zu Eurem Vorteil, *mon oncle.«* Er schnappte nach Luft, als wäre er dem Ertrinken nahe. »Falls Ihr Euren Anspruch auf Neapel geltend machen wollt. Savoyens Freundschaft würde helfen. Um eine Invasion Neapels in Angriff zu nehmen. Wir könnten . . . « begann er und hielt inne.

Der Zwerg starrte ihn von unter dem Tisch her an.

»Aber ich erhebe keinen Anspruch mehr auf Neapel«, sagte König René.

Louis heulte beinahe los. Er fühlte sich, er wußte selbst nicht warum, entblößt und gedemütigt. Seine Augen wanderten im Raum umher und suchten nach irgend etwas, an dem er seine Wut hätte auslassen können. Malereien und Wandteppiche starrten in aller Unschuld zurück. Ein Haufen alchimistischer Kolben und astronomischer Instrumente lag in wildem Durcheinander auf dem geschnitzten Sekretär. Ein Wirrwarr von unnützem Kram: eine Laute mit einer gesprungenen Saite, Farbtöpfe, halbfertige Zeichnungen, ein Krug mit Rosen.

Er fühlte sich dem Ersticken nahe. Einen Augenblick lang zerrte und zog das dunkle Etwas an ihm, stieß ihn, daß ihm übel wurde. Etwas lag in der Atmosphäre, das sich auf ihn legte und es einlullte: vielleicht der Geruch der Wacholderbeeren oder Rosenduft. Es kroch bis zu seinen Augen und blinzelte nach draußen, aber es blieb ruhig. Louis rieb sich mit nervöser

Hand über die Stirn. Es wäre nicht gut, jetzt einen heftigen Ausbruch zu riskieren. Er fühlte die tiefblauen Augen seines Onkels mit einem Ausdruck auf sich gerichtet, den Louis nach ein oder zwei Augenblicken als Mitleid erkannte.

»Glaubt Ihr, ich sei ein Zauberer?« fragte sein Onkel lächelnd.

Louis fiel nichts ein, was er hätte sagen können. Der Zwerg kicherte wieder.

»Glaubt Ihr«, fuhr König René fort, »daß ein freundlicher Überredungsversuch von mir ein Geschwür heilen könnte, das schon so viele Jahre alt ist? Zuviel Gift ist darin, als daß ein Wort in das Ohr des Königs es kurieren könnte. Ihr allein könnt es heilen. Und um das zu vollbringen, müßt Ihr erst selbst geheilt sein. Louis, Louis, versteht Ihr denn wirklich nicht?«

Der Dauphin straffte sich. Die Augen des Zwergs zerrten an ihm, schnappten nach ihm. Die leere Luft war voller Worte. Er fand den unausgesprochenen Gedankenaustausch unerträglich, weil er ihn nicht hören konnte.

»Wollt Ihr mir helfen?« sagten Louis und das dunkle Etwas gemeinsam, böse kam es zwischen zusammengebissenen Zähnen hervor, »oder wollt Ihr nicht?«

Etwas stieß in den leeren Raum zwischen ihnen. Der Aufprall war heftig, wenn auch unhörbar. Der darauf folgende Kampf hätte wohl die Möbel umgeworfen, die Gobelins zerrissen und die Glasgefäße zerbrochen, wäre es ein Kampf zwischen Körpern gewesen. Der Zwerg begann zu winseln und preßte dabei die Finger auf die Augen.

»Wie kann ich Euch helfen«, schrie der König von Sizilien zornig, »wenn ich zu diesem Geschöpf sprechen muß, mit dem Ihr Eure Seele teilt? Ich erlaube nicht, daß es hier ist. Ruft es zurück! Ruft es zurück, oder Ihr bringt uns alle in Gefahr.«

Verwirrt atmete Louis tief aus. Er fühlte sich kalt und leicht, als wäre er eine entleerte Blase. Schweiß lief ihm den Rücken hinunter. Ohne es zu wollen, ließ er sich auf einen der Ebenholzstühle seines Onkels sinken, denn seine Beine wollten ihn nicht mehr tragen.

Er hörte ein Geräusch. Das war er selbst, der weinte und würgte.

Der Florentiner war ganz ruhig geblieben, obwohl seine Augen so groß geworden waren, daß sie wie Löcher in seinem Gesicht aussahen.

»*Dio*«, sagte er. »Der Geruch kommt geradewegs aus seiner Seele.«

»Ja«, sagte der König von Sizilien leise. »Wenn ich das nicht schon vor langer Zeit erlebt hätte, würde ich es jetzt nicht begriffen haben.« Seine Hände zitterten. »Es ist wie ein dunkler Spiegel.«

Louis war zusammengesunken, eine hingestürzte Gliederpuppe. Er hatte das Gesicht in den Armen verborgen und bebte. Seine Hände waren bewegungslos.

»Ihr wart gewarnt«, sagte Marsilio Ficino.

»Gewarnt, ja. Aber der, der mich warnte, weiß nicht, was es ist«, entgegnete König René. »Er befiehlt mir, es mit einer Armee zu bekämpfen. Er versteht viele Dinge, doch dies versteht er nicht. Ich sagte ihm, daß ich nie wieder ein Schwert erheben werde – nach Italien. Ich sagte ihm, daß ich kein Krieger bin, daß ich ihm im Kampf nicht dienen kann. Er hält mich für einen Feigling. Aber wie könnte ich dieses Geschöpf hier auch mit einem Schwert bekämpfen?«

»Monseigneur«, begann der Florentiner.

»Ich weiß, ich weiß. Er hat mir vergeben. Er will warten und sehen, was ich tun kann. Aber schaut, schaut doch selbst! Alles, was er braucht, ist hier. Wenn es nur geheilt werden könnte! Das ist sein Krieger. Doch ich fürchte, es ist zu spät.«

Sie sprachen über den gesenkten Kopf hinweg. Louis blickte auf. Sein Gesicht war fleckig und gedunsen. Sein Kinn hing schlaff herab.

»Wer, *mon oncle*? Sprecht Ihr von meinem Vater?«

König René antwortete nicht.

»Seid Ihr sicher, daß es zu spät ist?« fragte der junge Florentiner. »Der Dauphin stammt auch aus dem Geschlecht von Anjou, Monseigneur. Genau wie Jehan. Schließlich ist seine Mutter Eure Schwester. Er haßt dieses Geschlecht und gehört doch selbst dazu.« Er wagte einen Blick auf die dunklen, ausgebrannten Augen. Sie waren verständnislos, jung. Das Kind aus Loches starrte verwundert zurück.

»Und ich«, sagte der König von Sizilien, »bin ein Valois, so sehr ich dem auch entrinnen möchte.«

Der Zwerg hatte seine Arme um die Beine seines Herrn geschlungen und murmelte vor sich hin. Dann begann er zu wimmern, und sein Kopf schwankte hin und her.

»Didier hat sicher recht«, sagte König René. »Aber trotz allem muß man es versuchen. Ich kenne dieses Wesen. Ich bin ihm schon begegnet. Es ist unser aller Erbe. Vielleicht bin ich es, der nicht begreift. Ein König«, so schloß der König von Sizilien, Neapel und Jerusalem, »ist ein Gefäß.«

»Monseigneur«, sagte Marsilio Ficino, »denkt an Eure Verantwortung, bevor Ihr zuviel sagt.«

Der König von Sizilien lachte. »Verantwortung? Ach, Signor Ficino, glaubt Ihr, daß in dieser Angelegenheit Anweisungen und Befehle zu befolgen sind? Daß man sich an einen Plan halten kann? Denkt Ihr, es kümmert mich noch, ob er zornig wird?« Der bewegliche Mund verzog sich zu einem unechten Grinsen. »Schließlich bin auch ich von seinem Blut.«

»Mein Vater«, sagte Louis schleppend. »Mein Vater.«

König René stand auf und begann, mit seinem Weinglas zu spielen. Es war ein ungewöhnlicher, aus Bergkristall geschnittener Kelch. Die letzten Tropfen des Weins glühten in seiner zuckenden Tiefe wie die dunkle Rose aus Konstantinopel.

»Louis«, sagte er. »Morgen werde ich auf eine kleine Pilgerfahrt nach Ste. Baume gehen. Ich würde es gern sehen, wenn Ihr mich begleiten wolltet. Es ist ein friedlicher Ort von großer Schönheit. Wir können dann darüber sprechen, wie ich Euch helfen kann.«

»Ste. Baume«, murmelte Louis. »Das ist das Heiligtum der Magdalena.«

»Ja, ihr Grab. Ein heiliger Ort. Morgen werden wir zur Schwarzen Madonna von Ste. Baume gehen.«

»Die Schwarze Madonna«, wiederholte Louis töricht. »Schwarze Madonna.« Irgendeine Erinnerung an Glauben und Licht drang durch die Schießscharten von Loches zu ihm. »Ich wußte nicht, daß es in Ste. Baume eine Schwarze Madonna gibt. Ich dachte, es ist nur ein Magdalenenschrein.«

»Nur ein Magdalenenschrein? Aber Louis!« sagte der König von Sizilien lächelnd und hoffte verzweifelt, daß diese Umdrehung des Lebensrades nicht seine eigenen Knochen zermalmen würde. »Als Ihr in Loches, in Cléry Eure Gebete verrichtet habt, wußtet Ihr da nicht, zu wem Ihr gebetet habt? Dachtet Ihr etwa, es wäre die Jungfrau Maria, die Mutter Unseres Herrn?«

***

... Stellt Euch einmal vor, Monsieur, wieviel Feingefühl und was an Überlegung notwendig ist, um ein wirkungsvolles Spionagenetz zu entwerfen. Es genügt natürlich nicht, ein paar einfache Menschen anzustellen, die auf eine Handvoll Goldflorins erpicht sind und dafür durch Schlüssellöcher schielen und Briefe öffnen, um herauszubekommen, in wessen Bett sich der Duc de Bourgogne vergnügt hat. Solche Informationen sind sicher unbestreitbar nützlich. Man bekommt dadurch gute Druckmittel für zerstörerische Gerüchte und Erpressungen an die Hand: bescheidene Künste, in denen ich eine gewisse Geschicklichkeit entwickelt habe. Aber nein, ich spreche von einem wirklich leistungsfähigen Netz. Ein unsichtbares Gefüge, daß ein Königreich in einer Hand zusammenhalten kann.

Philippe le Bel besaß, das versteht sich von selbst, ein besonders gutes. Sein Netz war sogar bis ins Heilige Land ausgeworfen, reichte in die verschlungenen Intrigenspiele der Genueser und venetianischen Kaufleute und das mörderische politische Spinnengewebe des Templerordens hinein. Es gab kein geflüstertes Wort, das über jene verschwiegenen Tische wehte, an denen die weißgekleideten Ritter bei ihrem Mahl saßen, das Philippe nicht gehört hätte. Er hörte sogar Dinge, die nur gedacht wurden oder die erst noch ausgesprochen werden mußten oder von denen man in einsamen sengenden Nächten in Akka und Sidon träumte. Man kann den Templerorden nicht ohne eine unvergleichliche Begabung zu Fall bringen.

Philippe war ein König, der eigenständig dachte. Er benutzte drei einfache Grundsätze, welche die einzelnen Teile seines Gebäudes zusammenhielten. Der erste lautet: Betraut einen Mann nie mit einer Aufgabe, die seine Intelligenz übersteigt oder die mit seinen inneren Werten kollidiert. Der zweite lautet: Findet stets heraus, was für einen geheimen Groll Euer Mann hegt, und nutzt dies dann aus. Der dritte lautet: Euer Mann, mag er nur dazu taugen, herzogliche Bettgeschichten herauszufinden, oder aber ein geschickter Giftmörder sein, der einem König den heißen, würzigen Trank einschenkt, Euer Mann muß Euch zu Dank verpflichtet sein. Nicht für das Geld, das Ihr ihm gegeben habt. Nein, er muß dankbar sein in einem viel subtileren Sinn. Ihr habt Euch vielleicht gefragt, warum ich in dem Ruf stehe, Männer in meinen Diensten zu haben, die schon vor langer Zeit unter die Axt des Henkers oder an den Strick des Galgens kommen sollten. Sie schulden mir ihr Leben. Sie sind dankbar.

Ja, Monsieur, ich weiß. Auch Ihr habt ein Netz. Ich habe erst vor kurzem einen Blick auf seine Reichweite und seine Möglichkeiten werfen können. Manchmal frage ich mich, in welche heiligen Schlupfwinkel es wohl schon eingedrungen ist. Wie diese allgegenwärtigen Rebengewächse, die sich in das glänzende Gestein von Basiliken und Kathedralen einfressen. Nun, es gibt Augenblicke, in denen ich befürchte, daß Euer Einfluß sogar bis nach Rom reicht. Das ist jedoch sicherlich auf meine mißtrauische Natur zurückzuführen, die, so sagen es mir meine Priester, dazu neigt, sogar im eigenen Schatten Feinde zu sehen.

Meine Priester sagen mir mit Stimmen, die so weich sind wie das Wachs verlöschender Votivkerzen, daß ich lernen muß, Gott mehr zu lieben und die Menschen weniger zu hassen. Daß mein Kind, mein Volk, mit der Milch des Glaubens an den Himmlischen Vater genährt werden muß, und nicht mit dem Blut und dem Gift von Mord und Bespitzelung. Doch dann vergeben sie mir, Monsieur, weil sie sich daran erinnern, wie ihr eigenes heiliges Gebäude errichtet wurde.

Ich will gern zugeben, daß Euer Netz in einer Hinsicht erfolgreich gewesen ist: Ihr habt Euch den Augen meiner Diener entzogen. In anderer Hinsicht aber, Monsieur, ist es hoffnungslos einfältig. Was habt Ihr Euch nur vorgestellt, was mein Onkel, König René, Euch bieten könnte? Glaubtet Ihr, einen Krieger zu finden, einen Staatsmann, einen Menschenführer? Nun, seine ganze Karriere war eine einzige Kette von törichten Fehlern. Ihr habt Philippe le Bels erste Regel verletzt, Monsieur.

Laßt uns die Angelegenheit von Jacques Coeur und der Dame de Beauté, *der Mätresse meines Vater, betrachten. Ich bin sicher, Ihr würdet lieber nicht darüber reden. Doch ich fürchte, ich muß es trotzdem tun. Wäre ich mein Onkel, der König von Sizilien, gewesen, dann hätte ich mich bestimmt nicht so plump betragen. Nun, ich wußte schon, daß Agnès Sorel eine Puppe von Anjous Gnaden war, bevor ich überhaupt etwas wußte. In jenen Tagen war ich empfindlich und schmerzgeplagt, und mein Dämon riß mitleidslos an meinen Eingeweiden. Ich machte selbst grobe Fehler, nicht zuletzt in der Wahl meiner Vertrauten. Doch sogar ich, über den sich die Höflinge jeder bedeutenden Stadt in Europa lustig machten und den sie verhöhnten, konnte in ihrer bewundernswerten Ergebenheit für die Regierungsgeschäfte meines Vaters die zarte Dichterhand meines Onkels erkennen. Er muß gewußt haben, daß ich mich auf sie stürzen würde.*

Und der Kaufmann. Mein Vater schuldete ihm so viel Geld, daß er, sollte er es je zurückbekommen, von den Türken dafür das Heilige Land hätte kaufen und den Templerorden hätte erneuern können. Und mein Vater, dieser mittellose Dummkopf, konnte nicht sehen, daß Schulden besonders raffinierte Verpflichtungen nach sich ziehen und daß der Mann, dem Ihr so viel schuldet, Eure Seele besitzt. Er gab auch mir Geld, der schlaue Händler. Taktvolle Gesten. Immer so berechnet, daß sie nicht beleidigten. Geschenke sozusagen. Jacques Coeur war stets zu raffiniert, um jemandem, der Verpflichtungen gegenüber so mißtrauisch war wie ich, ganz offen eine Anleihe anzubieten. Ein bißchen hier, ein bißchen da. Genug, daß ich nach Wien reisen konnte. Genug, um mir in der Dauphiné zu helfen. Ein Schmuckstück, ein Ballen Seide.

Doch mein törichter, goldener Onkel vergaß, daß ich, ein Flüchtling in der Dauphiné, mich immer noch mit den Intrigen an meines Vaters Hof befaßte. Und wenn mein Mann südwärts ritt, mein dankbarer Spitzel, und mir von jenen beiden, der Mätresse meines Vaters und seinem Geldgeber, bei ihrer Unzucht erzählte — smaragdgrüne Seide und kupferfarbenes Haar, der Sohn des Juden und die Dame de Beauté, *eine ekelerregende Paarung, die nur die Paarung einer völlig anderen, politischen Art bedeuten konnte: Was sonst hätte ich tun können? Jene Geschenke von Rubinen und Diamanten. Am Hof meines Vaters trug niemand Diamanten, bis der Kaufmann sie mit weißem Feuer überschüttete, als wäre sie die Himmelskönigin. Diamanten in ihren Ohren und an ihren weißen Armen, und sie funkelten auch aus dem Gewirr der roten Locken . . .*

Doch ich vergesse mich. Schließlich waren es nur ein hinterlistiger Jude und eine alternde Hure, und mein Onkel zog an den Puppenschnüren. Als mein Vater die schöne Agnès endlich fand, mit ihren verfaulenden Fingernägeln und den blind gewordenen Augen und den letzten schwachen Atemzügen, die aus ihrem schlanken weißen Hals hervorsickerten, den sie mir nie zu küssen erlaubt hätte, dachte er natürlich zuerst an mich. Schließlich hatte ich eine junge Frau durch dieselbe Krankheit verloren. Und wirklich dachten alle zuerst an mich. Ich muß gestehen, ich nahm es etwas übel, daß so viele Menschen an mich dachten. Aber welche Ironie! Welch köstliche Rache! Ein Brief, der auf einem Sekre-

tär liegenblieb, eine Haarspange unter einem Kissen: Spuren, Hinweise. Es ist so leicht, Monsieur, jemandem die Schuld an einem Verbrechen zuzuschieben. Gespräche, die man nur vermutete oder sich vorstellte oder von denen man in trüben Nächten in Chinon oder Châlon, in Bourges oder Mehun-sur-Yèvre nur träumte. Hinweise, wie Diamanten in das Kielwasser der schnittigen Schiffe des Kaufmanns gestreut. Ich habe stundenlang darüber gelacht, Monsieur. Mein Vater würde damals alles geglaubt haben, denn welcher Mann kann schon seinen eigenen Sohn hinrichten lassen? Und so lachte ich und stellte mir vor, wie der einst smaragdgrün gekleidete Körper hinter Kerkermauern zu einer ausgemergelten, leichenblassen Gestalt wurde. Seide, zerfetzt von Rattenzähnen. Goldene Ringe, die keine Milde mehr kaufen konnten. Es fiel mir damals schwer, Monsieur, das Lachen zu unterdrücken. Es wollte mich schier überwältigen. Meine Ärzte mußten mir Belladonna-Tropfen geben, weil ich in meinem schmalen Bett in Valence vor Lachen nicht schlafen konnte. Er hat wirklich dumme Fehler gemacht, mein Onkel . . .

★★★

Louis beobachtete, wie der fette Bischof von Chambéry die zwölfjährige Braut in die Kathedrale führte und fragte sich, ob die Konsequenzen wohl der Mühe wert seien.

Weiße, von einem ganzen Diamantenheer beschwerte Spitze und Seide glitt wie in einem Schleiertanz an ihm vorbei. Schneeglöckchen und Narzissen blühten in einem Kranz auf ihren hellen, ordentlich geflochtenen Kinderhaaren. Sie zitterte, vielleicht weil es im Kirchenschiff zog. Ihre Mitgift waren zweihundertfünfzigtausend Goldflorins. Sie war heiratsfähig, ihre Menstruation hatte begonnen. Ihr junges Gesicht war wächsern und ausdruckslos, doch feingeschnitten, mit vielversprechenden Formen. Louis, dessen Leidenschaft unbewußt noch mit einem kupferhaarigen Leichnam verknüpft war, den der Tod für ihn nicht hatte sterben lassen, fand sie hübsch und sanftmütig. Sie würde wenigstens treu sein.

Louis de Savoie, sein Schwiegervater, begleitete die fröstelnde Braut und den dahintrottenden Bischof zum Altar. Der Duc de Savoie sah sehr selbstzufrieden aus. Er war, vom Charakter her, ein Spieler. Als er jung war, hatte er auf der Jagd das Wild bevorzugt, das am schwersten zu treffen war, die widerstrebendste Geliebte, im Kampf die gefährlichste Heldentat. Er hatte um eine Frau gespielt, die eigentlich hoch über seinen Ansprüchen und Erwartungen stand: Anne de Lusignan, die nominelle Königin von Zypern, eine Nachfahrin der alten Lusinischen Könige von Jerusalem. Er hatte die Dame durch eine gesunde Mischung aus Beherztheit und gutmütiger Einschüchterung gewonnen. Nun spielte er wiederum.

Die übertrieben zornige Reaktion von König Charles auf den Vertrag, den er vor sechs Jahren mit dem Dauphin geschlossen hatte, hatte ihn nicht sehr beunruhigt. Auf drei Dörfer konnte man schließlich verzichten. Der Herzog wechselte die Partner mit der Anmut und der Geschmeidigkeit eines geborenen Tänzers. Die unwichtige Angelegenheit seiner Tochter, die damals sechs Jahre alt war, wurde fallengelassen. Für Charlotte würde man noch einen anderen Bräutigam finden.

Der Herzog war dann von Louis' Aufstieg in der Dauphiné beeindruckt. Er bewunderte Mut, wie er den Adel der Tiere bewunderte, die er so gern jagte. Das Blutbad, das mit ihm nichts zu tun hatte, kümmerte ihn nicht; und so nahm er die erneute Werbung des Dauphins um die Hand seiner Tochter an. Louis de Savoie hatte den Instinkt eines Spielers und glaubte, daß das Rad des Schicksals den jungen Mann begünstigte. Seine Spitzel am Hof von Burgund teilten ihm mit, daß auch Philippe le Bon diesen rätselhaften Prinzen seinem Vater, dem niederträchtigen König von Frankreich, vorzog. Ein Verbündeter wie Burgund war nicht zu verachten. Außerdem ging das Gerücht, daß der König von Sizilien, von dem man wußte, daß er die Politik des französischen Hofs beeinflußte, die Savoyer-Heirat guthieß.

Und nun also: die Hochzeit.

Der Bräutigam besaß unglücklicherweise weder Anmut noch Geschmack. Neben der Braut, die wie ein aufgehender Stern schimmerte, ließen sein leichter Buckel und die ungekämmten Haare und sein schäbiger Rock unter dem Hochzeitsgewand an einen ärmlichen Notar oder an einen geplagten Steuereintreiber denken. Louis de Savoie beschloß, seinem neuen Schwiegersohn als Hochzeitsgeschenk einige Kleider zu kaufen.

Eine gedämpfte, verhaltene Stimmung beeinträchtigte die Hochzeitszeremonie und vergiftete sogar das anschließende Fest. Die Edelleute aus Savoyen waren sich wohl bewußt, daß der König von Frankreich diese Heirat ausdrücklich untersagt hatte. Sie liebten ihren forschen Herzog, fragten sich aber, ob dies klug sei. Die Männer aus Louis' Garde wußten genau, daß die Savoyer den Dauphin, auf einen leichten Druck des Königs hin, schon einmal verraten hatten. Sie billigten die entschlossene Mißachtung der väterlichen Autorität durchaus, aber sie dachten auch an die zweihundertfünfzigtausend Goldflorins. Die Braut wußte von all dem nichts, sie fühlte nur, daß ihr kalt war und daß die kostbare Spitze, die an ihrer Kehle flatterte, sie kratzte; und daß ihr frischgebackener Ehemann ihr ohne ersichtlichen Grund Angst einjagte.

Louis trank aus dem Hochzeitspokal und dachte an Agnès Sorel. Er fragte sich, wem ihre Schlösser, ihre Ländereien und ihre Juwelen wohl zufallen würden. All jene Diamanten. Die an das bräutliche Gewand genähten Steine schauten ihn spöttisch an. Zweifellos würden seine unehelichen Halbschwestern, die diese Hure dem König jedes Jahr geboren hatte, alles erben. In seinem Magen ringelten sich geröstetes Rehfleisch und Spanferkel und verursachten eine leichte Übelkeit. Bastarde. Und kürzlich war ihm eine noch hartnäckigere Plage aufgebürdet worden: Die alternde Königin, seine Mutter, hatte einen weiteren Sohn bekommen. Sie hatten ihn Charles genannt. Eine neue, tödliche Schachfigur war damit ins Spiel gebracht worden, von dem er geglaubt hatte, daß die Zeit ihm den Sieg schon sichern würde. Natürlich konnte einem so kleinen und wehrlosen Kind manches zustoßen, wenn es dem komplizierten Knüpfwerk aus Unfällen und Krankheiten ausgesetzt wurde, mit dem das Leben sich schmückte. Jetzt aber belauerten sie ihn. Sein Vater, und sogar seine Mutter. Und ganz besonders sein Onkel, der allzuviel wußte.

Da ihn vom Grund des ziselierten Pokals solche Albträume anstarrten, mußte er sich betrinken. Die ganze Hochzeitsgesellschaft betrank sich aus Erleichterung darüber, daß kein Blitz von Gott oder aus Chinon die Kathedrale zerschmettert und den fetten Bischof in Stücke gespalten hatte. Allein Charlotte de Savoie aß wenig und nippte nur am Wein; trotz der Hitze von Fackeln und Feuern fröstelte sie immer noch.

Der Duc de Savoie verkündete, daß auf das Festmahl Darbietungen folgen würden. Er erzählte Louis stolz von dem fabelhaften Zwerg, den er dem Fürsten von Ferrara abgekauft hatte; der konnte nicht nur die üblichen Jongleurtricks vorführen, sondern auch in boshafter und komisch-schamloser Weise jeden edlen Herrscher der Christenheit nachahmen. Zu seiner Verblüffung warf ihm sein Schwiegersohn einen wilden, grimmigen Blick zu und sagte mit einer Stimme, die der Herzog nicht wiedererkannte, daß er an seinem Hochzeitstag keinen Zwerg wolle. Der Herzog gab nach und rief statt dessen nach den Akrobaten.

Die Akrobaten kamen gleichzeitig mit einem kleinen Trupp Bewaffneter in den Saal, welche die königlichen Lilien Frankreichs trugen und von dem Herold des Königs angeführt wurden.

Man hatte sie erwartet. Das Lachen und Schwatzen machte einer Grabesstille Platz. Der Herold, der sofort sah, daß er zu spät gekommen war, trug eine Maske verzehrender Wut. Louis' Spitzel hatten ihn an der Nase herumgeführt, als sie ihn höflich davon in Kenntnis gesetzt hatten, daß die Zeremonie in Valence stattfinden würde und nicht in Chambéry. Der Herold und die Bewaffneten waren in die Hauptstadt der Dauphiné geeilt und hatten dort eine verlassene Residenz und eine leere Kathedrale vorgefunden.

Der Herold wußte, daß ihn sein Herr für diesen Fehler, den er nicht selbst verschuldet hatte, teuer bezahlen lassen würde. Angesichts einer solchen Demütigung mußte Genugtuung gefordert werden.

»Eine zwölfjährige Braut«, sagte er kurz und knapp in die Stille hinein, »kann Frankreichs Armeen nicht aufhalten.«

Louis war zu einer grauen Säule erstarrt. Sein Gesicht war weiß. Sein Kinn war angespannt, und seine Hände umklammerten den vergoldeten Pokal. Der Duc de Savoie schnaufte und grunzte neben ihm und versuchte voller Energie zu zeigen, daß er die Lage beherrschte.

»Monseigneur le Duc«, sagte der Herold, »ich und mein Herr, der König, wünschen Euch Freude an diesem Ereignis, das unter einem schlechten Stern steht. Ihr habt Eure Tochter einem Giftmörder und Verräter zur Frau gegeben. Ihr müßt ihn einmal fragen, wie seine erste Gemahlin gestorben ist. Es wird Euch auch Euer Herzogtum kosten. Freut Euch also daran, solange Ihr es noch könnt.«

Die Männer aus Louis' Garde machten die in einem solchen Fall üblichen Drohgebärden, aber keiner war darauf vorbereitet, dem Boten des Königs eine entsprechende Antwort zu geben. Der Herold vollführte eine elegante Pirouette, die alles übertraf, was der Duc de Savoie an Vergnügungen noch würde bieten können. Dann verließ er mit seinen Männern, die klirrend hinter ihm herstapften, den Saal.

Aus dem Meer von Augen, die ihn anstarrten, traf Louis ein Schwall stummer Anklagen. Er hatte sie alle der Vernichtung preisgegeben. Er hatte sie glauben gemacht, sein Vater würde einen einmal unterzeichneten Heiratsvertrag akzeptieren. Er war ein Schurke und ein heimtückischer Verräter dazu. Wut und Angst umgaben ihn wie eine Mauer, schlossen ihn ein mit seiner eigenen Finsternis, die ihn zu ersticken drohte. Trotz seiner Qualen wußte er sehr wohl, daß sein verwünschter Onkel bestimmt ein beschwichtigendes Bonmot gefunden hätte, um die Wolke fortzuscheuchen und die Luft zu reinigen. Seine Unfähigkeit schnürte ihm schier die Kehle zu. Er zerbrach den goldenen Kelch, weil nichts anderes da war, was er hätte zerstören können.

Der Duc de Savoie, der einen wütenden Eber auf der Jagd nicht so furchterregend fand wie unsichtbare Feindschaft, beschloß, die Atmosphäre zu entkrampfen. Er stand auf und stellte seinen Becher hart auf den Tisch. Der Wein schwappte über seine lange, beharrte Hand.

»Worte«, sagte der Duc de Savoie heftig, »sind stets unverschämt, wenn sie im Zorn gesprochen werden. Sie bedeuten nichts. Wir haben diese Lügen und Drohungen schon früher gehört. Sind wir denn nur ein Anhängsel Frankreichs, daß wir uns wie kleine Kinder ängstigen müssen, denen man Geschichten von Kobolden und Gespenstern erzählt? Ich sage: Wir lachen dem König von Frankreich ins Gesicht, wir erinnern uns an unseren Stolz, und wir trinken auf das Wohl unseres königlichen Bräutigams und seiner Braut, die eines Tages Königin sein wird.«

Mehr konnte er unter den gegebenen Umständen nicht sagen. Seine kompakte Gestalt vermittelte ein Gefühl der Sicherheit und machte Mut. Niemand nahm wahr, daß seine Hände zitterten, weil die Würfel diesmal so ungünstig gefallen waren. Die Savoyer entspannten sich ein wenig und begannen, leise zu reden und Witze zu machen. Die Männer des Dauphin, darauf bedacht, Haltung zu bewahren, stimmten in das Lachen ein. Auch Louis hätte wohl seine Fassung wiedergewonnen, hätte sich die kleine Braut nicht zitternd zu ihm umgedreht.

Ihr blasses Kindergesicht trug den Ausdruck verständnislosen Entsetzens. Sie sah aus wie ein Tier, das seine Zähne in seinen Arm oder Hals geschlagen hatte und, gelähmt vor Angst, nicht mehr loslassen konnte. Ihre Augen tranken aus ihm, zogen an ihm, jagten ihm Furcht ein.

Dadurch wurde die Finsternis in ihm wach und zwang ihn dazu, sich brüsk von ihr abzuwenden. Auge in Auge mit den Opfern hatte er sich immer unwohl gefühlt.

Der Duc de Savoie begann in sichtlicher Eile, das Ritual der derben Anspielungen anzukündigen, das üblich war, bevor das Brautpaar sich ins Bett zurückzog. Louis, der das schon einmal mitgemacht hatte, kannte den Ablauf. Früher hätten ihn die angestrengten, zotigen Witze seines Schwiegervaters vielleicht in Verlegenheit gebracht. Jetzt aber ärgerte er sich nur über diese Art männlichen Humors, der ihm fremd und verachtenswert vorkam. Unter diesem feierlichen Pomp würde nur sein Körper die *coniunctio* vollziehen, nicht er selbst. Charlotte de Savoie war nur ein Gefäß im Wert von zweihundertfünfzigtausend Goldflorins, aus dem Frankreichs künftige Prinzen hervorquellen würden, gezeugt von seinem recht fragwürdigen Samen.

Ihre Dienerinnen brachten die Braut, blumengeschmückt für das Opfer. Die Störungen des Festes hatten die Gäste nervös gemacht wie scheuende Pferde. Außerdem wußte natürlich jeder, was für ein Mann der Dauphin war. Asketisch und hitzig, launisch und keiner, der sich zum Narren halten ließ. So sagten die Gäste den beiden Körpern, die verlegen auf dem riesigen Prunkbett saßen, hastig ihre Segenswünsche auf, schlossen die Vorhänge und zogen in einer Wolke grämlichen Geflüsters von dannen. Von dieser Vereinigung würde niemand träumen.

Sie lag unter dem weißen Baldachin, eingehüllt in Spitzengekräusel. In ihren Augen schimmerte es wie ungeschützte Mollusken. Ihre Schultern bebten; sie waren so dünn unter dem bräutlichen Nachtgewand. Ihr Gesicht war unbewegt und abwartend. Es zeigte keine Furcht mehr, sondern den Ausdruck der stummen Kreatur, die benommen das Geheimnis erwartet, das über ihrem vergossenen Blut geschehen würde. Er fühlte jetzt Mitleid, aber keine Begierde. Er raffte die hellen Kinderhaare in seinen Händen zusammen und hielt sie hoch, so daß sie im Kerzenschein wie eine kupferfarbene Aureole glänzten. Dann ließ er sie auf die unbedeckten Schultern zurückfallen, wo sie wieder fahl wurden.

Am Morgen würden sie kommen, um die Laken zu untersuchen und festzustellen, ob die Ehe vollzogen worden war. Louis schaute in ihre Augen, die so farblos und leer wie der Himmel an manchen Tagen waren. Er kannte diesen Blick. Frauen am Hochzeitstag, weiße Mädchen, die ihr weißes Jungfernhäutchen zum Altar und zum Dolch trugen. Ein Blick, als habe sich die Seele zurückgezogen, während der Körper die Marter erduldete und trotz des Blutes seine Jungfräulichkeit bewahrte. Der Blick seiner toten schottischen Prinzessin, jener Blick, der nicht verletzt werden konnte, obwohl ihm Gewalt angetan wurde. Seine Schwestern: kleine Mädchen, mit Hymen der Seele, die trotz ständigen Eindringens nicht zerrissen werden konnten. Die Jungfrau Jeanne, die auf den versprochenen heiligen Samen wartete, das Feuer, welches das Siegel brach.

Er dachte auch an ein Ereignis, wo dieser Blick ganz und gar gefehlt hatte. Nicht bei Agnès Sorel: Diese Frau hatte selbst Gewalt angetan. In Nancy war es gewesen: Seine Cousine, die Tochter seines Onkels René, die ihn auf beklemmende Weise an seine Großmutter, die alte Hexe, erinnerte. Schwarzhaarig, schwarzäugig, mit fahler Haut und strengen Zügen, die unerklärlicherweise mit dem Alter schöner werden sollten und nicht, wie es anderen Frauen geschah, von frommer, selbstgefälliger Mütterlichkeit geprägt wurden. Dieses seltsame Mädchen, das wie in Trance durch ein anderes Hochzeitsfest geschwebt war und sieben Monate später ihr Kind zur Welt gebracht hatte. Der Ehemann hatte es offenbar nicht abwarten können. Doch jene Augen zeigten nicht den Ausdruck von geschehener oder bevorstehender Vergewaltigung. Jenes Mädchen hatte schon vom Granatapfel gekostet. Was hatte sie erlebt? Es konnte nicht eine einfache Vereinigung gewesen sein. Nicht einmal Agnès Sorel hatte je diesen Blick gehabt, der wie ein Zeichen war.

Louis schauderte, nicht, weil das Bild ihn anwiderte, sondern weil er es nicht ergründen konnte. Soviel über Frauengeheimnisse. Was konnte ihn eine stumme, weiße Statue lehren? Sein Onkel hatte es in Ste. Baume zu erklären versucht, doch diese Erinnerung lag unter Abstoßung und Angst begraben. Gott der Vater, der Sohn, der Heilige Geist: alles Männer. Was wußten sie schon?

Denn ich bin die Erste und die Letzte.
Ich bin die, die man verehrt, und die, die man verachtet.
Ich bin die Hure und die Heilige.
Ich bin das Weib und die Jungfrau.
Ich bin die Unfruchtbare,
Und viele sind ihre Söhne.

Die melodische Stimme seines Onkels, die vor jenem überwältigenden Heiligtum sang, durchdrang die Starre der weißen Spitzen und die Lethargie. Das Kind saß unbeweglich vor ihm auf dem Bett, ein Kind mit dünnen Knochen, das gebärfähig war und Frankreich Erben schenken konnte. Die Seele hatte sich schon zurückgezogen, während der Körper wartete. Er mochte es sich nicht eingestehen, daß er in den verletzlichen Molluskenaugen gern den Ausdruck schon genossener Frucht gesehen hätte. Er wußte, daß sein eigener, nahezu unbehaarter Körper unansehnlich war. Zorn ließ ihn steif werden, erregte ihn. Zorn auf den Hymenschleier, der ihn für immer ausschließen würde. Er hatte keine andere Möglichkeit, als sie zu vergewaltigen, denn er vermochte sie nicht zu finden. Das Blut, das sie am Morgen mit Vergnügen zwischen den Laken untersuchten, hätte auch sein eigenes sein können.

... Vielleicht, Monsieur, war ihr Geheimnis eine ihrem Wesen eigene Unschuld. Eine paradoxe Reinheit, die dadurch makellos bleibt, daß sie Unreinheit einschließt, ohne vor ihr zurückzuschrecken. Wie ein neugeborenes Kind, aus dessen Augen die Geschichte von Äonen spricht, auch wenn sie noch nichts klar ausdrücken können. Die Geschichte des Schoßes und der Nacht der Empfängnis und der alten Erbsünde, die alles Leben in die Verdammnis stürzte.

Ich fürchte, daß ich, krank wie ich bin, zu phantasieren beginne. Warum denke ich jetzt an die alte Frau bei ihrer längst vergangenen Hochzeit? Ich werde von Visionen heimgesucht, von Fragen gequält, auf die ich keine Antwort weiß. Überall sehe ich jenes grobknochige Gesicht, das an der Festtafel von Nancy meinem Blick auswich: archaisch und unschuldig, dennoch verderbt. Und das andere Gesicht, gemeißelt in schwarzen Stein, das sich im Fackelschein zu bewegen schien und schimmerte, als wäre es lebendig: die Schwarze Madonna von Ste. Baume, vor der mein Onkel betete und sang und mir ein Geheimnis zu zeigen versuchte, in das ich, schutzlos und dem Zusammenbruch nahe, beinahe eindringen konnte. Was wollte er mir sagen, Monsieur? Eine rosenrote Sonne blutete über den Stein, ein Fackelschein im Sonnenuntergang. Ich erinnere mich an die vollen gemeißelten Lippen, die zu lächeln schienen: auch die Lippen des jungen Mädchens, das nun eine alte Frau ist, die sich in ihrem Schloß verbirgt. Wenn wir uns in Loches begegnen, Monsieur, werdet Ihr es mir vielleicht erklären können.

Er sagte mir, daß die Magdalena keine erlöste Sünderin sei, sondern das Sinnbild der heiligen Hure, die errettet wurde durch ihre eigene Fruchtbarkeit. Gewiß würde niemand meinen Onkel für einen Ketzer halten. Doch wie Ihr wißt, Monsieur, setzt sich diese Art von obskurem Schmutz über die Heilige Schrift hinweg. Aus irgendeinem Grund waren sie alle in diese andere Magdalena verliebt, Eure Diener. Die Hure, die meines Vaters Geliebte war — nun, das paßte ja recht gut. Sie stiftete der Kapelle in Loches eine Silberstatue der Magdalena. Ein wunderbares Werk, das ein

Mensch mit viel Vorstellungskraft formte, der vielleicht mehr sah als ich, oder weniger. Zweifellos wurde er dafür aus den Truhen des Kaufmanns bezahlt. Ich habe sie einschmelzen lassen, Monsieur, als ich König wurde. Ich war der Meinung, daß meine eigenen Schatullen mehr von dem Geschenk der Hure profitieren könnten als das heilige Gefängnis Loches. Sie hatte sie vor den Altar gestellt, neben die Schwarze Madonna, vor der die Jungfrau Jeanne einst betete. Bevor ich befahl, die Statue zu zerschlagen.

Silber und schwarz. Mein Onkel trug diese Farben bei seinen Turnieren besonders gern. Silber: das Mondmetall, das nächtliche Licht, das innere Gewand des Geheimnisses. Das sagte er mir in Ste. Baume. Silber, so sagte er, als ob er über seltene Vögel oder Blumen spräche, Silber besitzt Farbe und doch keine Farbe. Es ist leer, wartet darauf, gefüllt zu werden. Und Quecksilber, flüssiges Sonnensilber, das Kleinod der Alchimisten: Es verbindet Männliches und Weibliches, Körper und Geist, Magdalena und Christus. Ihr dürft mir nicht vorwerfen, daß ich sein Geschlecht vernichtet habe, Monsieur. Ich bin schließlich kein Dichter. Ich bin nur ein König und ein praktisch veranlagter Mann.

Jungfrau und Hure sind eins, sagte er. Er führte mich vor die schwarze Figur, die fast mannshoch war und voller Narben und Löcher, so als habe einmal jemand versucht, sie zu zerstören, sein Ziel aber verfehlt. Er ließ sie mich berühren. Er nahm meine feuchten Hände, die leblos waren, weil er mir damals alle Kraft genommen hatte. Er legte sie auf ihr Gesicht, auf ihre Schultern, ihre Brüste. La Pucelle, *sagte er. Wußte ich denn nicht, was dieses Wort bedeutete? Das ist doch die Jungfrau Jeanne, sagte ich. Nein, sagte er, und sein silbernes Haar glänzte vor jenem gelassenen schwarzen Gesicht wie ein Helm.* Pucelle *bedeutet nicht Jungfrau.* Pucelle *ist ein Paradoxon. Verworfen, doch unberührt, schwanger, doch unbefleckt, unversehrt, doch vergewaltigt, Jungfrau und Hure.*

Vielleicht war mein Weib, meine kleine Charlotte, eine Pucelle, *Monsieur. Sie war Jungfrau, als ich sie beschlief: von einer kalten, unnachgiebigen Jungfräulichkeit. Und dann wurde sie zu einer Anjou-Hure, ohne jede Unschuld. Wie kann es sein, daß das schwarzäugige Mädchen und die schwarzgesichtige Statue die ihnen eigene Unschuld bewahren konnten, meine Frau aber nur besudelt war?*

Wie ich meinen Onkel damals haßte! Wollte er mir etwa erzählen, er habe Jeanne Gewalt angetan? Ich hatte sie für heilig gehalten. War er ihr Liebhaber, Monsieur? Wenn totes Fleisch sprechen könnte, würde ich sein Grab mit meinen eigenen Händen aufscharren. In den Qualen dieser seltsamen Krankheit, die an den Mauern, die keinen Einspruch dagegen erheben, Schatten in Silber und Schwarz heraufbeschwört, ist das für mich plötzlich ungeheuer wichtig geworden. Ich würde den schwarzen Granit auseinanderbrechen, den verwesenden Leichnam hervorziehen und ihm zu sprechen befehlen. Ich würde einen Totenbeschwörer finden, einen schwarzen Magier wie Gilles de Rais, der Jeanne folgte, und der würde jene verfluchten Gebeine zum Leben erwecken. Meine Spitzel erzählen mir, daß es sonderbare Gerüchte über die Gebeine gibt. Ich wage nicht, darauf zu hören, denn dann tanzen die Schatten vor den Mauern so heftig. Wenn ich die Toten nur umbringen könnte!

Auch der Kaufmann liebte die Magdalena. Sein Schiff, das einem großen Schwan glich, lag in Marseille; es hieß nach ihr. Mein Onkel sprach in Ste. Baume auch darüber. Seine Fahnen: silbern vor der silbernen See. Ein Schiff, das kostbare Dinge aus dem Osten brachte, das Offenbarungen trug. Er sagte mir, ich müsse eines Tages auf jenem Schiff fahren; ich müsse den Nautonier *kennenlernen. Ich fragte, noch ganz benommen vor Erschöpfung: Was für ein Mann ist er, dieser* Nautonier? *Ach, sagte mein Onkel, er ist ein Kind des Meeres. Er hat Augen, die vor den Quecksilberwellen jenseits von Marseille manchmal silbern aussehen. Oder blau, oder grau: die Farbe von neuen, noch ungeformten Hoffnungen. Er hätte mir sicher noch mehr von diesem Mann mit den seltsamen Augen erzählt. Aber da war ich vor lauter Rätseln und Geheimnissen schon zornig geworden.*

Er glaubte, daß er das, was mich verfolgte, vor einer alten schwarzen Statue mit Liedern und Gedichten und Zauberbildern austreiben könnte. Er versuchte, mit mir darüber zu reden. Wie oben, so unten, sagte er. Was Ihr um Euch herum seht, findet Ihr auch in Eurem Innern, denn es ist sichtbar und Euer Gewand. Ich war jedoch ein wenig hilfreicher Patient, Monsieur. Ich weigerte mich, von meiner Krankheit zu genesen. Ich weigerte mich, mich in eine Puppe für meinen Onkel zu verwandeln. Und der selbst Eure Puppe war. Ich schreckte vor dem Gedanken der Ketzerei zurück und nährte das dunkle Kind in mir. Selbst seine Zaubersprüche und Beschwörungen konnten mich nicht anrühren, seine sogenannte Magie. Natürlich sagte ich ihm das damals nicht. Ich ließ ihn in dem Glauben, er habe mich geheilt. Ich erlaubte ihm zu träumen. Es ist immer gut, Monsieur, wenn Ihr Euren Feind in dem Glauben laßt, er habe Euch kraftlos gemacht. Dann könnt Ihr plötzlich zuschlagen und habt den Vorteil der Überraschung auf Eurer Seite.

Doch ich bin immer noch verwirrt. Jene rätselhaften alten Wendungen, die wie Herzklopfen sind, habe ich immer noch in meinen trägen Adern. Vielleicht wußte er um sein Schicksal, um das Schicksal seines Geschlechts. Wir saßen unter Zypressen, die ihre Stummelfinger in den gelben Sand am Ufer eingegraben hatten, und er sagte: Hört einmal! Ich lauschte, Monsieur, doch ich konnte nur das Zirpen der Zikaden und das Säuseln des Flußwindes in den unruhigen Bäumen und das Keuchen meines eigenen Atems hören. Das Stolpern meines eigenen Herzens.

Er brachte mich zum Weinen, Monsieur. Weder davor noch danach habe ich jemals in Gegenwart eines Mannes geweint. Nicht einmal mein Vater hatte die Macht, mich zum Weinen zu bringen. Schon allein deswegen kann ich ihm nicht vergeben. Der Schrein strömte einen Geruch nach Mäusekot und verwesenden Blumen aus. Ein anderer Geruch nahm mir den Atem, sein Geruch, nach dunklen Rosen, der wie eine Erscheinung in der Luft stand. Ihr Gesicht hatte einen Ausdruck, als habe sie den Granatapfel schon genossen. Vielleicht, Monsieur, hätte ich seine Tochter heiraten sollen ...

7

Die Armee, zweitausend Mann stark, überquerte die Alpen am St. Bernhard-Paß, als der Winterschnee langsam einem fahlen, dämmrigen Frühling wich. Fünf Kompanien Bewaffneter und fünfhundert Kampfrosse trampelten die kraftlosen Alpenblumen nieder. Jede Kompanie bestand aus hundert Mann schwerer Kavallerie, zweihundert Bogenschützen, hundert mit Piken, Hellebarden und Schwertern bewaffneten Fußsoldaten und einer Unzahl von Knappen und Reitknechten. Dahinter schlängelte sich der Zug der Ärzte, Köche, Proviantmeister, Waffenschmiede, Männer, die für das Pferdegeschirr zuständig waren, Artilleristen für die Belagerungsmaschinen, Vorratswagen. Und dann die Marketenderinnen, die überall zu finden waren und die mit ihrem unablässigen Geplapper, Gesinge und ihrem vulgären Benehmen den Mönchen und Priestern, die emsig umherschwirrten, immer wieder Gelegenheit zur Sünde und auch zur Erlösung boten.

Die Belagerungsmaschinen waren mit dem König von Sizilien und seinem Gefolge auf Genueser Schiffen von Marseille aus unterwegs. Die Armee war nicht groß, doch Visionen von italienischem Gold hatte sie aufgebläht. Obwohl es das Heer des Königs von Sizilien war, marschierte es unter dem Kommando seines Neffen, des Dauphin Louis. Daher war die Disziplin unter den Männern untadelig. Vergewaltigungen und Plünderungen waren auf ein Minimum reduziert. Die Soldaten beklagten sich seltener als üblich; es herrschte banges Schweigen.

Die Schönheiten des Bergfrühlings konnten die inneren Eiswüsten, durch die Louis' einsame graue Gestalt ritt und die so kalt glitzerten wie das auf den höchsten Gipfeln noch verbliebene Eis, nicht erwärmen. Wenn die Sonne über den fleckenlosen Schnee glitt, beschwor sie nur Bilder von Wintern in

Loches herauf. Das scheue Werben der verschämten Gebirgsblumen erinnerte ihn an Hochzeiten. Die Landschaft, die den Männern, die nur die Ebenen von Guienne oder die sanften Hügel von Anjou oder die trockenen Hänge der Provence kannten, Ehrfurcht einflößte, brachte ihn auf eine neue Idee. Unter seinem Onkel zu dienen, war eine unangenehme Aufgabe, aber wenn man sich Mühe gab, konnte es zu einer Chance werden. Er mußte handeln, ehe der Narr ihm zuvorkam.

Als die Armee die Ebenen des Piémont erreichte, schickte er einen Boten mit einer kleinen Abordnung seiner eigenen Truppen aus der Dauphiné nach Genua, um die Stadt als französisches Territorium zu beanspruchen und sie unter seine Oberhoheit zu stellen. Die Genueser hatten in diesem Krieg ihre Unterstützung als Verbündete angeboten. Er sah keinen Grund, weshalb sie ihn nicht als Herrscher anerkennen sollten. Der Sprung von Savoyen nach Genua war nur klein. Mailand, das dazwischen lag, konnte später wohl auch noch geschluckt werden.

Louis war der Meinung, daß sein Onkel, der verrückt war vor Gram und den die Verluste abgestumpft hatten, sich ihm nicht entgegenstellen würde. Man mußte sich für den Mann wirklich schämen: Eine tote Frau war schließlich zu ersetzen. Es hieß, daß der König von Sizilien in den vierzehn Tagen, während Ysabelle de Lorraine an der Pest gestorben war, fast den Verstand verloren hatte. Danach war er in einem Sumpf von Apathie versunken, aus dem ihn, so ging das Gerücht, nichts befreien konnte. Der Bürgerkrieg in England zwischen Lancaster und York, der durch Königin Marguerite, seine rasende Tochter, noch angefacht worden war, hatte seinen Verfall zweifellos weiter verschlimmert. Um die Staatsgeschäfte kümmerte er sich nicht. Seine einzige vernünftige Handlung war die formelle Abdankung von seiner Herrschaft in Lothringen zugunsten seines Sohnes Jehan d'Anjou gewesen. Eine Zeitlang sah es so aus, als könnte er sich aufhängen oder zu Tode hungern. Louis hatte mit einer gewissen Vorfreude darauf gelauert.

Vielleicht hatten seine verfluchten Talismane ihn gerettet. Oder der abstoßende Zwerg, der, darum hatte Louis gebeten, in Tarascon zurückgelassen worden war. Durch eine jener Launen des Schicksals, denen der Dauphin zutiefst mißtraute, hatten die Ereignisse in Italien jäh den völligen Zerfall des Königs von Sizilien gestört. Cosimo de Medici, Herr über Florenz, und Francesco Sforza, Herr über Mailand, hatten einen Beauftragten geschickt, der König René um Hilfe bitten sollte. Die Republik Venedig und das von Anjou regierte Königreich Neapel hatten einen Vertrag unterzeichnet und eine Armee nach Norden in Marsch gesetzt, um in Mailand einzufallen. Die Herrscher von Florenz und Mailand hatten seinem bankrotten Onkel ein Vermögen in Goldflorins geboten, und gleichzeitig ein Abenteuer, das ihn aus seiner krankhaften Melancholie reißen konnte.

Der König von Sizilien hatte mit Erlaubnis und Unterstützung des Königs von Frankreich zugestimmt. Zum Ausgleich für die Dienste der französischen Truppen hatten Cosimo de Medici und Francesco Sforza ihre eigenen Armeen zur Rückeroberung Neapels von Aragon angeboten. Louis, der von den Truppen seines Vaters, die an seinen Grenzen standen, wie ein gehetztes Wild in die Enge getrieben worden war, hatte seinem Onkel geschrieben und sich als Heerführer zur Verfügung gestellt. König René hatte angenommen. König Charles hatte eingelenkt. Louis dachte über die vielen Möglichkeiten nach, wie ein Mann in Italien zu Tode kommen könnte, und führte die Truppen ohne besondere Vorkommnisse über die Alpen, um dann mit seinem Onkel zusammenzutreffen.

Bei Villanova, einen Tagesritt nördlich der Stadt, auf die er Anspruch erhoben hatte, schlug er das Lager auf. Die abfallende Ebene hatte sich durch den Frühlingsregen in ein schlammiges Meer verwandelt. Die Männer, die Schlimmeres gewohnt waren, brummten nur und fluchten, als Sumpfgräser wie Pilze aus dem Boden schossen. Wenn er hoch genug hinaufkletterte, konnte er vom Plateau aus, jenseits der roten Dächer von Villanova, das Ligurische Meer erkennen, das wie eine Fläche aus gehämmertem Blei grau durch den Regenschleier schimmerte.

Bis jetzt war noch keine Antwort aus Genua gekommen. Und kein Wort von seinem Onkel. Louis studierte Karten, trug auf Pergamenten Truppenbewegungen ein und inspizierte seine Männer. Er sandte nach Norden und nach Osten berittene Kundschafter aus, welche die Größe und Stärke der venezianischen und aragonesischen Truppen ermitteln sollten. Und er spähte aus seinem kleinen, bescheidenen Zelt in das Prasseln des silbernen Regens und auf das silberne Meer dahinter.

Die Ankunft der Flotte aus Marseille wurde ihm durch einen Genueser Kurier gemeldet, der so schlammverkrustet ins Lager geritten kam, daß man ihn für einen aus Erde geformten, durch magischen Odem zum Leben erweckten *Golem* hätte halten können. Ein Tag verging, und ein weiterer. Louis, der die Gewohnheiten seines Onkels kannte, stellte sich eine nicht enden wollende Flut von Wein, Frauen und festlichen Gelagen vor, in denen der König von Sizilien versank, während die Armee auf der Hochebene vor den Toren von Villanova im Regen vor sich hinbrütete und langsam vermoderte. Blaß ging die Sonne auf und wieder unter. Es war wie der Rhythmus, in dem auch seine Wut ständig wiederkehrte.

Am dritten Tag erschien ein Trupp von Genuesern, um das Zelt des Königs von Sizilien aufzubauen. Louis, der widerwillig ein praktisches, braunes Zelt hatte vorbereiten lassen, erstickte fast vor Zorn. Ein Felsvorsprung wurde ausgewählt, der trockener war als der Morast, in dem sich das Lager herumplagte, und eine besonders schöne Aussicht auf die Landschaft bot, die sich in silbrigem Dunst dem Meer zuneigte. Durch den Regenschleier beobachtete Louis die wundersame Entstehung eines hauchdünnen Kokons aus blauer Seide, groß wie ein Haus und geschmückt mit den Kreuzen Jerusalems, den Adlern von Lothringen und den Lilien von Anjou. Die riesige obszöne Blume erhob sich ohne Scham aus der blatternarbigen Landschaft. Am Ende des vierten Tages hingen die Banner, vor Nässe glänzend, an ihren gestreiften Masten. Karrenladungen mit Mobiliar verschwanden im seidenen Schlund des Zeltes: byzantinische Teppiche, Stühle und Polster, geschnitzte Betten, Tafelsilber; dazu Fäßchen mit Butter, denn der König von Sizilien hatte eine Abneigung gegen in Öl zubereitetes Essen.

Am Morgen des fünften Tages ritten König René und sein Gefolge ins Lager. Louis, der lange in der Gewalt seiner inneren Finsternis gewesen war, lauschte dem nachlassenden Plätschern des erschöpften Regens, das sich mit dem Keuchen seines Atems mischte, und setzte sich auf seine Hände, um zu verhindern, daß sie ganz von allein eine unaussprechliche Tat begingen.

Durch eine Verschwörung der Elemente, die ihn in Wut versetzte, fiel die Ankunft des Königs von Sizilien mit der schüchternen Entblößung einer verschämten Sonne zusammen, die durch die Wolkenfetzen schien. Der Regen hörte auf. Die Erde dampfte, und von den Rücken der Streitrosse stieg Dunst auf. Die trocknenden Fahnen versuchten im warmen Wind ein leises Knattern. Exotisch gewandete Ritter aus Genua bahnten sich vorsichtig einen Weg durch den Schlamm; ihnen folgte die *noblesse* aus Lothringen und Bar, aus Anjou und aus der Provence. Der König von Sizilien, der eine herrliche schwarze Rüstung trug, lachte und schwatzte freundschaftlich mit einem Mann mit schweren Augenlidern in einem eleganten Harnisch. Louis erkannte in ihm Ferri de Vaudémont, den Schwiegersohn seines Onkels. Hinterdrein trotteten, im stärker werdenden Sonnenschein wie Juwelen glänzend, dreißig provenzalische Musikanten, die mit Lauten, Flöten, Becken und Violen bewaffnet waren. Ihre Pferde waren wie für ein Turnier geschmückt und trugen fleischfarbene und weiße Damastschabracken. So ritten sie in das morastige, stinkende Heerlager ein.

Man mußte Höflichkeitsbezeigungen erweisen. Louis schlurfte hervor und machte ein paar vage Handbewegungen. Sie hatten einander vier Jahre nicht gesehen: seit Tarascon. Ein Knappe brachte dem König von Sizilien und dem Comte de Vaudémont Becher mit Wein. Die Musikanten verschwanden im blauseidenen Zelt, zweifellos, um ihre Instrumente für die Mittagstafel zu stimmen.

»Ich freue mich, Euch zu sehen, *mon oncle*«, begann Louis. »Ich bin froh, daß Ihr Euch zu diesem Feldzug entschlossen habt. Wie Ihr seht, ist alles ordentlich vorbereitet. Ich habe . . .«, sagte er und hielt inne.

Er hatte das für eine passende Begrüßung gehalten und war ganz verblüfft, weil er in den Kinderaugen seines Onkels nur dunkle Wut sah. Er hatte ihn noch nie so zornig gesehen. Er fuhr zurück und trat in eine schlammige Pfütze.

»Ihr Narr!« schnauzte der König von Sizilien. Die melodische Stimme war metallisch wie eine Lautensaite. »Ihr tolpatschiger Narr! Glaubt Ihr, daß die Genueser einen derartigen Aggressionsakt in ihrer eigenen Stadt dulden werden? Ihr seid in Italien, um gegen Venedig und Aragon zu kämpfen, nicht gegen Genua. Fast hättet Ihr das Bündnis zunichte gemacht. Ich habe dem Rat versichert, daß Ihr betrunken gewesen sein müßt, als Ihr Eure Männer in die Stadt entsandtet. Sie sind bereit, Euch zu vergeben, weil ich darum gebeten habe.«

Louis biß sich heftig auf die Zunge. Schmerz hielt das Wesen in ihm im Zaum. Zu gern hätten seine Hände etwas zerbrochen. Die Genueser und die französischen Adligen saßen ruhig auf ihren Pferden im Kreis um ihn herum. Er sah, daß der Comte de Vaudémont seine langen Hände sanft, beinahe zärtlich, auf dem Griff seines Schwertes ruhen ließ.

»Ich werde es erklären«, sagte Louis.

»Ja«, sagte der König von Sizilien. »Das würde ich begrüßen. Wenn Ihr sie erklären könnt, diese neuerliche Dummheit.«

»Mon oncle«, sagte Louis. Er versuchte, seine Stimme zu senken, damit der wachsame Ring ihn nicht verstehen konnte.

»*Mon oncle*, hört mir zu. Es ist keine Dummheit. Diese Genueser sind nicht vertrauenswürdiger als jeder andere italienische Staat. Sie brechen ihre Treueschwüre, wie es ihnen gefällt — genau wie Mätressen. Denkt an unseren Gewinn, wenn Genua französisch würde. An den Reichtum.«

»Sie sind mit ihrem Reichtum stets großzügig gewesen. Und mit ihren Schiffen. Wegen der Geschäfte, die Jacques Coeur mit ihnen machte, wenn er auf dem Weg nach Osten hier vorbeikam.«

Die tiefblauen Augen in dem alten, gezeichneten Gesicht waren rasend vor Zorn. Das Leid, das sah Louis, hatte ihn nicht unmännlich gemacht: Es hatte ihm irgendwie menschliche Züge verliehen. Der Mann war auf unerklärliche Weise stärker geworden. Louis fiel nichts ein, was er hätte sagen können.

»Wißt Ihr, was Ihr hättet anrichten können?« fragte der König von Sizilien. »Ihr hättet das ganze Gleichgewicht der Kräfte in Italien durcheinanderbringen können. Die italienischen Staaten haben unsere Hilfe gern angenommen. Als Eroberer wollen sie uns hier nicht. Nehmt Genua, und sie werden wissen, daß Ihr alles nehmen wollt. Mailand und Florenz werden sich gegen Euch wenden. Ich kann nicht glauben, daß Ihr so dumm gewesen seid.«

»Sprecht nicht so mit mir«, fuhr Louis ihn an, »als wäre ich Euer schwachsinniger Zwerg. Ich sehe keinen Unterschied darin, ob ich nun Genua nehme oder Ihr nehmt Neapel. Ihr werdet einen italienischen Titel haben. Ich wünsche mir auch einen. Wo ist da der Unterschied, *mon oncle?*«

»Der Unterschied besteht darin, daß Neapel von Truppen aus Aragon besetzt ist. Die Neapolitaner haben mich selbst gebeten, ihr König zu sein, um sie von jenem Joch zu befreien. Sie hassen Alfonso von Aragon. Und Neapel hat seit Jahrhunderten zu Anjou gehört. Genua gehört den Genuesern. Ich nehme an, das ist für Euch zu kompliziert, als daß Ihr es verstehen könntet.«

Louis starrte ihn wütend an. Der Ring von Pferden hätte ihn

wohl niedertrampeln können. Sogar die Sonne, die den Schlamm zu seinen Füßen verkrustete, hatte ihn verraten.

»*Mon oncle*«, sagte er plötzlich mit sanfter Stimme. Mit hängenden, zuckenden Lippen versuchte er ein Lächeln. Es war nicht ohne Charme. »Bitte, wir dürfen uns nicht streiten. Was werden die Italiener sonst zu Hause erzählen?« Die Pferde schnaubten und prusteten hinter seinem Rücken. »Ich glaubte, Ihr würdet meinen Plan gutheißen.« Mit einem gewissen Unbehagen nahm er Ferri de Vaudémonts schwerlidrige Augen in einem ruhigen, ausdruckslosen Gesicht wahr; sie irritierten ihn beinahe genauso stark, wie es die Augen des Zwergs getan hatten. Eine Puppe, der Mann mußte eine Puppe sein.

»Ich dachte, Ihr würdet mir helfen, Genua zu sichern. Mit der Armee. Belegt die Stadt mit einer Garnison, um sie zu halten. Sie ist in unserer Hand. Eine Pflaume, die man nur aufheben muß. Warum nicht?«

»Weil sie unsere Verbündeten sind«, sagte König René. »Ich habe mein Wort gegeben.«

»Dann zählen meine Wünsche also gar nicht!«

»Ihr seid in Italien, um mir zu dienen.«

Louis zuckte zusammen. Der gütige Bewunderer von Rosen und Pavianen schien sich unwiderruflich gewandelt zu haben. Dieser neue Mann klang auf erschreckende Weise wie ein König.

»Kann ich nicht Euch dienen«, fragte Louis leichthin, »und mir selbst auch?«

»Wenn Ihr Euch selbst dient«, sagte der König von Sizilien tonlos, »scheinen die Menschen, die mir dienen, zu sterben.«

Da brach das Finstere aus den lächelnden Lippen hervor und ergoß sich in das Schweigen des Morasts und der erstarrten Gestalten.

»Was einer besitzt und erobert«, sagte die Stimme deutlich, »das gehört ihm. Italien ist ein Haufen unbedeutender Herzogtümer, die miteinander im Streit liegen. Frankreich ist kaum besser. Eines Tages«, die Stimme schwoll an und traute sich grollend ans Tageslicht, »werde ich es zu einem Königreich zusammenschweißen. Ihr könnt die Flut mit Euren provenzalischen Musikanten nicht aufhalten, *mon oncle.* Wenn ich König bin.«

Er hörte es die Pferde schnauben, bevor es noch ausgesprochen war. Der dampfende Schlamm zu seinen Füßen zischte es, und es kam aus den geschlossenen Lippen der schweigenden Ritter. Niemand mußte ihn daran erinnern, daß sein Vater jetzt noch einen weiteren Sohn hatte. Aber vielleicht war sein Onkel wegen des toten Körpers der königlichen Mätresse und wegen der Vernichtung des Kaufmanns so unfreundlich geworden.

»Falls Ihr König seid«, sagte René d'Anjou ruhig.

Sein Onkel machte eine unauffällige Bewegung. Wie bei einer Vorstellung auf dem Turnierplatz von Tarascon schwenkten die Ritter herum und trabten davon, um sich den üblichen Tätigkeiten im Lager zu widmen. Nur Ferri de Vaudémont blieb.

»Ohne meine Hilfe«, flüsterte Louis wie eine Beschwörungsformel, »werdet Ihr scheitern. Ihr wißt, daß Ihr scheitern werdet. Ihr werdet Neapel verlieren. Ihr werdet die Schlacht verpfuschen, wie Ihr schon andere verpfuscht habt.«

Der König von Sizilien fing an zu lachen. Es war ein tiefes blubberndes Lachen, ganz fröhlich: das obzönste Geräusch, das Louis je gehört hatte. Daß der Mann es wagte, ihm ins Gesicht zu lachen!

»Dann werde ich Neapel eben verlieren«, sagte König René heiter. »Außerdem, wie kann ich etwas verlieren, was ich nie besessen habe? Ich fürchte, Ihr versteht mich nicht, Louis. Ich würde eher die Krone von Neapel ins Ligurische Meer werfen, als Euch in Italien freie Hand zu lassen. Einmal glaubte ich . . . Aber lassen wir das. Ich habe mich geirrt. Ich enthebe Euch Eures Kommandos. Francesco Sforza ist ein mehr als fähiger Feldherr. Geht nach Frankreich zurück. Geht zurück in die

Dauphiné, wo die Truppen Eures Vaters Euch schon an den Grenzen erwarten.«

»Ich fürchte meines Vaters Armee nicht.«

»Nein«, sagte der König von Sizilien lachend. »Ihr könnt ja immer noch nach Burgund, zu unserem lieben Herzog Philippe, fliehen. Aber Burgund wird nicht immer sicher sein. Ihr habt Philippes Sohn vergessen. Ihr solltet an Charles de Bourgogne, Comte de Charolais, denken. Auch sein Vater wird eines Tages sterben. Und ich bin nicht der einzige Mann in Europa, der weiß, was aus Euch geworden ist.«

Zu dieser Mittagsstunde wirft die Sonne keinen Schatten. Ungeschützt waren beide dem weißen Licht ausgesetzt.

»Mon oncle«, sagte Louis zwischen den Zähnen hervor, »irgendwann werde ich Euch töten.«

Die sanften Kinderaugen schauten ihn belustigt an. Als hätten sie über Rosen gesprochen.

»Nein«, sagte König René, »Ihr werdet mich nicht anrühren. Ich kann die nicht schützen, die mir nahestehen. Die werdet Ihr zweifellos vernichten. Aber mich könnt Ihr nicht anrühren. Ach, Louis«, seufzte er, »habt Ihr gedacht, ich hätte meine Zeit mit Träumen vergeudet, als ich sechs Jahre in Philippes Kerker saß? Ich hatte einen Besucher. Er kam nicht einmal, er kam oft. O nein, ich meine nicht unseren guten Philippe; auch keinen anderen wirklichen Besucher. Er kam aus meinem Inneren. Ich hatte reichlich Zeit, eingesperrt zwischen jenen vier Kerkermauern, die ich in meiner Verzweiflung mit Lichtgestalten bemalte, um mich vor mir selbst zu schützen. Reichlich Zeit, um das zu lernen.«

»Ihr habt nichts gelernt«, sagte die Stimme, die aus den hängenden Lippen hervorzischte und trotz der Mittagssonne bedrohlich klang. »Ihr habt gelernt, wie man Reißaus nimmt. Eure Zauberbilder, Eure Turniere. Eure sogenannte Magie. Euer widerlicher Kult. Ihr seid immer nur geflohen, *mon oncle.* Ich werde immer stärker. Wohin wollt Ihr fliehen, wenn mein Vater stirbt?«

»Wißt Ihr«, sagte der König von Sizilien nachdenklich, »manchmal denke ich, daß durch irgendeinen unglaublichen, widersinnigen Fehler ich es bin, der Euch geschaffen hat. Der Euch heraufbeschworen hat. Irgendwie. Vielleicht bringt zuviel Licht notwendigerweise Schatten hervor. Ja, ich bin geflohen. Aber ich bin immer noch ein Mann. Ich habe immer noch die Kraft zu wählen. Ihr, Ihr werdet davon verzehrt. Vielleicht habe ich bis jetzt noch keinen Weg gefunden. Doch Ihr könnt mich nicht anrühren. Ich werde nicht von Eurer Hand sterben, Louis. Und wenn sich diese irdische Form, die ich bewohne, schließlich auflöst, wird Eure mir bald darauf folgen. Ihr seht«, sagte König René, und auf dem verwitterten, jung-alten Gesicht, das tiefe Furchen durchzogen, die unsagbare Offenbarungen hineingefressen hatten, blühte ein ironisches Lächeln auf, »Ihr seht, mein lieber Louis, Ihr und ich«, und er lachte und lachte im Sonnenlicht, »wir sind untrennbar miteinander verbunden.«

TEIL III

Yolande

Der Ritter ohne Furcht und Tadel 1453-1470

Sterben nicht alle Lebewesen auf der Welt, o Vater, obwohl sie Teile dieser Welt sind?

Ruhig, mein Kind, Du bist in einem Irrtum befangen. Denn Lebewesen sterben nicht, doch da sie zusammengesetzte Körper sind, lösen sie sich auf. Und diese Auflösung ist die Auflösung einer Verbindung. Und wenn sie aufgelöst werden, so geschieht das nicht, um sie zu zerstören, sondern damit sie wieder neu werden können. Was ist denn in Wahrheit die Antriebskraft des Lebens? Ist es nicht ständiger Wandel? Gibt es denn etwas auf der Welt, was sich nicht verändert? Es gibt nichts, mein Kind.

Corpus Hermeticum

8

Auf Marthas Gesicht in der Fensterscheibe klaffte ein Loch. Durch die Öffnung warf der Himmel safranfarbenes Licht quer über das schwarzweiße Schachbrettmuster des Steinfußbodens. Der Altar war von seinem Mantel aus toten Blumen und seinem Unterkleid aus gelblichem Moos befreit worden. Das schwarze Gesicht, von der untergehenden Sonne mit blutigem Schimmer übergossen, hatte einen erwartungsvollen Ausdruck.

Die Stunde des Sonnenuntergangs, als das Große Licht am westlichen Horizont im Zeichen des Löwen stand, mochte an diesem Julitag wohl auf eine lang schon erwartete Hochzeit zwischen Himmel und Erde hindeuten: Der Gott auf seinem ehernen Wagen stieg in die erdige Umarmung seiner wartenden Braut hinab. Nach orthodoxer Lehre war dies das Kirchenfest zu Ehren der heiligen Maria Magdalena. Die alten Steine der Kapelle auf Vaudémont, dem Wotansberg, erinnerten sich aus der Tiefe granitdurchzogener Träume an ein älteres Fest für eine frühere göttliche Gefährtin.

Etwas störte die Zeremonie, obwohl die Anwesenden versuchten, sich zu konzentrieren. Zwölf der dreizehn Teilnehmer hatten sich in exaktem Muster auf dem Schachbrett aufgestellt und warteten auf den Augenblick der Vereinigung von Sonne und Horizont. Es waren zwei Gruppen: eine von sieben und eine von fünf, ein innerer und ein äußerer Kreis. Sie standen dem Altar gegenüber. Die Hymnen hatten sie schon gesungen, den rituellen Wein, das Brot und das Salz zu sich genommen. Die dreizehnte Gestalt, in weißem Gewand und weißer Kapuze wie die anderen, stand abseits, vor der schwarzen Figur. Ihr blieb die Aufgabe, den letzten Gesang zu singen.

Sie hatte sich in all den Jahren nie wirklich an die Kette aus Namen gewöhnt, die wie Perlen um den vertrauten alten Stein gelegt war. Apuleius hatte sie geschrieben, und sie hatte sie auswendig gelernt, doch mußte sie sich jedesmal wieder neu darauf besinnen: Isis, Artemis, Aphrodite, Rosmerta, Lilith, Kybele, Eva, Helena, Magdalena. Königin des Himmels und Stern des Meeres. So viele Namen für das, was ewig war und namenlos . . . Diese Kette aus Spiegelbildern war für sie nicht so bedeutungsvoll wie die Erinnerungen ihres eigenen Körpers: fünfunddreißig Jahre, die Erinnerungen aus Jahrmillionen umschlossen. Ein Schoß, der zwei lebende und zwei tote Kinder empfangen und geboren hatte, trug in sich den Schmerz und die Erfüllung jeder Geburt und jeden Todes.

Daß ihr einziger lebender Sohn kein Sohn seines Vaters war, paßte irgendwie dazu. Sie wußte, welche Qual es der ritterlichen, durch und durch reinen Seele ihres Gatten verursachte: daß er keinen Sohn zeugen konnte. Jehan und sein pferdegesichtiges Bourbon-Weib hatten einen Sohn. Selbst ihre Schwester Marguerite, die in einem unaufhörlichen Albtraum von einem wahnsinnigen Ehemann und einem Bürgerkrieg gefangen war, hatte einen Sohn geboren. Yolandes Sohn aber war kein Sohn seines Vaters. Doch vielleicht hatte sie auch nur geträumt, vor langer Zeit. Die Tochter, die noch am Leben war, hatten sie Jehanne genannt; sie war fünf Jahre alt. Ein hübsches, liebes Kind, das Ferris schlanken Körperbau und sein wolkenzartes Haar geerbt hatte. Sie würde heranwachsen und eine Schachfigur sein, wie ihre Mutter es gewesen war. Yolande nährte die schwarze Bitterkeit nicht mehr wie ein Kind an ihrer Brust. Es genügte, in das Gesicht ihres Sohnes zu schauen und in den blassen, seltsamen Augen den Augenblick zu sehen, da Himmel und Erde sich vereinigten.

Wie ein Liebender berührte der Rand der blutroten Kugel Lothringens schwarze Hügel. Yolande, geisterhaft im rasch schwindenden Licht, drehte sich um und blickte die Figur an.

Ich bin hervorgegangen aus der Macht,
Und ich bin zu denen gekommen, die mich ablehnen.

Und ich bin gefunden worden
Unter denen, die mich suchen.

Die stumme Kraft des Bildes, auf das sich die Gedanken von dreizehn Personen konzentrierten, ließ ihr einen Schauer über den Rücken laufen. Sie streckte die Hände aus, die Handflächen nach oben gewandt, und ließ dieses Gefühl sich zwischen den vorherbestimmten Linien von Herz, Kopf und Schicksal hindurchwinden.

Ich bin die, die man Leben nennt,
Und die Ihr Tod nanntet.
Ich bin die, die man Gesetz nennt,
Und die Ihr Gesetzlosigkeit nanntet.

Andere Gestalten versuchten, in den lichtdurchfluteten Kreis zu dringen, in den sie ihren Willen strömen ließ. Die Ränder des Siegels wurden brüchig. Sie befahl den Gestalten, damit aufzuhören. Ein Talisman wurde aus Gedanken, Bildern und Vorstellungskraft gestaltet. Eine durchscheinende Form, ein unbeschreibbares Symbol, das alle bruchstückhaften Teile dessen, was man konkrete Wirklichkeit nannte, in sich zusammenzog und zu einer einzigen Bedeutung, einem einzigen Ganzen beschwor. Jede Störung machte die Konzentration von Macht zunichte. Ein Talisman, der nicht rein war, konnte keine Magie bewirken.

Und Magie wurde an diesem sommerlichen Festtag dringend benötigt. Um den heilsamen Ring aus Licht wirbelten und schwankten formlose Gestalten: die ungeformten Hoffnungen auf die Zukunft. Angst kroch herein. Auf den bewaldeten Hügeln von Bar, in den weinumkränzten Ebenen der Champagne und in den schimmernden Städten der Tourraine hatte zwischen Frankreich und Burgund der Krieg angefangen. Und in seinem Château Mehun-sur-Yèvre lag Charles VII. de Valois, König von Frankreich, vom Delirium geschüttelt im Sterben.

Zwölf Stimmen, männliche und weibliche, ließen einen Ton erklingen, der wie das Dröhnen alter Klagehörner aus unvorstellbaren Zeitwindungen herüberdrang. Der stetige Ton verband sich harmonisch mit dem Bild und dem blasser werdenden Himmel und dem inneren Pentagramm, in dessen Mitte die letzten Strahlen der schwindenden Sonne eine Lache wie Wein aufschimmern ließen.

Denn ich bin die Erste und die Letzte.
Ich bin die, die man verehrt, und die, die man verachtet.
Ich bin die Hure und die Heilige.
Ich bin das Weib und die Jungfrau.
Ich bin die Unfruchtbare,
Und viele sind ihre Söhne.

Viele Söhne. Die schweifenden Gedanken, die Erinnerung waren und auch Prophezeiung, bedrängten sie weiter. Schweiß sammelte sich mattglänzend auf ihrer Stirn. Ein dumpfer Schmerz, der von der langen, anstrengenden Konzentration herrührte, nagte hinter ihren leeren Augen. Erinnerungen und Prophezeiungen schlichen sich zwischen die Lichtströme, die ihre Vorstellungskraft geformt hatte. Und ständig war da das dunkle Brechen an den Rändern des Siegels.

Da war die Winterlandschaft auf dem Gesicht ihres Vaters, trostlos und zerstört nach der Niederlage in Neapel vor acht Jahren. Er hatte den Dauphin fortgeschickt, da mußte er unweigerlich scheitern. Die Wunde war nicht das verlorene Königreich gewesen, sondern der Verlust der Freundschaften. Unvermutet hatte es Verrat gegeben, ein schleichendes Gift hatte seine einstigen Verbündeten infiziert. Ja, dachte sie, er war ein echtes Kind des Wassermanns: dieses naive Vertrauen auf Freundschaft. Sie hätte ihm sagen können, daß andere Männer die Dinge nicht so sahen wie er; und daß selbst Spinnen im Licht etwas vorgaukeln und durch einen Zaubertrick wie auf Abwege geratene, im Grunde aber tapfere Helden erscheinen konnten.

Da war ihr Bruder Jehan, der seinem Vater nach Italien gefolgt war und sechs Jahre mutig gekämpft hatte und dann bleich, krank und verbittert nach Nancy zurückgekehrt war.

Einst hatte sie geglaubt, über jenem Königreich Neapel liege ein Fluch. Jetzt erkannte sie das Netz aus Spionage, Bestechung und Betrug, das über die sonnendurchtränkte Erde Italiens gebreitet war, die Blut und Knochen Anjous verschlang.

Da war der König von Frankreich. Das gefräßige Geschwür, das zuerst an seinem Bein aufgekeimt war, blühte nun, wie eine vielköpfige Hydra, in seinem Mund. Es drohte ihn zu ersticken. Mitleidlos ließ es ihn, während es wuchs, fast verhungern, es verschloß ihm die Kehle, gerade noch konnte sich sein rasselnder Atem hindurchzwängen. Hinter ihm wartete und spann die Schattengestalt seines Nachfolgers, der, von Philippe le Bon beschützt, irgendwo in der Bourgogne hockte. Seinetwegen würden Frankreich und Burgund nun beginnen, einander abzuschlachten. Louis. Die Anstrengung, die es Yolande kostete, sich wieder an Licht zu erinnern, ließ sie schwanken. Einen Augenblick lang starrte sie auf die gespenstisch weißen Türme von Tarascon, die die Sonne gebleicht hatte, und wo es Rosen und herrlich gefiederte Vögel in Fülle gab.

Da war ihre Schwester: ein ständig wiederkehrender Rhythmus von Sieg und Niederlage, Sieg und Niederlage. Da war der wahnsinnige Ehemann, der König von England, der mit einem unersättlichen Traumdämon vermählt war. Und jener Thron, nach dem sich so viele verkrüppelte Hände ausstreckten, nach ihm haschten, ihn sich wieder entgleiten ließen und erneut danach griffen. Die Weiße Rose und die Rote Rose, und der Kopf des Herzogs von York, der bluttriefend auf Micklegate hing. Ein wahnsinniger König. Nun, schließlich war er ein Enkel ihres eigenen verrückten Valois-Königs, der einst geglaubt hatte, er sei aus Glas.

Da war Ferri, dessen Körper unter den zwölf Weißgewandeten stand und dessen Geist in dem flüchtigen Lichtkreis mit dem ihren verschmolz. Ferri mit den gezeichneten Augen: ein

Fragment eines jäh abgebrochenen Lautenspiels. Da waren die toten Kinder, getauft und begraben. Plötzlich überkam sie ein Gefühl der Übelkeit. Vielleicht war sie wieder schwanger. Und da war das lebende Kind, die brennenden Augen dieses Jünglings, die sie, wie von selbst, in Gänge voller Narzissen und Saphire zogen, während ihr Gatte nach ihrer davonfliegenden Seele griff, die sich seiner Umarmung entzog.

Was hatte sie Ferri angetan? Wiederholt war er zu seinen Huren zurückgekehrt. Sie war nicht eifersüchtig geworden. War denn ihr eigenes Herz nicht auf immer und ewig treulos? War es nicht ein anderer Körper, den sie vor sich sah, wenn sie ihn berührte? Es gab Bastarde in den Kinderzimmern von Vaudémont und Nancy, ganz reale Auswüchse seiner Verzweiflung. Das Schlimme war, daß er sie liebte. Ihm konnte kein Talisman Befreiung bringen.

Vielleicht hätte sie geweint oder erbrechen müssen, wäre der Ton der Stimmen nicht gewesen: zart, harmonisch und beharrlich. Er schwoll an, krampfte sich zusammen, seufzte, verging. Sie würde bald zum Ende kommen, diese aristokratische Bruderschaft aus Lothringen und Bar, die sich zu frommer und recht unschuldiger Andacht zusammengefunden hatte.

Der kranke König drängte erneut herein. Diesmal spürte sie es wie einen körperlichen Anfall: Schmerz, der sich in ihre Zunge krallte, ihr den Hals verkrampfte und ihre Beine packte. Sie kämpfte dagegen an, doch die schon verfallene Gestalt wollte nicht weichen. Da war der elende, verschmutzte Körper, der von den Auswüchsen eines unbekannten Krebsgeschwürs im Innern aufgefressen wurde, das zu tragen er letztlich auch seinen Sohn verdammt hatte. Sie wußte nun, was die ganze Zeit über nicht gestimmt hatte.

Denn zahlreich sind die angenehmen Formen
Vieler Sünden und Zügellosigkeiten,
Schändlicher Leidenschaft und flüchtigen Vergnügens,

Denen sich die Menschen hingeben, bis sie ruhig werden
Und aufsteigen zu ihrer letzten Ruhestätte.

Und sie werden mich dort finden,
Und sie werden leben,
Und sie werden nicht mehr sterben.

Der Ton endete, seine Kraft strömte sanft davon, legte sich wie Dunst über den Altar und löste sich auf.

Yolande drehte sich schwankend um und sah die schweigenden Akoluthen an. Ihr Gesicht war verzerrt wie nach einer großen Anstrengung. Die Schwarze Madonna zitterte, als sie gegen sie schlug, doch sie fiel nicht. Wie ein Stoß ging es durch die weißgekleideten Gestalten. Sie sah wie im Traum, daß ihr Gatte auf sie zukam, aber es war nicht nötig. Die Statue bot völlige Sicherheit.

»Der König«, brachte sie mühsam hervor. »König Charles ist tot.«

***

♏ ... *Er pflegte neben ihr zu sitzen, neben seiner neuen Gattin, deren Mitgift kaum für das Hochzeitsfest reichte, denn sie war nur eine Hofdame. Sie saßen auf den Stümpfen uralter Bäume, und es roch nach Baumrinde und Torf. Wie in seinem Traum-Idyll, sammelte er Tau, um ihre Hände darin zu baden, und Waldblumen, die er in ihre Locken flocht. Die Welt lachte über ihn, Euer Gnaden. Schaut, sagte ein jeder, schaut diesen Mann von siebenundvierzig Jahren an, der sich um sein Königreich kümmern sollte und der statt dessen mit einer Braut, die seine Tochter sein könnte, Träume von Arkadien wahr machen will. Ist er schon senil? flüsterten die Höflinge. Vielleicht, murmelten die Gesandten in Nancy und Bar-le-Duc, haben der Kummer, die Erschütterung durch wiederholte Niederlagen und Mißerfolge ihm den Verstand geraubt und statt klarer Gedanken ein Durcheinander von trüben Strömungen begünstigt, so daß die*

Sonne in die enge Verflechtung von Träumen und Verzweiflung nicht mehr eindringen kann.

Doch jene sind niemals in Tarascon gewesen, Euer Gnaden. Ihr aber solltet es besser wissen: Ihr habt die schläfrigen weißen Türme gesehen und das Licht, das über der braunen Rhône liegt, und die roten, zu großen duftenden Gerinnseln erstarrten Rosen, die sich tief in den Untergrund senkten, und den Park, der überquoll von Früchten, Pfauen und Weinreben. Das fruchtbare Ackerland, die kleinen und großen Wälder, wo das Wild frei umherschweifte, weil er es nicht ertragen konnte zu jagen, zu töten.

Was ist wirklich, Euer Gnaden, und was unwirklich? Er sammelte um sich einen Kreis, den Orden des Halbmonds, dreizehn Ritter aus Anjou und aus der Provence, deren Schutzheilige der kriegerische St. Maurice und die Magdalena waren. Ein Mummenschanz, sagten die Höflinge. Eine Ritter-Phantasie. Die kindische Nachahmung von Burgunds Goldenem Vlies. Ein Mann, der die schönen Dinge des Lebens liebt, der schon senil geworden ist, der von jünglingshafter Liebe, von bunten Rüstungen, von müheloser Unsterblichkeit träumt.

Was ist die wahre Stärke der Könige? Niemand nahm Anstoß daran, daß Charles de Valois Sonette verfaßte, daß Alfonso von Aragon feinsten Zobelpelz so lange liebevoll streichelte, bis er spiegelglatt war, oder daß Louis die Spinne mitfühlend den seidigen Flor einer Eselshaut kämmte. Oder daß Edward von England, die Weiße Rose, der meine Schwester zugrunde richtete, Parkanlagen entwarf, die mit dem Vorbild des himmlischen Herzschlags in Übereinstimmung sein sollten.

Doch das ist jetzt gleich. Das Königreich meines Vaters, Euer Gnaden, war unterirdisch, fruchtbar wie das Land, in das er floh, verborgen wie die Waldquellen, die aus schwarzer Erde sprudeln, dort, wo einst Sie ohne Furcht und Scham verehrt wurde. Ihr wart in Tarascon, Euer Gnaden, in jenen Traumjahren. Ihr saht, wer und was wie ein Juwelenregen durch seine Hände floß. Entsinnt Ihr Euch der Maler aus Flandern und Italien? Erinnert Ihr

Euch an Fra Angelico und den kleinen, buckligen Petrus Christus und an die düsteren Brüder Van Eyck? An Signorelli, der das erstaunliche Altarbild in Orvieto malte? Und an Colantonio del Fiore, der vom Hof der Medici kam, und an Angiolo Franco, der ein Säufer war, und an Fra Filippo Lippi? An die lichterfüllten Himmel Italiens, die zerfließenden Perspektiven von Säulenhallen und Basiliken, den Hauch von Farbe, an die wilde, ungezähmte Freude. Und das alles verbunden mit jener würdevollen und präzisen flämischen Geometrie, die das Erbteil Godefrois und der Herzöge des alten Lotharingia war, wo man die feinste Körnung auf der Leinwand erkennt und das Auge von dieser Makellosigkeit wie geblendet ist. Er brachte sie zusammen und vermählte sie miteinander und entließ sie in die Welt. Er war bankrott, und trotzdem vermochte er sie zu unterstützen, sei es auch nur durch die Tiere und Früchte von seinen Gehöften, als kein Gold mehr vorhanden war.

Entsinnt Ihr Euch der Dichter, Euer Gnaden, die im gespensterhaften Park beim Schein der Fackeln ihre Sonette lasen? Der Tiraden der Philosophen im großen Saal, wenn Becher mit Hippokras sie erhitzt hatten? Der arabischen und jüdischen Kabbalisten, Alchimisten und Astrologen, die andere Bilder für ihn malten: die Geheimnisse des Körpers und der Seele, die Tänze der Götter? In Tarascon ließ er eine Weile das, was unten war, jenes widerspiegeln, was oben war. Die Baumeister und die Architekten, die Entdecker und die Seefahrer: Erinnert Ihr Euch, Euer Gnaden, an den halbverrückten Burschen aus Genua, Columbo mit Namen, der von einem Land jenseits des Meeres wissen wollte, in das die Tempelritter einst gesegelt waren? Mein Vater machte sich nie über ihn lustig, denn er wußte, daß Legenden immer konkrete Wurzeln haben. Und die kostbaren Manuskripte, die nach Westen kamen, als Konstantinopel geplündert wurde: Erinnert Ihr Euch, wie sie ihren Weg nach Tarascon fanden, denn die, die davon wußten, begriffen, daß er sie in Ehren halten würde, wogegen andere sie vielleicht den Flammen übergeben hätten?

So viele Samen, Euer Gnaden. Und Ihr wagtet es, von Schei-

tern zu sprechen. Zweifelt Ihr immer noch daran, daß sie Wurzeln schlagen, daß sie blühen werden? Seid Ihr nur ein blinder König wie Louis, der dort im unschuldigen Sonnenschein der Provence den unterirdischen Strom nicht zu sehen vermag, der aus den Händen eines alternden, grauhaarigen Mannes floß, der schon senil wurde und mit seiner jungen Braut Kinderspiele trieb?

Natürlich war sie schon jahrelang seine Geliebte gewesen. Sie hatte ihn in ihren Armen willkommen geheißen, lange bevor ich Euch in meinen willkommen hieß. Sie war damals erst dreizehn. Aber Jehanne de Laval war niemals dumm, sie war nicht einmal ein Kind. Wäre sie seine Mätresse geblieben, hätten die Höflinge bloß gekichert. Doch welcher Fürst aus einem Geschlecht wie dem meines Vaters heiratete schon aus Liebe? Sie waren schockiert, Euer Gnaden. Und auch Ihr wart empört. Der König von Sizilien hätte Euren Zwecken wohl wirkungsvoller gedient, würde er sich eine Prinzessin aus Aragon oder Florenz oder aus Mailand mit einer reichen Mitgift erwählt haben. Oder eine aus Burgund oder sogar aus England: eine Tochter Yorks, um den Riß zu heilen, den seine eigene Tochter mit ihrem Hochmut und ihrer Heftigkeit verursacht hatte.

Doch er machte sich über Euch lustig und heiratete seine Auserwählte. Auch sie wußte um seine Geheimnisse; auch sie war im Skorpion geboren. Wir haben vieles gemeinsam, Jehanne de Laval und ich.

Es blieben ihm nur sieben Jahre, bevor es zur Auseinandersetzung kam. Ihr habt ihn verspottet und gesagt: Was werdet Ihr tun, wenn Louis de Valois König ist? Und Louis fragte ihn in Italien: Wohin werdet Ihr fliehen, wenn ich herrsche? Vielleicht wußte er, daß es reichlich Zeit geben würde für Verhängnis, Scheitern und Tod. Ihr wart zornig, weil er seine Finanzen nicht in Ordnung brachte oder seine Armeen erneuerte oder seine Truhen für den plündernden Albtraum der Zukunft füllte. Die Wahrheit ist, Euer Gnaden, daß er die Umdrehungen des Schicksalsrades sogar besser begriff als Ihr — und daß er sich nichts daraus machte.

Erinnert Ihr Euch an die großen Karawanen, die jeden Herbst, wenn der Frost begann, von Angers nach Tarascon zogen, und die zurückkehrten, wenn der Winter dem Frühling in Anjou weichen mußte? An die vergoldeten, mit roten und weißen Fahnen geschmückten Barken, die fast untergingen, weil sie so schwer mit Wein und Tafelgerät, Leinen und Seide, Samt und Butterfäßchen beladen waren, und an den Baldachin aus Lautenspiel, der über dem langsam fließenden Wasser schwebte, wenn die sterbenden braunen Hügel des Nordens den grünen Hügeln des Südens wichen? Sie glitten die Loire hinunter, eingelullt von Troubadourliedern, und er versuchte, das Lächeln einer Wolkengestalt oder das Sonnenlicht, das einen Vogelflügel sprenkelte, in einem Bild oder in einem Gedicht festzuhalten. Er war besessen vom Streben nach Licht: ein Ritter ohne Furcht und Tadel, der stets nach einer Vision suchte, die sich nicht fassen ließ. Der Gral, der Kelch, der eine Frau ist und ein Kind, ein Stein und ein gekreuzigter König. Oder ein Weinstock, von dem er selbst eine Rebe war.

Das malte er, Euer Gnaden. Einmal, es war Jahre später, sah ich ihn an einem Brunnen in Tarascon, der traurig weinte, wie er sich selbst malte. Der alte Mann aus dem Geschlecht Anjou, ein verdorrter Stumpf eines einstmals grünen Baumes, dem man alle Zweige abgehackt hatte; und sein Gesicht, sein knorriges Kindergesicht, schaute schwermütig aus den Windungen der Baumrinde hervor. Nur noch ein einziger belaubter Trieb. Mein Zweig. Mein Sohn. Das ist alles, was von jenem Geschlecht übriggeblieben ist, Euer Gnaden, dessen Wurzeln zu demselben heiligen Samen zurückreichen wie das Eure. Meine Schwester und ihr Sohn, mein Bruder und sein Sohn: alle sind sie zugrunde gegangen. Mein reumütiger Vater, auch er vernichtet, trauerte, weil die Welt nicht nur aus Geist, sondern auch aus Fleisch gemacht ist.

Als mein Sohn zwei Jahre alt war, reisten wir mit ihm nach Tarascon. Wir brachten dem König und der Königin von Sizilien diesen Enkel, den sie noch nicht gesehen hatten. Ich habe ihn nach meinem Vater genannt: René. Er ist nun Comte de Vaudémont und Duc de Lorraine. René, der Wiedergeborene. Vielleicht nannte ich ihn auch nach Euch, von dem die Welt glaubt, er habe keine Söhne. Ferri brachte ihn in das Studierzimmer meines Vaters, das mit Glaskolben, Malereien, Pergamenten und schlafenden Hunden vollgestopft war. Ein kräftiges Kind, das sich auf den Armen meines Gatten drehte und wand. Meine Stiefmutter gluckste und gurrte, und das Kind gluckste und sah seinen Großvater mit klaren, tückischen Augen an.

Ich bemerkte, wie das Gesicht meines Vaters weiß wurde wie die gebleichten Steine von Tarascon, Euer Gnaden, obwohl es von der provenzalischen Sonne stets rosig aussah. Er blickte mich immer wieder an, sagte aber kein Wort. Ferri konnte es nicht ertragen. Dunkel vor Scham wandte er sich ab und sah vom Fenster aus über die rotbraunen Dächer der Stadt, über das Wasser, über den anklagenden Turm der Kathedrale St. Maurice, die mein Vater erbaut hatte, hinweg in eine ferne Verzweiflung. Nur ich konnte jenen Augen begegnen, in denen blaustählernes Feuer lebte. Wir starrten einander an, mein Vater und ich. Dann zuckte er mit den Schultern und lächelte sein melancholisches Lächeln. Die dunklen Rosen bergen Geheimnisse, sagte er, und dann: So sei es. Er seufzte und weinte ein wenig und küßte mich.

Die weißen Türme liegen noch immer träumend am braunen Fluß. Obwohl sie jetzt Louis gehören, kann er ihnen doch nichts anhaben. Sie werden ewig weiterträumen. Der Spinnenkönig wird dort nicht schlafen, denn es spukt dort, Euer Gnaden: Das ist der rasende, leidenschaftliche Geist meiner Schwester und das ruhelose Gespenst meines Bruders. Und dann das Lautenspiel, das, nur manchen vernehmbar, durch die Gemäuer weht, und der Rosenduft und das unheimliche Geräusch lachender Kinder . . .

★★★

»Auch Ihr glaubt«, sagte Marguerite anklagend, »daß mein Sohn ein Bastard ist.«

Das einst so blühende Gesicht war zerknittert, wie die Blätter einer verblühten Rose. Yolande, die wußte, daß für diese

Frau auf der Flucht jeder ein Feind war, antwortete nicht sofort. Sie sah auf die cremefarbene Seide, in der sich die Ecktürme von Saumur, dem Lieblingsschloß ihres Vaters im Norden, auf dem derben Gelbbraun des Leintuchs abzeichneten.

»Wollt auch Ihr mich verurteilen?« Ihre Schwester schrie beinahe. Vom Schießschartenfenster kam das Geräusch flatternder Tauben; der durchdringende Schrei hatte sie aufgeschreckt. Das nachmittägliche Sonnenlicht, das in den Raum flutete, schien mitleidlos auf das verwüstete Gesicht.

»Ihr seid hier willkommen, Marguerite. Mich interessieren die traurigen und schmutzigen Geschichten Eurer Hölle nicht. Ich verurteile niemanden.«

»Ach«, sagte die entthronte Königin von England unfreundlich. »Wie reizend! Ihr seid beide so gut, Ihr und Jehan. Es ist schon ein Vorgeschmack auf das ruhige Leben im Exil, das Leben am Hof von Nancy. Was sollen wir mit der armen Marguerite anfangen? Das ist so peinlich. Was sollen wir mit Marguerite machen, wo jetzt halb England Jagd macht auf ihr Blut, nachdem sie ihre Krone verloren hat?«

Es hörte sich an, als äffe sie einen Raben oder eine Dohle nach. Sie besaß fast keinen Pfennig mehr; daher trug sie auch ein Kleid von Yolande. Obwohl sich die Näherinnen Mühe gegeben hatten, hing es schlampig um ihren ausgemergelten Körper. Die Farben standen ihr nicht: dunkle Schattierungen von Blut- und Erdtönen.

»Philippe de Bourgogne«, sagte sie mit schmeichelnder Stimme, »hat mir zweitausend Goldkronen angeboten. Auch der Sohn, Charles de Bourgogne, der Comte de Charolais heißt. Er hat einen Narren, einen braunen Zwerg, dem er den Namen Louis-Onze gegeben hat.« Sie fing an zu kichern. Ihre Hände, die immer noch nach dem Schwertgriff suchten, waren in rastloser Bewegung, während ihre Schwester auf einen noch leeren Untergrund mit der Nadel silberne Muster stickte. »Und unser Cousin Louis hat mir auch etwas versprochen. Zweitausend Kronen.«

Die Nadel hielt in der Bewegung inne. Yolande sah auf, ihr Gesicht war maskenhaft starr.

»Letztes Jahr«, sagte sie, »als Ihr das erste Mal nach Frankreich geflohen wart, um Hilfe zu suchen, hatte Louis auch etwas versprochen. Er hat es auch gegeben: zweitausend Bogenschützen. Aber dafür nahm er Eure Insel Jersey. Was wird er diesmal nehmen?«

Marguerite fuchtelte mit der Hand herum, als wolle sie ein Insekt totschlagen.

»Er muß mir helfen. Er ist unser Cousin. Und er wird vor dem Duc de Bourgogne nicht als Geizhals dastehen wollen. Er wird mir die zweitausend Kronen geben.«

»Marguerite.« Es war so schwierig, diese Frau auf reale Dinge hinzuweisen, statt sie ihren Träumen zu überlassen, von denen schon so viele zerstört worden waren. »Marguerite, Ihr versteht nicht. Louis verspricht Hilfe und verhandelt doch insgeheim mit König Edward. Er schreibt Botschaften an Warwick. Er bietet seine Schwägerin Bonne de Savoie dem König von England als Braut an. Als Dank dafür, daß England mitgeholfen hat, Frankreichs Adel zu zerquetschen. Unser Cousin hat nicht vor, Euch zu helfen. Meine arme Schwester. Er hat vor, Euch zugrunde zu richten.«

Marguerite sprang auf die Füße. Sie liebte dramatische Gesten: Im Zorn oder in der Begeisterung benutzte sie ihren Körper wie ein Banner. Das gab ihr die Möglichkeit, dem Punkt, um den es ging, auszuweichen. Auf ihrem zerknitterten Gesicht zeigten sich Risse.

»Nennt jenen Unrat nicht König!« zischte sie. »Man hat den armen Henry in den Tower geworfen. Doch sie wagen nicht, ihm etwas anzutun. Er ist der gesalbte König. Ich habe in diesen sechs Monaten, die ich in Flandern und Frankreich zubrachte, Gerüchte gehört. Der Norden Englands will sich für ihn erheben. Ihr habt viel zu lange die übertriebenen Ängste und Verdächtigungen unseres Vaters anhören müssen. Ich brauche Geld, Yolande. Geld und Männer und Zeit.«

Geld war keines mehr da. Die meisten Männer waren umgekommen. Die Zeit, das wußte Yolande, ging im Einklang mit den Umdrehungen des Lebensrades voran. Die Zeit hatte sich gegen ihre Schwester gestellt. Sie sagte nichts.

»Unser edler Vater«, sprach Marguerite weiter, »erzählt mir, daß er bankrott ist. Daß er mir kein Geld geben kann und keine Truppen. Und doch schwelgt er in Banketten und Maskenzügen und Turnieren. Um mich in meinem Kummer aufzuheitern, sagt er. Um meinem Sohn Freude zu machen. Ich würde lieber Goldkronen haben als diesen ganzen Mummenschanz.«

»Vielleicht«, sagte Yolande vorsichtig, »sieht unser Vater etwas, was Ihr nicht seht.«

»Ihr seid gegen mich«, sagte Marguerite heftig. »Wie Ihr es immer gewesen seid. Ihr seid immer eifersüchtig gewesen. Sogar bei meiner Hochzeit. Es mußte auch Euer Hochzeitstag sein. Ich durfte noch nicht einmal meinen Ruhmestag richtig genießen, wo mich alle Welt liebte und für schön hielt. Selbst damals. Ach, Yolande.« Aus den glanzlosen Augen rollten langsam und gegen ihren Willen ein paar Tränen. »Diese furchtbaren Jahre. Ich hatte Angst, so allein.«

Die Tauben waren vorsichtig zum Schießschartenfenster zurückgekehrt, sie ließen sich nieder und gurrten. Marguerite begann, den Söller zu umrunden; das ungewohnte, viel zu dunkle Kleid schleifte hinter ihr her.

»Charles de Bourgogne«, sagte sie, »sieht sehr gut aus.«

»Ich habe den Comte de Charolais noch nicht kennengelernt«, meinte Yolande.

»Er ist gerade dreißig Jahre alt. Louis mag ihn nicht und nennt ihn einen Verrückten. Er ist ein ernsthafter, leidenschaftlicher Mann, der Comte des Charolais. Kraftvoll wie ein Löwe.« Sie fuhr sich mit der Zunge über die Lippen. »Alle Fürsten des christlichen Abendlandes standen zur Wahl«, knurrte die abgezehrte, blonde Frau. »Warum mußte ich ausgerechnet einem Wahnsinnigen gegeben werden?«

Yolande seufzte. »Damals war er nicht wahnsinnig«, sagte sie. »Wie hätten wir es wissen können? Ihr habt Pech gehabt. Könnt Ihr nicht das Beste daraus machen und Edward den verfluchten Thron überlassen? Ihr könnt hier in Frankreich bleiben. Hier seid Ihr sicher. So sicher, wie es unter den gegebenen Umständen jeder von uns ist. Marguerite, was macht es schon aus? Man könnte den Papst überreden, Eure Ehe wegen der Blutsverwandtschaft aufzulösen. Ihr könntet wieder heiraten, meine Liebe. Ihr seid . . . Ihr könntet immer noch schön sein. Wenn Ihr Ruhe hättet und Frieden. Ihr seid doch erst vierunddreißig Jahre alt.«

Marguerite fing an zu lachen. Ihr Lachen war dunkel und verknittert wie ihr Gesicht.

»Seht mich doch an.« Sie kniete sich vor ihre Schwester, so daß das grelle Sonnenlicht ihre Haut noch mehr furchte. »Schaut! Ihr seid älter als ich. Und doch seid Ihr seit den Tagen der Hochzeit kaum gealtert. Achtzehn Jahre. Wieder heiraten? Was für eine Mitgift habe ich denn? Auch damals hatte ich keine. Doch Beaufort und Suffolk waren angetan von meiner Schönheit, und unser Vater hat sie verzaubert. Sie sind tot. Ich bin in Ungnade gefallen. Eine häßliche, verbitterte Vettel. Yolande, Yolande, der Thron von England gehört meinem Kind. Er ist sein Erbe. Ich werde es nicht zulassen, daß er ihm weggenommen wird.«

»Meine Liebe«, sagte Yolande behutsam, »man hat ihn schon weggenommen. Es ist vorbei. Könnt Ihr das nicht begreifen? Wie oft müßt Ihr noch nach Schottland, Flandern oder Frankreich fliehen? Marguerite, sie wollen keinen König, der wahnsinnig ist. Denkt doch daran, was der alte verrückte Charles VI. in Frankreich angerichtet hat. Hört zu. Im Haus Anjou-Lorraine gibt es genügend Titel; Euer Sohn wird sich nicht zu schämen brauchen. Unser Vater hat davon gesprochen, daß er Euch Anjou für ihn geben will, da nun Jehan Duc de Lorraine ist. Ist denn ein Herzog von Anjou etwa zu verachten?«

»Der Duc d'Anjou«, fauchte Marguerite, »ist nicht der König von England.«

Yolande wandte sich wieder der weichen Seide zu, die so fügsam war und so leicht zu beeinflussen.

»Ihr wart niemals eine Kämpferin«, sagte Marguerite. »Ihr seid wie unser Vater.«

Yolande sah sie schweigend an. Ihre Schwester mußte den Blick abwenden.

»Marguerite, warum habt Ihr York zugrunde gerichtet und seinen Kopf in Micklegate aufgehängt? Ihr müßt gewußt haben, daß sein Sohn Rache für ihn nehmen mußte.«

Die leeren Augen, die stumpf waren, doch von demselben tiefen Blau wie die ihres Vaters, verschlossen sich jäh ganz.

»Ich weiß es nicht«, sagte Marguerite. »Ich, ich wollte töten. Egal, wen. Gleichgültig, was.«

»Ja«, sagte Yolande und dachte an einen schwarzen Vogel, von dem Blut auf den staubigen Fußboden tropfte. »Ja.«

»Oh, Ihr versteht es nicht. Wie könnt Ihr das begreifen? Unsere Mutter verstand es. Sie ritt in voller Rüstung in den Kampf gegen Antoine de Vaudémont. Der Geschmack und der Anblick von Blut. Das Haupt eines Mannes, das von seinen Schultern geschlagen wird. Ihr könnt das unmöglich begreifen.«

»Nein«, sagte Yolande.

»Euer gutaussehender Gatte«, knurrte Marguerite. »Ich höre, daß er unersättlich ist in seinem Hang zu Huren. Glückliche Schwester. Das ist besser als ein ständiges Verlangen nach dem Himmel. Ich werde es Euch also erzählen.« Ihre Stimme stieg auf einer unsichtbaren Tonleiter immer höher. Die Tauben, endgültig verschreckt, flogen in einer weißen Wolke dem Himmel entgegen und verdunkelten die Sonne. »Ich werde es Euch erzählen, dann könnt auch Ihr mich verdammen. Edward, mein Sohn, ist nicht Henrys Kind. Armer Henry: ein Schwanz, der wie ein kleiner toter Karpfen leblos zwischen seinen dürren Beinen hing. Von Anfang an. Zuerst schämte ich mich. Als sei ich häßlich und hätte versagt. Jeder sagte mir, ich sei schön. Ich glaubte, es läge an mir. Er betete und versuchte es, betete wieder und verpfuschte es. Er sagte mir, der Körper einer Frau sei ein Sündenpfuhl. Ginge es nicht um einen Thronerben, so würde er niemals ... Pfui! Ich konnte die Schande nicht ertragen. In der Hochzeitsnacht schnitt ich mir in den Finger, damit man mir nicht unbefleckte Laken vorwerfen konnte.«

Yolande schüttelte den Kopf. Welche Tragödie, soviel unangebrachter Mut, soviel Leidenschaft. Wäre sie selbst daran nicht schon längst zerbrochen?

»Ihr fragt mich nicht«, sagte Marguerite mit tiefer, rauher Stimme, »wer ihn gezeugt hat.«

»Meine Liebe, es ist mir gleich. Ich liebe Euch deswegen nicht weniger. Wäre ich an Eurer Stelle gewesen, hätte ich es auch so gemacht. Darauf kommt es nicht an. Doch seht nur der Wahrheit ins Gesicht. Ob Henrys Sohn oder nicht, der Thron von England ist für ihn verloren. Seid gut zu ihm, Marguerite. Er ist erst zehn Jahre alt. Gebt ihm ein Zuhause, ein wenig Frieden. Damit er ein Knabe sein kann, der zu einem Mann heranwächst, ohne daß er ständig Verwesungsgeruch einatmen muß.«

»Ihr seid wieder schwanger«, sagte Marguerite. »Wie leicht ist es da für Euch, mir Ratschläge zu erteilen. Seid gut, sagt Ihr. Ich bin keine gute Frau. Ich bin eine Kämpferin. Ich bin im Zeichen des Widders geboren. Ich hätte ein Mann werden sollen. Ich werde für das Königreich meines Sohnes kämpfen. Ihr und Eure Vaudémont-Brut könnt Euch hier für immer einnisten und verrotten. Vor lauter Stumpfsinn und Frieden. Ihr seid genauso herablassend wie unser Vater. Wißt Ihr, was er mir geschrieben hat? Wenn Euch vor Kummer und Sorgen die Melancholie überfällt, *ma fille*, so denkt an mich. Kein Geld. Nur das. Und Ihr erzählt mir, daß auch Ihr kein Geld für mich habt. Arme, mittellose Schwester. Hofft Ihr wieder auf einen Sohn?«

Yolandes Augen waren undurchdringlich und schauten auf die silbernen Türme von Saumur unter ihren Fingern.

»Ich wünsche mir das, was Gott mir gibt. Ich bin zufrieden.«

»Ja. Euer Sohn. Er wird Vaudémont haben. Ein verarmtes, kleines Herzogtum. Selbst die Kirche zerbröckelt. Ich kann dort einfach nicht beten. Sie ist so häßlich. Ich kann es nicht ertragen!« Ihr Gezeter und Gekreische prallte gegen die eichenen Deckenbalken. »Ich kann diese Schande nicht ertragen!«

Da war ein Geräusch auf dem Gang. Ein Gepolter, ersticktes Bellen. Waffengeklirr, Schritte. Yolandes Sohn, ein Jüngling von achtzehn Jahren, war von der Jagd zurückgekehrt und hatte die Tür zum Söller aufgestoßen. Da stand er mit seinem Pferdeknecht und seinem Knappen und seinen Jagdhunden, und auf den Armen trug er ein in eine Decke gehülltes Lebewesen. Sein Körper, der die Schwingungen der Atmosphäre auffing, spürte, wie ein Meer von Gram auf ihn einstürzte. Das Ding in der Decke zappelte und winselte. Seine Augen, in denen sich die Sonne fing, wirkten golden, überirdisch. Marguerite hob haßerfüllt den Kopf. Beim Anblick des jungen Mannes, den sie nie zuvor gesehen hatte, zog sie scharf die Luft ein. Er sah niemandem ähnlich, den sie kannte.

»Kommt herein«, sagte Yolande ruhig, »und zeigt mir, was Ihr gefunden habt.«

René de Vaudémont legte das Bündel vorsichtig auf den sonnenbeschienenen Boden. Er schlug die Decke zurück. Es war ein Bärenjunges, blind und zitternd.

»Es verhungert«, sagte er. »Es muß Milch bekommen.«

Marguerite starrte ihn an, in ihrer Erinnerung waren hingemetzelte Männer: Tausende von Getreuen aus Lancaster, das Blutfeld von Wakefield. Sie sah den sabbernden, geifernden König und die nächtliche Flucht in die gefrorene Öde des Nordens. Sie fühlte das unerträgliche Schlingern des Bootes, das sie in fragwürdige Sicherheit brachte. Ein Bärenjunges, das Milch brauchte. Sie begann zu lachen: ein irres, hysterisches Lachen.

»Ihr und Euer Großvater«, stieß sie zornig hervor. »Ihr mit Euren Tieren! Kommt Ihr mit und kämpft für mich, kleiner René? Ein Vaudémont-Junges! Wollt Ihr nicht für Eure verrückte Tante in den Kampf ziehen und Euren Mut beweisen? Oder wollt Ihr, wie Euer Großvater, Bilder auf die Wände malen?«

Eine flüchtige Röte überzog die blasse Haut des jungen Mannes. Als er sich vom Licht abwendete, wirkten seine Augen silbrig wie die eines Nachttieres.

»Wenn Ihr Euch besser fühlt, *ma tante*«, sagte er so würdevoll und höflich wie möglich, »können wir darüber reden.« Er wickelte das Bärenjunge wieder ein und verließ mit schnellen Schritten den Söller, gefolgt von der Hundemeute.

Marguerite konnte eine ganze Zeit nichts sagen.

»Er sieht Ferri nicht ähnlich«, meinte sie schließlich gehässig.

»Auch mir ähnelt er nicht«, antwortete Yolande. »Er ist niemandem ähnlich. Oder vielleicht unserem Vater, als er jung war.«

Marguerite ging wieder auf und ab.

»Vielleicht seid Ihr baden gegangen, *ma soeur*, wie Mérovées Mutter«, kicherte sie, »und habt Euch mit einer Schlange gepaart.«

»Kann sein«, sagte Yolande, »eine Schlange. Oder ein Wolf, der in einer Vollmondnacht herumstrich. Man sagt, die Wölfe aus den Ardennen seien so kühn geworden, Marguerite, daß sie sogar durch die Tore von Schlössern schlüpfen und sich in Männer verwandeln können.«

9

Unterhalb der schwarzen Schiefermauern von Angers polterten die Truppen über die gefrorene Erde, als sie ihren Weg nach Süden und nach Westen nahmen. In der eisigen Kälte schlug der Klang der Stiefel und der Hufe dumpf gegen die Brustwehre. Es war ein unordentlicher, undisziplinierter Zug: Fußsoldaten in kleinen Knäueln, Trupps von Artilleristen mit ihren Artilleriewagen, Häuflein von Gewappneten mit dumpfgesichtigen Reitknechten, dazu der Atem der Pferde, der in die klare Luft dampfte. Ihre Stimmen waren leise, aber voll Bitterkeit und Wut, als sie den Weg am Fluß entlanggingen. Gelegentlich brach ein Gelächter hervor, wenn eine lustige Episode aus der Schlacht betont witzig und laut erzählt wurde. Es war ein typischer Krieg gewesen. Es gab keinen Sieger. Nicht einmal Beute hatte es gegeben. Diese müde Armee hatte keine Städte geplündert oder fremde Paläste ausgeraubt. So wie in jedem Bürgerkrieg, war niemand unter den dahintrottenden Männern, die vom Krieg genug hatten, sich ganz darüber im klaren, weshalb überhaupt gekämpft worden war.

Jeden Tag, acht Monate lang, hatte der Zwerg von den Zinnen Ausschau gehalten. Zu Beginn, als im Frühling das erste Eis brach und der Fluß schwarz war vom Schlamm, hatte er gesehen, wie die Truppen an den Schloßmauern vorbei nach Norden zogen. Das war ein ordentlicher Zug gewesen: die Heere von François, Duc de Bretagne, und Charles, Duc de Berri, dem jüngeren Bruder des Königs. Neue Männer aus Nancy, in glänzend polierten Panzern, die stolz ihre Banner trugen und sangen, als sie gegen Paris marschierten.

Dieser Zusammenfluß von einzelnen Streitkräften war Teil einer breit angelegten Strategie gewesen. Von Norden kam die Heerschar aus Burgund, etwa dreißigtausend, unter den violetten und schwarzen Bannern des Comte des Charolais, und bewegte sich auf die Hauptstadt zu. Von Osten fünftausend Gewappnete aus Lothringen und Bar, zusammen mit zwei Kompanien Schweizer Pikeniere und deutscher Lanzknechte, unter den Silberadlern von Jehan d'Anjou, Duc de Lorraine. Von Süden die Männer des Duc de Bourbon, die von Moulins geritten kamen, mit den zusammengezogenen Truppen der Herzöge von Armagnac und Foix.

Es waren ausgesuchte, gestählte Männer: die größte Heerschar, die sich, seit die Engländer vor eineinhalb Jahrhunderten zum ersten Mal gekommen waren, gesammelt hatte, um in Paris König Louis zu stürzen.

Der Zwerg war nun alt, älter als ein halbes Jahrhundert. Niemand hatte geglaubt, daß er so lange leben würde. Sein Haar, das wie ein Grasbüschel auf seinem knolligen Kopf hing, war beinweiß geworden. Seine Hände waren so dünn, daß er unter der durchsichtigen Haut sein Blut träge durch die Adern kriechen sehen konnte. Den ganzen Frühling über hatte er nach Boten und Nachrichten Ausschau gehalten. Als die kühle Luft in der Hitze des Sommers schwer und unerträglich geworden war, geisterte er noch immer auf den Zinnen umher; und auch den Herbst über, als vom Fluß her kalte Winde bliesen, die den Winter ankündigten. Und nun sah er, unter einem farblosen Himmel, die erbärmlichen Gestalten heimwärts ziehen.

Didier wiegte traurig seinen Kopf — ein winziger, verhutzelter Homunculus auf der Brüstung des schwarzen Angers. Neben ihm hielt auch die Comtesse de Vaudémont Ausschau, sie war vielleicht noch unruhiger als er. Ihr Gatte hatte mit Jehans Armee bei Paris gekämpft. Früh im Jahr, als das Große Licht das Zeichen des Widders erreicht hatte und die Bauern, die ihre Felder einsäten, meinten, wieder sei ein ganz gewöhnlicher Lenz gekommen, hatte der König von Sizilien dringlich nach seinem Schwiegersohn, dem Comte de Vaudémont, geschickt. Männer in farblosen Umhängen, ohne Insignien und ohne Namen, huschten von da an durch die wuchtigen Tore herein und wieder hinaus. Der Duc de Bourbon in Moulins hatte plötzlich eine Kriegserklärung abgegeben. Und dann war in einer Karawane, die den Gardetruppen folgte, Ferri de Vaudémont mit seiner Gemahlin und ihren Hofdamen angekommen. Ihr Gatte hatte sie nicht mitnehmen wollen, und der König von Sizilien war zornig geworden. Diese Festung, die sich mitten in einem ausbrechenden Krieg befand, war kein Zufluchtsort für seine Tochter. Sie hatte aber trotzdem Einlaß begehrt und es ihrem zwanzigjährigen Sohn überlassen, Vaudémont zu halten. Sie konnte keine Erklärung dafür geben. Vielleicht hatte sie in der Luft einen anderen Geruch wahrgenommen als den nach Blut und dem Rauch einer Schlacht. Vielleicht drehte sich das Rad des Schicksals.

König Louis hatte trotz seines wunderbaren Spionagenetzes nicht bemerkt, wie tief der Haß war, den er unter den Adelshäusern in den vier Jahren, seit er König war, geschürt hatte. Am allerwenigsten erkannte er, daß diese rasende Fürstenhorde, von denen ein jeder mit seiner bewaffneten Schar lautstark Vergeltung forderte, von einem scheinbar milden Händepaar wie Puppen bewegt wurde. Unglücklicherweise hatten diese Hände nicht genügend Haß oder genügend Blutdurst besessen, um die begonnene Aufgabe zu vollenden.

Louis, von der unbestimmten Haltung seines liebenswürdigen Onkels eingelullt, ernannte ihn zum Unterhändler zwischen der Krone und den kämpfenden Fürsten des Hochadels; und er hoffte, der unsoldatische alte Mann, den er verachtete, könnte vielleicht eine unheilbare Wunde schließen. König René bewegte sich gehorsam wie ein Federball zwischen dem königlichen Beratungszimmer und den Lagern der Streitkräfte hin und her. Es folgten furchtbare Monate dahinschleichender Verhandlungen, und in dieser Zeit nahmen die aufständischen Truppen in der Normandie und in der Picardie eine Stadt nach der anderen ein und marschierten schon um die Mauern der Hauptstadt. Didiers Herr hatte einen Jongleurakt fertiggebracht, den jeder Zwerg nur loben konnte. In diesen Monaten hatte sein ausdrucksvolles Gesicht die einstudierte Miene feierlichen Staunens angenommen. Ein unschuldiger, tatteriger Onkel, der in alle Kriegslisten der Krone eingeweiht war, versuchte mit höfischem Charme, bei den tollwütigen Hunden, die an den Grundfesten des Throns nagten, um Frieden zu bitten. Was er in Wirklichkeit getan hatte, schien seinem Neffen entgangen zu sein.

Didier hatte von Anfang an gewußt, daß es schlecht ausgehen würde.

Bei Montlhéry war es zu einer großen Schlacht gekommen. Nach und nach waren von Überlebenden mit verbitterten Gesichtern so viele Geschichten in das schwarze Angers zurückgesickert, daß der Zwerg es so klar erkennen konnte wie die vereisten Steine unter seinen Händen. Das riesige Feld, auf dem die Armeen aufeinandergeprallt waren, wurde schon in heidnischen Zeiten »Ebene der Tränen« genannt. Es hatte diesen Namen verdient; noch immer lagen Leichen unbestattet zwischen frostgeschwärztem Weizen. Die burgundische Heerschar breitete sich unter der gelben Julisonne wie eine riesige Amöbe über dem Kornmeer aus. Die stauberfüllte Luft legte sich schwer auf die violetten und schwarzen Standarten von Charolais und die silbernen und scharlachroten Fahnen von St. Pol, auf die blutroten Banner von Ravenstein und die Rüstungen des Hochadels von Burgund und Flandern, von Geldern, Brabant und Hainault. Dann die Zelte, unzählig wie Pilze, und die rauchenden Kochhäuser und Feuer, das Blitzen sonnenbeschienener Rüstungen und das Schnauben unruhiger Pferde. König Louis' Armee griff mit dem Mut der Verzweiflung an. Sie drängte den Hügel hinunter und hieb in einer wahnsinnigen Attacke auf die verblüfften Burgunder ein. Der König, der vor Erniedrigung und Wut raste, ritt in der Vorhut, wurde von seinem Pferd abgeworfen, stieg wieder auf und sprengte in seinem Wahnsinn die verwirrten und schwerfälligen feindlichen Linien auseinander.

Es hatte keinen Sieger gegeben. Der König und der Comte de Charolais, der noch ganz benommen war von dem Zusammenprall, hatten sich in entgegengesetzte Richtungen zurückgezogen und waren dann beide gen Norden nach Paris gejagt. Paris wurde bestürmt, aber nicht eingenommen. Es gab ein paar Gefechte vor den Mauern, dann einen Waffenstillstand, einen Friedensvertrag. An Charles de Bourgogne, Comte de Charolais: die Provinz Picardie. An Charles, Duc de Berri: die Provinz Normandie. An Jehan d'Anjou, Duc de Lorraine: vierhunderttausend Kronen, damit er Neapel zurückerobern konnte. An die Bretagne und an Bourbon, an Armagnac und Foix: Gold, Städte, Ämter, Steuereinkünfte.

König Louis hatte sich in seiner ohnmächtigen Wut beinahe selbst zugrunde gerichtet.

Yolande schauerte heftig in der strengen Kälte. Der Zwerg, dessen bleicher Körper den Wind kaum spürte, nahm sie bei der Hand und führte sie in den Schutz des Turms. Er hatte sich gefreut, sie unverändert zu finden. In diesen tristen Monaten hatte er manches Mal für sie auf der Laute gespielt, sehr unbeholfen, weil seine Finger so dünn geworden waren. Er ging mit ihr in den vernachlässigten Park, dessen Zauber unter einer Schicht aus Angst immer noch spürbar war. Sie beteten am Grab der alten Königin von Aragon, das voller Gemurmel war und voller Staub. Für den Zwerg hätte Yolande wieder ein junges Mädchen sein können, das barfuß und dunkel und geheimnisvoll durch die zugigen Gänge kindlicher Erinnerungen ging. In ihren undurchdringlichen Augen konnte er Zorn auf ihren Vater, aber auch Mitgefühl lesen.

Er wußte, daß es an der Zeit war, sie zu ihm zu bringen.

Der König von Sizilien saß allein an einem rauchenden Feuer und brütete bei einem Fäßchen Anjou-Wein vor sich hin. Boten mit guten Nachrichten waren gekommen und wieder gegangen: Jehan war unverletzt, und der Comte de Vaudémont, der nur einen Schwertstreich über die Wange abbekommen hatte, ritt von Paris aus nach Süden. Im Raum war es merkwürdig stickig. Durch eine Wolke von brennendem Wacholder betrachtete sie sein Gesicht.

Er ist ein alter Mann, dachte sie. Er ist sechsundfünfzig Jahre alt. Durch den bläulichen Dunst konnte sie immer noch den Schatten des glänzenden Ritters mit dem goldenen Haar erkennen, der einst ein verrücktes Bauernmädchen dazu gebracht hatte, einen König zu krönen.

»Er hat mich seine Wünsche wissen lassen«, sagte König René mit der Stimme eines alten Mannes. Der Zwerg versuchte erfolglos, das Feuer zu bändigen. Beißender Rauch legte sich über ihre Augen.

»Ich habe gedacht, dieser Krieg sei sein Wunsch«, sagte Yolande. »Ich kann mir nicht vorstellen, daß es der Eure war.«

»Es war sein Wunsch. Diesmal habe ich ihm gehorcht. Diesmal war ich ein echter Großmeister. Er sagte: Hier ist die Gelegenheit. Die Fürsten aus dem Hochadel sind wütend, weil Louis ihnen alle Privilegien genommen hat. Der Comte de Charolais ist wie ein wildes Tier, weil Louis ihm die Provinz Picardie entrissen hat. Nutzt die Zeit, René, sagte er. Ach, er war immer so in Eile«, fügte der König von Sizilien traurig hinzu. »Schließt sie zusammen, sagte er zu mir, und Louis wird es nicht wagen, sich ihnen entgegenzustellen. Nun, er hat sich geirrt.«

»Vielleicht. Aber es war kein so großer Mißerfolg, *mon père.* Alle sind mit vollen Händen gegangen. Charles de Bourgogne hat die Picardie wiederbekommen und Charles de Berri die Normandie, und Jehan hat Geld, um seine nutzlosen Kriege zu führen.« Bitterkeit tränkte ihre Stimme. Sie hatte zu viele Jahre der Einsamkeit verbracht, ohne Gatten oder Bruder an ihrer Seite, wegen dieser verfluchten Kriege in Italien.

»Das hat er nicht gewollt«, sagte der König von Sizilien. »Nicht ein Festgelage, an dem Geschenke verteilt werden, um die Habgier des Adels zu befriedigen, so daß alle mit vollen Beuteln nach Hause gehen können.«

»Was hat er dann gewollt?« Yolande schmerzte diese Unterhaltung über jemand, der nicht da war, dessen Gegenwärtigkeit sie aber immer und ewig spüren würde. Er war sichtbar und doch nicht zu sehen, eine Wolkengestalt, die Erinnerung an Feuer.

Die Augen ihres Vaters waren leer und uralt.

»Er wollte mich als König«, sagte René d'Anjou sanft. »König von Frankreich. Er sagte: Stürzt Louis! Mit Burgund und Berri, mit der Bretagne und Bourbon im Rücken, könnt Ihr ihn stürzen. Durch Gemeinheit. Gift. Verrat. Es muß eine Regentschaft geben, sagte er. Ein Bündnis der Fürsten des Hochadels. Ihr seid der älteste, meinte er. Euch werden sie folgen. Yolande, ich glaubte ihm nicht. Ich machte einen Versuch, ich fragte sie, ich sandte Spione aus, die Spione zu bespitzeln. Es stimmte. Der Comte de Charolais sagte: Setzt den König von Sizilien auf den Thron, und Burgund wird friedlich mit Frankreich zusammenleben. Ach, Yolande, wo ist da der Unterschied zu der Kreatur, die wir bekämpft haben?«

Sie saß da und schüttelte den Kopf. Der Rauch quälte sie. Es war unbegreiflich. Ihr Vater – König von Frankreich. Aber sie wußte von jenem geheimnisvollen Mann mit den Silberaugen jetzt nicht mehr, als sie vor zwanzig Jahren gewußt hatte. Sie kannte seinen Körper, ja, und seine Lippen, seine Leidenschaft und seine verborgene Seele. Aber nicht seine Pläne.

»Ich verstehe«, sagte sie schließlich, »was er will. Ein Königreich Anjou-Burgund. Er wußte, daß der Comte de Charolais niemals zugestimmt hätte, daß Ihr regiert, bevor Ihr ihn nicht zu Eurem Erben erklärt hättet. Und dann hätte er seine Tochter mit Jehans Sohn vermählt. Und dann ein Königreich, das sich von der Nordsee bis zum Mittelmeer erstreckt und Frankreich und Burgund, Anjou und die Provence, Flandern und Lothringen vereinigt. Und wir würden es regieren, in seinem Namen. Ich verstehe.«

»Ihr seht klarer als ich«, sagte König René und lachte freudlos. »Ich lehnte ab. Ich sagte: Wie unterscheidet sich das von Louis de Valois' Traum? Er antwortete: Es unterscheidet sich nicht. Der König macht den Unterschied.«

»Es ist kein so schlechter Traum«, sagte Yolande.

»Der Traum ist gut. Aber was er von mir verlangte, konnte ich nicht gutheißen. Er sagte, dieser Krieg sei die große Chance. Er wäre ohnehin ausgebrochen. Der Comte de Charolais konnte seine Wut nicht länger beherrschen. Es hätte noch viel schlimmer kommen können. Doch vor Montlhéry sagte er: Nun dient mir endlich so, wie Ihr es geschworen habt. Ich wußte, was er wollte, Yolande. Er gab mir . . . Ach, Jesus, ich konnte es nicht tun. Der harmlose, alte König aus dem Hause Anjou, den Louis verachtet und für einen Narren hält. Mandragora gab er mir. Doch ich konnte es nicht tun. Ich wäre wie Louis geworden, ein Geschöpf der Finsternis. Ich konnte meinem Neffen den Giftbecher nicht bringen. Und auch keinen Pagen oder sonst einen Mann bestechen, es für mich zu tun. Yolande, bin ich ein Narr? Bin ich wirklich, wie man sagt, ein Überbleibsel aus einem Kindermärchen? Vielleicht fehlte es mir an Mut. Eure Mutter sagte das. Warum habe ich solche Angst vor der Macht? In diesem Krieg habe ich so viel Hinterlist angewendet. Ich brachte alle seine Minister gegen Louis auf, einen nach dem anderen. Durch Gerüchte, Lügen. Durch Verdrehung der Wahrheit. Louis kann sich nicht vorstellen, daß das alles von einer Hand ausgeht. Er glaubt, er könne als einziger Netze spinnen. Und doch erfüllt mich Abscheu vor mir selbst. Ich bin selbst zu einer Spinne geworden. Auch nicht besser. Ich bin genauso verdorben wie er.«

»Mein Lieber«, sagte Yolande ruhig, »könnt Ihr nicht akzeptieren, daß Ihr ein Mensch seid? Ihr wißt, daß es nie darum gegangen ist, ob der Mensch gut oder böse ist. Ihr habt es mir selbst gesagt. Es geht um die Vision und das endgültige Ziel.«

»Schwarze Magie darf nicht dazu benutzt werden, um weißer Magie zu dienen. Das ist Louis' Sprache.«

»Aber manchmal muß man sie so benutzen, *mon père*. Wenn das Schicksal Euch die Werkzeuge in die Hand gibt und die Ziele mit dem großen Plan übereinstimmen. Keiner von uns ist rein. Ich bin nicht rein.«

»Ja. Euer Sohn.« Der König von Sizilien legte seine Altmännerhand über die Augen. »Ich konnte ihn nicht töten, Yolande. Ich habe alles zunichte gemacht. Der Plan war gut. Die Armeen marschierten auf Paris los. Ich, ich war dazu bestimmt, die Spinne zu vernichten. Und dann in Paris die Regentschaft auszurufen und das nominelle Königreich. Montlhéry hätte niemals geschehen dürfen. Dieses furchtbare Gemetzel. Ich schrie ihn an: Nein. Ich will nicht durch Königsmord König von Frankreich werden. Ich bin ein alter Mann. Ich habe genug getan.«

»Und er«, sagte Yolande, »ist natürlich zornig.«

»Zornig. Das ist nicht das richtige Wort. Er sagte zu mir: Ihr hättet es niemals anfangen sollen, wenn Ihr es nicht zu Ende bringen könnt. Ihr habt nichts erreicht. Er sagte mir, ich sei wiederum gescheitert. Er hat recht. Und er, er will nichts mehr mit mir zu tun haben. Ist ein Großmeister einmal erwählt, so kann er nicht mehr abgesetzt werden. Die Götter allein wissen, warum gerade ich das Opfer war. Doch dann sagte er zu mir: Es wird nicht lange dauern, bis Louis herausfindet, wessen Hände die Saat ausgesät haben. Ich werde schon dafür sorgen, daß er es erfährt. Und nun, sagte er, nun, René, überlasse ich Euch Eurem Schicksal.«

»Ich werde mit ihm reden«, sagte Yolande voller Zorn. »Er hat nicht das Recht, Euch zu verraten. Diese Beleidigungen. Diese Verdammungen. Ich werde ihm sagen, daß durch diesen Krieg viel erreicht worden ist. Burgund und Lothringen sind nun feste Verbündete. Und Louis weiß, daß er nicht rücksichtslos über den Adel hinwegtrampeln kann. Das ist etwas, was er vorher nicht wußte. Bitte. Laßt mich mit ihm sprechen, bevor er Euch vernichtet. Sagt mir, wo ich ihn finden kann.«

»Ihr?« fragte der König von Sizilien. In den verhärmten, fast schon erloschenen Augen flackerte ein wenig Belustigung auf. »Ach ja, natürlich. Ich hatte nicht daran gedacht. Aber, Yolande, das hat keinerlei Bedeutung für ihn. Eine Nacht vor zwanzig Jahren. Gegen all dies. Er wird Euch nicht zuhören. Er wird Euch nicht einmal empfangen.«

»Er wird zuhören«, sagte Yolande bestimmt. Ihre Augen waren hart wie Obsidiansplitter. »Er wird mich empfangen. Sein Blut ist mit dem Euren schließlich durch mich verbunden.«

In dem Schweigen, das folgte, stand der Zwerg wie ein Gespenst auf und begann zu singen, rang dabei die Hände. Der König von Sizilien seufzte.

»Versucht es, wenn Ihr wollt. Ich habe nicht den Wunsch, als Anstifter des Bürgerkriegs Louis in die Hände zu fallen. Er ist nach Burgund gegangen. Nach Dijon. Er interessiert sich jetzt für den Comte de Charolais. Philippe le Bon liegt im Sterben, und er wartet ab, was geschieht.«

»Ich habe den Comte de Charolais noch nicht kennengelernt«, sagte Yolande. »Offenbar ist es an der Zeit. Ich werde nach Dijon gehen und den König aufsuchen.«

René d'Anjou fing an zu lachen. Es war nun ein fröhliches Lachen, so als würde ein Zauber ihn langsam wieder zu dem machen, was er einmal war. Die Kinderaugen schauten belustigt drein.

»Wenn Ihr in Dijon seid, meine Liebe«, sagte er, »dann könnt Ihr vielleicht das ungezügelte Temperament von Philippe le Bons hitzigem Erben abkühlen. Wenn wir uns mit Burgund verbünden und ein neues Lotharingia aufbauen wollen, dann muß er Geduld lernen. Ihr scheint eine gute Hand im Umgang mit Königen zu haben.«

* * *

M *. . . Natürlich, Euer Gnaden, fand ich Euch nicht. Ein solches Aufhebens machten sie, jene großspurigen Burgunder, um eine unbedeutende Comtesse von einem verarmten Hügel in Lothringen! Der ganze Hof feierte meine Ankunft. Nichts, so sagten sie, sei für die Schwester des Duc de Lorraine, der im Krieg neben ihrem Prinzen so tapfer für das Allgemeinwohl gegen den Spinnenkönig gekämpft hatte, zu teuer. Ich ging in den*

Festlichkeiten und dem feierlichen Pomp beinahe unter. Doch Ihr, Euer Gnaden, wart als wer weiß was verkleidet: als Mönch? als Diener? als Pferdeknecht? Vielleicht wart Ihr einer der Astrologen und Seher, mit denen der alte Philippe le Bon sich an seinem Bett umgab, als Altersschwäche und Tod ihn aufzulösen begannen. Ihr wart aus Dijon verschwunden. Wie muß sie Euch in Angst versetzt haben, diese zornige, kriegerische Hexe, die gekommen war, ihre Familie zu verteidigen! Ihr wußtet, daß ich Euch suchte. Und dann hattet Ihr mir einmal gesagt, daß Ihr nie zuvor eine Frau gefürchtet habt.

Doch das ist nun gleich. Ich fand etwas anderes in Dijon. Man sagt allerdings, es sei unhöflich, Euer Gnaden, wenn eine Frau einem Liebhaber von einem anderen erzählt. Und Ihr: Habt Ihr denn jemals gefühlt, wie das Messer der Eifersucht in Euren Eingeweiden wühlt? Ich hatte es niemals gefühlt, bis ich eines Tages in Tours das Kind sah, das sie König Louis' Tochter nennen, mit seinen meersilbernen Augen.

Zumindest kann man sagen, daß Ihr Euren Samen wählerisch und mit Sorgfalt einpflanzt.

Was macht einen Mann aus? Mut vielleicht. Oder Willenskraft, Geschick oder Gelehrsamkeit. Oder ein starker und männlicher Körper: Fähigkeiten in den Künsten des Krieges und der Liebe. Diese toten Männer, die um den Feuerschein meiner Erinnerungen tanzen: Hinter ihren durchscheinenden Knochen, den Arterien und Venen, hinter der zarten Haut, die am Ende vergingen, wie alle Formen vergehen, schwanken andere Gestalten. Wir sind Schatten, so sagten einst die Griechen, die von Gestalten auf die Höhlenwände geworfen werden, die zu stark leuchten, als daß wir sie sehen könnten. Ewige Bilder, deren Widerspiegelungen wir sind. Was ist es, was im Schlaf liegt, Euer Gnaden, und Euch träumt und mich? Und wenn der Träumer erwacht, was wird dann aus uns?

Hinter meinem Vater sehe ich eine verhüllte Gestalt, vom flackernden Feuer nur schwach erhellt, die in ihren Händen den Zauberstab hält. Er ist mit den wie Liebende ineinander ver-

flochtenen Schlangen verziert, die ihren uralten Tanz aufführen. Das ist der Gebieter über Gegensätze und Illusion. Doch wenn ich die schwankende Gestalt anschaue, verändert sie sich und nimmt, wie Proteus, andere Formen an. So sah die Welt meinen merkurhaften Vater: eine sich ewig wandelnde Gestalt. Ritter oder Dichter, König oder Narr, Versager oder Feigling, einer, der die Frauen verehrte oder ein Weiser. Was war er wirklich? Vielleicht einfach das, was wir in ihm sehen wollten. Oder ein zärtlicher, sinnloser Traum der Götter.

Und dann ist da Ferri, und auch Jehan. Mein Gatte war liebenswürdig, mein Bruder unbesonnen, doch beide waren einfache Männer. Hinter diesen beiden schwebt eine andere Gestalt. Es ist der Herr der Schlachtfelder, der um seine Stirn einen ehernen Reif trägt. Sie liebten beide den Geruch und das metallische Klirren des Kampfes. Nicht das alles zerstörende Chaos, das wahre Antlitz des Krieges, sondern die Illusion von Glanz und Ehre: Das ist der edle, anständige Krieger, der vom roten Planeten und vom Gestampfe marschierender Männer beflügelt wird. Ferri gewann alle Turniere, Euer Gnaden. Und Jehan: Man sagte ihm nach, daß er am Morgen der Schlacht der erste war, der, lange vor seinen Offizieren, gewappnet auf seinem Streitroß saß. Sie sind Kinder jenes tolpatschigen, behaarten Gottes, dessen Blut rubinrot fließt und dem der Kampf, nicht der Sieg, alles bedeutet.

Und da ist Charles de Bourgogne.

Ich werde Euch erzählen, Euer Gnaden, was zwischen uns geschehen ist. Ich werde nicht davon sprechen, was zwischen unseren Körpern geschah, denn jene Erinnerungen gehören mir allein. Doch das, was zwischen unseren Seelen war. Er war ein starker, feuriger Mann. Und wie ich im Skorpion geboren. Ich weiß nicht, was aus ihm hätte werden können, wäre er nicht der Erbe des Herzogtums und der ganze Stolz seines Vaters gewesen. Vielleicht verbarg sich unter dem Ungestüm und der Raserei und dem übervollen Herzen ein Dichter. Aber auch dann hätte er sich selbst zugrunde gerichtet.

Wir trieben also, betäubt und trunken, auf einem Meer von

weißem Hippokras und Rehfleisch, von Pflaumen und kandierten Limonen in juwelenbesetzten Schalen, von schläfrig machendem, blutroten Wein dahin. Ich fragte ihn: Was wünscht Ihr Euch am leidenschaftlichsten auf der ganzen Welt?

Madame, sagte er, gerötet und schwerfällig vom Essen und Trinken und von den Träumen. Madame, was für eine Frage! Niemand hat mir bisher eine solche Frage gestellt.

Ich sagte: Ich stelle sie. Doch ich weiß die Antwort schon. Ihr möchtet gern ein König sein.

Er bewegte seinen starken, straffen, erdhaften Körper. Er war kein großer Mann. Wenn wir einander gegenüberstanden, begegneten sich unsere Augen, ohne Demut zu heucheln. Das dunkle Blut seiner portugiesischen Mutter vertrug sich schlecht mit dem kühlen, dünnen Blut seines Vaters aus dem Geschlecht der Valois und peinigte ihn. Es hieß, daß er Frauen haßte, weil er sie fürchtete und weil er sein eigenes Blut fürchtete. Ich konnte ihn vor mir sehen, wie er Bäume entwurzelte und die Muskeln an seinem Hals wie Seile anschwollen; oder wie er mit seinen kurzen, breiten Händen Paläste niederriß. Er krümmte sich plötzlich und schien mit etwas zu ringen, so als habe er sich daran erinnert, daß er ein Gefangener seines Körpers sei. Seine Augen leuchteten auf: weite, glänzende Augen, wie die eines Tieres.

Burgund, sagte er, und seine Stimme schwoll an. Burgund, ein großes vereinigtes Königreich. Von Meer zu Meer, von den grauen Wassern des Nordens bis zu den blauen Buchten des Südens. Ein burgundisches Königreich, Madame. Ja, ich möchte gern ein König sein.

Ein schöner Wunsch, sagte ich. Ein neues Lotharingia. Aber, Monsieur, dazwischen liegt Lothringen.

Ja, sagte er und lachte, und seine vollen, sinnlichen Lippen tranken die Luft. Ja, Lothringen liegt dazwischen. Doch vielleicht gibt es Wege.

In der Tat, sagte ich, gibt es einen Weg. Eure unverheiratete Tochter Marie, Eure Erbin. Und der unverheiratete Sohn meines Bruders, Nicolas, der einmal Lothringen erben wird. Der Letzte aus dem alten Geschlecht des Foulques d'Anjou, von dem die Rede geht, er habe sich mit dem Teufel in Gestalt einer Frau gepaart.

Wie konnte ich wissen, Euer Gnaden, daß ich mit diesen Worten Krieg über Lothringen brachte und dem Sohn meines Bruders den Tod, wo wir doch von einem Lotharingia träumten, das sich von Meer zu Meer erstreckt.

Der Boden war mit byzantinischen Teppichen weich gepolstert. Keine groben Binsen für die Herzöge von Burgund, sondern das Streicheln von Seide aus Byblos, wein- und amberfarben, duftende Weihrauchkerzen aus Alexandria und Samt aus Granada, golddurchwirkt und fleischfarben.

Er sagte: Madame, erzählt mir von Eurem Vater. Erzählt mir, was für ein Mann er wirklich ist, König René d'Anjou, der einen so kriegerischen Sohn und eine solche Tochter gezeugt hat.

Und ich erzählte ihm, Euer Gnaden. O nein, nicht von Euch oder von Eurem Geschlecht. Schon damals, lange bevor ich erwählt wurde, Euch nach meinem Vater zu dienen, konnte ich Geheimnisse bewahren. Das habe ich Euch bewiesen. Doch ich erzählte ihm von dem weitem Park, der die Königin des Himmels in einem fünfzackigen Stern widerspiegelte, und von den Rittern des Halbmond-Ordens. Ich erzählte ihm vom Hof in Tarascon, von den Malern und den Dichtern, von der ewigen Musik der Lauten und Visionen. Ich erzählte ihm vom mittellosen zweiten Sohn, der nur Comte de Guise gewesen wäre und nur ein Leben zu erwarten gehabt hätte, im Kampf einem höheren Herrn zu dienen. Von den Plänen, die meine Großmutter sich ausgedacht hatte und die ihn zum Duc de Bar machten. Wie sie es angestellt hatte, ihn mit meiner Mutter zu vermählen, so daß er dann Duc de Lorraine wurde. Und wie sein Bruder Louis in Italien starb und er dadurch Duc d'Anjou und Comte de Provence und König von Neapel und Sizilien und Jerusalem wurde.

Seine Augen waren sanft geworden. Er sagte: Wie geordnet die Fäden erscheinen, die unser Schicksal weben. Wer hätte das gedacht? Ich zuckte die Achseln und lächelte und sagte: Nichts auf der Welt geschieht ohne Plan, Monsieur. Es gibt immer ein

Muster. Vielleicht sehen manche Augen das Muster schon, bevor es ins Fleisch gewoben ist. Meine Großmutter hatte solche Augen.

Ach, sagte er, Eure Großmutter. Ich war erst neun Jahre alt, als sie starb. Man sagt, daß sie Frankreich mit ihren beiden Händen zusammenknüpfte, als das Land völlig zerstückelt unter den englischen Stiefeln aufstöhnte.

Ja, sagte ich, meine Großmutter war ein König.

Er brachte mir seinen Zwerg: Es war ein fetter, brauner Zwerg von der Levante, mit Augen so schwarz wie Trauben. Louis-Onze wurde er genannt. Er vollführte eine Pirouette und schlich sich in eine Ecke des Raumes, ließ sich in seidene Kissen sinken — und dann war er wirklich König Louis Onze, mit gebeugten Schultern und hängenden Lippen, mit verschatteten Augen und webenden Händen, und mit erstarrten Kinnladen, woraus die Worte herausgepreßt wurden, als habe er einen unterdrückten Wind entweichen lassen. Wir lachten, und er sah mich an, der hitzige, dunkle Mann, um zu erforschen, wo mein Haß, wo meine Loyalität liegen mochten. Ihr braucht mich nicht zu fürchten, sagte ich zu ihm. Ich diene der Spinne nicht.

Madame, sagte er, und wer hätte wohl gedacht, daß so schwere, derbe Hände so zart und sanft sein konnten, Madame, sagte er, wem auch immer Ihr dient, wie könnte ich Euch nicht fürchten?

Was für eine Gestalt schimmert jenseits der Flammen, die Schatten auf die dunklen Gewölbemauern werfen, durch das Fleisch dieses ungestümen Körpers? Alles, was er tat, Euer Gnaden, geschah aus Leidenschaft und Begehren. Alles, was er vollendete, auch sein Tod, entsprang der Liebe: einer Liebe, die für den Erben eines Königreichs zu wild war und zu heftig. Für ihn war Burgund eine Geliebte, kein Staat. Er umwarb sie und kleidete sie in Seide und Juwelen. Sein Gott war ein Gott von sinnlichem Feuer und glühender Asche, dessen Kuß tödlich ist. Denn die, welche jener Gott liebt, werden von der Hitze ihres eigenen Feuers verzehrt. Wir, die wir zurückbleiben, verbrannt, aber nicht mutig und blind genug, um uns in der Feuersbrunst aufzulösen, tragen auf ewig die weißen Narben jener Berührung.

Zehn Jahre später, Euer Gnaden, stand ich auf den Zinnen von Nancy und blickte auf das Gemetzel unterhalb der belagerten und beschossenen Mauern. Ich sah in dem Gewirr und den Trümmern, dem Geschrei und dem Getöse der Artillerie und mitten im Schwertergeklirr auf ihren schäumenden Rossen zwei Gestalten in tödlichem Kampf: den hitzigen, starken, derben Körper in vergoldeter Rüstung und violetter Seide, und den anderen, meinen Sohn, schlank und helläugig, mit den Silberadlern meines Hauses. Und mitten in meinem Kummer und im Zersplittern meiner nur halb eingestandenen Träume, Euer Gnaden, dachte ich an seine Worte. Wie geordnet erscheinen die Fäden, die unser Schicksal weben ...

***

Die Reitertruppen wurden zuerst als Staubwolke und als funkelndes Sonnenlicht auf den Schilden sichtbar. Von Süden her krochen sie die Straße entlang. Als sie durch die Porte de la Craffe ritten, waren die Einwohner der Stadt auf die Straßen geströmt, um sie zu begrüßen und nach Neuigkeiten aus Aragon zu fragen. Die Gewappneten gaben den Menschen, die sie begeistert willkommen hießen, keine Antwort. Mit versteinerten Gesichtern klapperten sie über die Zugbrücke in den Schloßhof und kletterten müde von ihren Pferden. Der Comte de Vaudémont hatte das Visier seines Helms hochgeschoben. Im fahlen Herbstlicht sah seine Haut ungewöhnlich bleich aus, und in den bläulichen Schatten unter seinen schwerlidrigen Augen machten sich die Anzeichen einer Krankheit bemerkbar. Die Etikette verlangte, daß ein Edelmann mit Würde und Stolz vor seinen Vasallen und Gefolgsleuten her ritt. Trotzdem war er fast auf den Hals seines Pferdes niedergesunken, als sie den Hof erreichten, und sein Knappe hatte ihm, da er stolperte und zitterte, in den schützenden Schoß des Schlosses helfen müssen.

Sorge und Sehnsucht peinigten ihn, als er an die bevorstehende Begegnung dachte. Er hatte seine Frau über ein Jahr nicht gesehen. Er war kein Meister darin, charmant den Überbringer schlechter Kunde zu spielen. Geistesabwesend ließ er sich von seinem Knappen den verschmutzten Mantel und den Harnisch abnehmen, dann auch die schweißnasse Lederbluse. Völlig erschöpft starrte er ins Leere, während der Knabe die Knieschützer aufschnallte und die staubbedeckten Stiefel aus weichem spanischen Leder von seinen Füßen zog. Hastig trank er den Becher Wein aus, den man ihm bot, und mußte Luft holen, als der vertraute Schmerz nach seinen Eingeweiden schnappte.

Es fiel ihm schwer zu glauben, daß er wirklich nach Hause gekommen war. In seiner Nase hing noch der Geruch von beißendem roten Staub. Das Wispern verdorrter Bäume raschelte in seinen Ohren. Die Sonne strahlte mit unerträglicher Helle auf weiße Felsen. Er konnte immer noch das betäubende Stimmengewirr in einer Sprache hören, die er nicht verstand, als ihre Flotte aus Marseille landete. Er sah die Bürger von Barcelona vor sich, wie sie sich um ihn drängten und versuchten, die Schabracke vom Schlachtroß ihres neuen Königs zu küssen. Sie wollten, als er vorbeiritt, seine Knie berühren und überschütteten ihn mit einem wahren Blütenregen. Der triumphale Einzug hatte Jehan sehr gefallen. Er paradierte mit rosigem Gesicht und großartiger Haltung wie ein Sieger vor den Menschen, die ihren verhaßten Monarchen gestürzt und einen König aus dem Geschlecht Anjou gefordert hatten, der an seine Stelle treten sollte. Es gab Blumen und Lieder und Festlichkeiten für König Jehan, den Enkel der alten Königin Yolande. Es wurde in vielen fremden Sprachen geredet, und dann war da die duftende Haut der Frauen aus Aragon und auf seiner Zunge der Geschmack von katalanischem Wein.

Länger als ein Jahr hatten sie sich den Genüssen in Jehans neuem Königreich hingegeben. Sie hatten Neapel verloren. Durch einen bizarren Streich des Schicksals hatten sie Aragon gewonnen. Der Comte de Vaudémont, Generalleutnant in der

Armee des neuen Königs, hatte eine Zeitlang sogar seine Gemahlin vergessen können: eingelullt durch Liebkosungen von Frauen, von denen er sich bei zartem Kerzenschein vorstellte, sie seien dunkel und stolz und bitter wie alter Wein.

Seine Gedanken kreisten voller Übelkeit um den Tod, der so sanft war und leise und so völlig unerwartet. Viele von den Männern waren an blutigem Durchfall erkrankt. Er hatte sich auch angesteckt und litt noch immer daran. Ruhr, hatte der Arzt leise gesagt und über dem würgenden, zitternden, sterbenden Mann seinen Kopf gewiegt. Der weinende Knappe hatte versucht, Wein zwischen die aufgesprungenen, verkrusteten Lippen zu träufeln. Eine unberechenbare Krankheit, hatte der Arzt gesagt, und seine schwarzen Augen hatten zur Seite geblickt. Der Fluch des Soldaten im Felde. Vielleicht, so hatte er gemeint, kommt es vom Wasser. Viele hatten schlechtes Wasser getrunken. In Aragon, hatte der Arzt in einem singenden Französisch geflüstert, müßt Ihr stets Wein trinken.

Der Wein, den sein Knappe ihm gereicht hatte, brannte in seinem Magen. Auf seiner Stirn sammelte sich der Schweiß. Auf dem schnellen Schiff, das ihn nach Marseille zurückbrachte, hatte er manchmal geglaubt, auch er müsse sterben, denn er mußte immer und immer wieder erbrechen.

Vielleicht würde er hier, auf seiner Erde, wieder gesunden.

Am Hof von Aragon wurde *sotto voce* von Gift gemurmelt. Man nahm an, daß die Hand des entthronten blinden Königs den Mörder bezahlt hatte. Der Comte de Vaudémont dachte an die letzte Pilgerreise, die er und Jehan zusammen zum Heiligtum der Schwarzen Madonna in Montserrat unternommen hatten. Betet für mich, *mon beau-frère*, hatte Jehan gesagt. Ich habe Angst. Ich fühle, daß mein Tod nahe ist. Ferri de Vaudémont hatte zärtlich gelacht. Ihr könnt nicht glauben, daß Ihr ein König seid, hatte er zur Antwort gegeben. Ihr mißtraut Eurem Glück. Nein, hatte Jehan, der vor dem Schrein kniete, gesagt. Ich weiß, daß ich mein Königreich verdient habe. Trotzdem habe ich Angst. Betet für mich.

Der Schwager kannte die Geheimnisse der Sterbekammer. Er wußte jetzt, daß ein gehörnter französischer König, der aufgrund der Beleidigungen und der Komplotte des Hauses Anjou sowieso schon außer sich war, tödlicher war als ein blinder, unfähiger, entthronter Herrscher aus dem Hause Aragon. Jehans Liebeseskapade mit Charlotte de Savoie lag schon viele Jahre zurück; damals hielt Louis sich in Burgund versteckt und wartete auf den Tod seines Vaters. Doch als der Dauphin König geworden war, hatte er nichts vergessen. Auch der Bürgerkrieg war nicht ohne weiteres zu vergeben. Und nun war im Osten Burgund stark geworden, im Süden drohte Aragon, und die beiden verhaßten Herrscher waren gute Freunde geworden. Louis mußte erkennen, daß er zwischen zwei Mühlsteine geraten war, wie Korn, das darauf wartet, zermahlen zu werden.

Das glatte, zufriedene Lächeln auf den hängenden Lippen. So, hatte Louis zu Jehan gesagt, werdet Ihr also ein König sein. Er hatte Geld für den Feldzug versprochen und vier Kompanien Gewappneter. Und irgendwo war im Gefolge ein dankbarer Spion mit geschickten Händen.

Wenn es unumgänglich sein sollte, würde er Yolande irgendwann einmal die Wahrheit darüber erzählen. Warum er es verheimlichte, war ihm selbst nicht klar. Er hatte geglaubt, ihr weiteren Kummer ersparen zu müssen. Wäre er für sich selbst leichter durchschaubar gewesen, dann hätte er wohl erkannt, daß er ihre Rache fürchtete.

In seinem fiebernden Hirn verfolgte er noch einmal die Kette der Ereignisse, als der Knappe abermals mit einem randvollen Becher in den Händen erschien. In seinen geschickten Händen. Die Entdeckung zerbarst im Hirn des Comte de Vaudémont mit einem scharfen Knacken, so als bräche ein Knochen. Über dem Becher begegneten seine weitgeöffneten Augen verstehend dem grauen Blick des vierzehnjährigen Knaben.

Bis er auf die Füße gekommen war, hatte der Knappe den

Saal verlassen. Er mühte sich mit seinem Schwertgehänge ab und lief schwerfällig den Schritten nach, die durch die Gänge flohen. Er war dem Delirium nahe, und vielleicht war das der Grund dafür, weshalb ihn sein Körper unwiderstehlich auf die Gestalt zuführte, die im Schatten von Pferdeflanken im dunklen Stall kauerte und fast nicht zu sehen war.

Die kalten Augen des Knaben schätzten die Stärke des kranken Mannes ab. Er sprang auf und versuchte, seinen Herrn zu unterlaufen. Dem Comte de Vaudémont war es gelungen, sein Schwert zu ziehen, das dem Knaben die Rippen durchbohrte.

»Wann hat König Louis Dich gekauft?« keuchte der Comte de Vaudémont, und seine Finger umklammerten den dünnen Hals. »Was hat er Dir für Jehans Leben gezahlt, und für meines?«

Doch das Blut hatte sich schon unaufhaltsam auf den Steinboden ergossen, die grauen Augen hatten sich gewölkt und waren gebrochen. Ferri de Vaudémont wischte sein Schwert an dem zerfetzten Wams ab und erbrach ins purpurne Stroh.

Zurück im Saal, bemerkte er seine Frau, die oben auf der steinernen Treppe erschienen war. Sie trug den schwarzen Damast der Trauer. Sie stand bewegungslos und mit aufgerissenen Augen, wie eine Pythia vor dem wissenden Heiligtum. Er fühlte einen Schauder im Nacken. Er war zu schnell zurückgekehrt, als daß schon ein anderer sie vor ihm hätte erreichen können. Seine Männer hatten den strikten Befehl, Schweigen zu bewahren, bis er sie gesehen hätte. Es gab Zeiten, in denen sie ihm Angst machte.

»Ihr habt Blut auf Eurem Gesicht«, sagte sie. Sie umarmte ihn nicht gleich, sondern sah ihm nur starr in die Augen. »Jehan ist tot«, sagte sie mit matter Stimme.

Ferri de Vaudémont seufzte schwer und ließ sich auf einen Stuhl fallen. Er wußte nicht, wie er trösten sollte, nach der rauhen Kumpanei auf dem Schlachtfeld; und er hatte keine Ahnung, wie sehr er selbst Trost nötig hatte. Er fühlte, wie sich ihre Arme um ihn schlossen, wie ihre Lippen die seinen und seine Stirn berührten, dort wo ein bräunlicher Fleck eintrocknete. Da er einen Gefühlsausbruch befürchtete, den er selbst nicht begreifen konnte, konzentrierte er sich ganz auf den Schmerz in seinen Eingeweiden.

»Ich bin krank. Ich muß ausruhen. Helft mir«, sagte er, »helft mir in mein Bett.«

»Mein Vater . . .«, begann sie.

»Ich habe ihn gesehen. Ich bin von Marseille aus nach Tarascon geritten. Yolande, wir wollen später darüber reden. Ich muß schlafen. Ich bin von der Provence ohne Pause unterwegs gewesen.«

Sie spürte seinen Gedanken nach. Er machte eine Bewegung und versuchte, sich durch ganz gewöhnliche Dinge davon zu befreien: Er betrachtete die Wandteppiche, die geschnitzten Stühle, die Malereien. Und dann barg er sein Gesicht in ihrem Haar, damit sie ihn nicht zwingen könnte, seine geschlossenen Augen zu öffnen.

»Das Wasser«, sagte er. »Wir haben viele Männer verloren. Es tut mir leid, Yolande. Ich habe ihn auch geliebt. Es war ein Traum, dieses Königreich von Aragon. Euer Vater handelte klug, als er den Thron ablehnte, den man ihm anbot. Er hätte niemals ahnen können, daß er Jehan in den Tod schickte. Es war eine Wunschvorstellung. Wie Neapel. Ein goldener Anjou-Traum.«

Er wollte nicht denken, nicht trauern, sich nicht ängstigen. Er wollte nur schlafen. Der einzige männliche Nachkomme des Königs von Sizilien war tot. Der alte Mann verfolgte ihn, wie er zusammenbrach und weinte. Jetzt würden sie Jehans Sohn sagen müssen, daß er mit seinen einundzwanzig Jahren der letzte Abkömmling des Hauses Anjou war und nun Duc de Lorraine. Auch König von Aragon, wenn er darauf Anspruch erheben wollte. Ferri de Vaudémont dachte an seinen sogenannten Sohn. Ihren Sohn. Würde er eines Tages um den Mann trauern, den er für seinen Vater hielt? Seine Gedanken wichen zurück, als sie ihn in die sichere Hülle des Schlafgemachs brachte. Und dann schwamm er endlich in einem Meer von verdorrten Bäumen und weißen Felsen und dem nach Wein riechenden Atem aragonesischer Huren. Es war ein unruhiger Schlaf.

Es war dunkel, als er erwachte, und ihre Schattengestalt kam ihm bedrohlich nahe.

»Wessen Blut ist dies?« fragte sie und berührte seine Stirn.

»Das ist nichts. Ein Vorfall mit einem meiner Männer. Ich begreife nicht«, sagte er, »wie Ihr es habt wissen können.«

»Es ist keine Gabe«, antwortete sie tonlos, »die ich mir selbst ausgesucht hätte.«

»Ihr müßt zu Eurem Vater gehen«, sagte er. »Er ist . . .«, er stockte, »er wird Euch brauchen.«

»Dazu ist keine Zeit. Wir werden ihn in Tours treffen. Noch in diesem Monat. König Louis hat uns zusammengerufen.«

Sie fühlte, wie sein Körper an ihrer Seite steif wurde.

»Wovor habt Ihr Angst?« fragte sie.

»Ich . . .«, begann er und verstummte.

»Es ist wegen Marguerite.« Sie lachte rauh. »Der Grund für die Vorladung ist: Was sollen wir mit Marguerite anfangen? Der König von Frankreich hat beschlossen, meine Schwester lieber zu benutzen, als sie zu vernichten. Warwick hat Streit mit König Edward. Er unterstützt jetzt das Haus von Lancaster. Er wird heimlich nach Frankreich kommen, um mit Louis ein Komplott zu schmieden. Ich weiß, was für Netze unser Cousin knüpft. Er will versuchen, Warwick mit Marguerite zu versöhnen und Warwicks Tochter mit Marguerites Sohn verheiraten. Sie werden den englischen Bürgerkrieg von neuem beginnen. Als mein Bruder im Sterben lag«, ihre Stimme wurde schwer vor Bitterkeit, »hat die Spinne sich im Weben von seidenen Fäden selbst übertroffen. Er will uns von unserer Freundschaft mit Burgund abbringen. Indem er seine Tochter Anne Jehans Sohn anbietet.«

Er versuchte, ihren Gedanken zu folgen. Er hatte dieses geschickte Taktieren mit politischen Strömungen vorher nicht wahrgenommen. Vielleicht war in ihr eine Veränderung vor sich gegangen. Ihr gemeißeltes Gesicht, das in der Dunkelheit kaum auszumachen war, hätte das ihrer Großmutter sein können. Selbst in Aragon sprach man von der alten Königin Yolande, der Mutter des Königs von Sizilien. Es war ihm nie gelungen, dem Gespenst zu entkommen.

Er schauderte unwillkürlich. Vielleicht kam das vom Fieber, oder es war eine Vorahnung.

»Wir werden eine Woche mit König Louis und seiner schwangeren Königin in Tours verbringen«, sagte Yolande. »Mein Vater. Marguerite. Ihr und ich. Ein ganzes Skorpionnest.« Sie lachte bitter. »Und alle in Trauer. Uns fehlt nur noch der Duc de Bourgogne, um die Feierlichkeiten zu beleben. Louis wird sich über Jehans Tod freuen.«

Der Schauder war in unkontrolliertes Zittern übergegangen. Er versuchte es dadurch zu unterdrücken, daß er sie umklammerte. Immer gab es einen Augenblick der Benommenheit, bevor er ihren Körper in Besitz zu nehmen versuchte: Da gefror, in seinem Albtraum, ihr Gesicht zu bleichem, starren Eis, und ihre schwarzen Locken waren ein Gewirr aus Schlangen; da stießen ihre Arme ihn zurück, und ihre Lippen verzogen sich voller Verachtung. Dieser Albtraum war niemals Wirklichkeit geworden. Sie hatte ihn immer liebevoll empfangen, voller Zärtlichkeit. Doch nie voller Leidenschaft.

»Mein Lieber«, sagte sie weich, »wovor fürchtet Ihr Euch?«

Blind begann er, an den Bändern ihres Gewandes zu nesteln. Etwas schlug in der Dunkelheit mit unsichtbaren Flügeln. Er wußte nicht, ob es bösartig oder gütig war. Hätte er den Fluch der Gabe des Vorhersehens besessen, wie seine Frau, dann hätte er vielleicht begriffen, daß das Rad des Schicksals sich unbarmherzig mitfühlend weiterdrehte. Doch eine ihm eigene Unschuld bewahrte ihn wohl davor, unter dem vollkommenen Mechanismus seine eigenen zerbrochenen Gebeine zu sehen.

10

»Das Kind, Monseigneur«, murmelte Charlotte de Savoie. Die Worte tröpfelten dünn und weich und hoch aus ihrem Mund: als sei nur ihr Körper herangereift, hätte die Stimme aber ganz allein in ihrer Mädchenzeit zurückgelassen. Sie war einmal hübsch gewesen. Sanftmütig zu Beginn und mit vielversprechenden Zügen. Sie war achtundzwanzig Jahre alt. Ihre jetzige Schwangerschaft hatte Höhlen in ihre Wangen gegraben und unter ihre Augen unvorteilhafte Schatten gemalt. Das Gewicht der königlichen Nachkommen war wohl eine zu große Bürde gewesen. Etwas war in ihr verkümmert. Yolande sah sie an und fragte sich, welche Folter eine derartige immense Trostlosigkeit hatte hervorrufen können.

Nach einigen Augenblicken einstudierter Gleichgültigkeit drehte sich Louis seiner Frau zu. Der dritte Gang des Mahls wurde aufgetragen: geröstetes Wildschwein, das der König selbst erlegt hatte, gewürzt mit Rosmarin und wildem Thymian. Ein dürftiges Fest, für einen französischen Monarchen. Keine Musikanten lockerten die Strenge auf. Nur Schweigen hing wie zerfledderte Banner von den Dachbalken, und dann war da das gedämpfte Knistern des Feuers. In der Stille waren nichts als die Geräusche zu hören, die vom Kauen und Hinunterschlucken herrührten.

»Das Kind«, wiederholte Charlotte sanft. »Sie weint, weil sie den Jongleur nicht sehen darf. Laßt sie mich holen, Monseigneur. Ich bitte Euch. Nur für eine Stunde.«

Unter anderen Umständen hätte er es ihr wohl abgeschlagen, um sie zu ärgern. Doch da waren alle diese Anjou-Augen über schwarzem Damast und Samt und schwarzer Seide.

»Eine Stunde«, preßte er zwischen den Zähnen hervor.

Nun würde man also einen Jongleur bekommen. Unablässig bewegten sich Augen entlang des Tisches, begegneten anderen Augen in stillschweigendem Einverständnis. Augen wurden verschlossen und undurchsichtig. Augen beobachteten Hände, die mit den Bechern hantierten, damit keine fremde Substanz in den Wein geraten konnte.

Yolande beobachtete die weißen Finger, die sich ineinander verschlangen. Er hatte sie zu kontrollieren gelernt, seit sie ihn vor vielen Jahren in Nancy gesehen hatte. Die glatte Oberfläche zivilisierter Beherrschtheit. Sein Lächeln war nicht ohne Charme: Es lag Melancholie darin und ein Hauch vom Todestraum eines Dichters.

Sie fragte sich erneut, für welches kleine Vergehen die Frau wohl eine derartige Vergeltung auf sich gezogen hatte.

Ihr Vater, in eleganter, jettschwarzer Seide, war ihr entgegengeritten, um sie in der Verschwiegenheit der Felder vor den Toren von Tours ungestört begrüßen zu können. Seine Augen waren klar und heil. Er hatte in seinem Gram Nahrung an einem verborgenen Quell gefunden.

Denkt daran, hatte er geflüstert, als sie sich im dampfenden Atem ihrer Pferde umarmten. Sprecht nicht von Charles de Bourgogne. Seit Lüttich ist der Duc de Bourgogne zum Antichrist geworden. Ich bin jetzt nur noch ein Teufel von geringerer Bedeutung. Sein Name ist ein Fluch: Sprecht ihn nicht aus. Dann werden wir alle vielleicht diese Woche unter den Verdammten überleben können.

Ihr war ein wenig übel von dem verbratenen Wildschwein und dem sauren neuen Wein, und so kämpfte sie ein heftiges Verlangen nieder, diesen furchtbaren Fluch hinauszuschreien: Bourgogne! Bourgogne! Man nannte ihn nun Charles *le Téméraire*, den Kühnen. Wegen seiner Angriffslust und seiner Vorliebe für Prunk und weil er den König von Frankreich gefangengehalten hatte.

Louis hatte immer wieder versucht, ihn ermorden zu lassen. Er war zu stark geworden. Er hatte die Schwester König Edwards von England geheiratet und zählte den Kaiser des Heiligen Römischen Reiches und den Papst zu seinen Verbündeten. Wie die Tiere des Waldes, denen er ähnlich war, besaß Charles de Bourgogne irgendeinen sechsten Sinn. Es hieß, daß er einen Mörder selbst am anderen Ende der Stadt riechen könnte. Außer sich vor Wut, hatte Louis ihn dadurch aufreizen wollen, daß er unter der Bevölkerung von Lüttich durch seine Spione Aufruhr gegen ihren burgundischen Herrn zu schüren versuchte. Charles de Bourgogne hatte seinen königlichen Rivalen in Péronne ergreifen lassen und ihn in die unglückliche Stadt geschleppt, die durch die Verheerung der burgundischen Truppen in Schutt und Asche lag. Der Aufstand war gescheitert. Der Herzog hatte gelacht, während der König mit weißem Gesicht zusehen mußte, wie die von ihm gekauften Männer hoch über dem Marktplatz an ihren Stricken tanzten.

Louis war aus Lüttich mit einem einzigen Bediensteten geflohen. Es war eine schmähliche Flucht: schlimmer noch, eine Flucht, die gleichgültig zugelassen worden war. So läßt man ein Insekt frei, wenn die Hände es nicht mehr interessant finden.

Jemand, hatte der König seinen Ministern zugeflüstert, hat den Kopf dieses Wahnsinnigen mit Träumen von einem Königreich Lotharingia vollgestopft. Irgend jemand.

Viele Untertöne hingen in der Luft, durchströmten die Stille. Da war das ungeschickte Werben um ihren Vater, weil der König Marguerite nun gegen eine anglo-burgundische Allianz brauchte. Dann Marguerite, sie schlang das kümmerliche Essen wie ein hungriger Bauer hinunter. Ihre verwüsteten Augen waren voller Zorn. Es war so gekommen, wie Yolande vermutet hatte. An ihrem ersten Abend in Tours hatte Louis seinen Plan vorgebracht. Sein Ultimatum — denn sie wußten alle, daß Marguerite keine andere Wahl hatte. Ihre erste Antwort war hochfahrende Ablehnung gewesen. Sie hatte sogar einen Pokal zerschmettert, ihn in flammendem Zorn gegen den steinernen Kamin geschleudert. Sich mit Warwick, dem Urheber ihres Sturzes, zu versöhnen, war unmöglich. Ihren

Sohn, den rechtmäßigen Erben des englischen Throns, mit der Tochter dieser Kreatur zu verloben: Das war mehr als unmöglich. Es war ekelerregend.

Man hatte geduldig gewartet, bis sie völlig erschöpft war. Louis war schlau gewesen und hatte Verständnis für das Opfer gezeigt, da er den bitteren Kelch schon früh angeboten hatte, um ihr Zeit zu geben, sich der Notwendigkeit mit scheinbarer Würde zu beugen. Der weise Rat von Vater und Schwester sollte ihr dabei helfen. Hätten sie abgelehnt, wäre Marguerite an Edward verschachert worden, und dann hätte sie ihren Gatten, der in den Verliesen des Towers verrottete, wärmen können.

Von ihnen allen behielt nur der König von Sizilien seine Gelassenheit. Er schien sich mit seinem Kummer arrangiert zu haben, und die trübsinnige Atmosphäre, die das Schloß einhüllte, beunruhigte ihn nicht. Der Comte de Vaudémont zitterte und scheute wie ein verängstigtes Pferd und fuhr bei jedem unerwarteten Geräusch zusammen. Selbst die schottische Garde des Königs war davon angesteckt worden; die Männer konnten nicht ruhig auf ihrem Posten stehen und rollten mit den Augen.

König René hatte seinen Zwerg mitgebracht. Charlotte de Savoie war fasziniert von dem gutaussehenden alten Mann, der nicht wie ein Feind wirkte, doch sein Diener zog sie noch mehr an. Sie hatte noch nie einen so alten Zwerg gesehen. Sänger, Narren und Jongleure starben jung, aufgerieben von den herzlosen Forderungen der *noblesse*. Der Zwerg schien aus Pergament zusammengefügt zu sein. Er tappte in seines Herrn Schatten wie ein vertrautes Gespenst herum und goß dem König von Sizilien Wein ein, mit Händen, die so geädert waren wie die Haut in einem ausgebrüteten Ei.

Sie kauten und schluckten und seufzten. Die Wachen fuchtelten in dunklen Winkeln herum. Ein kalter Wind, der den Geruch nach unfruchtbaren Feldern mitbrachte, fuhr durch den Saal und ließ das Feuer verstummen. Der Jongleur war gekommen: ein dünner, ängstlicher junger Mann in einer rotgelben Hose, dazu zwei Lautenspieler und ein Trommler.

Für Louis war das ein Luxus, um seinen Onkel gnädig zu stimmen, damit er Marguerite zum Einlenken überredete. Yolande ließ sich unter einem Baldachin aus Lautenspiel, der über das Wasser glitt, zwischen die träumenden Türme von Tarascon treiben. Alles, was ihr Vater berührte, war mit Festlichkeit und Magie durchsetzt. Und nun also dieser buntgekleidete Akrobat, dessen Wams am Saum beschmutzt war.

Die Spieler stimmten ihre Instrumente. Einer der Hunde fing an zu knurren, vielleicht in wortloser Sympathie mit den Gästen. Der Jongleur warf Bälle in die Luft und lief auf den Händen. Leise Frauenstimmen und das Rascheln von Kleidern mischten sich in das Lautenspiel. Sie hatten das Kind gebracht.

Ein nicht gerade hübsches Kind von acht Jahren, mit dunklem Haar und der hellen, durchscheinenden Haut seiner Mutter. Das Gesicht hellte sich auf, als das Mädchen den Jongleur erblickte. Das war etwas Neues, ein unverhofftes Geschenk. Der König war für das strenge, asketische Leben an seinem Hof bekannt. Es war ein wenig gewinnendes Kind, das nach Vernachlässigung roch, mit hohlen Wangen und einer langen, gebogenen Nase. Yolande, die auf der rechten Seite des Saales saß und durch den Dunst aus Rauch und düsterem Kerzenlicht zu dem Mädchen hinschaute, meinte im ersten Moment, es sähe Louis ähnlich. Aber irgend etwas war in den noch ungeformten Zügen verborgen.

Das Kind durchquerte den Saal mit zögernden Schritten. Das also war der königliche Sproß, den Louis Jehans Sohn anbieten wollte. Um dem Antichrist zuvorzukommen, der, so wollte man wissen, Lothringen seine eigene Tochter zur Ehe angeboten hatte. Nicolas d'Anjou, Duc de Lorraine und rechtmäßiger König von Aragon, war ganz plötzlich zu einem jungen Mann geworden, den zu umwerben sich lohnte. Der König von Frankreich hatte als Mitgift hunderttausend Goldkronen versprochen. Alles, sogar eine Heirat mit dem Hause Anjou, um den Traum von einem neuen Lotharingia zunichte zu machen.

Anne de Valois knickste vor dem König von Sizilien, der sie zu einem zaghaften Lächeln ermunterte. Sie machte einen Knicks vor Marguerite, die sie gar nicht beachtete. Sie knickste vor dem Comte de Vaudémont. Zuletzt beugte sie ihr Knie vor Yolande, wobei das steife Brokatkleid sich zu ihren Füßen unordentlich zusammenbauschte. Sie erhob sich wieder und starrte die schwarzhaarige Frau mit den hohen barbarischen Wangenknochen, dem kräftigen Kiefer und den riesigen, fassungslosen Augen neugierig an. Ihre eigenen blassen, schwarz umrandeten Augen flackerten silbrig im Schein des Feuers.

Ferri de Vaudémonts Gesicht war bleich geworden und hatte die grünliche Färbung eines Leichnams angenommen. Der König von Sizilien zeigte eine nichtssagende, ausdruckslose Maske. Und Charlotte . . . Yolandes empörter Blick begegnete dem der Königin. Die Wangen der jungen Frau, weiß schon von Beginn, wurden kreidebleich. Ihre angstvollen Augen glitten zur Seite. Jeder schien das Geheimnis zu kennen. Außer Marguerite, die verdrießlich in ihr Glas starrte und von weiteren Köpfen träumte, die auf Micklegate thronen sollten. Und Louis, dessen frostige Gleichgültigkeit zeigte, daß er noch nicht begriffen hatte.

Das Mädchen war weitergeschlichen und hatte sich neben seine Mutter gesetzt, wo sie den Jongleur mit den Augen verschlang. Yolande drehte sich um und sah ihren Gatten an. Wie in einem Spiegel, erkannte sie in seinen Augen den unverhohlenen Schmerz und den Zorn, die sich in ihre Züge gegraben hatten. Daß es ihr so viel ausmachte, zeigte ihm nun endlich ganz klar, wie unzerstörbar das Gespenst war, mit dem er das gemeinsame Bett hatte teilen müssen.

Er war bleich und kränklich gewesen, als er aus Barcelona heimgekehrt war. Sein feines dunkles Haar hatte begonnen, die Farbe von Rauch und Asche anzunehmen. Er war fünfzig

Jahre alt: nicht mehr jung. Manchmal erwachte er mitten in der Nacht und stöhnte und wand sich, weil die Ruhr wieder aufflackerte. Doch er hatte leben wollen. Gesund werden. Jetzt überzog seine gezeichneten Augen ausdruckslose Resignation wie ein Schleier. Sie versuchte sich einzureden, daß keine Wunde im Herzen tödlich sei. Aber seine Augen ...

Verzweifelt wandte sie sich zu ihrem Vater um. Der König von Sizilien zerfloß in unkontrolliertem Lachen. Er lag quer über dem Tisch, hatte sein Gesicht in den Armen vergraben und kicherte vor sich hin. Louis betrachtete ihn neugierig mit schlecht getarntem Ekel. Der alte Narr war offensichtlich betrunken.

Das Kind klatschte im Rhythmus der Trommel in die Hände, und seine Augen glänzten, während der Akrobat herumhüpfte und tanzte. Die Diener brachten den letzten Gang herein: ein überraschender Luxus an diesem frostigen, ungastlichen Ort. Silberne Platten, auf denen sich Früchte häuften: Orangen und rote Pflaumen, Trauben und Kirschen und Aprikosen. Und drei Granatäpfel, die in dem feuchten, ungemütlichen Saal in beinahe obzöner Schönheit leuchteten und glänzten.

»*Mon oncle*«, verkündete Louis mit einer Stimme, die sorgfältig darauf bedacht war, dem senilen König von Sizilien zu gefallen, »ich habe hier ein seltenes Geschenk für Euch. Ich weiß, daß Ihr sie liebt. Frische Granatäpfel aus Afrika.«

Der König von Sizilien hob den Kopf. Vor Lachen strömten ihm Tränen über das Gesicht. Sein Mund zuckte und bebte, er versuchte erfolglos, das Gelächter einzusperren.

»Ja«, sagte er und rang um Beherrschung. »Ich bin sehr dankbar dafür. Es ist ein netter Einfall. Ihr müßt mir vergeben, Louis«, er lachte noch immer, »aber ich dachte gerade an einen anderen Jongleur.«

König René streckte seine Hand nach einer Frucht aus. Doch jäh wurde er von einer unerwarteten Bewegung des Zwergs unterbrochen.

Didier war auf den Tisch geklettert. Der Jongleur, den diese groteske, unverhoffte Konkurrenz erschreckte, sank nieder und machte große Augen. Die zerbrechliche Gestalt hatte zu tanzen begonnen. Es war lächerlich: ein seniler Zwerg, der seinen senilen Herrn unterhielt. Aber mit der Zeit, wie er so sprang und hüpfte, erinnerte sich der alte Körper wieder an längst vergessene Schritte. Yolande lauschte ängstlich dem Rasseln seines Atems. Er ergriff fünf Früchte: die drei Granatäpfel und zwei Aprikosen. Dann fing er an, wie wild zu jonglieren.

Die Früchte, blaßorange und von tiefrosenroter Farbe, wirbelten wunderbar, fehlerlos durch die Luft. Sie schienen zu verschwinden und tauchten dann auf den Platten wieder auf, bis auf eine. Der Zwerg stand da, sein Brustkorb hob und senkte sich, er keuchte und hielt nur noch einen Granatapfel in seinen Fingern.

Niemand sprach. Louis war aschfahl und hatte sein Gesicht abgewandt. Die Augen des Zwergs glitten flüchtig zu Yolande, als bäten sie um Vergebung, und begegneten dann denen des Comte de Vaudémont.

Etwas schwebte unsichtbar, auf breiten Flügeln, über ihnen. Ohne zu begreifen, erhob sie sich langsam von ihrem Sitz und streckte die Hände nach dem Zwerg aus.

»Nein . . .«, begann sie.

»Mon beau-père«, sagte Ferri de Vaudémont laut, seine Stimme war aufgekratzt und fröhlich, wie Yolande sie nie zuvor gehört hatte, »ich bitte Euch, Eure Kostbarkeiten mit mir zu teilen. Ich habe seit Neapel keine mehr gegessen.«

Didier und der Comte de Vaudémont starrten einander immer noch an. Der König von Sizilien zuckte verdutzt mit den Achseln. Yolandes Gatte streckte seine Hand aus und drückte seine Frau sanft auf ihren Stuhl.

»Paradiesisch«, sagte Ferri de Vaudémont leise, während der Saft über sein Kinn rann und seinen Überwurf besudelte. »Nepenthes, gefangen in einer Frucht.«

Ihre Augen waren eine Zeitlang von jenen Schattenflügeln verdunkelt gewesen. Als sie dann wieder sehen konnte, war nichts geschehen. Alle saßen schweigend und verwirrt da und aßen von den Früchten. Unbeachtet kroch der Zwerg mühsam von der Tischplatte, er keuchte und rollte sich dann vor dem Feuer zu einer Kugel zusammen.

Erst viel später, das Feuer war schon kalt geworden, das Kind schlief tief und traumlos in seinem Zimmer, und die schwangere Königin war in ihr einsames Gemach entronnen, fand man den mageren, zusammengerollten, weißen Körper, eiskalt und mit einem triumphierenden Grinsen.

In jener Nacht fand sie keinen Schlaf. Der weiße Zwerg tanzte durch ihre Visionen, seine wilden Verrenkungen waren abscheulich. Ihr Gatte stöhnte und wälzte sich schweißgebadet im Schlaf. Schatten flatterten um sie her. Das Kind. Die Gänge des Schlosses waren voller Seufzer, als sie niedergeschlagen über den Steinfußboden schritt. Die Wachen, gewöhnt an nächtliche Wanderungen der *noblesse*, standen mit matt glänzenden Schwertern aufrecht in der Dunkelheit und beachteten sie nicht.

Sie kam in den großen Saal. Die Hunde waren über ihren Knochen eingeschlafen. Ein Geruch nach abgestandenem Essen, nach saurem Wein und nach Haß hing in der verbrauchten Luft. Die ersterbende Glut warf einen rosigen Schein auf die Steine, wo der Zwerg sich grinsend zu seinem Todesschlaf zusammengerollt hatte.

Da erschreckte sie eine Gestalt, die sich schaurig bewegte. Sie war sicher, daß es sein Geist war, der, noch erdgebunden, die Schritte seines letzten Tanzes nachvollzog. Sie schlich auf ihn zu und legte sich in Gedanken die uralte Zauberformel zurecht, wodurch die Seele erlöst wird. Da glänzte in der Luft etwas auf, was aussah wie der Kern einer Frucht: etwas, was blaßocker aus rötlichem Dunkel wirbelte und wieder zurückfiel. Sie hörte ein Geräusch, das sich anhörte wie Schluchzen oder wie der rasselnde Atem eines alten Mannes. Weiße, gespenstische Hände bewegten sich fehlerlos, vollkommen. Durch die ranzige Luft wehte der Duft von dunklen Rosen: Er verriet, daß es nicht der Geist des Zwergs war, sondern ihr Vater, der jonglierte.

⁂

... Die Gesandten kamen nach Tarascon, Euer Gnaden, und sagten: Hier ist ein Königreich. Ohne Blutvergießen, ohne Machenschaften. Ein sonniges, wohlhabendes Königreich, wie von Goldfäden durchzogen, mit dem uralten Wissen der Kabbalisten und Alchimisten, mit Schülern aus Ost und West, mit geheimen Konklaven in Saragossa und Gerona. Ein Königreich, das seinen König wie ein ungeliebtes Spielzeug weggeworfen hat. Ein Königreich, das ihm durch das Blut gehörte, denn seine Mutter ist vor langer Zeit hier Königin gewesen, bevor man sie vertrieb, weil sie eine Frau war.

Wäret Ihr mein Vater gewesen, Euer Gnaden, so hättet Ihr gierig nach jenem Geschenk gegriffen. Um endlich mehr als nur ein nomineller König zu sein, dessen Anrecht auf Städte und Länder ohne Bedeutung war, da sie längst an andere, mächtigere Könige verloren gingen. Was war Jerusalem noch wert, da doch der Tempel vor eineinhalb Jahrhunderten gefallen war? Welchen Sinn hatten Neapel und Sizilien noch für ihn, da doch König Louis seine italienischen Verbündeten in Verräter verwandelt hatte?

Hier aber war ein wahres Königreich, dessen Bewohner ihn haben wollten. Hier hätte er herrschen können, vielleicht sogar regieren. Hier hätte er seine Dynastie errichten können, um sich mit den Königen von Frankreich aus dem Geschlecht der Valois zu messen. Eine Dynastie des alten, des heiligen Blutes. Aus Eurem Geschlecht, Euer Gnaden, das so lange ohne Thron war. Jehan war mutig, doch er wußte nicht, was mein Vater wußte. Vielleicht wäre er ein König gewesen, der Eure Pläne noch hätte ausweiten und Eure Träume hätte verwirklichen können. Ein König, der, nachdem er die Krone Frankreichs ausgeschlagen hatte, weil er nicht zum Mörder werden wollte, über einen spanischen Reif aus maurischem Gold entzückt gewesen wäre und dann Neapel wiedergewonnen und Aragon, Burgund und Lothringen vereinigt hätte. Und dann, eines Tages, mit sanfter Hand auch noch das genommen hätte, was dazwischen lag.

Natürlich lehnte er ab. Habt Ihr getobt und geflucht, Euer Gnaden, als er Euch wiederum trotzte und statt dessen seinen tapferen, doch uneingeweihten Sohn schickte? Nanntet Ihr ihn, wie es Eure Art war, Narr und Versager? Damals mußte er Euch nicht mehr gehorchen. Er konnte tun, was sein Herz ihm befahl, ohne Gewissensbisse, denn Ihr hattet ihn entbunden. Er wußte nicht, ob Ihr ihn an Louis verraten hattet, wie angedroht. Doch vielleicht hatte er eine Vorahnung, daß Louis jeden, der auf dem juwelengeschmückten spanischen Thron saß, vernichten würde. Vielleicht war es ihm auch nicht mehr wichtig.

Ich fragte ihn nach dem Warum, bevor ich erfuhr, wie Jehan zu Tode gekommen war. Ich fragte ihn im Dunkeln, vor den verglimmenden Feuern von Tours, als er mit den abgenagten Überbleibseln der Früchte jonglierte. Warum, sagte ich, habt Ihr Aragon ausgeschlagen? Warum habt Ihr es Jehan überlassen, der nichts weiß von uns, von ihm?

Warum, gab er zur Antwort, sollte ich es haben wollen? Was gibt es noch auf dieser faulenden Welt, das einem müden, alten Mann Freude machen könnte, wo ich von Tarascons Türmen Sonette singen kann? Didier ist tot, sagte er. Ich habe genug von Königen und Königreichen. Warum mußte der Zwerg sterben? Ich werde malen und träumen, durch meine Gärten schlendern und für meine Gemahlin Liebeslieder singen. Habt keine Angst, sagte er. Unser verlorener König wird einen anderen finden, ihm zu dienen. Einen, der ihm gefällt, einen, der stärker ist. Einen, der die Finsternis nicht fürchtet. Einen, der schwarze Magie benutzen wird, um weiße zu unterstützen, und der doch unbefleckt bleiben wird. Und außerdem, sagte er zu mir und lachte traurig und jonglierte mit den vertrockneten Kernen, liebe ich den Geschmack des katalanischen Weins nicht.

Er wußte natürlich, wie mein Bruder umgekommen war. Er wußte es schon, bevor ihm Ferri sein Geheimnis zugeflüstert hatte. Er sah den übermüdeten Reiter, der am Flußufer entlang bis zur Brücke ritt, gefolgt von einem Trupp abgekämpfter Männer, und sein Sohn war nicht dabei; und er fühlte den Schatten dunkler Flügel, der über ihm schwebte. Er las in den Höhlen unter den Augen meines Gemahls die Wahrheit, die ich, die ich mich für eine Seherin hielt, nicht erkennen konnte. Nur ein einziges Mal sprach er zu mir davon, lange danach. Warum, fragte ich ihn, habt Ihr es mir nicht gesagt? Warum habt Ihr gelogen?

Ach, Yolande, sagte er, ich habe nicht gelogen. Ich habe nur die Wahrheit nicht gesagt. Das ist ein Unterschied. Und außerdem: Da ich Louis nicht töten konnte, habe ich da nicht mit eigener Hand Jehan getötet? Bin ich nicht letztlich schuld daran? Vieles von mir ist in Euch, meine Liebe, sagte er. Aber noch mehr, noch viel mehr habt Ihr von Eurer Großmutter. Denkt Ihr, ich kenne den abscheulichen rachedurstigen Stachel des Skorpions nicht? Ich habe schon eine Tochter, so sprach er zu mir, die gemordet hat. Ich hätte es doch gern, wenn die Hände meiner anderen Tochter ohne Blut blieben. Ihr hättet den König von Frankreich bestimmt getötet, sagte er.

Später kam ein anderer Abgesandter nach Tarascon, aus Florenz. Da war Jehan schon lange tot. Cosimo de Medici, der Gebieter über Florenz, war bereits Jahre zuvor in seinem Bett gestorben. Sein einziger Sohn, Piero, lag auch schon in der prächtigen Familiengruft. Der Enkel, Lorenzo mit Namen, hatte diesen Abgesandten zu meinem Vater geschickt. Er war Maler, der junge, begabte Protegé des Medici-Hofes. Er kam nach Tarascon, um die weißen Türme anzuschauen, Euer Gnaden, und um in dem sagenumwobenen Park umherzuschlendern. Selbst in Florenz sprach man von diesem Park. Er kam auch, um meinem Vater ein Gemälde zu zeigen; und um ihm zu sagen, daß seine Träume dort in Florenz Blüten getrieben hätten. In jedem Dom kündeten Altarbilder und mit Fresken bemalte Decken und kostbare Fenster von diesen Träumen. Die Dichter sangen von ihnen und die Komponisten. Der Maler sagte: Monseigneur, die alten Götter sind zurückgekehrt, in all ihrem Glanz. In jede Bibliothek und jede Universität. In alle Schulen der geheimen Lehre, die nun aufblüht und unzerstörbar ist. Die alten Götter leben. Mein Herr, Lorenzo de Medici, wünscht, daß ich Euch sage, wie dankbar er für dieses Erbe ist.

Mein Vater, der seinen einzigen Sohn verloren hatte, sah den Maler, der Sandro Filapepi hieß, an und sagte: Dann ist das Leid und mein Versagen schließlich doch nicht umsonst gewesen. Ich habe recht gehabt. Ich bin kein Narr. Etwas hat in Italien Wurzeln geschlagen, das in Frankreichs Erde kein Leben finden konnte. Etwas, das sich dennoch ausbreiten und irgendwann einmal vielleicht auch hier blühen wird. Wir haben es erreicht. Viele sind darüber gestorben, doch nun ist es vollendet.

Ihr werdet dem Maler bald begegnen, Euer Gnaden. Ich habe in Tarascon mit ihm gesprochen und bin mit ihm zwischen den Weinreben und den Rosen herumgeschlendert, und die prächtig gefiederten Vögel sangen. Er ist einer, der sieht. Und ich, die Ihr mich nach meinem Vater zur Vollstreckerin bestimmt habt, werde ihn nach mir zum Großmeister des Ordens vorschlagen; und Ihr sollt dem nicht widersprechen. Denn ich bin die Tochter meines Vaters, und ich sage Euch: Unsere Zukunft liegt nicht mehr in Streitereien um Land oder in geheimen Familienenklaven, nicht mehr in den Leichen vergifteter Könige. Sie liegt bei Signor Filapepi, den sie in Florenz Botticelli nennen. Ich habe meine Aufgabe erfüllt, Euer Gnaden, obwohl ich es nicht nur für Euch getan habe. Ich werde diese Form, die wir beide kennen, nicht mehr lange bewohnen. Liebe kann das Leben verlängern — und auch Haß. Wenn diese Dinge jedoch vergangen sind, beginnt dann die Seele sich nicht unwiderruflich nach ihrer vergessenen Heimat zu sehnen?

Nun wird, in der Stadt der Blumen, die Herrschaft des Ordens durch sich selbst fortleben. Ihr müßt Euch nach Florenz begeben, Euer Gnaden, und durch die Basiliken gehen und Euer Knie vor den Altarbildern beugen und den Sonetten und Liedern lau-

schen; den Duft der Rosen einatmen, der über jedem Stein und jeder Säulenhalle schwebt und ganz Italien mit seinem Atem einhüllt. Signor Filapepi malt Zauberbilder, Euer Gnaden. Ihr werdet Sie finden, wie Sie auf seinen Bildern dem Schaum des Meeres entsteigt, oder wie Sie sich in den keuschen blauen Kleidern der Madonna verbirgt; oder wie Sie im dichten, üppigen Laub eines arkadischen Frühlings tanzt. Ihr werdet Signor Filapepi in Florenz begegnen, Euer Gnaden; und überall werdet Ihr meinem Vater begegnen ...

★★★

Er würgte blutige Galle heraus und krümmte sich wie ein Fetus zusammen, ein Körper, der einst schmalhüftig war und wohlgestaltet. Die Erinnerung an kühne Heldentaten konnte die Würdelosigkeit eines solchen Todes nicht aufwiegen: Er war hilflos wie ein kranker Säugling, der nach Milch wimmert. Der Arzt, ein achtundzwanzigjähriger Jude aus der Provence, stand nutzlos herum. Er war zu jung, um schon das Speichellecken gelernt zu haben, und hatte zuviel Achtung vor Sterbenden, um sie mit gönnerhaften Ausflüchten zu beleidigen. Er wußte auch, daß sein Patient gewisse verborgene Dinge über den Tod begriff, die gewöhnlich nicht verstanden wurden.

Während der Wochen, in denen die Krankheit fortschritt, hatten er und die Comtesse de Vaudémont mit aller Sorgfalt das Horoskop befragt. Die Zeichen waren nicht ermutigend. Normalerweise hätte er seine Einblicke nicht mit der Frau eines sterbenden Mannes geteilt. Er hatte bei seinem Studium der Himmelskunst gelernt, Schweigen zu bewahren. Aber diese Frau war anders. Auch sie wußte um die gleitenden Grenzen, wo Schicksal und freier Wille ineinander verschlungen waren. Sie erkannte die unabänderliche Bestimmung derjenigen, die so fest wie dieses Geschlecht an das Rad des Schicksals gebunden waren. Er konnte in den undurchdringlichen

Augen auch eine grenzenlose Bereitschaft zur Rache lesen. Er hoffte, sie würde nicht zu viel begreifen.

Deshalb sprach der junge Arzt sehr gewissenhaft über die Vorhersagbarkeit der Symptome. Ruhr: der Fluch des Soldaten auf dem Schlachtfeld. Daß es so viele Monde gedauert hatte, bis sie ihre tödlichen Blüten trieb, war gar nicht ungewöhnlich. Der Mann war schon krank gewesen, als er aus Barcelona zurückkehrte. Und in letzter Zeit hatte der graue Schleier der Melancholie über ihm gelegen. Eine heimliche Hoffnungslosigkeit fraß an ihm. Obwohl der Arzt nichts sagte, war ihm klar, daß ein solch trostloser Seelenzustand eine Krankheit verschlimmern konnte, die sonst vielleicht nicht tödlich verlaufen wäre; der Kranke brauchte den Tod nur stark genug herbeizuwünschen.

Ein Gestank nach Fäkalien erfüllte den Raum. Das erstickte Stöhnen des Comte de Vaudémont vermischte sich mißtönend mit Kinderweinen. Es waren drei Töchter, die älteste vierzehn Jahre alt, die zweite sieben und die jüngste drei. Und der Sohn, der mit unbewegtem Gesicht und trockenen Augen im Schatten der Bettvorhänge stand.

Abraham Salomon war, den Jahren nach, nicht sehr erfahren. Er hatte erst vor kurzem in Montpellier sein Examen gemacht. Seine Geschicklichkeit und seine bemerkenswerte Intuition, die ihn trotz mangelnder Fakten irgendwie die genaue Diagnose stellen ließ, hatten ihm in seiner Geburtsstadt St. Rémy ein gewisses Ansehen eingetragen. Da er ehrgeizig war, hatte er seine Dienste dem provenzalischen Hof des Königs von Sizilien angeboten, der berühmt war für seine Großzügigkeit und seine Gunst, die er jüdischen und arabischen Gelehrten und Ärzten erwies. Seitdem hatte er viele sonderbare Mischformen von menschlichem Fleisch und menschlichem Geist kennengelernt, bei den Lebenden und den Sterbenden und den Toten.

Er konnte sich nicht daran erinnern, je solche Augen gesehen zu haben wie jene, die nun blaß und undurchschaubar aus dem Schattengeflecht des Sterbezimmers auf ihn gerichtet waren.

Der ausgetrocknete Körper auf dem Bett konnte weder feste Nahrung noch Flüssigkeit bei sich behalten. Beides wurde sofort erbrochen oder auf die ständig erneuerten Laken entleert. Der Sohn kniete nieder und trocknete sanft die fiebernasse Stirn.

»Ich glaube nicht, daß er die Nacht überleben wird«, flüsterte Abraham Salomon der Gemahlin zu. »Vielleicht ist es besser so. Bei einem solchen Todeskampf.«

Yolande antwortete nicht. Ihre Augen waren unverwandt auf das Gesicht des Sterbenden gerichtet.

Der junge Arzt war beunruhigt.

»Madame«, sagte er in einem Ton, von dem er hoffte, daß er Trost geben konnte, »es wäre gut, wenn Ihr etwas ausruhen könntet. Ihr habt seit vier Tagen nicht geschlafen. Wenn Ihr zusammenbrecht, so wird ihm das nicht helfen. Ich werde Euch wecken, wenn eine Veränderung eintritt.«

Wie in Trance drehte sie sich zu ihm herum. Er war an hysterische Frauen gewöhnt, an gramgebeugte Frauen; selbst an Frauen, die, unter der Maske des Kummers, vorsichtig ihren versteckten Triumph über das Hinscheiden eines verhaßten Vaters oder Ehemannes enthüllten. Das Gesicht dieser Frau, das streng gemeißelt war und unbewegt, verriet keine Gefühlsregung. Als sie endlich sprach, fuhr er zusammen, als hätte einer der Wasserspeier aus Kalkstein von den Schloßmauern mit menschlicher Zunge zu reden angefangen.

»Was für ein Gift war es?« brachte sie heiser hervor.

Die drei Mädchen wimmerten weiter; glücklicherweise verstanden sie nichts. Die Diener begannen, erregt zu flüstern. Der Jüngling mit den blassen Augen bewegte sich kaum, wandte sich nur um und sah seine Mutter ohne Überraschung an.

»Madame, ich bitte Euch«, sagte der Arzt. »Wir wollen später darüber reden. Dies ist nicht der Ort.«

»Nein«, fuhr Yolande auf, »wir werden jetzt darüber reden. Monsieur Salomon, ich bin nicht dumm. Ich muß annehmen, daß Ihr Eure Gründe dafür habt, mich anzulügen. Gibt es kein Gegenmittel?«

»Es ist zu spät«, sagte der Arzt mit gedämpfter Stimme. »Es war schon all diese Wochen zu spät, seit Euer Vater mich von Tarascon hierherschickte. Zu Beginn, als er aus Barcelona zurückkam, muß es die Ruhr gewesen sein. Er hat über lange Zeit Blut verloren. Seine Kraft hat ihn am Leben erhalten. Es ist ein langsames, raffiniertes Gift. Einen gesunden Mann hätte es lediglich krank gemacht. Aber bei einem kranken Mann oder einem alten . . .«, sagte er und schwieg.

Der Comte de Vaudémont versuchte zu sprechen. Nur ein Krächzen brach hervor: ein Mensch, am Ende zurückgeführt zu den tierischen Ursprüngen, aus denen er vor Urzeiten in einem Sumpf aus Nebel und Dreck hervorgekrochen war. Diese Kreatur, das war nicht Ferri. Dies war eine zerfallende Hülle.

»Nein«, gab der Sterbende mühsam von sich und zog die Knie an die Brust, als er von einem neuerlichen Krampf geschüttelt wurde.

Sie kniete nieder und nahm seine brennende Hand und legte ihr Gesicht an seines. Der Verwesungsgeruch traf sie wie ein Schlag. Ein Widerhall der Stimme ihres Vaters, schwach wie der Duft verblühter Rosen, flüsterte ihr zu: Zerfall ist das dunkle Gesicht des Wachstums, der notwendige Beginn für neues Leben. Welches Leben würde diese unschuldige Seele für einen solchen Tod bekommen?

»Ach, warum habt Ihr es mir nicht gesagt?« flüsterte sie. Tränen, die vielleicht Tränen der Reue waren, netzten ihr Gesicht. »Ich hätte Euch vielleicht retten können. Wenn ich es nur gewußt hätte.«

Er zitterte. Seine Augen, die tief unter den schweren Lidern lagen, versuchten, etwas zu sagen. Sie begann, wie eine Wahnsinnige den Kopf zu schütteln und atmete heftig. Der erschreckte Arzt wollte sie fortziehen. Doch sie zischte ihn durch die Zähne wie eine Schlange an.

»Jehan starb nicht an der Ruhr, oder?« sagte sie. »Ihr habt mich angelogen. Warum? Warum? Bin ich denn so dumm, daß Ihr glauben konntet, ich würde sehen, wie Ihr sterbt, und mich nicht wundern?«

»Yolande«, flüsterte ihr Gemahl. »Euer Vater. Er, ich . . .«, und wieder krümmte sich sein Körper zusammen. »Tours!« stieß er schließlich hervor.

Tours. Verzweifelt hetzte sie durch die Scherben von Bildern der Erinnerung, die wie Spiegel blinkten, als sie vorüberhuschten. Das Mädchen mit den Silberaugen. Die bleiche schwangere Königin. Marguerite, die lästerte und schmähte. Ihr Vater, der lachte. Die weißen webenden Hände des Königs; und der zerbrechliche Zwerg, der mit Früchten jonglierte, jonglierte, die Früchte.

»O Jesus! Ich wußte es, ich fühlte es«, begann sie. »Ihr habt das Gift genommen, das für meinen Vater bestimmt war.«

Eine Opfertat aus Liebe: der Ritter ohne Furcht und Tadel. Unter dem Mantel des Edelmuts konnten ihre Augen, die allzuviel sahen, eine Tat der Verzweiflung erkennen. Die Folgen ihrer eigenen schicksalhaften Leidenschaft: Dieser Mann, mit dem sie fünfundzwanzig Jahre gelebt hatte, würde aufhören zu sein. Ihre Hände berührten ihn, streichelten ihn, eigenen Gesetzen folgend. Die heiße ausgetrocknete Haut und die aufgesprungenen Lippen.

Er war kein nachtragender Mann. Er hatte versucht, sie von der Last ihrer Schuld zu entbinden.

»Nein«, sagte er, und seine Lippen bewegten sich kaum. »Nein, nicht wegen . . . Nicht Euretwegen. Ich dachte, ich könnte ihm helfen. Es schien . . .«, er zitterte und bebte. »Euer Sohn«, flüsterte er.

Der Sohn stand und schaute und begriff nicht und wußte doch durch die Unversehrtheit seines jungen Fleisches, daß dieser sterbende Mann, den er liebte, kein Blut von seinem war.

»Yolande«, sagte das Opfer mit festerer Stimme. »Yolande. Der König. Ihr müßt ... Er, er. Ihr«, aber er konnte nicht zu Ende sprechen. Vielleicht fürchtete er neue Pein.

»Ich habe ihn nie gesehen, niemals mit ihm gesprochen«, begann sie und umklammerte den scheidenden Gast.

Doch während sie noch mit ihren Gewissensbissen rang, war die Seele gegangen.

Man hielt es für nötig, sie von dem toten Körper loszureißen und sie, da sie heftig weinte und von geschlachteten schwarzen Vögeln phantasierte, aus dem übelriechenden Raum zu zerren, der jetzt nur noch von einem traurigen Gespenst ihrer Erinnerung bewohnt wurde. Abraham Salomon zwang Belladonna-Tinktur zwischen ihre Lippen und saß neben ihrem Bett, bis sie schläfrig und müde wurde. Er verließ sie, als der Wind vom Fluß in seinem unaufhörlichen Heulen in der Höhlung des Kamins nachgelassen hatte und die Kerzen über ihrem schlafenden Gesicht alt und müde verblaßten.

***

♏ *... Ich tauchte zur rechten Zeit aus jenem undurchdringlichen und bitteren Meer der Träume auf, Euer Gnaden, und konnte mich zuerst nicht erinnern, wer, oder wo, ich war. Ein Splitter des zunehmenden Mondes glitt über das Dunkel, das vom Fensterbogen eingerahmt wurde. Die Kerzen, die der Arzt hatte brennen lassen, waren zu Lachen geworden und fast schon verlöscht. Die steinerne Schwere der Menschwerdung lastete auf mir. Selbst der Mond war noch nicht rund genug, um den Zyklus der Erneuerung zu verheißen.*

Vielleicht war es das Geräusch Eures Atems; oder ein schwacher, vertrauter Geruch nach Feuer oder Wald, der mich von dem zarten Trost des Mondes losriß. Aus den Tiefen meiner Träume hatte ich Euch vielleicht erwartet.

Ich sagte: Ihr hättet meinem Gemahl helfen können.

Du irrst, Yolande, sagtet Ihr zu mir. Ich habe nicht die Macht, einen Menschen seine Taten nicht wählen zu lassen, seien sie edel oder selbstzerstörerisch. Eure Stimme, Euer Gnaden, war so, wie ich sie in der Erinnerung bewahrt hatte. Unverändert, obschon ein Vierteljahrhundert vergangen war.

Ich sagte: Jehan hat seinen Tod nicht gewählt.

Ihr meintet: Ich konnte nicht vorhersehen, was Jehan in Barcelona geschehen würde. Ich weiß nicht alles. Ich habe erst viel später erfahren, daß Euer Bruder die Königin verführt hatte. Er hätte die Folgen bedenken müssen.

Ihr seid ihm in ihr Bett gefolgt, sagte ich verächtlich. Und dennoch verlangt Ihr von uns anderen gottähnliche Fähigkeiten.

Nein, sagtet Ihr, nein. Nur ganz gewöhnliche Umsicht. Aber das ist nicht die Gabe derer von Anjou.

Die flackernden Kerzen vergoldeten die zarte Linie Eurer Wangen und das matte, silberdurchzogene Gold Eurer unbedeckten Haare und die blassen Augen. Auch Ihr wart älter geworden: Wie alt?

Ich sagte: Wißt Ihr, warum mein Gemahl sterben wollte?

Eine leichte Verwirrung, oder Schmerz, lief über Euer Gesicht. Ihr begannt: Ich habe manchmal geglaubt . . . Die unausgesprochene Frage hing zwischen uns im Raum. Selbst Ihr, Euer Gnaden, mit all Eurem Stolz und Eurer Abkunft, konntet sie nicht stellen.

In jener Nacht, als der Splitter des Mondes wie der Schaft eines Pfeils zwischen meinen Schultern stand, konnte ich den Toten nicht demütigen, wie ich den Lebenden gedemütigt hatte. Ich sagte zu Euch: Ihr täuscht Euch. Er ist Ferris Sohn.

Mir schien, als hörte ich Euch seufzen: ein schwaches Geräusch nur, wie eine leichte Brise. Vielleicht war es auch nur der Flußwind, der im Kamin schon nachgelassen hatte.

Komm mit mir, sagtet Ihr. Wir wollen in den Wald gehen. Ich werde Dir ein Geheimnis zeigen und eine Geschichte erzählen.

Zwischen den Eichen, die unterhalb des Hügels standen, der mit einer steinernen Tiara aus Türmen gekrönt war, kam mir ein Geruch von steigenden Säften entgegen. Ferri und Jehan hat-

ten beide gejagt. Vielleicht verfolgten ihre Geister noch einen Hirsch, der nicht aus Fleisch und Blut war, oder einen gespenstischen Eber durch das wispernde Dickicht. Durch den Baldachin aus nackten Ästen schien blaß die tröstliche Sichel des Mondes.

Ihr hattet eine rauchende Laterne mitgenommen. Sie beschien einen Stein, der kalt und weiß auf einer Lichtung stand. Um ihn herum lauter Eichen, wie unschlüssige Frauen, die nicht zu tanzen wagten. Ein Nebel aus Belladonna-Träumen umwölkte meine Augen, der Stein schien zu schimmern.

Ihr sagtet: Du bist noch benommen vom Trank des Arztes.

Eure Gewänder, Euer Gnaden, waren aus gewöhnlicher, grober brauner Wolle: Sie schienen aus Torf oder Rinde gemacht zu sein. Durch den Dunst hingetupften Lichts verschwamm Euer Körper im Wald, der mich umgab, und Euer Kopf schien, körperlos, wie der Mond oder der Stein zu schweben.

Ich kauerte mich auf den Boden und sagte: Ich bin müde. Als wäre ich gestorben und nicht er. Ich glaube, das wäre mir lieber gewesen.

Ihr lachtet, Euer Gnaden, und sagtet: Ist es nicht seltsam? Wie der Tod uns hilft, uns zu erinnern, daß es die Lebenden sind, die sterben, wenn sie geboren werden, und daß die Toten in ein neues Leben gehen.

Die Erde, in die ich meine Finger stieß, war kalt und feucht. Ich hätte mir selbst mein Grab graben mögen, mit dem Stein als Monument.

Ich kann Deinen Kummer nicht heilen, sagtet Ihr ruhig zu mir. Doch ich kann Dir ein Geheimnis zeigen. Schau, Yolande. Schau auf den Stein.

Die Hände voller Moos und Erde, betrachtete ich ihn. Eine uralte weiße Säule aus Kalkstein, die vielleicht einen Weg durch den Wald anzeigte. Von den Westgoten oder den Römern. Glatt, als wäre sie poliert oder vom unablässigen Atem der sie umgebenden Bäume blank gewetzt. Nur nabelhoch.

Ein Stein, gesunken in schwarze Erde. Wie viele Klafter tief? Ein Stein, der vielleicht ein Baum war, dort entstanden, bevor überhaupt ein Baum oder ein Berg oder ein Meer geboren wurde, mit steinernen Wurzeln, die aus einem weit entfernten inneren Kern stummes, mineralisches Leben tranken. Ein in Nabelhöhe abgeschnittener Baum, der Rinde entkleidet, der seine silbrige Haut offenbarte. Tot, doch vielleicht in Erwartung eines neuen Frühlings, um einen lebendigen Sproß hervorzubringen.

Schau noch einmal, befahl Eure körperlose Stimme.

Ein hohler Baum, ein Stumpf: Was füllt seinen Kern? Eine Schale, geöffnet dem Tau und dem Regen, und auch dem Mondlicht. Oder von einer unterirdischen Quelle gespeist.

Ihr sagtet: Noch einmal.

Weißes Fleisch. So glatt, daß man es streicheln möchte, wie die reine Haut eines Kindes. Ein kauerndes weißes Kind, ausgestoßen aus dem Schoß eines vorüberziehenden Schöpfermondes, in einem fetalen Ei auf der Erde zusammengerollt, und genährt vom Saft geisterhafter Blätter und dem Blut von Nachttieren.

Noch einmal.

Ein totes Kind, ein Totenschädel, ein königlicher Totenschädel, erhaben und schmucklos, mit einer dünnen, kreisförmigen Linie um den Scheitelpunkt, Zeichen der Trepanation, um dem Geist eine leichte Befreiung aus seinem irdischen Gefäß zu ermöglichen. Ein geopferter König.

Schau, Yolande, sagtet Ihr. Schau noch einmal hin.

Ein sprechender Kopf: Ferris Kopf, ein Totenschädel, zusammengeschrumpft und verdorrt, dann aber auf wunderbare Weise verwandelt, mit vollem Fleisch, wohlgeformt, mit schwerlidrigen, verstehenden Augen. Augen ohne Anklage, ohne Gram, Augen ohne Narben, nur voller Vergebung und Liebe. Und dann mein eigenes Gesicht, gemeißelt aus weißem Stein und beschattet von einer Krone aus Finsternis, die wie Hexenlocken die bleiche Stirn umrahmte. Ich.

Tiphereth, *sagtet Ihr weich. Das, was wie Gott ist. Glaubst Du mir nicht? Ich sage Dir: Schau dorthin, auf Dein Gesicht. Du hast ihn nicht verloren. Alles, was er war, ist auch in Dir. Es gibt keine Trennung, dort an der Quelle; und keine Schuld.*

Doch ich konnte Euch nicht mehr hören, Euer Gnaden. Die heilsamen Tränen waren endlich aus einer unter der Erde verborgenen Quelle hervorgesprudelt. Keine heftigen Zornestränen, sondern die Tränen eines ganz gewöhnlichen Kummers. Früher hatte ich voller Mut den Schmerz bei den schwierigen Geburten, den Schmerz über tote Kinder angenommen. Ich würde auch diesen annehmen müssen.

Ihr sagtet: Ich will Dir etwas über Deinen Vater erzählen.

Nein, sagte ich. Der Stein. Erzählt mir zuerst von dem Stein. Woher kommt er? Wie lange steht er hier schon?

Ach, der Stein, sagtet Ihr, und lieft herum, wie ein Wolf ein Feuer umkreist, schrittet unablässig den Ring der Wache stehenden Eichen ab. Dieser Stein ist immer hier gewesen, sagtet Ihr. Immer sind Steine da. Sie sind überall. Wichtig ist, wie man sie sieht.

König der Bäume und der Erde und der Steine: Ihr, Euer Gnaden, konntet die Dualität von Geist und Materie in Euch auf irgendeine Weise ohne Qual ertragen. Mein Vater konnte es nicht. Und auch ich, eine Frau, konnte den Abgrund zwischen dem, was ich als Leben erfahren hatte, und dem, was ich gerade vom Wesen des Todes begriffen hatte, nicht überbrücken. Vielleicht hätte der unvergängliche Stein meine Brücke sein können. Aber was sollte ich mit meinem Fleisch beginnen, wodurch das Blut noch strömte, das nicht nur Geist war und das nach anderem Fleisch schrie, das es verloren hatte? Ich wollte damals Eure Magie nicht sehen, sondern nur einfache Bilder der Phantasie, wie ich sie in den Träumen meiner Kindheit gekannt hatte, als mein Vater ein vollkommener, glänzender Ritter war und Pfauen und Zentauren und Einhörner mich durch Zauberkraft vor dem Dunkel schützten.

Ich möchte mit Euch nicht über meinen Vater sprechen, sagte ich zu Euch, denn Zorn war für mich leichter zu ertragen als diese neue Angst. Ich sagte: Ihr habt schon lange mit ihm gebrochen. Ihr habt ihn an Louis verraten. Deshalb versuchte Louis auch, ihm in Tours Gift zu geben. Und deshalb ist mein Gemahl tot.

Nein, sagtet Ihr. Du irrst Dich. Ich habe ihn nicht verraten. Louis hatte auch ohne meinen Segen Gift genug. Yolande, sagte er, ich verstehe mehr, als Du erkennst. Ich verstehe die Träume Deines Vaters und seine Sehnsüchte. Hasse mich nicht, Yolande.

Aber Ihr verachtet ihn, sagte ich, weil er nicht sein kann, was Ihr möchtet. Weil er kein Mörder ist wie Louis. Könnt Ihr nicht auf das sehen, was er erreicht hat, und nicht nur auf sein Versagen?

Ihr sagtet: Nein, das darf ich nicht. Er ist nicht länger von Nutzen. Ich verachte ihn nicht. Ich habe ihn geliebt. Doch dann war es genug. Er kann nicht mir und seinen Träumen gleichzeitig dienen. Was er schafft, ist ein Kind, das allzu langsam wächst. Ein ganz schmaler Weg, ein Fluß, der seinen gemächlichen Lauf durch Steine von Jahrhunderten hindurchwindet. Ich weiß, was er erreicht hat. Aber jetzt ist nicht die Zeit für einen solchen Weg. Louis wird Euch alle vernichten. Ich habe keine Söhne, sagte er bitter und umkreiste immer wieder den vom nächtlichen Licht erhellten Stein. Ich glaubte . . . aber ich habe keine Söhne. Ich brauche ein Schwert, weil ich keine Söhne habe.

Als er ein Kind war, sagtet Ihr, brachte man Deinen Vater hierher, zu diesem Stein. Er war damals acht Jahre alt. Es war das Jahr nach Azincourt, als Henry, Englands Tyrann, sich zum König von Frankreich erklärte. Dein Vater war ein schönes Kind, wie mir erzählt wurde. Goldenes Haar, weiße, rosig gefärbte Haut und tiefblaue Augen, wie die eines Engels auf einem Altarbild in einer Kathedrale. Man brachte Deinen Vater zu dem Stein. Es war mein Vater, der ihn dorthin führte. Er sah den Stein an, dieser achtjährige Knabe, und sagte: Ja, das ist ein kleines Kind. Oder eine Schale. Ein Totenschädel. Ein Baum. Es ist die Mitte. Er klatschte in die Hände, Yolande, und lachte und lief um den Stein herum, als wäre es ein kindliches Spiel, und rief dazu: Ein Baum, eine Schale, ein Kind, ein Totenschädel. Und da wußten sie, daß er sehen konnte.

Ich sagte: Ihr habt diese Wahl bedauert. Ihr wolltet keinen Mann, der sehen konnte. Ihr wolltet ein Hirn, das Netze knüpfen konnte und Gift gießen in königliche Becher. Ihr hättet Louis wählen sollen.

Ihr lachtet, Euer Gnaden, und Eure weißen Zähne glänzten wie der Stein. Ihr sagtet: Dein Vater würde Louis gewählt haben. Er wollte, daß Louis nach ihm Großmeister sein sollte, um mein Schwert zu sein. In Ste. Baume versuchte er, das Etwas, das in seinem Neffen hauste, auszutreiben. Es gelang ihm nicht. Dein Vater fragte dann, ob Charles de Bourgogne sein Nachfolger sein könnte. Ich dachte bei mir: Vielleicht. Er hat Mut. So reiste ich nach Dijon, um den Mann zu beobachten, der vielleicht eines Tages mein Großmeister sein würde.

Ja, sagte ich. Dijon. Und was habt Ihr in Charles de Bourgogne entdeckt, damals in Dijon?

Was auch Du entdeckt hast, Yolande. Den Keim seines Todes. Und nun hat Dein Vater endlich die gewählt, die auch ich gewählt haben würde. Endlich.

Ihr wartetet gespannt, Euer Gnaden, als hättet Ihr mir ein Spielzeug angeboten. Wußtet Ihr damals, daß allein Kummer und Bitterkeit, nicht aber Dankbarkeit oder Ehrfurcht, meine Hände öffneten, um die Gabe zu empfangen? Ich sah Euch nur an, und Euer Gesicht wurde bekümmert und erstaunt. Ich sagte: Ja, o ja. Mein Vater hätte mich verschont. Aber Ihr, Ihr werdet mir nichts ersparen.

Ihr lachtet wiederum und hieltet die Lampe vor mein Gesicht, so daß ihr Licht Eure Augen verbarg, und sagtet: Du bist in all den Jahren unverändert geblieben. Unverändert.

Ihr nahmt meine Hände, Euer Gnaden, und Eure Berührung war nicht weniger brennend als vor vielen, vielen Jahren. Ihr preßtet meine Hände in die kalte schwarze Erde hinein. Ihr sagtet: Spüre den Herzschlag der Erde. Was für Götter leben in diesem Land?

Die Götter von Lotharingia, sagte ich. Ich weiß nicht, was sie sind. Hier ist eine furchtbare Finsternis, und ein strahlendes Licht. Ich weiß es nicht.

Ihr sagtet: Schau nach Osten. Dort reitet in wilder Jagd der ein-

äugige Gott und heult mit seinen Kriegerhorden, die auf wilden Rossen mit dem jaulenden Wind dahinstampfen und das Chaos von Wahnsinn und Magie ausspeien. Das ist der Gott des Rheins. Nun schau nach Süden. Dort streift Sie umher, die Göttin, taubenblau und süß wie Honig und bitter wie Wein. Wenn diese beiden sich auf Lotharingias Erde treffen: Was für ein Kind könnte aus dieser Vereinigung geboren werden? Vielleicht ist es einst heilig gewesen. Doch schau nun nach oben, auf die Gestalt, die Rom gemacht hat, als es über das Land herfiel. Der unbefleckte Gott, das Opfer, das rein und ohne Sünde aus dem Schoß einer Jungfrau hervorging. Ein Gott, der nicht zeugen kann, ein Gott, der die Erde verachtet. Der das Opfer und die Schuld als Gaben bringt, und die Furcht der Frau vor der Frau und der Frau vor dem Mann. Was würde dieser Gott sagen, wenn er voller Entsetzen die Paarung hätte mitansehen müssen, die vor langer, langer Zeit begann? Welchen Fluch hat er ausgesprochen? Kannst Du nicht sehen, welche Angst, welche Schuld und welche Gewalt jetzt in Lothringens Erde lauern?

Ich grub meine Hände tief hinein, Euer Gnaden, und beschmierte meine Handflächen mit der schwarzen lehmigen Erde und schleuderte meine Schuhe aus feinem spanischen Leder fort, die mein Gemahl mir geschenkt hatte, damit ich auch meine Füße in der Erde bergen konnte. Ich sagte: Was tun wir also mit dieser Erde?

Ihr sagtet: Wir beschwören sie. Wir beschwören sie verzweifelt, damit nicht die Hoffnung auf jene göttliche Vereinigung verloren ist. Damit unser einäugiger Herr und seine sinnliche Braut durch ihren himmlischen Richter nicht zu ohnmächtiger Wut verdammt werden. Damit sie später nicht Rache üben an einer Welt, die, versunken in unschuldiges Gesäusel von keuschen mitternächtlichen Gebeten, vergessen hat, daß sie zu Anfang waren. Wir beschwören sie, damit die Götter Frieden haben. Damit die Götter erlöst werden. Wir sind Gefäße, Yolande. Schalen. Kinder. Bäume, die neue Zweige hervorbringen. Opferkönige. Möchtest Du immer noch sterben?

Ich möchte Euch lieben, sagte ich. Wir werden alt. Ich möchte Euch lieben.

Warum, sagtet Ihr, berührst Du mich dann nicht?

Eure Lippen glitten zart über die Haut meines Nackens, über meine Augenlider, Eure Hände waren auf meinen Brüsten, und die Muskelstränge Eurer Schenkel preßten sich hart gegen mich. Und das Feuer ergriff mich wieder, das Feuer.

Ich riß mich zornig von Euch los. Ich sagte: Der Leichnam meines Gemahls liegt hier, unter diesem Stein.

Ihr lachtet noch einmal, traurig vielleicht, oder ärgerlich. Nun, sagtet Ihr, was bedeutet das schon? Ich sah Euch allmählich zurückweichen, schwächer werden, zwischen den Bäumen verblassen. Sogar der Glanz in Euren Augen wurde matt: ein Nachttier, das in der Dunkelheit verschwindet. Eure Stimme sagte: Wir haben uns schon gepaart, Yolande. Da wächst jetzt ein Kind in Dir, dessen Geburt sich über Dekaden erstrecken wird. Du sagst mir, daß Du Ferris Sohn geboren hast. Ich hätte es mir anders gewünscht. Doch darauf kommt es nicht an. Du wirst mir ein Kind anderer Art gebären, sagtet Ihr zu mir, und Eure Stimme verlor sich in der Ferne. Du und ich, Yolande. Ein gestaltloses Kind.

Als ich erwachte, war die Mondsichel schon untergegangen. Im Kamin murrte noch ein leiser Windhauch. Eine trügerische Dämmerung zog über den Himmel hin. Nach einer ganzen Weile, Euer Gnaden, bemerkte ich die schwarze Erde zwischen meinen Zehen und am Saum meines Gewandes und in meinen Handflächen.

TEIL IV

LOUIS

DER LÖWE
1471-1476

Der Mensch, Asklepios, ist also ein *magnum miraculum*, ein Wesen, das Verehrung und Ruhm verdient. Denn er nimmt die Natur eines Gottes an, als wäre er selbst ein Gott; er ist auch mit den Teufeln vertraut, da er weiß, daß er denselben Ursprung hat; aber er verachtet diese Seite seiner Natur, was nur menschlich ist, denn er hat seine Hoffnung auf die Göttlichkeit der anderen Seite gesetzt.

Corpus Hermeticum

11

Er lag eingebettet in den Traum wie ein in Bernstein gefangenes Insekt. Rauch und Asche unsichtbarer Feuer hafteten an seinen Wangen und an seinen Lippen wie klebrige Eihaut. Irgendwo zwischen den Grasbüscheln hatte er seine Krone verloren. Er hatte die goldenen Spitzen der Lilien im hungrigen grünen Gewirr verschwinden sehen. Es gab nichts mehr, das ihn als König auswies. Dornige Äste schlugen gegen seinen Mantel, der nun in Fetzen von seinen Schultern hing. Hinter ihm war das unheimliche Geräusch des Waldes: ein Heulen wie von sturmgepeitschtem Meer oder einem großen Wolfsrudel; und eine tiefe Trommel, die wie Herzklopfen klang. Zwischen den efeubewachsenen Stämmen konnte er nur Schatten ausmachen und einen farblosen Aschenregen. Und doch waren sie da, zu Tausenden – und der Mann, der sie anführte. Der, den er in den Windungen des Traums wiedererkannte, dessen Namen er aber nicht wußte. Dessen Stirn mit einem blutroten Mal gefleckt war. Und um ihn herum die Horde und die Kreatur, die sie beschworen hatten, irgendein Monstrum oder ein Riese, geformt aus rötlicher Erde.

Selbst der Himmel hatte sich mit ihnen verbündet. Er breitete sich über die Baumwipfel und war angeschwollen und gerötet wie eine entzündete Wunde. Er wußte, daß da Myriaden Augen zwischen den Ästen waren. Sie konnten jeden Augenblick von den Bäumen losbrechen und ihren riesigen Homunculus hinter sich herschleifen. Er kletterte über Anhöhen und weiße Steine und rannte, schien aber auf der Stelle zu bleiben: eine graue Gestalt, die auf ewig, und ohne vorwärtszukommen, über eine Urne kroch. Die Trommel schlug hinter seinen Augen. Im Westen, wo der verletzte Himmel schwarz geworden war, konnte er den leuchtenden Fleck eines himmlischen Vorboten sehen: einen Kometen.

Der Wald wollte von ihrem Geheul und Gestampf und Geschrei schier zerbersten. Er hatte auch den großen Ring mit dem königlichen Kreuz und den drei Diamanten darauf verloren und das Siegel, das gewöhnlich an einer goldenen Kette um seinen Hals hing. Wäre er noch im Besitz der Krone gewesen, hätten sie vielleicht begriffen, daß er der König war. Die Schlacke unter seinen Füßen machte ein Geräusch wie knirschende Zähne. Als der Wald sie endlich ausspie, hatte er schon damit begonnen, mit seinen Fingern verzweifelt in der harten Erde zu graben und nach dem verlorenen Glitzern des Goldes zu suchen. Wie lungernde Wölfe rückte die Horde heran: silbrig-weiße Männer, die aussahen wie Aussätzige oder Gespenster. Ein Heer von Toten, die alle jenes blutige Mal auf der Stirn oder Brust trugen. Der Anführer, fremd und doch ganz vertraut: nur ein verschwommener Fleck mit mondfarbenen Augen, bewaffnet mit einem ungeheuren ehernen Schwert. Dann brachten sie aus dem Schatten unter den Bäumen die Gestalt herbei, die aussah wie ein Mann, aber kein Mann war, und das betäubende Gebrüll ihrer Stimmen stieg wie Rauch in den Himmel, und die Bäume wurden durch Getöse und Lohe niedergemacht. Da zersprang die Trommel, und der König von Frankreich erwachte im Dunkeln und schrie.

Eine Weile lauschte er auf den Trommelschlag der Fäuste, die an die Tür seines Gemachs hämmerten. Kurz darauf mischte sich schüchternes Schlurfen damit: die beiden Kammerdiener, die auf Pritschen am Boden schliefen. Das vertraute Klirren der Zunderbüchse klang dumpf, dann loderte zischend eine Kerze auf, und es flüsterte an der Tür. Ihre Gesichter, grau in der Dunkelheit, erschienen zwischen den Bettvorhängen.

»Euer Gnaden«, sagte einer der beiden, »es ist Monsieur de Commynes mit einem Kurier.«

»Bringt mir Wein«, bellte Louis. Frankreichs gestickte Lilien blühten ruhig und unberührt auf dem Baldachin. Noch war er der König. Er erhob sich und stand nackt und zitternd, während sie ihm sein Gewand überstreiften und den Becher brachten.

Philippe de Commynes, der Sekretär des Königs, schlich in den Raum. Sein schlaftrunkener Blick war unruhig. Die Blässe seines Gesichts sprach beredt von der Art der Nachricht. Der Kurier, der hinter ihm herstolperte, war schmutzbefleckt und außer Atem, und seine großen Augen waren weit aufgerissen. Louis wappnete sich. Nur Krieg oder Tod brachten einen Mann mitten in der Nacht hierher. Die Möglichkeit eines Krieges war im Augenblick gering. England erholte sich noch von seinen blutigen Krisen, und seine eigenen Adligen waren zu ausgelaugt, um jetzt gegen ihn aufzustehen. Die Möglichkeiten eines Todesfalls waren dagegen zahlreich. Er fürchtete nur eine. Er hatte nun einen Sohn; die kleine Hure hatte endlich einen Knaben geboren. Erst ein Jahr alt. Ein Erbe mit seinen dunklen Augen und seiner langen Nase und seinen vorgestülpten Lippen. Sein Sohn. Doch er war in Chinon, bei der Königin. Der Kurier war aus Amiens hergeritten. Louis fiel in Amiens niemand ein, dessen Tod von irgendeiner Bedeutung gewesen wäre.

»Euer Gnaden«, sagte der Kurier. Niemand hatte ihm Wein angeboten. Er versuchte, seine staubverkrusteten Lippen zu befeuchten. »Ein Heer von dreißigtausend Burgundern hat die Grenzen der Picardie überschritten. Sie brennen und plündern.« Er sah den Sekretär hilfesuchend an, aber der hatte sein Gesicht abgewendet. »Wir wußten nichts davon, nichts ... Charles, Duc de Bourgogne«, fuhr der Kurier fort, »hat Frankreich den Krieg erklärt. Und mit ihm marschieren zehntausend Mann unter den Bannern Lothringens.«

Der König stand unbeweglich und starrte ins Feuer. Seine Finger fuchtelten ärgerlich herum. Der Kurier fragte sich, ob er überhaupt zugehört hatte.

»Euer Gnaden«, begann der Mann erneut.

»Hinaus!« sagte Louis.

Er hatte an alles gedacht, doch nicht daran. Daß der Mann

es wagte! Das Etwas, das in ihm gefangen war, heulte in grimmiger Freude über das bevorstehende Blutvergießen und schloß ihn dafür im versiegelten Destillierkolben seiner Angst ein. Jemand hatte den Kopf dieses Wahnsinnigen mit Träumen von einer Erneuerung Lotharingias vollgestopft. Jemand hatte ihm gesagt, daß er ein König sei.

Louis dachte an den Aufstand in Lüttich und an die unverschämten, derben Späße seiner burgundischen Kerkermeister. An die Angst, die in schmachvoller Weise seine Gedärme geöffnet hatte. An das dunkle lachende Gesicht des Herzogs, mit den lichterfüllten Tieraugen und den vollen, sinnlichen Lippen. Wie er geflüstert hatte: Denkt daran, Monsieur Louis. Denkt daran, daß Burgund Euch gekrönt hat. Daß es mein Vater war, der in Reims die Krone auf Euer Haupt gesetzt hat. Bedenkt, daß Burgund Euch die Krone fortnehmen kann, wenn es das möchte.

Louis hatte zuvor niemals einen Mann gefürchtet. Nur ein einziges Mal, in einem Raum, den beißender Wacholderrauch durchwaberte und wo ein weißer Zwerg ihn kichernd anstarrte, während er vor den Rosenklauen zurückwich. Damals hatte er Angst gehabt. Danach nie mehr. Krieg hatte nicht die Macht, ihn einzuschüchtern: Er liebte die kalte Ekstase des Schlachtfelds. Doch in Lüttich hatte er diesen Wahnsinnigen zu fürchten begonnen. Etwas zerrte an seiner Erinnerung, warf einen Blick durch trübes Glas. Der undeutliche Gedanke blitzte nur kurz auf und entschwand.

»Wir sind in Schwierigkeiten, Philippe«, sagte der König. »Kommt mit mir in mein Arbeitszimmer. Wir wollen bis zum Dunkelwerden arbeiten.«

Der Sekretär zuckte die Schultern, als wollte er sagen: Es ist nicht meine Schuld. Er war ein jüngerer Mann aus Burgund, mit einem scharfen Frettchengesicht und einem Buckel. Louis hatte ihn in Lüttich kennengelernt, und später hatte er für fünfhundert Kronen und für das Versprechen, eines Tages in Burgund Landbesitz zu bekommen, seine Loyalität gekauft.

Er war weder besonders fähig noch besonders ehrlich. Doch er war dankbar. Er wußte alles über die Situation am Hof von Dijon. Sein Ohr paßte sich den Schlüssellöchern an, und seine schmale, scharfe Nase konnte jeden Küchenklatsch riechen. Jetzt glitt sein Blick zur Seite, als wollte er andeuten: Das hätte ich Euch sagen können. Schließlich habt Ihr damit angefangen.

Ein Brief lag unbeendet auf dem Schreibtisch; er war an König Edward von England gerichtet. Das noch fast leere Pergament grinste ihn an. Liebster Cousin und vorzüglichster Freund. Was hätte er dem König von England sagen können? Liebster Cousin: Ich bitte Euch aus tiefster Seele um Vergebung für meinen kürzlichen Versuch, Euch vom Thron zu stürzen. Und ich bin voller Reue wegen meines letzten Schachzugs, Euren vielgeliebten *beau-frère*, den Duc de Bourgogne, ermorden zu lassen. Liebster Cousin: Ich entbiete Euch meine Reue, mein Schuldbewußtsein, meine Scham.

Er zerriß das Pergament und schleuderte es ins Feuer. In diesen schwachen Stunden der Nacht, wenn schwere Träume sich auf seinen Schlaf legten, vergaß er manchmal, daß er ein vernünftiger Mann war und fragte sich dann, ob wohl ein Fluch auf seiner Herrschaft liege. Elf Jahre als König, und eine edle Vision, würdig eines jeden Monarchen im christlichen Abendland. Elf Jahre wortgewandter Briefe und genialer Verhandlungen: glänzend geknüpft, fein aufgebaut. Er hatte neuartige Steuerreformen eingeführt und die Armee in eine großartige Kampfmaschinerie umgewandelt. Er hatte die Gerichte umorganisiert und dem Klerus größere Freiheit von Rom gegeben. Er hatte dem König von Aragon Roussillon weggenommen und sich von seinem Bruder die Normandie zurückgeholt. Er hatte durch seine Freundschaft mit Mailand in Italien stabile Verhältnisse geschaffen. Er hatte die Adelshäuser in den Ruin getrieben und die Staatssäckel gefüllt. Bliebe ihm genug Zeit, so könnte er noch größere Gebiete für die Krone annektieren. Er war ja erst neunundvierzig Jahre alt.

Es war unabdingbar, daß man sich an ihn als eines großen Königs erinnerte. Wo auf der ganzen Welt war ein Herrscher mit einem so wendigen Verstand und einer so überzeugenden Zunge zu finden? Und doch durchkreuzte immer etwas seine Pläne. Die Fäden rissen und verwirrten sich. Fallen schnappten nicht zu. Es war, als kämpfe er gegen eine unsichtbare Seuche, so ansteckend und so rätselhaft wie die Pest. Der verfluchte Adel! Selbst jetzt noch, da der Bürgerkrieg längst beendet war, berichteten ihm seine Spione, daß erneut Zusammenkünfte zwischen seinem Bruder und dem Duc de Bourgogne stattfänden. Daß sich Boten vom Hof in Dijon unauffällig gekleidet zu dem alten Narren in Tarascon begaben.

Etwas unterdrücken und dann zusehen müssen, wie es sich einer Hydra gleich, mit unaufhörlich nachwachsenden Köpfen, wieder aus seinem Grab erhob. Der Duc de Bourgogne und Nicolas, der dreiste dreiundzwanzigjährige Grünschnabel, den man Duc de Lorraine nannte. Daß sie es wagten! Er fragte sich, ob er sie nicht alle vergiften müsse.

Die Sache mit England hatte das Vorspiel geliefert. Es war ein großartiger Plan gewesen, dachte Louis, als das zerrissene Pergament in den Flammen knisterte. Einer seiner besten. Die Hochzeit, die zwischen Warwicks bleichgesichtiger Tochter und dem Sohn der Furie aus dem Hause Anjou endlich feierlich vollzogen wurde. Es hieß, daß der junge Mann ein Bastard sei. Louis, für den die Geburt seines eigenen Vaters auch in einem ewigen Halbdunkel aus Geflüster und Gekicher lag, sah dieses Kind als eine nützliche Schachfigur in dem Plan, den verrückten Henry unter Warwicks Kandare auf den englischen Thron zurückzubringen. Die Flotte, bereit zur Invasion: gute, ausgesuchte Männer und die besten, schnellsten Schiffe. Und am Ende – Demütigung und Niederlage. Warwick und der Jüngling tot auf dem Schlachtfeld, der verrückte König im Tower erdrosselt, die rasende Frau mit gespaltenem Bewußtsein eingekerkert. Und der ewig betrunkene Säufer auf dem englischen Thron. Liebster Cousin. Edward of York und Charles de Bourgogne, liebende Schwäger, die sich mit juwelenbesetzten Königspokalen ewige Treue gelobten — und sich über ihn lustig machten.

Louis hatte Burgund als von der französischen Krone annektiert erklärt, da er auf Warwicks Versprechen baute, die englische Armee würde ihm zu Hilfe segeln, sobald sie in England ihre eigene Aufgabe erledigt hätte. Doch keine Armee kam. Es gab nur eine Armee von Gespenstern, denn man hatte sie mitsamt Warwick im lieblichen englischen Frühling hingemetzelt. Und nun wollte das wahnsinnige Untier seine Rache.

Die weißen Hände knüpften und zitterten und suchten nach etwas, was sie noch vernichten könnten. Sie stießen auf einen anderen Brief, der erst am Nachmittag gebracht worden war. Ein schwacher, unbestimmter Duft stieg von ihm auf. Er war in einem elegantem Latein, in einer besonders schönen Kursivschrift geschrieben. Er hätte wohl ein Liebesgedicht sein können, wäre er nicht einem getarnten Kurier entrissen worden, der nicht einmal in den Eingeweiden von Loches reden wollte. Jener unzerstörbare Teufel, eine Gestalt wie aus einem Albtraum, den man in Stücke reißen konnte und der doch, wie Dionysos, wieder zusammenwuchs und heil war und ihn verspottete.

Er ging zum Fenster. Mit zuckenden Fingern zog er die Vorhänge zurück und legte einen nackten Himmel bloß, den die Morgendämmerung noch nicht ganz bedeckte. Er wölbte sich schwarzglänzend, gefleckt mit den Bildern der Wintersterne. Im Norden hing der Bär wie eine böse Sense, die vierzigtausend Mann starke feindliche Truppen begünstigte.

»Ich denke, Philippe, es ist an der Zeit, mir etwas über die Geheimnisse Eures früheren Herrn zu offenbaren.« Der Brief brannte in seinen Händen. »Wir haben früher schon gegen Burgund gekämpft«, sagte Louis beherrscht. »Wir werden noch mehr Männer verlieren und noch mehr Städte. Dann wird es dem Duc de Bourgogne, wie gewöhnlich, langweilig werden, und er wird um Frieden nachsuchen und sich ein anderes Gebiet aus dem Besitz des Kaisers nehmen. Dieser ewige sinnlose Kampf mit einem Wahnsinnigen! Ach, Philippe.« Er seufzte. »Es sieht so aus, als könnte ich ihn auf dem Schlachtfeld nicht vernichten. Doch ich kann seine Verbündeten herausbrechen, einen nach dem anderen. Ich denke an die Zukunft, an meinen großen Plan. Ich kann ihn durch schmutzige Reden besiegen. Ich habe schon andere durch Klatsch und Gerüchte und Andeutungen geschlagen. Niemand ist immun. Ihr habt die Gabe, Schmutz aufzuspüren, Philippe. Erzählt mir etwas!« Die Stimme schmeichelte und glitzerte wie eine Blase auf den vorgestülpten Lippen. »Ich habe diese Waffen dringend nötig, Philippe. Seht Ihr, es gibt weitere ungünstige Nachrichten. Ich habe es Euch noch nicht erzählt. Ich habe einen äußerst gefährlichen Brief abgefangen. Und deshalb muß ich rasch etwas finden, etwas, mit dem ich ihn vor aller Augen bloßstellen kann.«

Philippe de Commynes überflog das Pergament. Darin versicherte der König von Sizilien den Duc de Bourgogne seiner Freundschaft und bot ihm für die Heirat von Marie de Bourgogne mit Nicolas de Lorraine ein Gegengeschenk an: die Provence als Erbe.

»Ach, Euer Gnaden«, sagte der Sekretär mit schmerzlichem Blick. »Das ist Verrat. Wenn wir im Krieg sind.«

»Nicht eigentlich Verrat, Philippe. Mein Onkel kann seine Provence geben, wem er will. Sie ist kaiserliches Lehen. Aber Ihr kennt nun das Problem, mit dem ich fertig werden muß. Savoyen ist schon mit burgundischen Truppen vollgestopft. Ich befürchte, daß der Löwe von Burgund, wenn er es leid ist, meine Städte an der Somme niederzubrennen, sein Auge auf Savoyen werfen könnte. Und westlich davon liegt die Provence. Wenn Lothringen und Burgund durch Heirat vereinigt sind: Nun, das ist schon ein großes Stück von Europa, Philippe. Ich muß meinen Onkel davon überzeugen, daß ich ein passenderer Erbe bin als der verrückte Charles de Bourgogne.

Ganz vorsichtig. Ich möchte natürlich dem König von Sizilien nicht schaden. Es wird doch etwas geben, Philippe. Eine Geschichte, welche die ganze Christenheit schockieren würde, die wir dem Kaiser und dem Papst weitergeben können. Etwas, was auch mein Onkel nicht gutheißen könnte. Erzählt mir, daß er kleine Kinder mordet, wie Gilles de Rais. Oder daß er die Comtesse de Vaudémont vergewaltigt hat. Oder daß er das Kreuz anspuckt. Irgend etwas, Philippe.«

Der Sekretär hüstelte unbehaglich. Er hatte in den Küchen etwas gehört, was ihm Angst machte. Diese Nacht strömte einen bösen Geruch aus.

»Ich fürchte«, sagte Philippe de Commynes, »wir müssen eine Geschichte erfinden, Euer Gnaden. Er ist ein untadeliger Mann. Der Vater des Herzogs hatte dreiunddreißig Mätressen und hat sechsundzwanzig Bastarde gezeugt. Charles de Bourgogne hat keine. Er soll seine Frau respektieren, obschon er sie niemals besucht; und die Gesetze der Heiligen Kirche befolgt er wohl auch. Es gibt nichts. Er hat Freude am Töten, aber nur im Krieg. Natürlich existieren die üblichen Geschichten von hübschen, jungen Pagen. Doch ich glaube, man hat sie aus Gehässigkeit erfunden. Er soll ein keuscher Mann sein.«

»Er soll, er soll«, ahmte Louis ihn ärgerlich nach. »Kommt, kommt, Philippe. Es gibt keinen keuschen Herrscher im ganzen christlichen Abendland. Selbst der Papst ist nicht keusch. Auch ich bin nicht keusch. Das ist nur eine Angelegenheit von Maß und Umsicht.«

»Euer Gnaden«, flüsterte Philippe de Commynes, »es gibt da etwas, worüber ich mit Euch sprechen muß. Man hat mir heute abend in den Küchen etwas erzählt.«

Louis unterdrückte ein jähes Gefühl des Ekels. Ihm war, als habe er einen Stein angehoben und dabei etwas Schleimiges berührt.

»Die Diener«, fuhr der Sekretär fort. »Ihr wißt, wie sie flüstern, wenn der Mond neu ist, Euer Gnaden. Sie sagen . . .«, begann er, hüstelte und schwieg dann.

»Ja, Philippe. Was sagen sie?«

»Daß es ein Omen gibt. Irgendein Zeichen am Himmel, das für den König Böses bedeutet.«

Von Louis kam ein Geräusch; er schien etwas ausspucken zu wollen. Er erhob sich mit finsterem Gesicht.

»Ich will kein leichtfertiges Geschwätz hören, Philippe«, sagte er. »Ich möchte nutzbringende Gerüchte, die eine gewisse Grundlage haben, die wir verdrehen und dann verbreiten können. Ich habe es Euch schon gesagt. Ich wünsche kein Gerede über Omen, Zaubereien und Verwünschungen.«

»Aber, Euer Gnaden«, sagte der Sekretär.

»Meine Feinde«, setzte Louis geduldig hinzu, »sind durchaus greifbar. Sie führen Armeen aus Fleisch und Blut an. Das Haus Anjou und das Haus Burgund. Sie sind keine Gespenstergestalten und auch keine Zeichen vom Himmel. Narr!« stieß er hervor, »wozu habe ich Euch nur gekauft?«

»Ihr kennt Eure Feinde noch nicht, Euer Gnaden.« Er versuchte, dem wütenden Blick seines Gebieters standzuhalten. Weiße Finger schlangen sich um seinen Hals.

»Vom wem sprecht Ihr?« fuhr Louis ihn an. »Wen deckt Ihr?«

Ein gurgelndes Geräusch kam aus dem Mund des Sekretärs. Er versuchte, sich von den umklammernden Fingern zu befreien.

»Es ist Euer Volk, Euer Gnaden. Begreift Ihr nicht? Diese Dienstboten sprachen von einem Omen, einem Zeichen. Ja, das ist dummes Geschwätz. Aber sie sagten auch, Euer Gnaden: Wir wollen dafür beten, daß dieses Omen wahr wird. Sie beten um Euren Tod, Euer Gnaden. Euer französisches Volk. Undankbar, wo Ihr doch so viel getan habt. Es ist ein leichtes für den Duc de Bourgogne, sie zur Rebellion gegen Euch aufzustacheln.«

Der König von Frankreich ließ seinen Diener so abrupt los, daß er gegen die Wand flog. Er schleuderte das verletzende Pergament ins Feuer, ging mit großen Schritten zum Fenster und schaute nach Westen, wo die Sterne vor dem schwarzen Himmelsgewölbe so unverschämt blitzten. Dort war er, vor dem Hellwerden gerade noch sichtbar: der Komet.

Das brennende Pergament erfüllte nun den Raum mit seinem Duft. Er erkannte jetzt, was sich ihm zuvor entzogen hatte. Durch den langen Tunnel seiner Jahre als König zurück: bis nach Burgund, wo er sich verbarg und auf den Tod seines Vaters wartete. Er hatte den jungen Comte de Charolais am Hof Philippe le Bons getroffen. Sie waren schon damals voreinander zurückgeschreckt, vielleicht, weil jeder sich in den Augen des anderen wie in einem verschatteten Zerrspiegel erblickte. Ein überheblicher, hübscher junger Mann, mit lebhafter Gesichtsfarbe und einer schweren Mähne schwarzer Haare. Ein straffer Körper mit kräftigen Muskeln, die sich unter kostbarer Seide spannten. Ein eitler Mann, der heftig und unablässig mit seinem Vater und seinen Freunden kämpfte. Und über allem lag ein koketter Hauch von Jasminwasser, dessen durchdringender Duft ihn bei jeder Bewegung wie ein Schleier umwehte.

Louis dachte an Lüttich und an das Haus, in dem er als Gefangener gewesen war. Er erinnerte sich an den Geruch der Pferde, an den Gestank von saurem Wein und dem Erbrochenen von betrunkenen Soldaten, an die ordinären Parfums der Weiber im Heerlager. An das dunkle Gesicht des Herzogs und an das Parfum, das er trug: Doch diesmal war es kein Jasminduft, der an weiße Bräute denken ließ. Der Rauch von der Feuerstelle brannte in seinen Augen, als er zu dem Vorzeichen am Himmel emporblickte, und hätte ihn fast zum Weinen gebracht. Rosen, Rosen.

***

... Meine Priester sagen mir, Monsieur, daß ich ein Mann bin, der von weltlichen Dingen besessen ist. Gewalt, so warnen sie mich, ist nicht der Weg zum Heil. Obwohl ich ihnen dann entgegne, daß Gewalt ein beliebtes Mittel auch der

Heiligen Kirche ist, flüstern und murmeln sie weiter von Unserem Herrn, der von Gott uneingeschränkte Macht besaß, sie aber selbst gegen seine Feinde nicht einsetzen wollte. Sie runzeln die Stirn und schütteln den Kopf und sagen mir, daß ich ein Mann sei, der keinen Sinn für das Geistige habe.

Manche meiner Untertanen haben erklärt, daß ich ein farbloser Mann ohne Vorstellungskraft sei: ein Mann ohne Seele. Die Mutigeren unter ihnen sagen das sogar noch in Loches. Manche, die im Sterben liegen, reden so, wie es ihnen ums Herz ist, andere betteln auch dann immer noch um Gnade, indem sie mir schmeicheln. Doch ich wäre enttäuscht, wenn auch Ihr diese Dinge von mir glaubtet. Schließlich habt auch Ihr Gewalt angewendet und Euch anderer rücksichtslos bedient. Ich bin ein mißverstandener Mann, ein verkannter König. Ich bin mehr als eine graue, seelenlose Kreatur. Ich sehe die Schönheit wohl und auch die Wunder der Natur. Sicherlich bin ich nicht wie mein Onkel. Ich bete die Natur nicht an. Gott, so hat uns die Heilige Kirche gelehrt, ist im Himmel zu finden, nicht auf der Erde; und auch nicht, wie mein Onkel annimmt, im Menschen. Und doch bin ich ein Mann, der sich der Geheimnisse der Erde bewußt ist. In den Jahren meiner Herrschaft habe ich einen tiefen Respekt vor den Arkana der Natur entwickelt. Und ich habe sie zu benutzen gelernt, denn ich bin ein praktischer Mann.

Denkt an die Wunder des Mineral- und Pflanzenreichs. An alles, was die fruchtbare Erde dem undankbaren Menschen klaglos schenkt. Nahrung, seinen Bauch zu füllen, und Holz und Steine, seine Häuser zu bauen. Gold für seine Truhen und für Schmuck, kostbare Steine, seine Augen zu blenden. Das klare Wasser von Quellen und Flüssen und die unendliche Duftvielfalt der Blumen. Denkt an den Reichtum des grünen Lebens. Nein, ich spreche nicht von der Fülle der bunten Blumen, die manche schön finden. Rosen, Monsieur, waren für mich immer gewöhnlich und schamlos, wie eine lüsterne Frau. Doch die zarteren Pflänzchen. Die kleinen, die sich in Feld und Wald verbergen. Die übersehen werden. Die das Geschenk des Todes in sich tragen.

Belladonna, Monsieur. Schöne Dame: der tödliche Nachtschatten, der Schlaf schenkt. Ein Gift, das, nimmt man es unwissentlich, Wahnsinn und Bewußtlosigkeit bringt. In den geschickten Händen eines Heilers aber beseitigt es Albträume. Ich muß es wissen. In den letzten Jahren war mir der Schlaf kein großzügiger Freund. Aber Belladonna streckte, wie die Jungfrau Maria, ihre huldvolle Hand aus und hat sich für mich verwendet. Es ist schließlich eines Königs nicht würdig, in der Nacht schreiend aufzuwachen.

Der gemeine Fingerhut. Digitalis: eine Blüte wie ein zierlicher Frauenschuh. Beherrscht, so erzählen es mir meine Ärzte, von der Venus, dem Planeten der Schönheit und der sinnlichen Liebe. Eine Wunderblume, die einen schwachen Mann ins Leben zurückbringen kann, indem sie in sein Herz und sein Blut Feuer gießt. Aber auch ein Herold mit Fanfare, der bewirken kann, daß das Herz rast und hämmert wie ein angstvoller Läufer, schneller und immer schneller, bis die Augen versagen und die Welt zu wirbeln beginnt und schwarz wird, bis den Mann etwas trifft, das jeder kundige Arzt als Schlaganfall bezeichnen würde.

Die Natur birgt auch geheime Mineralien, Monsieur. Arsenicum album: das weiße Pulver, das reinigt und zerstört. Ich habe das sanfte weiße Pulver mit den Jahren lieben gelernt. Beherrscht von Saturn, dem Herrn über Schwermut und Schicksal, ist es für den Uneingeweihten ein verhängnisvoller Trank. Winzige Prisen, aufgelöst in einem Becher Wein. Und siehe da: Schon ist da jenes Darmleiden, das jeder erfahrene Arzt Ruhr nennen würde, der Fluch des Soldaten im Felde. Und manchmal kommt zu dem Erbrechen und den sich leicht entleerenden Gedärmen noch hinzu, daß das Haar grau und spröde wird und ausfällt und daß die Fingernägel an den Händen verfaulen. Es heißt, daß Arsenicum album mit hellblauer Flamme verbrennt, Monsieur. Wenn man die Fingernägel eines Toten nimmt und sie ins Feuer wirft, dann soll sich Arsenicum album durch die blauleuchtende Flamme verraten. Niemand dachte natürlich daran, die Fingernägel meiner ersten Frau zu verbrennen. Oder die von Agnès

Sorel – selbst dann nicht, als ihre kupfernen Locken in Büscheln ausgingen. Oder die von Jehan d'Anjou, der in Aragons rotem Staub begraben wurde ... Oder die von Ferri de Vaudémont, diesem edlen Dummkopf, der ritterlich die Frucht des Acheron aß und ein wertloses Leben für ein kraftloses gab.

Ich will Euch ein Geheimnis verraten, Monsieur. Es ist ein königliches Geheimnis und keines, das ich mit einem gewöhnlichen Mann teilen würde. Doch eines Tages werden wir uns in Loches besser kennenlernen. Ich weiß, daß Ihr den Wunsch haben werdet, mich so wahrzunehmen, wie ich wirklich bin, und nicht nur die graue, seelenlose Kreatur sehen wollt, die ich angeblich sein soll.

Lange habe ich befürchtet, jenes Geschlecht Anjou, Eure Diener, könnten eines Tages einen Fingernagel verbrennen und bemerken, wie sehr ich mit der Zeit die Gaben der Natur schätzen gelernt hatte. Ich glaubte, einer von ihnen würde mich aufspüren und Vergeltung üben. Es ist ja nicht schwer, einen König zu töten. Und man sagt, Monsieur, daß Giftmörder wie Heiler vom Skorpion beherrscht werden. Ich, der ich die althergebrachte Kunst pflege, hatte in meiner Geburtsstunde den Skorpion als Aszendenten. Doch auch bei meinem Onkel war es so. Und der Wahnsinnige von Burgund wurde geboren, als der Große und der Kleine Bär aufstiegen. Ihr seht also, Monsieur, ich wurde unruhig. Ich mußte mich schützen. Ich freundete mich mit Arsenicum album an. Winzige Mengen, nach und nach über Jahre eingenommen, machen gegen die Mörderhand eines anderen immun. Natürlich habe ich für meinen Schutz einen kleinen Preis zahlen müssen. Ich leide nun unter Darmbeschwerden, und neuerdings unter diesen verfluchten Hämorrhoiden. Vielleicht ist diese neue rätselhafte Krankheit auch ein Preis, den ich für die Gabe von Arsenicum album zahlen muß. Aber ich bin noch am Leben, Monsieur; und wie mir mein Sekretär einmal offenbarte, haben viele Menschen meinen Tod gewünscht. Niemand ist es geglückt, mich zu vergiften. Und mein Onkel: Nun, er war ein zu großer Feigling, um es auch nur zu versuchen.

Ihr werdet Euch sicher an das Jahr erinnern, als der Komet kam. An jenen rauhen, kalten Winter mit heulenden Winden und schrecklichem Eisregen. Alle Astrologen murmelten und wiegten die Köpfe und sprachen von einer Gefahr für den König. Und ich hatte tatsächlich Angst vor dem Wahnsinnigen von Burgund und vor meinem eigenen Bruder, die mit dem Duc de Bretagne ein Mordkomplott gegen mich schmiedeten. Und vor dem jungen Dummkopf Nicolas d'Anjou, der glaubte, die Hand der Erbin von Burgund zu bekommen, und in der Picardie zehntausend Mann gegen mich führte. Es war ein übler Winter, Monsieur, und der Frühling war noch erbärmlicher. Belagerungen und Plünderungen und die Zerstörung meiner Städte an der Somme. Ich verlor in jenem Winter viele Männer und war krank vor Kälte und Furcht. Könnt Ihr mir Vorwürfe machen, weil ich das Omen des Kometen Lügen strafen wollte? Könnt Ihr mich dafür geißeln, daß ich mich meinen freundlichen Kräutern und Pulvern zugewendet habe, die wahre Verbündete waren? Was kann ein König sonst tun, wenn er aus Ost und West und Nord bedroht wird, nachdem er sich so lange für sein Königreich abgemüht hat?

Es war ganz leicht, meinen Bruder mit den geheimen Gaben der Natur bekannt zu machen. Er hatte sich schon mit den Pocken infiziert und wäre daran irgendwann gestorben, wenn es vielleicht auch Jahre gedauert hätte. Doch was hat es schon zu sagen, wenn das Erbrechen etwas schlimmer wird, wenn ein paar Haarbüschel mehr ausfallen und ein paar Fingernägel mehr verfaulen, wenn der Körper sowieso bereits verfault ist und stinkt? Ihr hättet lachen müssen, Monsieur, würdet Ihr das Gesicht des Duc de Bretagne gesehen haben, als ich ihm die traurige Neuigkeit erzählte. Wie schnell wechseln Männer ihren Treueid, wenn sie feststellen, daß sie ihren Feind unterschätzt haben. So war denn endlich Frieden in der Bretagne. Mein Bruder war mir immer gleichgültig, Monsieur. Außerdem hat mein Vater ihn anfangs geliebt.

Der Löwe von Burgund entwischte meinen Kräutern. Natürlich habe ich es versucht. Nicht nur einmal, sondern immer wie-

der. Er war ein mißtrauischer Mann. Noch mißtrauischer als ich. Von mir heißt es, daß ich sogar in einer vorüberziehenden Wolke Feinde sehe. Vielleicht kannte er Arsenicum album schon und hatte sich unter seinen Schutz begeben. Vielleicht bestach er meine Spione, bevor sie zuschlagen konnten. In jenen Tagen war er jedenfalls unzerstörbar. Ich will Euch gestehen, daß ich mich fürchtete. Könnt Ihr mir vorwerfen, daß ich mir eine Schachfigur suchte, als ich diesem selbsternannten König nicht Schach bieten konnte? Könnt Ihr mich dafür verurteilen, daß ich gegen seine Verbündeten vorging, wo ich dem Mann selbst nichts anhaben konnte? Viele Schachpartien, Monsieur, sind schon wegen eines fehlenden Bauern verlorengegangen. Außerdem wurmte mich die geplante Heirat. Der Gedanke, daß Burgund und Lothringen sich vereinigen könnten, kostete mich schlaflose Nächte, wo doch der Schlaf sowieso schon so kostbar war.

Und dann diese Tragödie, der plötzliche Tod in Lothringen. Erst vierundzwanzig Jahre alt und am Vorabend einer so goldenen Heirat. Kaum drei Jahre Herzog. Es ist so traurig, Monsieur, wenn die Jungen sterben. Doch der Tod macht keinen Unterschied. Und es heißt, daß das Haus von Anjou schon immer verflucht war. Die kundigen Ärzte nannten es einen Schlaganfall. Ein Leiden, das man bei einem so jungen Menschen nicht vermutet. Die Geißel der Alten und der Säufer. Aber Nicolas d'Anjou war bekannt dafür, daß er nicht enthaltsam war. Und nach dem langen Feldzug gegen meine Truppen in der Picardie war er erschöpft und ausgelaugt.

Ihr seht also: Ich bin nicht nur ein grauer, seelenloser Mann. Ich bin kein geiziger Steuereintreiber, wie Philippe le Bon mich einst nannte. Auch nicht nur eine Spinne, die Netze knüpft, wie mein Onkel zu sagen pflegte. Und auch nicht die verschlagene, aus trübem Schleim hervorkriechende Kreatur, wie Charles de Bourgogne von mir behauptete. Diese Männer, die mich so sehr mißverstanden haben, sind alle tot. Ich lebe. Ich bin der König. Auch ich bin auf meine Art ein Magier. Ich forme Talismane aus den Früchten der Erde. Ich gebe zu, daß ich zuweilen an Philippe le

Bels rätselhaften Tod denke. Aber welcher lebende Mann besitzt den Mut oder die Klugheit, mich zu vergiften?

Ich freue mich schon auf die Zeit, da ich mein Wissen über die Natur mit Euch teilen kann. Ihr seid kein gewöhnlicher Mann. Ich weiß, Ihr werdet ihre Feinheiten zu schätzen wissen. Da gibt es Pflanzen, die einen Mann dazu bringen können, die Wahrheit zu sagen. Es gibt Pilze, die Wahnsinn und furchtbare Visionen hervorrufen, so daß man sich im Irrsinn selbst auslöscht. Es gibt Früchte, die einen Mann schwächen und abstumpfen lassen und ihn zu einem gefühllosen Diener machen. Es gibt Beeren, die Gelüste wecken, so daß der Mensch sich in ein Tier verwandelt, das sogar nach den Körpern der Toten giert. Es gibt so viele Schätze im geheimen Wissen, die ich Euch in Loches zeigen kann, Monsieur. Ich möchte dafür nur ein einfaches und unbedeutendes Gegengeschenk: Euren Namen. Eure Identität . . .

★★★

Über die seidige Haut des Wandteppichs schwang der Engel, verblichen, aber ungerührt, seine Sichel und seine Weintrauben. Durch Schlitze, die eine unbedachte Hand geschnitten hatte, zogen sich Stränge der Erinnerung. Louis bemerkte, daß seine Finger von unerklärlichem Zittern erfaßt wurden. Die Reise von Tours hatte ihn erschöpft. Sein Wein schwappte ungeschickt auf die Tischplatte, dort, wo er einst einen Zwerg und zwei halbnackte Türken beobachtet hatte. Die fünf Schilde oben an den Wänden hatten einen sechsten hinzubekommen: Zu Anjou und Lothringen, Bar, Neapel-Sizilien und Jerusalem gesellten sich nun die purpurnen Streifen von Aragon. Sie umringten ihn, als schauten sie ihn wie gefühllose Ankläger an. Die Sonne, die honigfarben durch die engen Fenster schien, traf vielleicht schon Vorbereitungen für ein plötzliches Blutvergießen. Hätte er etwas von Talismanen gewußt, so würde Louis die Geduld des Engels und den unvermindert sanften Schimmer der Trauben wohl erkannt haben. Doch er war mit wichtigeren Angelegenheiten beschäftigt: mit den unerwarteten politischen Komplikationen, die hier aufgetaucht waren, seit der junge Duc de Lorraine vor zwei Monaten gestorben war.

Er hatte die Frau für unbedeutend gehalten. Er hatte seine Fäden fehlerlos geknüpft und nichts übersehen. Es war ein brillanter Plan gewesen. Und ein dringlicher, denn Burgund wuchs und breitete sich aus und schien unzerstörbar. Und doch war sie ihm ausgewichen, hatte seine Fäden zerschnitten und sein Netz verdorben.

Hätte das kaiserliche Herzogtum Lothringen eine vernünftige Verfassung gehabt, wäre das Problem schon lange vorher gelöst worden. Da es ohne männlichen Erben war, der die Herzogswürde übernehmen könnte, und die burgundische Armee damit beschäftigt, Geldern zu erobern, hätten französische Truppen ungestraft dort eindringen können. Doch Lothringen hielt sich nicht an das Salische Gesetz. Dieses Herzogtum konnte auf eine Frau übergehen. Es gab nur eine Frau, welche die Erbschaft antreten konnte. Louis hatte vorsorglich großzügige Bestechungsgelder verteilt. Diese Männer wußten nun, daß der Löwe von Burgund kein mildtätiger Verbündeter war, sondern ein rücksichtsloser Tyrann, der drauf und dran war, ihre Ländereien zu verschlingen. Sie hatten doch gesehen, wie er mit Geldern verfahren war: Er hatte geplündert und gemordet und den Herzog eingesperrt.

Selbstzufrieden und vergnügt hatte Louis in Tours auf den zwangsläufigen Ausgang der Beratungen gewartet. Sie würden es nicht wagen, sich in die Hände einer unfähigen Witwe zu geben. Sie würden sich dem freundlichen König von Frankreich zuwenden, der huldvoll seine mächtige Hand bot. Welche Hoffnung blieb ihnen noch, wo der Wahnsinnige an beiden Grenzen bedrohlich näherrückte und ihr letzter Anjou-Herzog durch einen zu frühen Schlaganfall so tragisch dahingerafft worden war?

Doch sie hatten nur sein Gold geschluckt und Lothringen

trotzdem der Comtesse de Vaudémont angetragen. Diese undurchschaubare Frau war vor dem Wandteppich halb in Schatten gehüllt, während er unbehaglich und schwitzend in der Sommersonne saß, die durch die Scheiben schien. Das in seiner Herbheit schöne, alt gewordene Gesicht lächelte ihn jetzt gelassen an, als sie ihm erneut Wein anbot.

Er war empört. Er hatte den Boten, der die Kunde nach Tours brachte, fast erdrosselt und seinem Sekretär durch die Gewalt seines Schlages beinahe die Wange geteilt. Philippe hatte jedoch darauf hingewiesen, daß eine Frau leicht im Zaume zu halten sei. Hatte er es nicht fertiggebracht, den Willen der Hure, die sein Weib war, zu brechen? Sie war nun wieder sanftmütig, wie sie es zu Beginn gewesen war. Und schließlich, so hatte der Sekretär geflüstert, war diese Frau nicht wie ihre hitzige Schwester, die in einem englischen Gefängnis verrottete und mit einer ekelerregenden Krankheit geschlagen war. Diese Frau, so Philippe de Commynes, war eine ängstliche Kreatur. War von der Art, die heulte und jammerte und hinter einem Stärkeren Schutz suchte. Von der Art, deren Körper ständig die Haltung einer reumütigen Büßerin hatte und die unablässig gute Werke zum Heil ihrer Seele vollbrachte. Eine alternde Witwe, die seit dem Tod ihres Gatten in Trauerkleidung zurückgezogen wie eine Nonne lebte. Formbar. Ungeschult in politischen Winkelzügen. Lenkt diese Frau nur, hatte Philippe de Commynes gesagt. Ein bloßer Hinweis auf das, was Charles de Bourgogne dem Duc de Gueldres angetan hatte, würde schon genügen. Nur ein Gewisper über französische Truppen an der Westgrenze. Sie würde Angst haben, hatte sein Sekretär ihm versichert. Sie würde hastig nach Hilfe greifen.

Mit Lothringen in Euren Händen, hatte Philippe de Commynes gemurmelt, braucht Ihr Burgund nicht zu fürchten. Und die Angelegenheit Provence wäre auch gelöst. Der König von Sizilien hatte Louis' Boten nur mit vagen, rätselhaften Antworten abgespeist. Nun, sagte der Sekretär, wenn Ihr

Lothringen und seine Tochter in der Hand habt, wird der alte Mann es nicht wagen, sich Euch entgegenzustellen. Er wird Euch die Provence geben. Dann werdet Ihr beides haben. Denn von der Provence aus könnt Ihr Savoyen nehmen. Und Charles de Bourgogne wird in der Mitte festgenagelt sein, wie ein Insekt an der Wand.

Doch sie war ausgewichen. Die ausgebreiteten Flügel des Engels hinter ihr schienen durch eine Täuschung des honigfarbenen Sonnenlichts zu ihrem Kopf zu gehören. Hörner waren aus den schwarzen Locken gewachsen oder eine seltsame Federkrone. Louis war zufrieden und beruhigt nach Nancy geritten, er hatte der Begegnung beinahe freudig entgegengesehen. Und während er dahinritt, hatte diese Frau das Herzogtum stillschweigend an ihren Sohn abgetreten. Ferri de Vaudémonts Sohn. Er war ein junger Mann von etwa zwanzig Jahren. Louis hatte ihn zuvor nie gesehen. Ein neuer und unberechenbarer Duc de Lorraine. Etwas an den Schilden, die oben an den Wänden glänzten, beunruhigte ihn. Es kam ihm vor, als gäben sie sich insgeheim Zeichen oder als wären sie mit einem unsichtbaren Band verbunden und hielten ihn in ihrer Mitte gefangen. Dieses verfluchte Schloß inspirierte zu lauter Phantasien. Allzu viele Erinnerungen schlängelten sich durch die Öffnungen zwischen den Händen des Engels. Erinnerungen an einen Zwerg, der ihn mit Blut getauft und ihn um das Opfer gebracht hatte, das er sich am sehnlichsten wünschte. An die schwere Süße zerquetschter Narzissen auf einer Hochzeit, als eine dunkle Braut einen Blick auf ihn gerichtet hatte, der von der Frucht schon probiert zu haben schien.

Er hatte einen Diener mitgebracht, der Wein und Essen vorkostete, und eine große Kompanie Gardesoldaten. Das war eine übliche Vorsichtsmaßnahme. Doch er war sicher, daß sie keinerlei Verdacht gegen ihn hegte. Sie war zu weich. Ihr Willkommen hatte übertrieben geschmeichelt: viele Hofknickse und nette Worte, und dazu hatte sie die weißen Augenlider seltsam kokett niedergeschlagen. Er hatte ihre Augen nicht sehen können. Der Sohn, den er noch nicht kannte, war nicht erschienen.

Louis versteckte seine Hände unter dem Tisch. Sie hatte die unangenehme Angewohnheit, seine Finger zu beobachten.

»Wo ist Euer Sohn?« fragte er knapp. »Ich dachte, er würde hier sein, mich zu begrüßen.«

»Mein Sohn«, sagte Yolande mit merkwürdig singender Stimme. Es war ihm schon in den Sinn gekommen, sie könnte ein bißchen verrückt sein. Irgend etwas lag um diese lächelnden Lippen und in ihren verschleierten Augen. »Mein Sohn ist hier, Euer Gnaden. Er war in Vaudemont und hat seine Gemahlin besucht. Aber er ist zurück. Er ist gleich zu seinem Bären gegangen und kümmert sich um ihn.«

Louis glaubte, er habe sich verhört. Doch dann erinnerte er sich an den Pavian.

»Ich habe nicht viel Zeit«, bellte er. »Es gibt wichtige Dinge zu besprechen. Er ist zu jung und zu unerfahren, um die Macht Burgund herauszufordern.«

»Jung«, sagte sie. Es begann ihn zu reizen, daß sie seine Worte wiederholte. »Ja. Vielleicht. Und doch alt, Euer Gnaden. Sehr alt. Wie ein uralter Baum oder ein weißer Stein.«

So verrückt wie ihr Vater. Es gab hier für ihn keine Zuflucht. Nur grelles Sonnenlicht und die raffinierte Bedrohung durch die Schilde und seine Erinnerungen. Einen Augenblick lang packte ihn Wut. Er hätte beide, die Frau und den alten Mann, mit einem Griff um ihren Hals erwürgen können.

»Vielleicht«, sagte Yolande, »möchtet Ihr den Bären sehen. Es ist ein wahres Wundertier, Euer Gnaden. Ihr müßt Euch den Bären anschauen. Danach werden wir das Problem Burgund besprechen.«

»Madame«, sagte er wütend. »Das ist eine grobe Unhöflichkeit. Ich habe die Beschwernisse der Reise von Tours auf mich genommen, um Euch zu helfen. Ich rate Euch, hört mir gut zu. Ich bin so großmütig gewesen, die Tatsache, daß Nicolas d'Anjou in der Picardie gegen mich gekämpft hat, zu übersehen. Er war jung und dumm. Bedauerlicherweise ist er nun tot. Es wäre unchristlich von mir, nicht zu vergeben. Ich bin bereit, Lothringen meine Unterstützung anzubieten. Ihr wißt so gut wie ich, daß der Duc de Bourgogne dieses Herzogtum will. Durch Heirat kann er es jetzt nicht mehr bekommen. Daher wird er es mit Gewalt nehmen. Ihr wißt, daß er kein Verbündeter ist. Er hat sich gegen Euch gewandt. Ihr und Euer Sohn müßt den Vertrag brechen, den Nicolas d'Anjou abgeschlossen hat, und die burgundischen Truppen vertreiben, die im Herzogtum überall ihre Garnisonen haben. Dann können wir die Städte mit französischen Truppen bemannen. Ihr seid in Gefahr, Madame. Ich bin Eure einzige Rettung.«

»Und wo ist der Unterschied, Euer Gnaden«, sagte Yolande, und ihre Augenlider senkten sich zitternd, »zwischen französischen Truppen und burgundischen? Dieses ganze Gerede über Truppen! Wir haben Frieden, hier in Lothringen. Es wird in diesem Jahr eine reiche Ernte geben. Es ist ein wunderbarer Sommer gewesen. Ich verstehe nicht, was Ihr eigentlich wollt.«

Ein unschuldiges Gesicht, das im Schatten lag und wie aus Stein gemeißelt schien. Eine undeutliche, beinahe singende Stimme. Eine undurchsichtige Frau. Er konnte nicht sagen, ob sie sehr dumm oder sehr klug war. Wäre sie ein Mann gewesen, hätte er wohl erkannt, was seine Hände zittern ließ. Aber eine Frau! Er sprach nun in einem Ton zu ihr, der jenen vorbehalten war, die Dinge nur schwer begreifen konnten.

»Madame«, sagte er geduldig, und seine Finger krallten sich unter dem Tisch ineinander. »Charles de Bourgogne will Lothringen annektieren. Lothringen trennt seine Gebiete in den Niederlanden vom Herzogtum Burgund. Der Duc de Bourgogne ist Euer Feind. Ich versuche, Euch zu helfen. Ich möchte mit Eurem Sohn sprechen. Ihr braucht Euch nicht vor mir zu fürchten. Ich bin Euer Freund.«

»Mein Feind«, sagte Yolande. »Mein Freund.« Ihre Lippen bogen sich zu einem Lächeln, das an eine lang vergessene

Befriedigung denken ließ. Sie neigte den Kopf, so daß Licht über ihr Gesicht strömte. Die schwarzen Augen begegneten den seinen zum ersten Mal. Er spürte einen jähen Stoß: so als habe man ihn in die Präsenz von etwas Mächtigem und möglicherweise Übelwollendem versetzt.

Der Blick erinnerte ihn an jemanden, an etwas. Er konnte ihn nicht einordnen. Sie wandte den Kopf ab und wich wieder in ihr Dunkel zurück. Nur eine alternde Witwe, abgestumpft und halb irrsinnig vor Gram.

»Mein Sohn ist im Hof«, sagte Yolande. »Bei seinem Bären. Schaut nur, wie die Sonne über den Himmel wandert, Euer Gnaden. Sie steht im Zeichen des Löwen. Er liebt es, Sonnenschein zu trinken. Die Sonne bringt alles an den Tag. Geht in den Hof. Ihr werdet ihn dort finden.«

Die Frau hatte ihn entlassen und zog sich nach innen in einen Traum zurück. Die Sonne knallte erbarmungslos auf das zerbröckelnde Gestein. Zuerst war er von der Helligkeit im Hof ganz geblendet. Die Farben und die Formen ganz gewöhnlicher Dinge lösten sich zu einem Dunst von weißen Splittern und Strahlen auf, die gegen die Türme der Porte de la Craffe stürzten. Schließlich nahm er eine Gestalt wahr, die sich wollüstig wie eine schläfrige Katze auf den weißen Steinen räkelte, die Brust entblößt, und das zottelige schwarze Tier wälzte und balgte sich mit ihm herum.

Das Gesicht war auf die Seite gedreht; Louis konnte die Augen nicht sehen. Die Sonne vergoldete seine Haare zu einem Heiligenschein. Er hatte einen Efeukranz nachlässig in die blonden Haare gewunden. Noch mehr von den glänzenden gezahnten Blättern flocht er gerade in den derben Pelz des Bären. Der König von Frankreich fühlte sich wie betäubt oder betrunken: Vielleicht war das intensive Licht daran schuld, oder der schwere Burgunderwein. Der Traum entrollte in unsäglich langsamem Tanz und tröpfelte wie Honig über seine Augen. Einen Moment lang erfaßte ihn panische Angst. Sie könnte, trotz des Vorkosters, den Wein vergiftet haben.

Doch es war nur die Hitze und die hämmernde Sonne und dieser bizarre arkadische Traum, der in ein Hirn hineinstürzte, das sich gewöhnlich mit Komplotten und Schlachtplänen beschäftigte. Nichts weiter als ein träger junger Mann, der mit einem halbzahmen Bären spielte.

Der Duc de Lorraine rollte sich auf den Rücken und legte einen Arm über die Augen, um sich vor der Sonne zu schützen. Er lächelte. Es war ein freundliches Lächeln mit ebenmäßigen weißen Zähnen, voller Unschuld. Er wirkte schrecklich jung, jünger als seine Jahre. Der riesige Bär wühlte und schnupperte herum wie ein Hund.

Louis bemerkte, daß er langsam auf dieses Traumbild zuging. Obwohl die Vernunft ihn warnte, zwang ihn ein gleichsam faszinierender Abscheu weiter. Er mußte diesem jungen Mann unbedingt in die Augen sehen. Der Bär schien auch unter einem Zauber zu stehen, denn er kroch umher, als sei er, wie Louis, verhext worden.

Plötzlich blieb das Tier reglos stehen und schnüffelte. Seine kleinen gelben Augen, die alt waren und hart und furchteinflößend, starrten den Eindringling an. Ein verbotenes Ritual war verletzt worden. Er stellte sich auf die Hinterbeine und fing an zu knurren. René de Vaudémont rollte sich, wie ein Schauspieler auf der Bühne, in einer seltsam stilisierten Bewegung herum, glitt auf die Füße, vergrub sein Gesicht im Pelz des Bären und legte dem Tier seinen nackten Arm um den Hals. Mit dem anderen Arm winkte er dem König beruhigend zu.

»Habt keine Angst«, sagte der junge Mann, und seine Stimme verlor sich zwischen Fell und Efeublättern. »Ich werde aufpassen, daß er Euch nichts tut.« Die Stimme war sanft, sie erreichte gerade noch den Rücken des zurückweichenden Königs.

Die Comtesse de Vaudémont saß noch immer träumend vor dem Wandteppich. Dem hellen Licht des Schloßhofs entronnen, kam es Louis so vor, als wäre sie ein Teil des Wandbehangs: eingewoben mit Fäden dunkelschattiger Seide.

»Madame«, sagte er laut, so als wolle er etwas vertreiben. »Was habt Ihr getan? So etwas habt Ihr also zum Duc de Lorraine gemacht! Warum habt Ihr mir nicht gesagt, daß Euer Sohn schwachsinnig ist?«

»Mein Sohn«, sagte die Frau seufzend. »Ja. Es ist wirklich schlimm mit meinem Sohn. Es ist Gottes Wille. Aber er hat eine ausgezeichnete Hand für Tiere, Euer Gnaden. Und ist der Bär nicht einfach wunderbar?«

Ein Schrei wollte sich seinen Lippen entreißen. Er trat um sich und wand sich in einem klebrigen Meer, kam voran und blieb doch immer auf derselben Stelle, wie ein in Bernstein eingeschlossenes Insekt.

»Wollt Ihr mich Euch helfen lassen oder nicht?« schrie Louis.

»Mir helfen? *Mir* helfen?« Langsam wandte sie ihm ihr Gesicht zu. In ihren Augen war keine Bosheit verborgen. Sie sogen und zerrten an ihm und zogen ihn in ein Traumdunkel. Um ihn breitete sich eine triste Wüste aus Einsamkeit und Verzweiflung aus. Er nahm wahr, daß die schwarzen Augen Spiegel waren, in denen sich seine eigene Verzweiflung und Einsamkeit zeigte. Er mußte eine plötzliche Übelkeit hinunterschlucken und begann, mit den Händen zu fuchteln.

»Also gut«, zischte der König von Frankreich. »Aber kommt nicht zu mir und bittet um Hilfe, wenn Charles de Bourgogne Euer Herzogtum nimmt. Euer Sohn ist schwachsinnig, dazu noch mit einem Krüppel verheiratet. Es wird für Lothringen keinen Erben geben. Es wird kein Lothringen mehr geben. Es wird ein burgundisches Spielzeug sein. Und wenn ich dann den Wahnsinnigen vernichtet habe«, krächzte er voller Genugtuung, »wird es französisch werden. Ihr seid hier ja alle verrückt.« Er atmete heftig und rang die Hände. »Ihr seid nicht besser als Euer Vater.«

Yolande begann zu lachen. Es war ein entsetzliches Geräusch. Ein grobes, schrilles Lachen: das kehlige Gelächter einer betrunkenen Schenkenhure.

»Aber, Euer Gnaden«, sagte sie. »Ihr versteht nicht. Die weißen Steine. Lothringen ist voll von weißen Steinen. Sie sind überall. Man muß aufpassen, daß man nicht auf sie tritt. Ich habe keine Angst vor Charles de Bourgogne. Er ist bloß aus Erde gemacht. Eines Tages wird er auf einen weißen Stein treten.« Wieder erklang das derbe Lachen und beschwor in seinem Hirn unwiderstehliche und schlüpfrige Bilder herauf. »Und außerdem: Die Wahnsinnigen erkennen einander stets, Euer Gnaden. Er ist nicht mein Feind. Wußtet Ihr das nicht, Euer Gnaden? Er ist seit acht Jahren mein Geliebter.«

★ ★ ★

... Gestattet mir, Monsieur, Euch über die Art und Weise zu informieren, wie ich Krieg führe. Ihr könnt mir nun entgegenhalten, daß es Krieg schon gibt, seit Kain seinen Bruder erschlug, und daß er sich außer in der Anzahl der Hingemetzelten und in den verschiedenen Todesarten nicht verändert hat. Ihr könnt mir sagen, daß jeder König seine Kriege nach Brauch und Sitte führt; daß Kriege für das Überleben der Königreiche eine tägliche Notwendigkeit sind. Doch Ihr müßt zugeben, daß ich in den Jahren meiner Herrschaft von den besten Soldaten des christlichen Abendlandes gehetzt worden bin, aber keiner mich gestürzt hat. Ich bin ein ungewöhnlicher König. Ich bin nie ein Monarch gewesen, der den Krieg um seiner selbst willen liebt. Geschichten von Rittern und Ritterlichkeit und ruhmvollem Tod mögen solche Relikte wie meinen Onkel in Entzücken versetzen. Ich aber, Monsieur, bin ein praktischer Mann.

Schlachten sind teuer. Sie kosten nicht nur Männer. Männer sind das wenigste. Als ich jünger war, das gebe ich zu, da liebte ich das Schlachtfeld. Ich konnte meinen dunklen Gefährten ungestraft von der Kette lassen, unter dem Banner scheinbarer Tapferkeit. Bei Montlhéry habe ich mit meinem eigenen Schwert siebzehn Männer getötet und fand darin eine größere Befriedigung, als sie mir eine Frau je gegeben hat. Doch ein Mann von fünfzig ist nicht mehr jung, Monsieur, und muß lernen, mit feineren Mitteln zu kämpfen. Ein König, der von einem unzerstörbaren Wahnsinnigen bedroht wird, kann sich einen Krieg, der sich über Jahre oder gar Jahrzehnte hinzieht, nicht leisten. Und besonders dann nicht, wenn dieser Wahnsinnige die Drahtpuppe eines anderen ist. Da gibt es feinere Formen des Kampfes, Monsieur. Formen, die Eure Diener übersahen. Ich werde Euch erzählen, wie ich Krieg führe.

Denkt an den Duc de Bourgogne. Vielleicht ist es Euch heute peinlich, jenen letzten fehlgeschlagenen Versuch zu betrachten. Doch in der Großmut meines Alters und mit der tröstlichen Erinnerung an seinen Tod kann ich jetzt gnädig sein und ihm Gerechtigkeit widerfahren lassen. Ich würde Euch gern berichten, wie ich ihn vernichtet habe. Er war zwar verrückt, aber doch ein geschickter Taktiker. Oder jene waren es, die unbemerkt im Hintergrund für ihn tätig waren; denn ich gestehe offen, daß die Erneuerung Lotharingias ein raffinierter Plan war und eine der schlimmsten Beleidigungen, die Eure Diener mir antun konnten. Ihr wußtet, daß ich den Löwen nicht auf dem Feld bezwingen konnte. Seine Armee war zu diszipliniert und er zu stark. So lernte ich, einen Krieg der Schatten zu führen. Einen Krieg der Gerüchte und Andeutungen und Verschwörungen. Einen eisigen Krieg, Monsieur, der nicht von dem erhitzten Blut brüllender Krieger und vom Geklirr der Waffen glühte. Einen Krieg, dessen Ausgang von etwas Winzigem abhing: Ich mußte die Gedanken meines Feindes kennenlernen. Ihr vergaßt Philippe de Bel, als Ihr Eure Diener gegen mich stelltet. Ihr vergaßt, daß ich von einem großen König die Kunst erlernte, eine vielköpfige Hydra zu vernichten, ohne dabei den kleinsten Tropfen meines eigenen Blutes zu vergießen.

Charles de Bourgogne war zum Bersten angefüllt mit seinen Träumen. Da war selbst Lotharingias Krone nicht genug. Er glaubte, daß es seine Bestimmung sei, den Rhein zu erobern. Und, eines Tages, die Kaiserkrone zu tragen. Solltet Ihr es vielleicht gewesen sein, Monsieur, der ihm diese Versuchung ins Ohr raunte? Wenn es so war, dann habt Ihr eine dumme Puppe ausge-

wählt, wie es so Eure Art ist. Ich hätte Euch warnen können. Männer, die von ihren Leidenschaften getrieben werden, sind undankbar, und am Ende verraten sie ihren Herrn.

Ich fing an, die Schweizer zu umwerben. Sie hatten Burgund schon immer gehaßt. Die Alleinherrschaft seiner Herzöge war eine ständige Bedrohung für ihr Gewirr von unabhängigen Handelsstädten. Ich ließ Gold in die Schweizer Städte fließen, Monsieur; und dankbare Spione, die vielsagende Gerüchte in die Welt setzten. Das war so einfach. Ich flüsterte ihnen nur ein, daß er vorhabe, sie zu erobern. Nicht lange, und sie wußten, daß der Löwe ihr Feind war. Noch bevor er selbst es wußte. Und sie waren so vergiftet durch mein Gold und meine Überredungskünste, daß sie ihn in seiner ungeschützten Flanke angriffen und seine Schlösser im Vaud besetzten.

Ihr habt Euch wohl für einen klugen Mann gehalten. Bestimmt habt Ihr bei dem Gedanken gelacht, Monsieur, wie Eure Diener mich übertölpeln und mir vormachen wollten, daß ich nur eine harmlose alte, vor Kummer halbverrückte Witwe und einen schwachsinnigen Dummkopf gesehen hatte, der sich, wie sein schwachsinniger Großvater, zu stummen Geschöpfen hingezogen fühlte. Vielleicht stelltet Ihr Euch vor, daß ich, als ich von jenem albtraumhaften Besuch nach Tours zurückritt, befürchten könnte, es sei ein Schatten auf mich gefallen. Daß ich womöglich, weil ich das Gesicht des Dummkopfs nicht gesehen hatte, nicht begriffen hätte, welch ein heimtückisches Geschöpf er war. Vielleicht glaubtet Ihr, ich würde von schweren Träumen heimgesucht oder von obszönen Phantasien über die Frau mit den Schlangenlocken, die wie eine betrunkene Schenkenhure lachte.

O, ich gebe zu, daß sie raffiniert waren. Raffinierter, als ich es mir vorgestellt hatte. Ich gestehe Euch sogar ein, daß ich eine Zeitlang von bösen Träumen beunruhigt wurde. Ja, ich sage es frei heraus: Ich hatte Angst. Besonders, als ich hörte, daß der Schwachkopf und seine Mutter einen neuen Bündnisvertrag mit dem Duc de Bourgogne unterzeichnet hatten. Kaum war ich aus Nancy fortgeritten, als ihre Boten auch schon auf dem Weg nach Dijon waren. Und als ich müde und angeekelt von allem, was ich gesehen und gehört hatte, in Tours ankam, setzten ihre Abgesandten im herzoglichen Palast schon die Verträge auf. Ja, Monsieur, sie waren raffiniert. Und ich gebe sogar zu, daß ich vor Wut schäumte, als ich hören mußte, daß der Wahnsinnige von Burgund als geehrter Gast seines geliebten Freundes, des jungen Duc de Lorraine, und seiner Mutter in Nancy einritt, in voller Prachtentfaltung durch die Porte de la Craffe zog und mit seinen Verbündeten Trinksprüche ausbrachte, die dem König von Frankreich ewige Feindschaft gelobten.

Ja, eine Zeitlang triumphierten Eure Diener. Ich möchte Euch auch noch mit dem Geständnis erfreuen, daß ich in den Gängen meines Schlosses umherwanderte und, wie in einem dunklen Spiegel, ein Meer von Einsamkeit und Verzweiflung sah, die ich manchmal, in den öden Stunden der Nacht, als meine eigenen erkannte. Ich schäme mich nicht, Euch dies jetzt einzugestehen, da das Herzogtum Burgund gefallen ist und nun mir gehört. Und bald werde ich auch Lothringen besetzen. Was werden Eure Diener dann tun?

Ich sage Euch, Ihr habt meine Kriegskunst nie verstanden. Ich vergaß die alte Frau und den Schwachkopf und machte mich im Elsaß ans Werk. Erinnert Ihr Euch an den burgundischen Gouverneur dort? Ein Mann, den ich gern für mich gewonnen hätte, wäre er käuflich gewesen wie mein Philippe; er war ein harter Mann, ein Mörder, befolgte seine Befehle ohne Skrupel und war seinem Herzog dankbar. Doch er war treu. Zu treu, als daß ich ihn hätte kaufen können. Könnt Ihr erraten, was ich im Elsaß tat, Monsieur? Ich entsandte keine Armee, die erobern sollte. Ich verlor nicht das Leben eines einzigen Soldaten. Ich schickte nur Gold und dankbare Spione. Mein Gold wirkte bei den Elsässern wahre Wunder, wie es auch bei den Schweizern gewesen war. Durch irgendeinen merkwürdigen Zauberakt verwandelte sich der Gouverneur in ein Ungeheuer. Natürlich war der Mann nicht ohne Fehl, aber er war nicht schlimmer als die meisten und sogar besser als viele. Und doch hatte man ihn, als mein Ziel im Elsaß erreicht war, gestürzt und ihn auf den Stadtplatz von Brisac geschleift und ihm den Kopf abgeschlagen. Was konnte Eure arme verrückte Puppe da anderes tun, Monsieur, als verzweifelt aufzuschreien, da nun auf der anderen ungeschützten Flanke bewaffnete Rebellion ausbrach?

Wißt Ihr, daß ich es war, der die Aufstände in Flandern entfachte? Und den Aufruhr in Hainault? Ihr dachtet wohl, daß die wütende Bevölkerung gegen burgundische Steuern und burgundische Herrschaft protestierte. Und es waren auch meine Männer, die den Kaiser aufsuchten, Monsieur, damit sich der Strick, an dem sich der Löwe selbst erhängen sollte, fest um seinen baumstarken Hals legen konnte. Natürlich waren es Eure Diener, die ihm, als Nicolas d'Anjou starb, sagten, er solle seine Tochter mit dem Sohn des Kaisers vermählen. Eine Erbin im Tausch für eine lotharingische Krone — und vielleicht sogar die Nachfolge auf den Kaiserthron. Das war ein Spiel, das mich weitere schlaflose Nächte kostete: Was würden sich Eure Diener aus Anjou noch ausdenken? Was blieb mir anderes übrig, Monsieur, als diese Verbindung zu hintertreiben? Ihr habt doch sicher nicht geglaubt, daß ich, der König von Frankreich, seelenruhig zusehen würde, wie vor meiner Schwelle ein kaiserliches lotharingisches Reich entstünde, das von einem Mann regiert würde, der sich um die Kaiserkrone des Heiligen Römischen Reiches bemühte?

Mein Gold war beredt wie immer; auch meine Spione waren es. Der Duc de Bourgogne bekam überhaupt kein königliches Diadem. O, er wurde zornig, Monsieur. Er wurde wild, wie es seine Art war, und ließ törichterweise seiner Gewalttätigkeit freien Lauf. Aber ich hatte gewonnen. Der alte Habsburger wollte ihn weder als Nachfolger benennen noch diesem rasenden Untier die lotharingische Krone geben. Er beschuldigte mich, er verfluchte mich, denn er war kein dummer Mann. Und Ihr, Monsieur: Wart Ihr böse auf Eure Puppe wegen dieses Fehlers?

Ich gebe zu, daß sein nächster Schritt mich aus der Ruhe brachte. Er erklärte nämlich, er würde sich selbst krönen, ob mit oder ohne Kaiser, und beschwor damit den Albtraum herauf, der mich am meisten in Angst versetzte. Vielleicht führte Eure Hand ihn zu dieser Tat. Vielleicht kam sein eigenes verderbtes Hirn auf die Idee, sich an seinen Schwager, den König von England, zu wenden und ihm zu versprechen, Burgund würde eine Armee bereitstellen, wenn englische Truppen in Frankreich einfielen. Und er, der Große Herzog des Westens, würde König Edward in Reims zum König von Frankreich krönen.

Hattet Ihr vor, auch den König von England zu Eurer Puppe zu machen? Wolltet Ihr ihn etwa mit den Zaubersprüchen eines schwachsinnigen alten Mannes oder mit dem abstoßenden Körper einer alten Hure oder mit dem Charme eines jungen Schwachkopfs und seines halbzahmen Bären für Euch gewinnen? Wolltet Ihr Euch an meinem Unglück weiden und hieltet mich für endgültig geschlagen? Ich sage es Euch noch einmal, Monsieur: Ihr habt niemals begriffen, auf welche Weise ich kämpfe. Ich gebe zu, daß ich die englische Invasion nicht erwartet hatte. Ich hatte nicht geglaubt, daß Burgund es wagen würde, die Engländer nochmals auf dieses verwüstete Land loszulassen. Aber der Mann war völlig wahnsinnig. Und so kamen denn, obwohl ich alle Fähigkeiten aufgeboten hatte, meine Spione zu mir und berichteten, daß sich in Southampton Bogenschützen sammelten und eine große Invasionsflotte zusammengezogen würde.

Ich muß Euch bitten zu bedenken, was ich während meiner Regierungszeit erdulden mußte. Und wenn Ihr meine Methoden der Kriegsführung unritterlich findet, so vergeßt nicht: Ich habe in meinem Königreich niemals Frieden gehabt, solange dieses burgundische Untier lebte. Ich habe für mein Königreich hart gekämpft. Vielleicht erinnert man sich meiner als eines großen Königs. Und doch hat mich ein verrückter, Gedichte schreibender Fürst verflucht, und ein beutehungriger Wahnsinniger hat mich gehetzt. Und hinter ihnen war immer das Geschöpf, dessen Schachfiguren sie waren. Für die Schicksalsschläge und Enttäuschungen meiner Regierungszeit, Monsieur, habe ich letztlich nur einem zu danken. Könnt Ihr mich wirklich dafür tadeln, daß ich Euch mit so großer Ungeduld in Loches erwarte? . . .

12

Umgeben von einem Gefolge besorgter Männer, wartete der König von Frankreich vor ein paar Stufen, die zu einer kleinen Holzbrücke emporführten. Kurz nach Mittag hatte kräftiger Regen eingesetzt, obwohl am Morgen die Sonne, die das Zeichen der Jungfrau durchlief, noch einen vielversprechenden Tag verheißen hatte. Die Somme wirbelte wie kühle, gefältelte Haut unter ihm hin. Hinter ihm saßen achthundert Gardesoldaten bewegungslos auf ihren Streitrossen. Vor ihm befand sich in der Mitte der Brücke ein von einem Holzdach geschütztes Gitter: ein festes Geflecht aus Eisenstäben, wie es normalerweise in Menagerien für Löwenkäfige verwendet wurde. Jenseits des Flusses stand der König von England auf einer ähnlichen kleinen Treppe, auch er umrahmt vom Kreis seiner Ratgeber. Verstreut über die Hänge, die über den ungestümen Fluß hinschauten, war ein Wald aus Bogen und Lanzen und Piken aufgewachsen: das ganze englische Heer in voller Schlachtordnung.

Philippe war genauso gekleidet wie sein Herr. Das war ein oft angewendeter Trick, um einen eventuellen Mörder von weitem zu verwirren. Der Sekretär zupfte am königlichen Gewand.

»Er ist viel größer und hübscher, als ich dachte«, flüsterte Philippe de Commynes ehrfürchtig.

»Seid still«, fuhr Louis ihn an. »Wenn Ihr unbedingt reden müßt, so sprecht zu Gott und betet, daß uns kein Mißgeschick widerfährt.«

Der schmucke König von England war ein bißchen korpulent geworden seit den Tagen, als man ihn zum ersten Mal *Sun in Splendour* genannt hatte. Aber er war noch immer eine prächtige Erscheinung. Er hatte ein schwarzes Samtbarett mit juwelenbesetzter Lilie auf dem Kopf und trug eine Robe aus

Goldstoff mit roten Satinstreifen. Ursprünglich hätte dies die Krönungsrobe sein sollen, wenn er, nachdem er mit Unterstützung seines Schwagers Charles de Bourgogne die Eroberung Frankreichs erfolgreich beendet hätte, in Reims zum König gekrönt worden wäre. Seit der jetzige König von Frankreich für fünfundsiebzigtausend Goldkronen den Frieden erkauft hatte, war die Krönungsrobe, die vom Regen ohnehin schon verdorben war, bedeutungslos geworden.

Louis bahnte sich vorsichtig seinen Weg über die glitschigen Bretter und blieb vor dem Gitter stehen. Es war auf seinen Befehl hin errichtet worden, weil ein schon längst toter Duc de Bourgogne von einem längst toten König von Frankreich einst auf einer Brücke ermordet worden war. Brücken waren ein unsicherer Ort, um den Frieden zu verkünden; und Louis war im gesamten christlichen Abendland dafür bekannt, daß er niemandem traute. Hätte er diese außergewöhnliche Maskerade mit den Augen der Männer auf den Hügeln sehen können, so hätte er es vielleicht auch überwältigend komisch gefunden: die beiden Könige, die, wie wilde Tiere, voreinander geschützt wurden und vorsichtig über ein morsches Bauwerk trippelten, das jeden Moment zusammenbrechen und in den Fluß fallen konnte, während die Adligen, gefiedert und juwelengeschmückt wie exotische Vögel, im erbarmungslosen Regen sich abquälten, rutschten und einander tolpatschig anstießen, wenn sie ihre Verbeugungen machten.

Es war vielleicht gut, daß der König von Frankreich keinen Humor besaß. Der König von England hingegen besaß welchen. Als er sich dem Gitter näherte, nahm er mit breitem, sardonischen Grinsen sein Barett ab und verneigte sich, wie es ein Schauspieler auf der Bühne nicht besser gekonnt hätte. Der König von Frankreich beugte als Antwort artig das Knie. Er fuhr mit seinen Armen durch die Gitterstäbe, und so konnten sie einander unbeholfen umarmen.

Von den versammelten Höflingen und von den französischen Gewappneten kam es wie ein leises Seufzen. Und vor allem aus den Reihen der englischen Soldaten auf den Hügeln. Obschon es absurd war, war es doch ein erbauliches Schauspiel, diese höfische Bekräftigung des Vertrages, der drei Tage zuvor unterzeichnet worden war. Es machte nichts, daß sich der große, edle Krieg zur Eroberung Frankreichs in eine unromantische Übergabe von Goldmünzen verwandelt hatte. Die Franzosen wollten nicht gegen die Engländer kämpfen: Dieser englische König hatte noch nie eine Schlacht verloren. Die Engländer wollten heim: Krieg, und sei er noch so heldenhaft, bedeutete Beschwerlichkeiten und Krankheit und Tod.

Es war ohnehin alles die Schuld des Duc de Bourgogne. Er hatte seinem königlichen Schwager keine Ruhe gelassen, bis Edward schließlich damit einverstanden war, eine Invasionsarmee aufzustellen. Außerdem hatte Charles de Bourgogne sich als unzuverlässig herausgestellt. Er hatte es nicht fertiggebracht, mit seiner Streitmacht zur festgesetzten Zeit in Calais zu sein, wo er mit den Engländern zusammentreffen sollte. Er war zu sehr damit beschäftigt gewesen, die Mauern einer widerspenstigen Schweizer Stadt zu zertrümmern, die sich auch nach einer Belagerung von fast einem Jahr ihrem Sturz böswillig widersetzt hatte. Als er sich endlich losgerissen hatte und zum englischen Lager geritten war, brachte er ein ganzes Heer von Entschuldigungen mit, aber nur eine Handvoll Ritter. Und in der Zwischenzeit war Louis gekommen und hatte den König umworben.

Der König von Frankreich war augenscheinlich ein kultivierterer Mann als dieser verrückte burgundische Schwager. Er hatte Edwards Männern seine Stadt Amiens geöffnet und verkündet, kein Wirt dürfe für seinen Wein Bezahlung fordern. Drei Tage lang wurde die Stadt von betrunkenen Engländern tyrannisiert, die zotige Lieder grölten. Außerhalb der Stadttore hatte er riesige Tische aufstellen lassen, die köstliche Delikatessen und erlesene Weine in Fülle bereithielten. Er hatte dreihundert Fässer edlen Bordeaux in König Edwards Zelt schicken lassen. Und zusätzlich zu der fürstlichen

Summe Goldes, das auf Wagen schon zu den englischen Schiffen gebracht worden war, würde noch mehr folgen. Fünfzigtausend Kronen jährlich, sieben Jahre lang, und ansehnliche Summen für alle Mitglieder von König Edwards Familie; und nochmals fünfzigtausend Kronen für die Freilassung der abgesetzten Königin Marguerite aus dem Hause Anjou.

Louis hatte außerdem seinen Sohn, den dreijährigen Dauphin Charles, in die Ehe mit Edwards Tochter Elizabeth versprochen. Er war einverstanden gewesen, die Mitgift selbst zu zahlen: weitere sechzigtausend Kronen. Offenbar hatte der König von Frankreich zuviel Gold. Die Engländer waren sehr davon angetan, daß sie ihn von einer solchen Bürde befreien durften. Verglichen mit dem wilden Duc de Bourgogne, den sie eine Woche zuvor finster und zornig schimpfend in Edwards Zelt erlebt hatten, war dieser französische König trotz seiner schäbigen Kleidung ein recht zuvorkommender Monarch.

Edward von York war vierunddreißig Jahre alt: herzlich, charmant und stets harmlos-guter Laune. Louis wußte, daß er nicht so einfältig war, wie es den Anschein hatte. Dieser listige Kavalier hatte, bevor er seine Schiffe von Southampton überhaupt losschickte, schon mit der Möglichkeit von Verhandlungen gerechnet. Eine abscheuliche Erpressung, denn er hatte die englische Invasion ja nur vorgetäuscht. Louis' Gesicht zeigte einstudiertes Lächeln, doch in Wahrheit war ihm nach Töten zumute. Aber der Mann, den er töten wollte, war nicht hier in Piquigny. Er lagerte vor den Mauern seiner lächerlichen Schweizer Stadt und bereitete die Aufhebung der Belagerung vor, die nun schon ein Jahr dauerte, und entwarf einen Schlachtplan für die Invasion Lothringens.

Louis machte auch Pläne. Mit dem englischen König als Verbündeten konnte er ungestraft Truppen nach Burgund schicken. Durch den Regen sah er vor seinem inneren Auge vorzügliche Mittel, durch die der Duc de Bourgogne, gab man sie ihm in winzigen Dosen, sterben könnte.

»Monseigneur, *mon cousin*«, sagte Louis. Er war den Tränen nahe, wenn auch nicht aus Dankbarkeit oder übertriebener Ergriffenheit, was auf der Hand gelegen hätte, sondern aus anderen Gründen. »Ihr seid mir sehr willkommen. Es gibt keinen Mann auf der Welt, den ich so sehnlich zu sehen wünschte wie Euch. Gott sei gelobt, daß wir in so edler Absicht zusammengekommen sind.«

Auf den Wangen des Königs von England zeigten sich Grübchen, wenn er lächelte. Er war ein sehr hübscher Mann. Er machte in perfektem Französisch ein paar Komplimente und einige geistreiche Bemerkungen über das Wetter. Ein entwaffnender Mann. Der englische Kanzler schrieb die Vertragsdokumente, die von den Mittelsmännern ausgehandelt worden waren. Auf Gebetbüchern und Reliquien, die Splitter des wahren Kreuzes enthielten, schworen sie, daß sie sich an die Vertragsbedingungen halten würden. Die Höflinge verneigten sich und strahlten. Der König von Frankreich lud den König von England nach Paris ein, sich dort an den Belustigungen und schönen Frauen zu erfreuen. Der König von England lehnte mit offensichtlichem Bedauern ab und lud seinerseits den König von Frankreich für die Weihnachtszeit nach England ein. Die beiden Delegationen zogen sich an die entgegengesetzten Enden der Brücke zurück und ließen die durch Eisenstäbe getrennten Monarchen allein.

»Ihr solltet meinem Bruder von Burgund dankbar sein«, sagte Edward und lächelte immer noch, »daß er mich erzürnt hat.« Seine Augen waren von einem blassen, himmelerfüllten Blau: die vertrauensvollen Augen eines verwöhnten Kindes, das sich geliebt wußte. »Sonst, *mon cousin*, wäret Ihr jetzt wohl in einem ganz erbärmlichen Zustand.«

Louis blinzelte durch den Regenschleier auf die fünfundzwanzigtausend Soldaten auf den Hügeln und sah auch die Krönungsrobe aus Goldstoff. Er wußte den Scherz nicht zu schätzen. Er lächelte zurück.

»Nun«, sagte er mit höflicher Verachtung, »wir haben gesehen, wie der Herzog seinen Verpflichtungen nachkommt. Habt Ihr gehört, was man von seiner Belagerung erzählt? Außerhalb der Stadt hat er mehr Gebäude errichten lassen, als darin sind. Im Heerlager gibt es Straßen und Pavillons und neunhundert Zelte. Die Könige von Norwegen und Dänemark haben ihn dort besucht, und der Kaiser; und auch Abgesandte von jedem Hof des christlichen Abendlands. Es sind Bordelle dort und Backhäuser und Windmühlen, und es gibt einen Markt, auf dem alle Güter Flanderns verkauft werden. Hochzeiten werden gefeiert und Taufen und Begräbnisse. Die Musikanten des Herzogs spielen den ganzen Tag, und die Luft ist voller Lieder.« Er wußte, daß er wie ein Fischweib schwatzte, aber er konnte nicht aufhören. Dieser große, hübsche König sollte ihn unbedingt bewundern. »Eine Armee von zweiundzwanzigtausend Mann. Man sagt, daß der Herzog in seiner Rüstung schläft und daß er riesige Belagerungsmaschinen hat, die den römischen nachgebaut sind, und daß er die Mauern jeden Tag unter Beschuß nimmt. Und jede Nacht reparieren die Bürger sie wieder. So geht es schon ein Jahr. Ich bin dankbar«, sagte Louis, »daß Gott es für richtig gehalten hat, die Sinne des Duc de Bourgogne zu verwirren, *mon cousin.* Er hat seinen Vertrag mit Euch gebrochen und uns dadurch zu Freunden gemacht.«

»Mein Bruder von Burgund ist sehr unzufrieden mit mir«, sagte Edward, und sein Gesicht wurde betrübt. »Letzte Woche kam er in rasender Wut in mein Lager geritten, weil ich Eure Abgesandten empfangen hatte. Ich fürchte, ich muß etwas tun, seine beleidigte Würde zu beschwichtigen.«

»Er hat sich diese Beleidigung selbst zuzuschreiben«, sagte Louis verächtlich. »Burgund ist immer ein Lehen Frankreichs gewesen. Seit König Jehan le Bon seinem Sohn das Herzogtum als Erbteil gegeben hat. Euer Bruder von Burgund, *mon cousin*, muß begreifen, daß er seine Länder nur mit meiner Duldung regiert. In Wahrheit gehören sie mir.«

»Ach ja«, sagte Edward. »Euer großer Traum. Euer *France*

arrondie.« Er lächelte fröhlich. »Ihr werdet sicher auf Neuigkeiten von Eurer Cousine aus Anjou brennen. Sie ist ernsthaft krank. Man hat sie gut behandelt. Doch ihr Geist ist gebrochen.«

Louis zögerte. Er hatte nicht vor, diesem reizenden, allzu schlauen Mann die Gründe zu offenbaren, weshalb er seine Cousine Marguerite so dringlich zurückhaben wollte.

»Man liebt meine Cousine sehr«, sagte Louis, »und wir vermissen sie schmerzlich. Hier, wo ihr Vater und ihre Schwester ihr beistehen können, wird mit großer Zuneigung für sie gesorgt werden.«

»Eine solche Besorgnis ist wirklich zu bewundern«, sagte Edward, und sein Lächeln war so klar und rein wie Wasser.

»Es ist das mindeste, was ich tun kann«, sagte Louis, »für mein eigenes Blut.«

»Sie hat in ihrer Zelle viel von ihrem Vater gesprochen«, sagte Edward. »Und von ihrem Herzogtum Anjou, das er ihr hinterlassen hat.«

Louis konnte einfach nichts sagen. Die Augen sahen so naiv aus. Aber er hatte noch ein Paar offener Kinderaugen wie diese gekannt, und im Laufe der Jahre waren sie ihn teuer zu stehen gekommen. Er hatte niemals Männern mit blassen Augen getraut.

»Ich habe die sonderbare Befürchtung«, sagte Edward vertraulich, »daß Eure Cousine aus Anjou selbst als Gefangene unter meinem Schutz sicherer sein könnte.« Er zuckte die Achseln. »Doch ein *France arrondie* bedeutet zweifellos, daß Anjou Euch gehört. Nun, *mon cousin*, die Angelegenheiten Eures Königreichs sind die Euren.« Er lehnte sich zutraulich gegen das Gitter, als wäre es die Trennwand eines Beichtstuhls, und sah Louis neugierig an. Der Regen trommelte auf das hölzerne Dach. »Sagt mir etwas, *mon cousin*, von König zu König: Es ist ja keine leichte Aufgabe, ein Volk zu regieren. Aber da Ihr von einem vereinigten Königreich träumt — was bedeutet es für Euch, ein König zu sein?«

Der Flußwind blies nun kalt und schleuderte Regenböen unter das schützende Dach. Louis bemerkte, daß sein Körper unter dem grauen Gewand zu zittern begonnen hatte.

»Ein König«, sagte er in bestimmtem Ton, »ist ein Herrscher. Ein König übt Macht aus. Er kontrolliert den Staat. Er muß sein Volk schützen und regieren; und es zu einem zusammenhängenden und loyalen Ganzen zusammenschweißen. Ich bin kein Philosoph, *mon cousin.* Ihr müßt jedoch zugeben, daß Frankreich heute eine ganz andere Nation ist als dieser Haufen streitender Herzogtümer, die es irgendwie fertigbrachten, meinen Vater zum König zu krönen.«

»Ich gebe zu«, sagte Edward nachdenklich, »daß es ganz anders ist.«

»Und Ihr, *mon cousin?*« fragte Louis. »Was bedeutet es für Euch, König zu sein? Ihr habt, wie ich, für Euren Thron kämpfen müssen.«

»Ein König«, sagte Edward achselzuckend, »ist ein Gefäß.«

»Ich bin kein mystisch veranlagter Mann«, sagte Louis zornig. »Ich bin ein praktischer Mann. Eure kleine Insel, *mon cousin,* ist mächtig, aber eine kleine Nation. Ihr müßt nicht das immerwährende Schnappen und Bellen von überheblichen, unabhängigen Landesherren an Euren Fersen ertragen, von denen ein jeder sich selbst für einen König hält.«

»Muß ich das nicht?« lachte der König von England. »Ihr habt Clarence nicht gekannt, und Gloucester nicht. Ihr kennt die Familie meiner Gemahlin nicht, die so zahlreich ist wie die Sterne am Himmel.«

»Und wie werdet Ihr mit Eurem Adel fertig?«

»Wie ich fertig werde?« sagte der schmucke Mann mit den blassen, himmelerfüllten Augen. »Er liebt mich, *mon cousin.*«

Der Regen hatte den Glanz der Krönungsrobe aus Goldstoff ausgelöscht. Obwohl sie beide völlig durchweicht waren, wirkte der König von England ganz gelassen. Louis blinzelte wieder durch den trüben Schleier zum Wald der Gewappneten hinüber. Er hatte gar keine Wahl gehabt. Hätte er gegen diese

Armee gekämpft, würde er seinen Tod herausgefordert haben. Ganz Europa hatte voller Sorge auf den Zusammenbruch der französischen Nation gewartet. Manche seiner Verbündeten hatten kurz und bündig zu erkennen gegeben, wie sie das Ergebnis der Invasion einschätzten: Der Herzog von Mailand und der Kaiser hatten beide abrupt ihren Pakt mit ihm aufgelöst und Verträge mit Burgund unterzeichnet. Hätte Charles de Bourgogne sich nicht mit so unerbittlicher Heftigkeit auf seine sinnlose Belagerung gestürzt, dann hätte es hier in Piquigny keine Zusammenkunft gegeben. Keine Verhandlungen, keinen Friedensvertrag. Es hätte kein Frankreich mehr gegeben. Nur noch einen zerstückelten Rumpf mit dem goldenen Engländer auf dem Thron und dem verrückten Herzog mit den schwarzen Augenbrauen an seiner Seite. Und die Sippe aus Anjou, die sich an seinem Unglück weiden würde.

Seine Ratgeber hatten ihm versichert, daß er einen glänzenden Coup gelandet habe. Daß er den Albtraum vom Hundertjährigen Krieg, die schwerste Krise seiner Regierungszeit, mit überragender Staatskunst abgewendet und gemeistert habe. Daß er Tausende von Leben verschont, die Würde Frankreichs gewahrt und dem Feind in Burgund einen demütigenden Schlag versetzt habe. Daß er ein weiser Herrscher sei, ein bedeutender Diplomat. Er war auf diese hölzerne Plattform mit dem überwältigenden Gefühl zugegangen, daß er ganz einfach furchtbar viel Glück gehabt hatte. Nun begann er zu argwöhnen, daß er zum Narren gehalten worden war.

Der König von England betrachtete ihn eingehend und lächelte. Louis war froh, daß der Mann nicht zu seinen Gedanken vordringen konnte: der Zerstörung von Burgund und dem qualvollen und erbärmlichen Tod seines Herzogs.

»Es bereitet mir doch Sorge, daß mein Bruder von Burgund so empört ist, *mon cousin*. Ihr seht, ich muß immer an ihn denken. Ich bin sicher, Ihr versteht das. Wo Ihr doch um Eure Familie auch so besorgt seid. Ich denke, ich muß etwas tun, um seinen Ärger zu besänftigen. Ich fürchte, *mon cousin*, ich habe ihn in die Bedingungen des Friedensvertrages, an den Euch zu halten Ihr gerade geschworen habt, mit einschließen müssen. Es wäre doch ein Jammer, nicht wahr«, er streckte flehentlich die Hände aus, »wenn Ihr gegen meinen Schwager Krieg führtet, da wir nun Freunde sind?«

Louis versuchte ein mühsames Lächeln. Er konnte keinen Ton herausbringen.

Der König von England lächelte und nickte und winkte seinem Gefolge. Zwei Knappen trugen etwas Schweres, Unhandliches zur Brücke.

»Ach, *mon cousin*«, sagte Edward, »das hatte ich fast vergessen. Ich habe Euch ein Geschenk mitgebracht. Es ist nichts im Vergleich zu Eurer Großherzigkeit. Aber es ist ein liebevolles Andenken. Ich kann es Euch«, er lachte, »durch dieses außergewöhnliche Stück Zierat nicht gut geben. Eure Männer können es mitnehmen, wenn sie unseren Treffpunkt abbauen. Ich möchte sehr gern, daß Ihr es in Euren Park pflanzt. Damit es gedeihen kann wie unsere Freundschaft und Euch an unseren Freundschaftsschwur erinnert.«

So ein höflicher, listiger Mann. Louis nahm durch den Regen hindurch zuerst die schwere, perlenbesetzte, goldene Urne wahr, als die Knappen mit ihrer Last über die Brücke stolperten. Der Duft der Blüten, der durch den Regen sehr intensiv war, stürmte auf ihn ein, noch bevor er den mannshohen Baum selbst erkennen konnte. Er kämpfte gegen seine Übelkeit an und mußte sich, wie ein Tier, das aus seinem Gefängnis auszubrechen versucht, am Gitter festklammern; und er suchte verzweifelt nach einer Geste, die seine Dankbarkeit ausdrücken sollte.

»Sie sind weiß«, sagte Edward, »für das Haus York.«

Irgendwie brachte Louis die zeremoniellen Höflichkeitsbezeigungen zustande. Die beiden Häuflein der Höflinge kamen wieder auf die Brücke. Man verbeugte sich und lächelte viel, als man sich artig und würdevoll voneinander verabschiedete. Der König von Frankreich stand mit seinem grauen

Sekretär im Regen und beobachtete, wie die bunte Gruppe der englischen Edelleute davonritt, während die gewaltigen Linien der Armee von den Hügeln zum Hafen hinuntermarschierte. Sie gingen alle heim. Kein Blut war vergossen worden. Wenn er auch nur den kleinsten Versuch unternähme, sich an dem Wahnsinnigen zu rächen, würden sie umkehren. Und dann würde sie kein Haufen Goldkronen mehr kaufen können. Die weißen Blüten schimmerten durch den Dunst wie Sterne. Der Geruch erreichte ihn sogar hier, am Ufer.

»Euer Gnaden«, sagte Philippe de Commynes, »was soll ich damit anfangen? Wohin soll ich es bringen lassen?«

»Werft es in den Fluß«, sagte Louis.

* * *

... Liebe, so sagte mir mein Onkel, ist durch Schönheit erregte Leidenschaft. Einer seiner florentinischen Speichellecker, ein Mann namens Ficino, hatte das geschrieben. Auf mich wirkte das und der ganze übrige Hokuspokus, den er mir in Ste. Baume predigte, pathetisch und absurd. Aber wie ich hier so liege und über mein Königtum und über mein Leben nachsinne, muß ich feststellen, daß ich verwirrt bin. Ich habe niemals zugegeben, daß ich eine Frau liebe. Und ich habe auch nie das Bedürfnis gehabt, von einer Frau geliebt zu werden. Zweifellos wißt Ihr, Monsieur, der Ihr mehr von meiner Gemahlin wißt als ich, auch mehr von der Liebe.

Von allen Frauen, die ich gekannt habe, waren für meine kritischen Augen nur zwei wirklich schön. Nur zwei haben in mir mehr als laue Begierde erregt, die sich dann in Ekel oder Langeweile verwandelte. Doch was sie hervorriefen, Monsieur, war nicht Liebe. Es war eher Haß. Die erste mußte vernichtet werden. Obwohl sie die Mätresse meines Vaters war, war sie doch eine Schachfigur meines Onkels und gefährlich für mich. Und die zweite: Nun, ich gestehe es Euch, daß ich die dunkle, undurchschaubare Frau vor langer Zeit wohl schön gefunden habe. Aber es war eine abstoßende Schönheit, die mir Angst machte. Und obwohl ich Euch damit sicher Schmerz zufüge, muß auch sie vernichtet werden.

Manche nannten meine Charlotte schön, als sie dem Mädchenalter entwuchs. Jehan d'Anjou erging es offenbar so — und noch einem anderen. Doch für mich war sie immer ein bläßliches, fades Geschöpf, das durch die Zärtlichkeiten von anderen verdorben wurde. Selbst meine erste Gemahlin fand man schön, als sie das erste Mal aus Schottland hergesegelt kam. Bis Arsenicum album ihre Häßlichkeit enthüllte, die unter der Poesie und dem Lächeln verborgen gewesen war. Einst wurde auch meine Cousine Marguerite als Schönheit verehrt, Monsieur, obwohl ich selbst sie nie dafür hielt.

Vielleicht könnt Ihr mich aufklären. Denn jene beiden Frauen, welche die Macht besaßen, mich zu erregen, waren die Puppen meines Onkels, gehörten zu Euren Dienern. Ist das womöglich mehr als ein Zufall, Monsieur? Ist es mehr als ein Zufall, daß die Schönheit bei diesen Frauen nur eine Maske war, die den Zwecken von etwas Unergründlichem diente, das, trotz Belladonnas süßer Verheißung von Ruhe, meine Träume heimsuchte?

Ich starre auf das unbefleckte Gesicht der Madonna beim Betstuhl, das von den Kerzen in einen matten Schimmer getaucht wird. Und ich sehe eine engelgleiche Schönheit, die Mitgefühl und Gedanken an die ewige Ruhe hervorrufen sollte. Aber sie bewirkt nichts dergleichen. Engelgleiche Schönheit, wie sie meine Frau besaß, konnte meine Seele nicht berühren. Die andere aber, die Schönheit als Tarnung benutzt, ist teuflisch. Und doch haben ihre Verderbtheit und ihre Tiefen mich stets genarrt. Ich möchte nicht, daß Ihr glaubt, Monsieur, ich quälte mich nun selbst. Ich bin einfach alt und krank. Außerdem lernte ich schon früh, von meinem Vater, daß ein Mann, der sich von der Schönheit berauschen läßt, kein Königreich regieren kann. Aber ich möchte doch gern wissen, warum die Frauen, die ich schön fand, meinem Onkel gehörten — und Euch.

Am Tage ihrer Hochzeit in Nancy hielt jedermann Marguerite für die hübscheste Frau in ganz Frankreich. Niemand achtete auf die andere Braut, denn sie war ohne Bedeutung. Der Earl of Suffolk war trunken in seiner Verliebtheit. Alle Höflinge waren furchtbar aufgeregt. Und mein Onkel spreizte sich und tänzelte wie ein Pfau. Er hatte sie ohne einen Pfennig Mitgift an die Engländer verkauft, weil sie so schön war und weil er sie alle mit seiner Musik und seinem Mummenschanz verzaubert hatte. Jene feinen Züge. Der reizend gerundete Körper und das goldene Haar. Und die Saphiraugen meines Onkels. Doch als die Engländer sie mir zurückbrachten, war sie nicht mehr schön. Ich kaufte sie für fünfzigtausend Kronen frei. Und sogar ich, Monsieur, hätte vielleicht Mitleid empfinden können. Vielleicht sogar ich, wäre sie nicht das Kind meines Onkels gewesen.

Ich kann Euch gegenüber nicht so tun, Monsieur, als wäre es ein Akt der Großmut oder des Mitgefühls gewesen. Ich habe sie außerdem nie schön gefunden. Ihr und ich kennen einander zu gut, als daß ich mich verstellen könnte, obwohl wir uns erst einmal begegnet sind und zwischen uns so vieles ungesagt blieb. Aber ich will nicht verheimlichen, daß ich sie liebend gern gebrochen und verrottend in ihrem englischen Kerker gelassen hätte. Fünfzigtausend Goldkronen sind eine große Summe, besonders für einen hart bedrängten König, der seine Schatullen geleert hat, um für sein Königreich den Frieden zu kaufen. Sie bedeutete mir nichts, Cousine oder nicht. Doch sie besaß etwas, was ich wollte, Monsieur. Und ich bin schon immer ein praktischer Mann gewesen.

An die riesigen Besitztümer in Lothringen, die sie von ihrer Mutter geerbt hatte, konnte ich nicht heran. Der Löwe von Burgund hatte schon mit seiner Invasion in das Herzogtum begonnen und verschlang dort die Städte. Aber da war Anjou, das mein Onkel ihr hinterlassen hatte. Und da war Bar. Nun könnt Ihr protestieren, Monsieur, und mir entgegenhalten, daß Anjou noch immer meinem Onkel gehörte und daß ich es nicht nehmen durfte. Und Ihr könnt einwerfen, daß Bar, das im Westen an Lothringen grenzt, ebenso dem König von Sizilien gehörte und nicht an Marguerite vererbt worden war, sondern der Comtesse de Vaudémont und ihrem Sohn. Doch derartige rechtliche Feinheiten haben mir noch nie Sorgen gemacht. Ein alter Mann unterzeichnet ein Dokument und hinterläßt seine Ländereien seinen Kindern — und Europas Höfe können gackern und schreien und sein heiliges Testament hüten wollen. Aber königliche Soldaten sind beredter als Pergamentblätter. Und die Pergamente meines Onkels konnten schließlich angezweifelt werden. Man kann doch den wirren Gedanken und Wünschen eines senilen alten Mannes nicht trauen.

Ihr hättet wissen müssen, Monsieur, was ich tun würde. Was hatte ich denn für eine Wahl? Der Löwe von Burgund hätte in seiner wahnsinnigen Gier nach Land den jungen Duc de Lorraine und seine Mutter leicht vernichten können. Oder es hätte sie die Pest dahingerafft, die Ruhr oder ein Schlaganfall. Die Familie neigte doch zu so frühen Todesfällen. Und dann wären die Besitztümer meines Onkels — Anjou und Bar und Lothringen — in die unschönen Hände der armen, vertriebenen Marguerite gefallen. Was konnte ich anderes tun, als meine Truppen nach Anjou und Bar zu schicken, während ich auf meine ausgelöste Gefangene wartete? Und außerdem brauchte ich Bar, Monsieur. Bar war ein Puffer zwischen der Champagne und dem von Burgund besetzten Lothringen. In Bar gab es ein wunderbares Festungsschloß, hoch oben auf einem Hügel gelegen, das einen ausgezeichneten, strategisch bedeutsamen Überblick gestattete. Ich wäre ein Dummkopf gewesen, hätte ich Bar nicht genommen.

Natürlich waren Eure Diener bestürzt. Doch sie konnten nicht protestieren, da das burgundische Heer die Mauern von Nancy berannte. Ich hatte meinen Onkel doch schon vor langer Zeit darauf hingewiesen, daß er mir mit Musik und Mummenschanz nicht trotzen könne.

Ich hätte nie geglaubt, Monsieur, daß man Tote, die man gehaßt hat, vermissen könnte. Aber wie ich hier so liege und an den Wänden die Schatten schwanken sehe, denke ich an all jene, die ich überlebt oder die ich vernichtet habe. Vielleicht erhält Haß am Leben. Und wenn der Haß vergangen ist, dann verliert das

Leben seinen Sinn. Mein Onkel sagte mir einmal, daß Liebe am Leben erhalte. Daß Liebe, durch Schönheit erregte Leidenschaft, die große verbindende Kraft des Universums sei, welche die drei Welten miteinander verknüpft und mit Silberfäden was oben ist, mit dem verbindet, was unten ist. Solchen Unsinn faselte er, Monsieur. Ich weiß, daß es Haß ist, der uns verbindet, denn da nun jene, die ich gehaßt habe, gegangen sind, muß ich feststellen, daß ich von schrecklicher Verlassenheit zerfressen werde.

Sogar in ihrem Unglück haßte ich Marguerite. Eine furchtbare Krankheit hatte sie unförmig gemacht. Ihr Gesicht war rissig und voller Blatternarben, es sah aus wie eine Leprafratze. Die englischen Ärzte, und auch meine Doktoren, konnten die Krankheit nicht diagnostizieren. Es war nicht Lepra und auch sonst kein Leiden, das sie kannten. Vielleicht, so vermuteten meine Priester mit ungewohntem Scharfsinn, war es eine Krankheit, die ihren Ursprung in der Seele hatte. Eine Art Strafe. Eine Sühne. Ihre Haare waren ausgefallen, wenn auch nicht durch Arsenicum album; denn ich brauchte diese Frau aus der Anjou-Sippe nicht zu vergiften, Monsieur. Ihre Hände und ihre Arme, einst weiß und wohlgeformt, waren mit Schrunden bedeckt. Als man sie endlich zu mir brachte, war das ehedem schöne Gesicht verhüllt. Denn welcher Mann hätte es ohne Entsetzen anschauen können? Ich selbst habe mißgestaltete Dinge schon immer verabscheut.

Sie gehörte mir, Monsieur. Ich hatte sie gekauft und damit ihr Recht auf Leben. Und dennoch weigerte sich die Vettel, das Dokument zu unterzeichnen. Sie war wie alle aus Eurer Anjou-Sippe: eine widerspenstige Närrin. Sie konnte einfach nicht begreifen, daß sie keine Königin mehr war. Sie spuckte mich sogar an und sagte grausame, unfreundliche Dinge zu mir. Schließlich tat sie mir natürlich den Gefallen. Mein Sekretär mußte ihre kranke Hand halten und ihr die Feder führen. Sie wollte sich mir selbst unter Qualen nicht beugen. Ich bin eigentlich kein grausamer Mann. Aber Ihr müßt zugeben, daß ich keine andere Wahl hatte. Ich brauchte das Pergament, das ihre Rechte auf Anjou, Bar und Lothringen gänzlich mir übertrug. Sie starb erst vor einem Jahr,

Monsieur, und war noch immer meine Gefangene. Ist es nicht wirklich seltsam, daß ich seit ihrem Tod anstelle von Befriedigung oder Erleichterung eine gewisse Verlassenheit spüre?

Ich habe auch die Weiße Rose von York überlebt. Edward von England machte mich zum Narren, und ich war nicht traurig über seinen frühen und unwürdigen Tod. Und doch fühle ich mich einsam bei dem Gedanken, daß er aufgehört hat zu sein. Sogar meine Frau, die ich ebenfalls gehaßt habe, ist tot. Wo ist denn nun noch jemand, der mir so vertraut wäre, daß ich ihn mit Lust peinigen könnte? Wo sind noch Wahnsinnige auf dieser Welt, mit denen ich meinen Willen messen könnte? Welche Länder könnte ich noch nehmen? Sie sind alle gegangen, Monsieur. Alle, bis auf drei. Zwei werden mich in Kürze in Loches aufsuchen, denn wenn ich mich von meinem verfluchten Krankenlager erhebe, ist da noch die Angelegenheit Lothringen. Ich habe mit Euren Dienern noch etwas zu klären. Und zuletzt wird nur noch einer übrig sein: einer, den ich mehr als alle anderen zu hassen gelernt habe. Ihr mögt das eine Leidenschaft nennen, doch es ist kaum Liebe, die durch Schönheit erregt wurde.

Vielleicht werde ich mich auch Euretwegen verlassen fühlen. Schließlich seid Ihr der Geschickteste und der Rücksichtsloseste von allen gewesen. Vielleicht werde ich sogar ein wenig um Euch trauern, wenn der Baum bis zu seinen verrotteten Wurzeln zerstört ist. Ich bin noch nicht bereit zu sterben, denn da ist mein Haß, der mich am Leben hält. Es gibt noch so vieles, das ich wissen muß. Ihr könntet einen Sohn gezeugt haben. Und was würde aus meinem Königreich werden, aus meinem France arrondie, *das ich meinem Sohn hinterlassen will, wenn Euer Geschlecht, Monsieur, das meine überdauert?…*

* * *

»Eure Tochter«, sagte Louis voller Verachtung, »ist ganz einfach eine Hure. Sie hat wegen einiger Nächte im Bett eines hübschen Mannes Lothringen an Charles de Bourgogne verkauft. Die Moral einer Hindin, *mon oncle*. Es ist eine Schande für Euer Haus.«

Der König von Sizilien hielt einen Stoffbeutel in seinen Händen, der mit einer Silberschnur zusammengebunden war. Er streichelte ihn liebevoll, öffnete ihn aber nicht. Die schottische Garde des Königs beobachtete ihn neugierig. Der alte Mann war unter Arrest gestellt, auf königlichen Befehl aus seinem provenzalischen Zufluchtsort herausgerissen und in einer Sänfte ohne Zeremoniell nach Lyon zum König gebracht worden. Er hatte nicht darum gebeten, Gold oder Dokumente oder Juwelen mitnehmen zu dürfen. Nur diesen mit Jongleurspielzeug gefüllten Rupfensack.

»Die Moral meiner Tochter«, sagte König René mit anzüglichem Grinsen, »ist nicht schlechter als Eure. Selbst ich habe eine junge Gemahlin und zwei Mätressen, und ich bin achtundsechzig Jahre alt. Ihr seid empört, weil sie eine Frau ist.«

Louis forschte in dem zerfurchten Gesicht, das nun einem Affen ähnlich sah, nach Anzeichen von Wahnsinn oder völliger Senilität. Augen, klar und tief wie blaue Steine, begegneten den seinen mit leiser Belustigung. Der alte Mann zeigte weder Kummer noch Wut, er fingerte nur an dem Beutel herum, als enthielte er ein kostbares Geheimnis.

»Ihr wißt sehr gut, *mon oncle*, warum ich Euch habe kommen lassen«, sagte Louis. »Ich werde keine höflichen Briefe mehr schicken, in denen ich darum bitte, daß Ihr Eure Verbindung zum Duc de Bourgogne aufhebt. Ich fordere es jetzt. Eure Hure von Tochter mag mit ihm schmusen, bis Lothringen zu Asche verbrennt. Aber ich will die Provence. Ihr werdet Euer Testament neu schreiben, hier, vor diesen Zeugen. Oder ich werde Euch umbringen und es selber schreiben.«

Der König von Sizilien schnaufte.

»Mein lieber Louis«, sagte er. »Warum solche Hast? Glaubt Ihr wirklich, daß eine Morddrohung mir Angst macht?«

»Vielleicht nicht«, sagte Louis. Er hatte angefangen, die Hände zu ringen. »Doch ich muß Euch zu bedenken geben, daß Eure Tochter Marguerite noch immer in meinem Gewahrsam ist. Ich kann die Provence mit einer Invasion genauso leicht nehmen, wie ich Anjou und Bar genommen habe. Wo wird sich Eure junge Gemahlin dann verstecken? Das Pergament ist schon vorbereitet, *mon oncle.* Ich habe keine Zeit zu verlieren. Bedenkt die verschiedenen Möglichkeiten, und unterschreibt.«

Das Parfum des alten Mannes peinigte ihn, löste Übelkeit in ihm aus. Der König von Sizilien hob den Leinenbeutel auf und wiegte ihn wie ein Kind in seinen Armen. Das feine Haar, das sich um den Rand seines seidenen Turbans lockte, war schlohweiß. Philippe de Commynes brachte ihm einen Stuhl sowie eine Feder und eine Pergamentrolle. König René beachtete ihn nicht, er zog an der silbernen Schnur und langte in den Beutel.

»Schaut«, sagte er. »Ich will Euch etwas zeigen.«

Sieben kleine Kugeln lagen in seinen Händen. Jede hatte eine andere Farbe: golden und silbern, rot und blau, grün und violett. Eine war schwarzweiß, wie eine Akrobatenhose. Der König von Sizilien lächelte milde und fing an zu jonglieren.

»Seht Ihr?« sagte er. »Ich habe endlich eine wirkliche Kunstfertigkeit entwickelt. Ich muß nicht einmal hinsehen. Es macht mir soviel Freude. Schaut! Beachtet die Symmetrie!«

Ein Mann von der schottischen Garde kicherte. Louis schwankte zwischen Ärger und Verblüffung. Er machte den Versuch, mit seinem Arm durch die tanzenden Kugeln zu fahren. Der König von Sizilien sprang leichtfüßig zur Seite.

»Laßt mir doch mein Vergnügen, Louis«, sagte er mißmutig. »Schließlich habt Ihr meine Herzogtümer Anjou und Bar genommen und gerade eben mein Leben bedroht. Ich habe eine beschwerliche, unbequeme Reise hinter mir. Habt Ihr kein Mitleid mit einem alten Mann?«

»Ihr werdet das Dokument unterzeichnen!« fuhr Louis ihn an.

»Ach ja«, sagte der König von Sizilien, »das Dokument.« Der Gestank schien nicht nur von dem alten Mann auszugehen, sondern entströmte auch den wirbelnden Kugeln. Er kam sogar aus den schäbigen Vorhängen und vom Sonnenlicht, das den Boden überzog.

Philippe de Commynes hielt ihm erneut die Feder hin.

»Es ist noch reichlich Zeit, das Dokument zu unterzeichnen«, sagte der König von Sizilien achselzuckend. »Louis, ich bitte Euch, laßt mir doch noch einen Augenblick meinen Willen. Ich möchte Euch eine Geschichte erzählen.«

Die Wachen lachten schallend. Es kam Louis so vor, als gelte das Lachen nicht nur seinem Onkel. Er fing unversehens zu schreien an.

»Ein feines Geschlecht«, brüllte er, »das Ihr aus Anjou da ausgebrütet habt! Wißt Ihr, daß Euer Enkel ein Schwachkopf ist? Meint Ihr, Ihr könntet mich mit idiotischem Jonglieren und Geschichtenerzählen verwirren? Euer Geschlecht ist erledigt, *mon oncle*. Ihr seid gescheitert. Stellt meine Geduld nicht auf die Probe, alter Mann. Ich bewillige Euch gnädig noch ein paar Jahre zwischen Euren Rosen und Euren Pavianen. Jetzt herrsche ich über Anjou und Bar. Nach Eurem Tod werde ich die Provence beherrschen. Und irgendwann bekomme ich noch Lothringen dazu. Ich habe gewonnen, alter Mann. Versteht Ihr? Vor langer Zeit habe ich Euch schon gewarnt. Ich habe gewonnen. Jetzt unterschreibt!«

Der König von Sizilien sammelte widerwillig die bunten Bälle aus ihrem Flug zusammen und setzte sich auf den Stuhl. Sie standen im Kreis um ihn herum: die bewaffnete schottische Garde und der graue Sekretär, der ihm nicht von der Seite wich, und der König von Frankreich mit seinem schäbigen Überwurf und seiner Krone.

»Einer meiner Ärzte, Abraham Salomon mit Namen, erzählte mir einmal eine Geschichte«, sagte König René nachdenklich. »Über einen Alchimisten, der in Prag lebte. Vielleicht lebt er immer noch dort. Oder war es doch eine andere Stadt? Der entdeckte unter seinen Geheimformeln und Zaubersprüchen das Geheimnis, Leben zu erschaffen.«

Etwas in der Stimme legte ein Leichentuch plötzlichen Schweigens über den Raum. Louis, der seinen Mund schon zu erneutem Gebrüll geöffnet hatte, konnte keinen Ton herausbringen. Es klang wie die Stimme eines Barden, der ihren Klang wie einen Zauber benutzte und Stille heraufbeschwor, so daß alle gewöhnlichen Geräusche, jedes Atmen, jedes Geschlurfe, jedes Flüstern verstummte. Selbst das Sonnenlicht erstarrte und floß golden über die alten, gepflegten Hände und die bunten Kugeln. Der König beruhigte sich und verschränkte die Hände.

»Er stellte aus Lehm eine Form her«, sagte der König von Sizilien. »Aus kräftiger, roter Erde. Ein Gefäß in der Form eines Mannes. *Malkuth:* die Ursubstanz des Weltkönigreichs. Und dieser riesigen, rohen Kreatur aus Erde hauchte er mit den uralten Zauberformeln Geist und Leben ein. Im Lampenlicht, das sein düsteres Laboratorium ein wenig erhellte, sah er, wie die Kreatur ihre Glieder zu bewegen begann. Der *Golem* erwachte zum Leben. Er stand auf und verneigte sich vor dem Alchimisten, der sein Schöpfer war und sein Herr.«

Das Alter hatte die Saphiraugen nicht trüben können. Sanft zogen sie ihn in den Tunnel der Erinnerung bis zu einem kalten, klaren Tag in Loches, als das Kind verwundert durch die Schießscharten schaute und in der glasklaren Luft goldenes Haar glänzen sah und einen Mantel aus blauer Seide. In der Stille war nur der keuchende Atem des Königs zu hören.

»Die Stadt wurde von den Soldaten des Kaisers bedroht«, raunte die wohlklingende Stimme weiter. »Der Alchimist befahl dem Golem, die Einwohner zu verteidigen. Und der Golem entfernte sich mit großen Schritten und erzeugte Furcht in den Seelen der Männer des Kaisers, so daß sie starren Blicks und mit Schreien, die ihnen auf den Lippen gefroren, davonliefen. Nichts konnte diese Kreatur bezwingen, sie war zu stark. Sie tötete und brannte nieder und übte Vergeltung. Und vertrieb die Eindringlinge aus der Stadt, so daß die Bevölkerung in Frieden leben konnte.«

Die Stimme lullte Louis ein, umschloß ihn wie ein in Bernstein gefangenes Insekt. Erneut warf König René die Kugeln in die Luft, ganz gemächlich, die rote nur und die blaue.

»Aber nun hatte die Kreatur zu morden gelernt«, flüsterte der König von Sizilien. »Und als sie einmal begonnen hatte, konnte sie nicht mehr aufhören. Denn Blut ist der Nährboden des Lebens, Louis; einmal mit Blut besudelt, war das Geschöpf nun von einem anderen Leben erfüllt als jenem, das sein Schöpfer ihm eingeflößt hatte. Es war nicht länger sein Diener. Der Alchimist versuchte, das Wesen, das er erschaffen hatte, zurückzurufen, doch der Golem wollte nicht gehorchen. In seiner Raserei begann es, auch jene zu vernichten, zu deren Schutz es geschaffen worden war. Der Alchimist, der schließlich begriff, welche Verantwortung auf ihm lag, mußte sein Geschöpf am Ende zerstören. Es verbrannte in einem lodernden Feuer. Als das Feuer erstarb, war nur noch ein Häuflein roter Erde übrig, die zerfiel. Doch solange es lebte, konnte nichts es bezwingen. Begreift Ihr denn nicht?« lachte der König von Sizilien, und die magischen Kugeln schwebten und hüpften. »Versteht Ihr nicht?«

Die schottische Garde des König war verstört. Niemals hatten sie ihren Herrn so gesehen: Er zitterte, er stammelte, und in seinen Mundwinkeln glänzte Speichel.

»Alter Narr«, fauchte Louis. Er atmete schwer, als wäre er gerannt. Über Grasbüschel und weiße Steine. »Ihr meint, Ihr könnt mir Angst einjagen. Nichts kann Euch Euren Besitz zurückbringen. Keine übernatürlichen Mächte können Euer Geschlecht erneuern. Keine Beschwörung kann die Provence schützen. Armer Narr. Ihr habt niemals begriffen, was Macht ist, *mon oncle.* Ihr glaubt, daß die Sonne am Himmel durch Zauberei aufgeht, und meint, daß Geschichte durch Talismane und Beschwörungen gemacht wird. Armer, alter Narr. Jetzt unterschreibt!«

»Ihr habt nichts verstanden«, sagte der König von Sizilien traurig. Er steckte die farbigen Kugeln in den Beutel und legte das Bündel vorsichtig auf den Boden. »Also gut«, seufzte er. »Wenn es Euch soviel bedeutet. Ihr könnt die Provence haben. Wenn ich tot bin«, sagte er und kritzelte munter über das Pergament hin, »werde ich sie nicht brauchen, nicht wahr?« Er blickte sehnsüchtig auf den Beutel und mußte sich sichtlich zurückhalten. »Noch eins, Louis. Wenn Ihr die Provence endlich habt, so würde ich an Eurer Stelle das Schloß in Tarascon meiden. Ich befürchte, Ihr könntet es ungemütlich finden.«

»Was meint Ihr mit ‚ungemütlich'?«

»Ach«, wisperte König René und grinste, »es ist voller Gespenster. Dort sind alle Gespenster, die Ihr gemacht habt. Es ist sicher kein Ort, so meine ich, an dem Ihr gerne schlafen würdet.«

Er kicherte los. Louis glaubte einen schrecklichen Moment lang, der alte Zwerg stünde ihm gegenüber. Ein sanfter Schauder ergriff ihn.

»Euer Steinhaufen«, sagte er fest, »kann mir nichts tun. Ich werde ihn einebnen lassen und ein neues Schloß bauen.«

»Sicher«, sagte sein Onkel und hüpfte auf einem Bein. Er lachte. »Ihr solltet Euch vor den weißen Steinen in acht nehmen, Louis. Ihr werdet alles haben. Anjou und Bar und die Provence – und vielleicht auch Burgund. Die Normandie, die Picardie, Savoyen. Edelsteine für das königliche Halsband.«

»Und Lothringen, *mon oncle.*«

»Nein«, sagte der König von Sizilien und sah ihn mit Eulenaugen an. »Nein, ich glaube nicht, daß wir Euch auch noch Lothringen geben werden. Fürchtet Ihr den Tod?«

»Den Tod? Ich denke nicht an den Tod, *mon oncle.* Das ist etwas für alte Männer wie Euch, darüber nachzusinnen. Ich bin zu sehr damit beschäftigt, ein Königreich zu errichten.«

»Ja. Euer großes Königreich. Vielleicht wäre es klüger«, sagte König René augenzwinkernd, »an den Tod zu denken.«

»Ihr wagt es, mir zu drohen?«

Der König von Sizilien antwortete nicht. Kichernd nahm er den Jongleurbeutel auf.

»Ihr seid völlig verrückt«, sagte Louis.

»Natürlich bin ich verrückt«, antwortete sein Onkel. »Wir sind alle verrückt. Wir haben etwas vom Engel und etwas vom Teufel. Der Mensch: das *magnum miraculum.* Wie könnten wir nicht verrückt sein? Aber, Louis, Ihr habt jemanden vergessen. Ihr habt uns fast alle vernichtet. Alle aus Anjou. Nun, das macht nichts. Jeder weiß, was man über Foulques d'Anjou erzählte. Aber Ihr habt jemanden vergessen.« Er kicherte wieder. »Seht Ihr, Louis, am Ende wird alles umsonst gewesen sein.«

Der König von Frankreich, gebannt wie ein Vogel vor einer Schlange, versuchte sich zu befreien. Er trat zurück, griff nach dem unterzeichneten Pergament, das ihn zum Erben der Provence ernannte, und gab seiner Wache ein Zeichen.

»Umsonst«, wiederholte der König von Sizilien. »Schaut.« Er fing wieder an zu jonglieren. »Beachtet das Gleichmaß. Die Symmetrie. Hier, Louis. Nehmt sie. Versucht es.«

Die zarten, alten Hände legten die Kugeln wie Früchte zu einem Haufen zusammen. Louis rümpfte verächtlich die Nase, drehte sich auf dem Absatz herum und schlich aus dem Raum.

An der Tür blickte er zurück. Sein Onkel stand in einem Strahl goldenen Sonnenlichts, kicherte und warf die glänzenden Kugeln hoch. Eine kräftige, ungebeugte Gestalt in einem schwarzen, mit königlichem Hermelin besetzten Samtgewand, und mit einem schwarzen Seidenturban, der sich über schlohweißem Haar wand. Er hätte komisch wirken können, wäre da nicht eine schwer zu beschreibende Würde gewesen, die ihm vielleicht die Sonnenaureole verlieh.

»Ich verzeihe Euch, daß Ihr es nicht versucht habt«, rief die melodiöse Stimme. »Es ist schwerer, als es aussieht. Doch ich habe vergessen, Euch etwas zu sagen. Der Alchimist. Mein Arzt hat mir nicht die ganze Wahrheit der Geschichte erzählt, Louis. Seht Ihr, der Alchimist war eine Frau.«

TEIL V

Yolande

Der Bär
1476-1480

Wenn Du Dich daher nicht Gott gleich machst, kannst Du Gott nicht verstehen: Denn Gleiches ist nur für Gleiches verständlich. Glaube daran, daß nichts Dir unmöglich ist, halte Dich selbst für unsterblich und fähig dazu, alles zu begreifen, alle Künste, alle Wissenschaften, die Natur eines jeden Lebenwesens. Steige höher als die größte Höhe hinauf, steige tiefer als die größte Tiefe hinab. Wenn Du in Deinem Denken alle Dinge zugleich einschließt, Zeiten, Orte, Elemente, die unzähligen Arten und Mengen, dann wirst Du vielleicht Gott verstehen.

Corpus Hermeticum

13

Die Teilnahmslosigkeit der Bevölkerung von Nancy während der Krönungsfeierlichkeiten ihres neuen Herzogs rührte vielleicht daher, daß er von Zauberbildern nichts verstand. Oder der gefühllos machende Stachel der Dezemberkälte hatte jeden Jubel gelähmt. Die Straßen lagen ruhig und waren von Eisglätte überkrustet; die Porte de la Craffe stand grau und trüb unter einem blutlosen Sonnenuntergang. Für dieses Ereignis waren gewiß riesige Anstrengungen und viel Geld aufgewendet worden. Der Eroberer hatte die Anfertigung einer neuen, über und über mit Diamanten, Perlen und Rubinen besetzten Herzogskrone angeordnet. Der altertümliche lotharingische Reif, so erklärte er, sei zu schäbig für Charles de Bourgognes mächtiges Haupt. Er hatte befohlen, den mittleren Bogen des Nordtors abzutragen, damit die burgundischen Gewappneten, in Viererreihen reitend, ihren triumphalen Einzug halten konnten. Er hatte mit den zeremoniellen Lehnseiden des Adels aus Lothringen absichtlich bis zum Einbruch der Dämmerung gewartet, denn wenn Tausende von Fackeln und Kerzen die Edelsteine und die Seidenstoffe glitzern ließen, würde das Spektakel noch prächtiger sein. Er wollte seine Zuschauer mit einem Schauspiel besonderer Art unterhalten und entzücken: Seine Krone wurde ihm nicht von den weltlichen Händen irgendeines gewöhnlichen Prälaten dargereicht, sondern von einem Zwerg mit Augen so schwarz wie Trauben, der, um den König von Frankreich zu verspotten, Louis-Onze genannt wurde und der, ganz in Gold gekleidet, auf dem Rücken eines riesigen Löwen in den großen Saal einritt.

Dieser ganze elegante Aufwand war jedoch ohne Wirkung geblieben. Die Adligen aus Lothringen und die Männer der Drei Stände trugen Schwarz. In Worten konnten sie ihre Mißbilligung nicht herausschleudern, sonst drohte ihnen der Galgen. Dennoch taten sie schweigend durch ihre zornesbleichen Gesichter ernst und feierlich ihre Trauer kund.

Der neue Herr über Lothringen, eingehüllt in Hermelin und purpurnen Samt, brütete über ihnen auf seinem Thron vor sich hin. Sein Gesicht blickte düster unter der glänzenden Krone hervor, weil er sich in seiner Würde verletzt fühlte. Zornig hielt er eine versöhnliche Rede: heftig, leidenschaftlich, voller Liebe zu diesem alten Land. Er wolle es, so sagte er, in Ehren halten und ihm Zuneigung entgegenbringen, als dem kostbarsten seiner Herrschaftsgebiete, dem strahlendsten Juwel in seiner Krone. Er würde Nancy zu seiner Hauptstadt machen. Er wolle in Paläste und Zelte, in Kirchen und Armenhäuser großzügig Mittel fließen lassen, wenn er von seinem Krieg mit den Schweizern zurückkehre. Er würde Lothringen umsorgen, als wäre es sein Heimatland. Und war es nicht, durch seinen Vorfahren Godefroi de Bouillon, den Herzog von Lothringen, der vor drei Jahrhunderten zum König von Jerusalem gekrönt worden war, in einem tieferen Sinn wirklich sein Land?

Burgundische Musikanten mühten sich vergebens, mit ihren Lauten, Flöten und Trommeln Fröhlichkeit zu wecken. Die Lothringer schlurften herum, starrten einander an oder blickten zu Boden. Unter dem Schleier von kostbarem Weihrauch und beim goldenen Lodern der Fackeln gab es nur einen einzigen Gedanken: Einer fehlte bei dieser Versammlung. Alle Edelleute, ob bedeutend oder unbedeutend, waren gekommen, um widerwillig den Treueid zu leisten. Der Duc de Bourgogne, nun Duc de Lorraine, hatte seine Großmut schon unter Beweis gestellt, als er die Besitztümer derjenigen einzog, die ihre Teilnahme verweigert hatten. Doch einer fehlte. Er war zwei Monate zuvor, als den entsetzten Bürgern bekannt wurde, daß die burgundische Armee an ihren Grenzen stand, verschwunden. Niemand wußte, wohin. Niemand sprach davon, nicht einmal hinter vorgehaltener Hand. Kein Lothringer machte ihm einen Vorwurf. Sie alle erinnerten sich daran, was dem Duc de Gueldres geschehen war, als der Löwe sein Land überfallen hatte. René de Vaudémont war so geheimnisvoll und so sacht verschwunden wie Schnee, der in der Sonne schmilzt.

Weil er fehlte, schauten alle, auch der erzürnte, hochmütige Mann auf dem Thron, die Mutter an.

Ihr unbewegtes Antlitz wirkte im rosigen Schimmer der Fackeln ruhig und klar. Gesenkte Lider verbargen ihre Augen. Das seltsame Lächeln auf ihren Lippen war ganz und gar nicht bescheiden. Es ging das Gerücht, daß sie den Eroberer in ihr Bett gelassen habe. Obwohl es nicht laut geäußert wurde, glaubten manche, daß Nancy sich auf ihr Betreiben hin nach nur zwei Wochen Belagerung den burgundischen Truppen ergeben habe. Doch der düstere Blick des neuen Herzogs ließ vermuten, sie könne ihrem Sohn zur Flucht verholfen haben. Schließlich war sie die Tochter des Königs von Sizilien. Niemand aus dem Hause Anjou konnte einem solchen Erbe untreu werden. Auch der braune Zwerg starrte sie an und mußte sich plötzlich an etwas erinnern.

Als sie die Nachricht, daß es Krieg geben würde, zum ersten Mal hörte, schien die Kapelle in Vaudémont ihr Zuflucht bieten zu können. Nun aber sah es so aus, als habe das Rad des Schicksals sie im Stich gelassen. Charles de Bourgogne hatte mit dem König von England und dem König von Frankreich einen Friedensvertrag unterzeichnet, der es Burgund gestattete, ohne Behinderung in Lothringen einzumarschieren. So rächte sich die Spinne für jenen sonnendurchfluteten Nachmittag, als Yolande ihn hinters Licht geführt hatte. Sie kannte Louis' Gedanken. Überlaßt dem Löwen Lothringen für kurze Zeit, dann kann Frankreich verschlingen, was übrigbleibt. Anjou und Bar waren verloren und auch das Erbe der Provence. Ihren Vater hatte man eingesperrt, bedroht, gedemütigt. Sie hatte gebetet, aber das schwarze Gesicht der Madonna war stumm geblieben. Nur der Halbmond ihrer Lippen mahnte zur Geduld. Verscherze es Dir jetzt mit diesem Mann, deutete das stille Lächeln an, und er wird Lothringen zerstören. Warte und halte aus. Beschwöre mich. Dann wird er sich selbst vernichten.

Unter dem Schutz ihrer Augenlider hervor sah Yolande ihn an. Der muskulöse Körper schien vor Stolz und wütendem Triumph schier zu bersten. Gegen ihren Willen erwachte in ihr ein quälendes Verlangen, und das stürzte sie in ein Gefühl des Abscheus vor sich selbst. Gemalte Gesichter längst gestorbener lothringischer Herzöge blickten stirnrunzelnd und tadelnd auf sie hinab. Du hast uns verraten, zischten sie. Du hast Dich dem Feind hingegeben. Aber wer war der Feind? Sie hatte geglaubt, diesen glühenden Liebhaber mit Zauberkunst und Schmeicheleien und mit ihrem alternden Körper außer Gefecht setzen zu können. Vielleicht war der Feind ja ihr Sohn, der sich gegen sie gestellt, der sich dem Bündnis Schweizer Städte gegen Burgund angeschlossen, den Vertrag gebrochen und eine Kriegserklärung ausgesprochen hatte.

Die Früchte seiner Rebellion hatte sie nun in diesen versteinerten Gesichtern und den düsteren Roben vor sich, und in dem mit königlichem Ornat geschmückten Untier, das eine glänzende, neue Krone trug und ein goldenes Zepter hielt, so als wäre er ein König. Er hatte an den Lothringern grauenvolle, wohlberechnete Terrorakte verübt, als er ihre Städte verschlang. Und nun schwatzte er und redete sich heraus. Nun verkündete er der Versammlung von Gefangenen die tiefe Freundschaft, die einst zwischen Burgund und seinen Nachbarn geherrscht hatte.

Er sprach von seinem Vater, Philippe le Bon, und von dem Vertrag mit dem alten Herzog Charles de Lorraine. Der alte Wandteppich hinter dem Thron bot auf unterhaltsame Weise eine Belehrung, wie Teufel zu betören waren. Er sprach von dem Wohlwollen des Königs von Sizilien und von Jehan, seinem Waffenbruder bei Montlhéry. Und von Nicolas und der Heirat, welche die beiden Herzogtümer hätte vereinigen können. Von dem tragischen Tod. Von der zerstörerischen Feindschaft des Königs von Frankreich. Er war wie ein Sänger, der eine uralte Geschichte erzählt: die Geschichte von Lotharingia, das früher einmal *ein* Land war, dann zerplittert, nun wieder vereint. Ihren eigenen Namen und den ihres Sohnes hörte Yolande nicht. Der braune Zwerg kauerte zu Füßen des Throns und machte ein finsteres Gesicht.

Das Rad drehte sich unaufhörlich. Sie konnte den Plan dahinter nicht erkennen. Wo die Fackeln über seine schwarze Mähne, die breite Stirn und die großen, weitgeöffneten Augen glänzende Lachen wie von heiligem Öl warfen, konnte sie einen Blick auf die schattigen Flügel seines Geschicks erhaschen. Im Saal wimmelte es nur so von protestierenden Gespenstern, die schnatterten und kreischten. Er konnte sie nicht hören. Er war aus Erde gemacht.

Später schwebten jene Erscheinungen sogar noch zwischen den bestickten Bettvorhängen hinter ihm. Sie schwärmten selbst über seinen vor Glut schweren Händen, die ihr Brennen auf ihrem wehrlosen Fleisch unter Kontrolle zu bringen suchten. Sie sah in die vor Leidenschaft erregten Augen und wollte ihn anschreien: Geht fort, flieht! Berührt mich nicht, liebt mich nicht, oder ich werde Euch den Tod bringen. Braucht mich nicht, oder *Sie* wird Euch verraten. Aber er war trunken von ihr — und er konnte ihren Sohn nicht finden.

»Warum«, sagte Charles de Bourgogne, »warum nur? Wenn ich in Euer Gesicht schaue. Nur eine alternde Frau. Haut, die gröber geworden ist. Unter Euren Augen Schatten. Eure Brüste hängen. Euer Bauch ist schlaff. Das alles sehe ich, und ich sage zu mir: eine alte Frau. Diese Frau ist nicht mehr schön. Vielleicht war sie niemals schön. Und doch vergesse ich es. Ich sehe Euch an, und ich träume und verbrenne. Ich . . .«, sagte er und schwieg.

Von den Kerzen stieg starker Qualm auf, der die weitgeöffneten Augen verhüllte. Sein Mund war der Mund eines Tieres, hart und wollüstig. Die Schultern waren stark, die Schenkel hatten kräftige Muskeln. Eine tiefe Narbe klaffte hochrot unter dem rechten Ohr, wo ihn in Montlhéry eine Lanze erwischt hatte. Unter der dicken Kruste zappelte etwas, was dort gefangen war. Sie konnte es berühren, dieses verborgene Gespenst, das sich dort abmühte. Ihre Finger wanden sich durch das dichte, schwarze Haar, das seine Brust, seine Schultern und seinen Bauch bedeckte. Womöglich könnte Liebe jenen Geist einmal befreien. Und doch hatte er sie verraten und ihrem Sohn das Land geraubt.

»Was Euch verbrennt«, sagte Yolande, »ist vielleicht nicht das, was Ihr seht. Vielleicht greift Ihr durch einen Schleier, und etwas anderes kommt Euch entgegen. Eine Andere. Das ist alles.«

»Das verstehe ich nicht«, sagte er.

»Nein«, sagte Yolande. »Wie könntet Ihr auch? Ihr liebt die Frauen nicht. Und selbst wenn Ihr es tätet: Wie könntet Ihr das verstehen? Ihr werdet von den Schatten auf den Höhlenwänden verzaubert. Aber das Feuer hinter Euch seht Ihr nicht. Und auch nicht die Gestalten, die zu strahlend sind, als daß man sie anschauen könnte. Ich habe Euch manchmal erschreckt, wenn ich versuchte, Euch den Schleier zu zeigen.«

»Welche Andere?«

Sie antwortete ihm nicht, sondern küßte die Narbe auf seinem Hals, die wie ein flehender Mund war.

»Wenn ich der Duc de Bourgogne wäre«, sagte sie sanft, »dann hätte ich Angst um mein Leben.«

Er griff in ihre gelösten Haare, die in seinen Händen wie Schlangen zu leben schienen, und zog ihr Gesicht ins Licht.

»Yolande, wo ist Euer Sohn?«

Ihr Lachen war haßerfüllt und rauh.

»Mein Sohn? Ich weiß es nicht. Was spielt es für eine Rolle, wo mein Sohn ist? Ihr seid jetzt der Duc de Lorraine. Warum solltet Ihr Euch mit jemandem befassen, der ein Niemand ist?«

Das dunkle Gesicht schwoll an. Breite Finger legten sich um ihren Hals.

»Eine Rose mit giftigen Dornen«, murmelte er. »Ich will Euren Sohn, Yolande. Ich werde nicht dulden ... Ihr wißt, daß ich Nancy verlassen muß. Die Schweizer brennen meine Schlösser im Vaud nieder.« Er keuchte. »Ich habe vor, Euren Sohn mit mir zu nehmen. Damit hier keine Rebellion angezettelt werden kann. Eure Lothringer können mich hassen, soviel sie wollen. Aber sie werden nicht gegen mich aufstehen, sie werden ...«

»Ach, Charles«, sagte sie. Sie spielte mit ihm, sie liebkoste ihn mit langsamen, trägen Bewegungen. Es bereitete ihr Freude zu spüren, wie dieser Körper ihr völlig gehörte — *Ihr* gehörte, auch wenn er zornig war.

»Ich will Euch nicht beleidigen«, sagte Charles de Bourgogne. »Glaubt mir, Yolande. Ich brauche Euch, ich ...«, flüsterte er und verstummte. Ein Geständnis könnte ihm seine Abhängigkeit bewußt machen. »Aber Ihr müßt ... Bei Eurer Liebe zu mir, sagt es mir. Ich verspreche Euch, daß ich ihm nichts antun werde.«

Doch sie lachte weiter, während sich seine dicken Finger um ihren Hals wanden.

»Liebe«, sagte sie nachdenklich. »Liebe ist durch Schönheit erregte Leidenschaft. Liebe, so sagt Orpheus, ist ohne Augen, denn sie reicht weiter als die stärkste Vorstellungskraft des Geistes. Aber Euch sehe ich mit meinen Augen. Ich erinnere mich nicht, daß ich Euch je von Liebe gesprochen habe. Ich habe Euch nie geliebt. Ich habe Euch nur begehrt. Das ist ein Unterschied. Doch Ihr habt ja nicht viele Frauen gekannt. Nur die geschmeidigen Körper halbwüchsiger Knaben. Alle Welt weiß, daß Charles de Bourgogne ein keuscher Mann ist.«

Er entwand sich ihr, zappelte, um sich aus den seidenen Netzen zu lösen: aus den Vorhängen und den zerwühlten Laken und aus ihren hartnäckigen Fingern. Er kleidete sich an, schwerfällig, als wäre er aus Lehm, unter Seufzern, als würde er gleich zu toben oder zu weinen beginnen. Sie dachte: Wie schön er ist. Auch er war mit dem Alter gröber geworden. Er war jetzt zweiundvierzig; seine Figur mit den kräftigen Muskeln würde sicher bald korpulent oder gar schlaff und fett werden. Aber noch nicht. Er war nun auf dem Zenit, und voller Würde und Kraft. Als wäre in das schwerfällige Gefäß ein elektrischer Funke gesprungen. Die Tieraugen waren wütend. An der Tür des Gemachs drehte er sich um.

»Ihr versucht, mich zu erniedrigen«, knurrte er. »Glaubt nicht, daß ich es schnell vergessen werde. Dieses Herzogtum gehört jetzt mir. Ihr dachtet wohl, Ihr könntet es für Euren Sohn behalten. Mit Eurem Altfrauenkörper. Euer eigenes Volk raunt und nennt Euch Hure. Ich werde nicht dulden ... Ich werde jeden hängen ... Wenn Euer Sohn die Waffen gegen mich erhebt, werde ich ihn töten. Versteht Ihr? Ich werde ...«

»Ich habe niemals daran gezweifelt«, sagte Yolande. »Mit jedem Monat, der ins Land geht, werdet Ihr Louis immer ähnlicher. Vielleicht ist es eine ansteckende Seuche. Wie die Pest. Eine Taufe mit Blut, die alle vergiftet, die der Spinne im Kampf zu nahe kommen. Mein Vater hat recht daran getan, daß er in all diesen Jahren den Lauf des Wassers nahm.«

Sie lachte immer noch über ihn. Wie eine Gorgo starrte sie ihn an, die Schlangenlocken zerzaust, die Brüste unbedeckt und die Schenkel geöffnet; ihr Lächeln war haßerfüllt.

»Es ist gar nicht nötig, daß mein Sohn einen Aufstand anzettelt«, sagte sie. Sie hatte die Arme ausgebreitet, als wollte sie ihn zwingen, wieder zu ihr zu kommen. »Die Erde selbst wird Euch ausspeien. Ihr wart einmal ein Mann, ein edler Mann. In Dijon sah ich einen, der ein König hätte sein können. Vielleicht liebte ich Euch damals ein wenig. Aber das ist lange her. Jetzt seid Ihr wie Louis. Denkt an die Erde. Die Hügel und die Wälder und die weißen Steine. Es ist nicht mein Sohn, den Ihr fürchten müßt. Es ist die Erde; und auch ich bin es. Ihr solltet mich fürchten, Charles. Vielleicht bin ich nur eine alte Hure, doch ich weiß, wie man Euer Schicksal beschwören kann.«

Weil ihre Arme ihn immer noch einluden, und weil er träumte und verbrannte, stöhnte er, wie vor Schmerzen, und mußte wieder zu ihr gehen. Yolande aber dachte, als sein glühender Körper sie in all der Seide unter sich begrub, an ein Wolfsfell vor einem Feuer; und sie verwunderte sich über die Verbindung von Eros und Thanatos, die ohne einander nicht leben und nicht sterben konnten.

* * *

♏ *. . . Er sagte mir, Euer Gnaden, der maßlose Prunk bei seiner Krönung sei zu Ehren meines Vaters gewesen. Seine vollen Lippen zuckten, und seine aufgerissenen Augen wurden ganz sanft und verlegen, als er gestand, daß er angefangen habe, Cicero und Ovid und Vergil zu lesen. Und während er gegen das Verlangen ankämpfte, das er für einen Zauber oder für einen Fluch hielt, versprach er, daß er Maler und Dichter und Philosophen nach Lothringen bringen und dort einen Hof aufbauen würde, der sogar den König von Sizilien beschämen könnte.*

Ein dummer Mensch ist nur eine junge Seele, Euer Gnaden, die den mühsamen Weg der Äonen geht, ohne zu begreifen, daß der Geist noch in den zarten Phantasien der Kindheit verharrt. Ein kluger Mensch ist einer, der weiter vorangekommen ist und mehr erfahren hat, der aber glaubt, dies sei sein Verstand, und nicht die langsam anwachsende Menge der vielfältigen Erscheinungsbilder, die seine Seele geformt hat. Ein böser Mensch ist wie ein guter Mensch: Beide sind noch weiter gewandert und haben etwas über die zwei Gesichter der Götter erfahren, die den Weg bewachen. Und der Magier, der Mensch, der sieht, der Mensch, der durch die drei Welten emporgestiegen ist und die Krone berührt hat, ist einer, dessen Seele das Ziel erreicht hat und dennoch zurückgekehrt ist, aus Liebe zu denen, die zwischen Dornen und weißen Steinen im Staub umherstolpern.

Wie aber konnte ich einem Mann helfen, der gleichzeitig dumm war und klug, böse und gut, Euer Gnaden? Einem, der blind umhertappte und der doch ohne Augen die Gestalten spürte, die durch die Kruste des Weges schimmerten? Wie konnte ich ihm helfen, wo ich doch selbst blind war und in seiner Umarmung einen gehörnten, gelähmten, erdgebunden Gott berührte? Ja, Euer Gnaden, ich habe ihn geliebt. Liebe, so sagen die Griechen, ist ein mächtiger daimon. *Aber wenn der* daimon *vorübergegangen ist und die Augen wieder sehen können, dann stoßen wir ihn zurück und nennen es Leidenschaft, Haß oder Begierde, Sehnsucht oder Einsamkeit. Wie konnte ich meinem Geliebten helfen, wenn ich in jedem Raunen des Flußwindes Euch sagen hörte: Du bist diejenige, die ich erwählt haben würde; und schon lange, bevor ich gelobte, zu schweigen und Euch zu dienen, das unzerreißbare Band fühlte, das nur mein Tod lösen konnte?*

Es ist eine schwere Last für eine Frau, Euer Gnaden, wenn ihr auferlegt wird, aus Gedanken und Leben den Teppich zu knüpfen, der das Gewebe ist für Euren Orden. Früher einmal glaubte ich, wir seien dazu da, Euch, der Ihr gejagt wurdet und sich wie ein Nachttier vor dem Licht verbarg, zu schützen. Dann dachte ich, wir dienten Euch um des bittersüßen Traumes willen, Euch wieder auf den Thron zurückzubringen, der vor neunhundert Jahren verlorenging, für kurze Zeit wiedergewonnen und dann erneut verloren wurde. Eine Weile klammerte ich mich an das, was Ihr mir sagtet: daß Ihr ein Schwert brauchtet, weil Ihr keinen Sohn hättet. Ich glaubte auch, daß mein Vater Euch tatsächlich deshalb im Stich ließ, wenn auch zu Recht, weil er das heilige Geschlecht als Symbol begriff und nicht als Fleisch. Euer königlicher Körper, Euer Gnaden, bedeutete ihm weniger als das, dessen lebendige Verkörperung Ihr wart. Für ihn war das heilige Geschlecht eine Kette kostbaren, alten Wissens, ein unterirdischer Strom, ein Geheimnis, das kein konkretes Geheimnis war, sondern aus dem getriebenen Gold jener sehenden Seelen geschmiedet, welche die Himmelsleiter erklommen, an der heiligen Schale genippt hatten und zurückgekehrt waren, um die Götter, die sie kannten und liebten, in schönen Formen zu beschwören.

Ihr habt die Abstammungslinie Eures Fleisches verehrt, Euer Gnaden, mein Vater dagegen die seines Geistes. Ihr habt miteinander gestritten und den anderen nicht anerkannt. Aber ich, die

Euer Fleisch liebkost hat und auch vom Geist meines Vaters befruchtet wurde, weiß nun, daß ich durch mein Frausein gesegnet und verflucht bin. Denn ich bin dazu verdammt, beides in meinem Fleisch zusammenzuschweißen und Euch zu dienen als Mann und als Frau, als Geist und als Körper. Als die Tochter meines Vaters und mein Vater. Ich muß das göttliche Zwitterwesen spielen und den Zauberstab schwingen, der in den bitteren, traurigen Dissonanzen von König Louis' Welt die universelle Harmonie der Götter heraufbeschwören soll. Ihr habt mir nichts erspart. Und ich muß auch Fleisch sein, das Fleisch von Eurem Blut geboren und Euch Euren Sohn gegeben hat.

Wußtet Ihr, Euer Gnaden, daß ich Euch in der Nacht, als der Löwe von Burgund zum Duc de Lorraine gekrönt wurde und die Funken der Fackeln gegen die düsteren Gewänder und die zornigen Gespenster anflammten, beinahe verriet? Ich lag in seinen Armen und hätte ihm fast zugeflüstert, wo sich mein Sohn versteckt hielt. Und ich war nahe daran, auch von Euch zu sprechen und davon, wem mein Vater diente. Damit dieses gottbesessene Untier die Wahrheit begreifen könnte, sein Haupt vor dem wahren König neigte und hier in Lothringen bliebe, bei mir, während ganz Frankreich von Louis bis auf den letzten Blutstropfen ausgesaugt wurde. Fast verriet ich Euch, als er zwischen meinen Schenkeln lag, denn Liebe ist, wie Orpheus einst sagte, ohne Augen.

Vielleicht waren es die Kerzen, die um seinen Kopf eine Krone aus Dunst malten, die aber durch das Heben und Senken seines Körpers und sein Gestöhn allzu schnell dahinschwand; oder es kam vom Säuseln des Windes, der sanft war wie ein Blütenregen; oder es war Eure Stimme, Euer Gnaden, die flüsterte: Ich sah den Keim seines Todes, Yolande.

Ich verriet Euch nicht. Ich liebte, aber ich nannte es anders. Auch meinen Sohn verriet ich nicht, der in Straßburg und in Bern, in Zürich und Colmar Hilfe erbitten wollte, um den Tyrann, der mein Geliebter war, zu stürzen und sein Herzogtum zurückzufordern. Und auch meinen Vater verriet ich nicht, der Louis Anjou und Bar und später auch die Provence wie einen

Sack mit Jongleurspielzeug hingeworfen hatte, weil er darauf vertraute, daß ich, seine Tochter und Schülerin, Lothringen halten würde, bis die Spinne und der Löwe sich am Wetzstein ihres Hasses gegenseitig zu Asche zermahlen hätten. Ich ertrug die kalten Augen meines Volkes, Euer Gnaden, die beobachteten und raunten: Hure! Und ich ertrug die Gewalttätigkeit und die Gerissenheit der Kreatur, die ich entflammt hatte, als er versuchte, mir meine Geheimnisse zu entreißen. Und um all dieser Dinge willen dürft Ihr niemals zu mir sagen, jemand aus dem Hause Anjou habe Euch verraten.

Zwanzig Tage vertrödelte er in Nancy, Euer Gnaden, um sich mit seinem neuen Flitterzeug zu brüsten und um bei mir zu liegen. Dann ritt er mit seiner Armee ins Vaud. Er ritt mit meinem Segen und mit meinem Fluch. Er wußte nicht, daß auch Sie *mit ihm ritt und ihn mit Phantasien von Größe und ewigem Ruhm lockte. Sie wob ein Netz aus Hexensilber über seine Augen, so daß er blind war und sinnlos zwischen den Steinen und Dornen der Menschwerdung umherirrte. Schon damals vernichtete* Sie *ihn fast, doch dann erbarmte* Sie *sich für kurze Zeit. In Granson war es, wo die Männer aus Bern von den bewaldeten Abhängen des Mont Aubert herunterschlichen und gleichsam wie vom Himmel über seine verängstigten Truppen herfielen, während die Hörner von Uri und Unterwalden heulten wie wilde Erynnien, die den Schuldigen erspäht haben. Und mein Geliebter, der einem Feind noch nie den Rücken zugewandt hatte, floh, Euer Gnaden, sonst wäre seine ganze Armee niedergemetzelt worden. Er ließ die drei großen Diamanten zurück und den juwelenbesetzten Hut und das Herzogssiegel und die seidenen Zelte und die Kanonen und ganze Haufen kostbarer Wandteppiche aus Arras; und den Thron, den er überall hin mitnahm, um sich daran zu erinnern, daß er ein König sein könnte.*

Danach, so wurde mir berichtet, lag er krank auf den Tod, und seine Ärzte wollten schier verzweifeln. Man raunte sich zu, daß Schwermut ihn verzehre; oder daß König Louis, der befürchtete, er könne seine Armeen jetzt gegen Savoyen schicken, ihn endlich doch vergiftet habe. Sein Leib wurde von erbarmungslosen Schmerzen zerrissen, als umwerbe ihn sacht Arsenicum album. Sein dichtes Haar fiel in Büscheln aus, und über seinen Augen lag ein Schleier, so daß um ihn undurchdringliche Dunkelheit herrschte. Man erzählte mir auch, daß er in seiner Verzweiflung nach Thanatos schrie und um Erlösung bat, denn nie zuvor war er geschlagen worden und konnte die Schande nicht ertragen. In Dijon war die Bevölkerung voller Furcht. Ohne ihn gab es nichts mehr zwischen Burgund und der Spinne. In allen Schweizer Städten dagegen tanzten die Menschen vor Freude und zündeten Votivkerzen an, damit der Tyrann auf seinem Weg zum Acheron schneller vorankäme. Und während er in Lausanne in düsterer Schwermut auf seinem Krankenbett lag, schickte ihm König Louis einen Brief, in dem er ihm mitteilte, der König von Sizilien habe ihn verraten und die Provence gehöre nun zu Frankreich.

Jene, die sich selbst für Götter halten, Euer Gnaden, werden von den Göttern vernichtet. So war es bei Tantalos und bei Sisyphos und bei Ixion; und so war es auch bei meinem Geliebten. Der Mensch, der von göttlicher Vergeltung heimgesucht wird, wird fühlen, wie das Rad sich dreht, und er wird sich fürchten. Ich erfuhr, daß er in seinem Delirium schrie, er sei verhext worden. Sie *habe ihn verzaubert und mit einem Fluch belegt; und selbst Unser Herr würde seine schlimme Sünde nicht vergeben. Niemand wußte, Euer Gnaden, von wem er sprach. Er raunte seinen Priestern etwas von Hexerei zu und daß er unrein sei. Er schrie, er sei größer als Louis, aber am Ende würde Louis siegen, weil er niemals den Weg ohne Augen gegangen sei. Vielleicht war der Segen größer als der Fluch, denn er starb nicht. Er erhob sich von seinem Lager, bleich und abgezehrt und verschanzt hinter einer stummen Seelenqual, und bereitete seine Truppen auf die Belagerung von Morat vor. Ich hörte auch, Euer Gnaden, daß er sich nach Granson veränderte. Bittere Apathie erfaßte ihn, so daß er nicht länger Freude fand an seinen Musikanten, oder an der Laute, die er recht ordentlich spielte, oder an lateinischen Versen, die er lieben gelernt hatte. Er kleidete sich nur noch in Schwarz und fand nur noch Freude an den Grausamkeiten des Krieges. Ich erfuhr diese Dinge durch Männer, die alles beobachteten und überall herumhorchten. In ganz Europa ging die Nachricht von der schmählichen und kostspieligen Flucht des Löwen um. Er hat es mir niemals selbst erzählt, Euer Gnaden. Er ritt an jenem Tag mit seinen Männern fort, und der Schnee fiel sacht und rein. Er beauftragte mich damit, die Flitterkrone zu bewachen, die alles war, was er an Königtum jemals erreichen würde. Er versprach mir, er würde sich nach seiner Rückkehr um meinen Sohn bemühen und versuchen, seine Freundschaft zu gewinnen. Er würde allen beweisen, daß er Lothringen mit ritterlichem Geist regieren könne, wie mein Vater. Er sagte mir, meine Berührung könne ihn von all dem Gestank und dem Rauch des Krieges heilen; in meiner Umarmung könne er vielleicht wieder anfangen zu träumen.*

Ich sah ihn ein ganzes Jahr nicht, Euer Gnaden. Auf Granson folgte Morat; und dann die endgültige Vergeltung. Als ich ihn das nächste Mal sah, hatte Eure Prophezeiung sich erfüllt. Vielleicht hatte Sie *aber auch mich verflucht. Denn ich konnte nur noch seinen steifgefrorenen Leichnam in den Armen halten . . .*

***

»Sprecht leise«, flüsterte René de Vaudémont, »und weckt die Diener nicht auf. Ich brauche Verschwiegenheit. Ich werde sofort wieder gehen. Ihr werdet es am Morgen von den Kurieren hören. Wir haben die burgundische Garnison in Vaudémont zerstört und die Stadt genommen.«

Als sich seine Gestalt aus den Schatten des Schlafgemachs schälte, hatte Yolande im ersten Moment gedacht, es wäre ein anderer. Das Licht einer einzelnen Kerze fiel auf silberne Augen und ließ einen mit Schmutz und Blut befleckten Brustpanzer matt aufschimmern. In einer anderen Sommernacht war ein Mondsplitter ganz verloren zwischen schwarze Wolken gestürzt, und einer war gekommen, ihr vom Tod zu sprechen. Sie unterdrückte ein Schluchzen und streckte ihre Hände aus.

»Es hat also begonnen«, murmelte sie. »Wie viele Männer habt Ihr?«

»Vierhundert«, sagte er mit bitterer Ironie. »Ich war in jeder Stadt, die sich dem Bündnis angeschlossen hat. In Bern, in Basel, in Zürich, in Schwyz, in Colmar, in Straßburg; sogar in Köln. Ich habe kein Geld. Ohne Geld wollen sie mir keine Truppen geben. Ich kann mein Herzogtum nicht mit vierhundert Mann zurückgewinnen. Doch wenn die anderen lothringischen Städte von Vaudémont hören, werden sie Mut fassen. Und sie werden sich gegen den Eindringling erheben.« Er kniete neben ihr wie ein Bittsteller. »Die Schweizer sind klug, *ma mère*. Ihre raffinierteste Waffe gegen einen so disziplinierten Kämpfer ist die Überraschung. Er wird bald von Lausanne aufbrechen, um Morat anzugreifen. Sie werden dort auf ihn warten, wo der Weg am Seeufer entlangführt. Und ich, ich werde mit meinen vierhundert Männern nach Morat reiten und mit ihnen zusammen kämpfen.«

Ganz allmählich ging ihr auf, daß er sehen wollte, wie weit er ihr vertrauen konnte. Es wäre für sie jetzt ein leichtes, eine Warnung loszulassen.

Vor ihren Augen trieben Trugbilder vorbei, als er so flüsterte. Er war ein Verschwörer wie sein Vater. Die Nebel stiegen auf, wirbelten über die Tannen hin und den Feldweg beim See, auf dem die entmutigten und demoralisierten burgundischen Truppen sich dahinschleppten. Dahinter erhoben sich dichte Waldungen, die mit kleinen zugefrorenen Bächen bestickt waren. Stein und Eis stießen als kahle Barriere in den Himmel. Dann plötzlich der Klang der Hörner, die heulten wie Klageweiber. Der Schleier sank. Die Visionen verloren sich.

»René«, sagte sie. Sie versuchte, in Augen einzudringen, die ihr den Eingang nun verwehrten. »Könnt Ihr nicht hier in Lothringen bleiben und Euren Städten helfen? Er wird lange Monate im Vaud zu tun haben. Wir können uns unser Land zurückerobern. Geht nicht nach Morat. Kämpft nicht gegen ihn. Noch nicht. Nicht jetzt.«

Er lachte bitter oder vielleicht auch verächtlich.

»Wenn ich nicht wüßte, was ich weiß, *ma mère*«, sagte er, »würde ich Euch für eine liebevolle Mutter halten, die um mein Leben fürchtet. Aber es ist sein Leben, das Ihr zu schützen sucht. Ich bin nicht zurückgekommen, um mit Euch über das Leben Eures Geliebten zu verhandeln. Er hat mir mein Land genommen. Ich möchte ihn tot sehen. Ihn sogar eigenhändig töten. Ich bitte Euch um Loyalität.«

»Ihr habt Euch sehr verändert«, flüsterte sie bestürzt. Doch dann, verärgert darüber, daß ihr heimlich die Tränen kamen, fuhr sie ihn an: »Ach, Ihr begreift nicht. Er wird sterben, ob Ihr ihn nun tötet oder nicht. Der Tod greift schon nach ihm. Aber sanft, wie eine Katze, die mit einem verletzten Vogel spielt. Habt keine Angst. Ihr werdet Euer Herzogtum zurückbekommen«, sagte sie schleppend. »Nur ich werde leiden. René, könnt Ihr mir nicht diese schlimmste Qual ersparen, daß Ihr es sein müßt, der ihn tötet?«

»Wer hätte mehr Grund dazu als ich«, sagte der junge Mann kalt, »dessen Erbe er gestohlen hat? Dessen Volk er terrorisiert? Dessen Mutter er entehrt hat?« Seine Stimme war immer noch leise. Aber auf der bleichen Stirn waren die Adern angeschwollen. Seine Hände, die auch nur sterblich waren, zitterten in den ihren. »Habt Ihr an meinen Stolz gedacht, als ich aus dem Mund meiner verlegenen Soldaten schmutzige Geschichten über meine Hure von Mutter hören mußte, die ihren toten Gemahl und ihren Vater entehrte, während ihr Sohn wie ein Bettler von Stadt zu Stadt schlich und um Gold bat? Ich kenne Euch zu gut, als daß ich es für so einfach hielte. Ihr seid voller Geheimnisse. Ihr habt mich nicht verraten. Aber ich bin ein Mann, *ma mère*. Ich bin kein zahmer Bär. Ich bin ein Herzog. Ich bin der letzte aus dem Geschlecht Eures Vaters. Diesmal werde ich Euch nicht Euren Willen tun.«

»Früher einmal«, sagte Yolande, »kanntet Ihr meine Geheimnisse. Damals hättet Ihr verstanden. Damals hattet Ihr teil an einem Geheimnis.« Sie stand auf und sah, wie sich ihr nackter Körper, als sie sich ankleidete, in seinen blassen Augen spiegelte. Seine Gedanken hämmerten auf sie ein. Eine alte Frau, eine noch gar nicht so alte Frau. Der Schoß, der ihn geboren, die Brüste, die ihn gesäugt hatten. Die Liebhaber in diesem Bett. Weil er ihr eine Messerklinge in die Seele stieß, mußte sie die seine auch verletzen.

»Ich habe nicht vergessen, wer ich bin«, sagte sie bitter. »Selbst in den Armen meines Geliebten denke ich daran, daß ich im Bett Eures Vaters liege. Ich bin nicht so schamlos, daß ich keine Reue fühlte.«

»Ach«, sagte René de Vaudémont, »mein Vater.« Seine Augen waren starr. Sie waren jetzt nur noch die Augen eines gekränkten Mannes. Ein wohlbekannter Geruch nach toten Narzissen schlug ihr entgegen, und sie sah ein gezeichnetes, liebevolles Gesicht. Sie konnte nicht sagen, wie lange er es schon wußte. Sie begann, erregt im Raum umherzugehen und rang dabei die Hände.

»Ich bitte Euch«, sagte Yolande. »Verschont mich dieses eine Mal.«

»Habe ich nicht immer Euren Willen getan?« sagte er mit undeutlicher, fast versagender Stimme. »Ihr habt mich nach Florenz geschickt, als ich noch ein Kind war, damit ich am Hof der Medici die Geheimnisse der umfassenden Harmonie lernen könnte. Die Liebe zur Schönheit und die Schönheit der Liebe. Habe ich nicht gezeigt, daß ich begriffen hatte, als ich hier zum Mann heranwuchs, ohne mit dem Krieg in Berührung zu kommen? Ich habe für Euch das Leben Eures Vaters gelebt und habe gegen niemanden die Waffen erhoben. Ihr habt mich mit einer verkrüppelten Frau vermählt, denn wäre es eine Frau gewesen, die mir ein Kind geboren hätte, dann würde Louis es getötet haben. Ihr verspracht mir, daß ich sie, wenn die Spinne stürzt, verstoßen könnte, um eine fruchtbare Braut zu nehmen. Habe ich Euch nicht gehorcht und Bastarde gezeugt, während ich darauf wartete, daß der König von Frankreich endlich stirbt?«

»Ihr habt es verloren, es ist fort«, flüsterte Yolande.

»Was? Was habe ich verloren?«

»Bin ich wirklich so schrecklich gewesen«, sagte sie sanft, »so böse?«

»Nein«, antwortete er gequält und wütend, »denn ich tat es, weil ich selbst es wollte. Aber dieses Mal, *ma mère,* werde ich mich Euch widersetzen, weil ich es so will. Ich werde mich jetzt nicht in Lothringen verbergen, um das Leben Eures Liebhabers zu schonen.«

»Er hätte Lothringen niemals genommen«, sagte Yolande böse, »wenn Ihr ihm nicht den Krieg erklärt hättet.«

»Ich weiß, daß Ihr eine unergründliche Frau seid«, sagte ihr Sohn, »doch ich habe Euch nicht für eine Närrin gehalten.«

Ohne sich um Diener und Verschwiegenheit zu kümmern, fing sie an zu schreien.

»Ich bin keine Närrin! Um der Liebe Gottes willen, René, denkt nach! Er wird nicht in Morat sterben. Noch nicht. Das weiß ich mit jeder Faser meines Körpers. Und wenn er Euch auf dem Schlachtfeld von Morat begegnet, glaubt Ihr, er würde dann dieses Herzogtum verschonen? Ihr habt ihn in seinem Wahnsinn noch nicht kennengelernt. Er ist ein Mann, der von seinen Rachegelüsten verzehrt wird. Er trägt das dunkelste Antlitz des Skorpions. Er kann nicht vergeben und nicht vergessen. Er wird nicht ruhen, bis jene, die ihn gekränkt haben, hingemetzelt und blutend unter seinen Händen liegen.«

»Und diese Kreatur«, sagte René de Vaudémont verstört, »liebt Ihr?«

»Liebe«, sagte sie erstickt, »ist ein mächtiger *daimon.* Vielleicht bilde ich mir ein, daß ich in seiner Finsternis Spuren von Licht erkenne. Doch ich fürchte mich nicht vor Morat. Es ist etwas Schlimmeres. Ich weiß, ich sehe« — aber noch während sie auf ihn zuging und seine Schultern packte und sich an ihn klammerte, entglitt die Vision. Eine trübe Vorahnung legte sich wie eine schlüpfrige Schicht auf ihre Haut. »Ich habe Angst«, sagte sie und lag schluchzend in seinen Armen, »ich habe Angst.«

Ein Kratzen an der Tür ließ ihn zurückschrecken. Er küßte sie auf die Stirn, wie ein heimlicher Liebhaber, der schnell fort muß, und verschwand durch das Fenster, in dem verloren die Sichel des Mondes schwamm. Als sie die Zimmertür öffnete, sah sie hinter den verängstigten Augen ihrer Zofen im Licht der Fackeln die Gesichter der burgundischen Wachsoldaten.

»Ich habe geträumt«, sagte sie. »Ich habe einen Albtraum gehabt. Einen schrecklichen Traum.«

Bis der Mond untergegangen war, hatte sie einen Brief geschrieben und ihn mit ihren Tränen genetzt. Bis die Dämmerung ein Meer von Rosen über dem Boden ausgegossen hatte, hatte sie ihn mit versteinerten Augen zerrissen und in den Abtritt geschleudert, wo er mit den anderen Abfällen davontrieb.

14

Eines der Belagerungsgeschütze hatte ein Loch in die westliche Mauer gesprengt. Der Schutt war auf die vereisten Kadaver der burgundischen Soldaten niedergegangen, die an Stricken von den Zinnen baumelten. Sie waren schneebereift und blutbefleckt, und so tanzten sie wie phantastische Marionetten und schaukelten bei jedem Kanonenschlag hin und her. Sie waren dort zum Zeichen eines verzweifelten Widerstandes aufgehängt worden. Innerhalb der Mauern aßen die Bewohner von Nancy schon seit fast einem Monat das Fleisch von Hunden und Katzen. In den mit Unrat vollgestopften engen Gassen jagte die Stadtbevölkerung trübsinnig nach Ratten und sogar nach Mäusen. Außerhalb der Stützpfeiler der Südmauer, wo der Weg sich neben der gefrorenen Meurthe hinschlängelte, hatten die burgundischen Truppen, ohne es zu wissen, ihre Zelte auf heiliger Erde aufgeschlagen: auf einer Begräbnisstätte der ersten Herrscher Frankreichs, der Langhaarigen Könige des Merowinger-Geschlechts. Im Lager wimmelte es wie in einem schwarzen Ameisenhaufen. Dahinter trieben Nebelwände, die den Wald verbargen.

Es kam den Bürgern von Nancy nicht in den Sinn, die Stadttore zu öffnen und sich zu ergeben. Sie wußten, daß sie keine Gnade zu erwarten hatten. Man würde sie alle hängen und ihre Stadt bis auf den Grund niederbrennen. Es hieß, der Löwe sei durch ihren hartnäckigen Widerstand in den Wahnsinn getrieben worden und würde bis in alle Ewigkeit auf die Übergabe der Stadt warten. Ihr eigener junger Herzog hatte ihnen Nachricht gegeben, daß er vielleicht mit einer Armee zur Verteidigung zurückkehren werde. Wenn nicht, dann wollten die Bürger von Nancy als Lothringer sterben und nicht als burgundische Untertanen. Bis dahin würden sie Ratten essen und die Leichen des Feindes an ihren Mauern aufhängen.

Was an kläglichen Privilegien möglich war, hatte man der Comtesse de Vaudémont gewährt. Sie konnte Pferdefleisch essen, solange noch ein Pferd zum Zerstückeln da war, und den Bodensatz des Weins trinken. Sie hatte zusammen mit den anderen Frauen an den Mauern ihren Dienst verrichtet, hatte den Männern Verpflegung gereicht, hatte Wunden verbunden und den Sterbenden beigestanden. In René de Vaudémonts Abwesenheit hatten sie bei Yolande Kraft gesucht. Stillschweigend hatte sie schließlich ihre Loyalität bewiesen. Unbewegt hatte sie die Rationierung der Lebensmittel beaufsichtigt und das Schloß in ein Lazarett umwandeln lassen, wo die Verwundeten gepflegt werden konnten. Im großen Saal lagen vor einem Wandteppich, auf dem ein geflügelter Engel mit einer Weintraube einen Teufel versuchte, Reihen übel zugerichteter Männer, die bei Ausfällen vor die Mauer durch niederhagelnde Pfeile oder von Kanonenkugeln oder niederprasselnden Schwertern verletzt worden waren. Die Stadtbevölkerung verbrannte die Leichen in einer Grube, um den Ausbruch der Pest zu verhindern. In ihrer Verzweiflung, so ging das Gerücht, hätten sie angefangen, Menschenfleisch zu essen.

Von Zeit zu Zeit gelang es einem Boten, sich einen Weg durch die feindlichen Linien zu bahnen. Von ihnen wußte sie, daß ihr Sohn aus anderen Städten Männer hatte sammeln können: aus Epinal und Gondreville und Mirecourt, aus Lunéville und Arches. Eine Handvoll zusammengewürfelter Soldaten gegen die Armee des Löwen. Jeden Tag schaute sie über die Südmauer in die weiße Ferne. Sie allein wußte, daß ihr Sohn kommen würde. In ihm war etwas Unzerstörbares, wie bei seinem Vater. Eines Morgens würde er aus den treibenden Nebelfetzen auftauchen, und die Sonne würde das Silber in seinen Augen aufflackern lassen. Hinter ihm würde ein Heer marschieren. Der Schnee fiel, unschuldig und fleckenlos, unaufhörlich auf die unglückliche Stadt und auf den Ameisenhügel des burgundischen Lagers nieder. Eine winzige Genugtuung konnte man vielleicht darin finden, daß das Belagerungsheer ebenfalls hungerte. Seine Provianttruppen waren durch die Angriffe der Männer, die ihr Sohn um sich gesammelt hatte, weiter südlich abgeschnitten worden. Die Kundschafter hatten berichtet, daß über Nacht vierhundert burgundische Soldaten erforen waren.

Die Sonne, die auf der weißen Haut des Himmels kaum zu sehen war, klagte sie an wie ein erblindetes Auge. Charles de Bourgogne war nun wirklich wahnsinnig geworden. Wie ein Liebhaber hatte er begonnen, den Tod zu umwerben, der die einzig mögliche Lösung war für seine maßlose Selbstüberhöhung. Als suche er, wie Ixion auf seinem brennenden Rad, Sühne für die Hybris seiner Träume von Gottähnlichkeit. In Lothringen hatte eine Stadt nach der anderen sein Joch abgeschüttelt. Vielleicht war die Schwarze Madonna zum Leben erwacht, um Rache zu üben, so schrecklich wie ein fahnengeschmücktes Heer. Von Vaudémont hatte sich der Aufstand nach Epinal und nach Gondreville ausgebreitet; und dann nach Nancy. Und dieser ungestüme Wahnsinnige, der nach dem Debakel von Morat nur mühsam wieder auf die Beine gekommen war, eilte nun mit den Überresten seiner zerschmetterten Armee, um mitten im Winter die Stadt zu belagern. Wie ein Meteor danach sucht, daß sein brennendes Feuer gelöscht werde, so suchte er nach Tod und Erlösung.

Yolande dachte an einen Raum, der mit bernsteinfarbener Seide und fleischfarbenem Samt ausgeschlagen war: wie sie betäubt war und trunken von blutfarbenem Wein. An eine Umarmung, die andere, größere Umarmungen versprach. Ein neues Lotharingia, das sich von Meer zu Meer erstrecken sollte. Sie hatte ihn mit der Schimäre von Königtum erregt und verlockt. Nun war er wahnsinnig geworden. Sie hatte sich schon längst an die unüberbrückbare Kluft in ihrer eigenen Seele gewöhnt, an die Kluft zwischen dem steinernen Haß und dem unvergessenen, unaufhörlichen Verlangen. Aber beides war nun nicht mehr wichtig. Es kam ihr so vor, als sei die Welt immer so gewesen: ein ständiges Jagen nach Hunden und

Ratten in schneeglitschigen Gassen, und eine Armee, die schon seit Ewigkeiten jenseits der Mauern stand.

Manchmal hatte sie, in den langen Monaten der Belagerung, versucht, irgendwie ein Verbindungsfädchen zu erhaschen, um sanft das zu berühren, was an Geist noch da sein könnte, ein Körnchen reinen Kristalls mitten im Feuer. Aber da war nichts. Die schon ausgefranste Schnur war gerissen. Er hatte bei Morat sechstausend Mann verloren und war kaum mit dem Leben davongekommen. Der Große Herzog des Westens, der zum zweiten Mal von der beharrlichen Schar zerlumpter Schweizer zertrampelt worden war, und der junge Mann, der sein eigener Sohn hätte sein können. Ihr Sohn. Und nun diese elende, aufsässige Stadt. Er hatte vergessen, daß sie hier war. Oder es bedeutete ihm nichts. Da war nichts mehr von ihm übrig, was hätte berührt werden können, außer finsterer Brutalität und Chaos. Und da war das Donnern der Geschütze, das in die weiße Schneestille brach, und Geschrei und Geheul.

Er konnte das Gebiet, wo er sein Lager aufgeschlagen hatte, nicht gekannt haben. Es war geheiligte Erde, die mit weißen Steinen übersät war und von den Geistern schon lange toter langhaariger Könige bevölkert wurde. Hätte er gewußt, was Yolande und ihr Vater wußten, hätte er sicher eine andere Stelle gewählt. Die Geister würden ihn verfluchen und bei Nacht seine Soldaten in den Wahnsinn treiben. Vielleicht hatte er dies aber auch in einem Winkel seines zerfressenen Hirns gespürt und den Fluch willkommen geheißen. Yolande konnte durch den Nebel seinen buntgeschmückten Pavillon erkennen, dessen prächtige Banner heftig im eisigen Wind flatterten. Er hatte achttausend Mann mitgebracht, um Nancy zu belagern. Was würde ihr Sohn mitbringen, außer langhaarigen Gespenstern?

Kurz vor Mittag hörte es auf zu schneien. Der Himmel senkte sich wie ein graues, undurchdringliches Leichentuch herab. Ihre Arme waren so dünn geworden, so abgemagert.

Einmal hatte sie neugierig in einen Spiegel geschaut. In dem grünlichen Glas hatte sie das Gesicht einer alten Frau mit ausgemergelten, von Gram gezeichneten Zügen erblickt. Das Gesicht ihrer Großmutter. Sie war jetzt einundfünfzig Jahre alt. Wenn er sie so sehen könnte, wäre es wie in einem Albtraum: eine alte Vettel mit noch immer schwarzen, wildzerzausten Schlangenlocken. Aber etwas bewegte sich, drehte sich weiter. Irgendwo in der Ferne knarrte das Rad des Schicksals und rollte voran. Da war ein Druck auf ihren Augen, und auf ihren Handflächen sammelte sich Schweiß. Bald. Heute. Jetzt.

Man hatte ihr in einer rissigen Schüssel einen Eintopf gebracht. Sie hatte ihn gegessen und wieder ausgebrochen. Sie saß am Fenster und starrte hinaus. Dann führte man einen Mann aus den feindlichen Linien zu ihr, einen Kurier im burgundischen Blauweiß.

In seinem Zusammenbruch war doch noch ein Fädchen geblieben. Doch er wollte zweifellos die Kapitulation der Stadt und bot dafür ihr Leben und ihre Freiheit an. Sie hatte schon beschlossen, es abzulehnen, sollte er ein derart gnädiges Angebot machen.

Er hatte auf Lateinisch geschrieben, in der unleserlichen, verschnörkelten, selbstbewußten Schrift, an die Yolande sich aus den Liebesbriefen eines weitentfernten, zerstückelten Traums erinnerte. Sie hatte vergessen, daß er versucht hatte, ein Gelehrter zu werden, um König René nachzueifern. Einst, vor langer Zeit. Die Maler und die Dichter; Vergil und Cicero und Ovid. Yolande fragte sich einen Moment lang, was aus ihm hätte werden können. Wenn er von ihrem Vater unterrichtet worden wäre.

Und der König von Sizilien: Er hätte inmitten dieses Gemetzels sinnlos gekichert und zu den Geistern der Begräbnisstätte gebetet. Wenn Nancy fiele, würde er in Tarascon zwischen seinen Rosen sitzen und seufzen. Er hatte zuviel verloren, als daß es ihn noch interessierte. Sie versuchte, ihn zu beschwören, als wäre er ein *daimon*. Aber es war zu weit. Hier war ihr Werk, war ihr Schicksal. Er konnte ihr nicht helfen. Der süßliche, an faulende Blumen gemahnende Gestank der Leichen, die unter dem Fenster hingen, verursachten einen gallebitteren Geschmack in ihrem Mund. Sie entfaltete das Pergament des Boten, das mit einem Stück Wachs versiegelt war, das aussah wie ein Blutspritzer.

Denkt bitte daran, daß ich Euch nie verletzen wollte. Ich habe niemals eine andere Frau geliebt und werde nie eine andere lieben. Ich bitte Euch, dem Toten die Sünden zu vergeben. Und mich mit allen Ehren innerhalb der Mauern dieser Stadt zu begraben, die die Hauptstadt meines neuen Lotharingia gewesen wäre.

Zuerst begriff sie nicht. Stockend erzählte ihr der Bote von dem Omen. Wie der Herzog sich an diesem Morgen nach seinen Gebeten erhoben und seinen Helm aufgesetzt habe. Wie der goldene Löwe darauf sich plötzlich wie durch einen Zauber gelöst habe und schwer zu Boden gefallen und an einem Stein zerschmettert sei. Die Gewappneten begannen zu murren und machten Kreuzzeichen gegen diesen Fluch. Und der Herzog, der mit schmerzerfülltem Blick durch den Nebel auf die frostweißen Mauern der Stadt schaute, senkte den Kopf und ging schweigend in sein Zelt, während die Soldaten raunten und beteten.

Der Wind tanzte wie ein Regen von Blütenblättern und zerrte an den Fahnen des Pavillons auf dem Feld jenseits der Mauern. Ihre Gedanken suchten ihn, fanden aber nur eine wohlbekannte Trostlosigkeit. Wenn es zur Schlacht käme, würde er sich mit weitgeöffneten Armen in die Lanzen stürzen und seine Vernichtung willkommen heißen. Da war nur ein wirbelnder Nebel, der sich wie das verschlungene Herz einer Blume um den dunklen Mann wand, der dort vor sich hin brütete und sein Schicksal in einem Becher blutroten Weins betrachtete.

Ein Muster, das sie im Dunst sah, ließ sie ganz still und angestrengt lauschen. Unter dem Fenster prallten, als eine neue Bombarde krachte, die Kadaver gegen die Mauer. Kurz darauf hörte sie den Ton von den Hügeln her: Es war ein Horn, dessen Ton langgezogen war und sich anhörte wie das Heulen eines Wolfes oder wie das Horngedröhn von Frauen aus uralter Zeit, das aus unvorstellbaren Räumen herüberklagte. Wieder ein Ton, verloren und schaurig, der durch den Schnee und den Nebel drang. Und dann ein dritter. Vor Granson und Morat hatten die Hörner von Uri und Unterwalden auch von den Berggipfeln geheult. Der dichte Nebel riß auf, als sie von den Hügeln und aus den Wäldern südlich des feindlichen Lagers auftauchten: eine Horde von zwanzigtausend Mann, grau vor dem grauen Himmel. Zuerst glaubte Yolande, es sei ein Gespensterheer, das da vor dem Nebelvorhang wogte. Geister mit fliegenden Haaren und blutigen Insignien auf Stirn und Brust. Dann aber, als ihr Blick klarer wurde, erkannte sie die Banner von Bern und Straßburg, von Basel und Zürich, Luzern und Schwyz, von Glarus und Zofingen und Colmar; und, in der Vorhut, die Silberadler und das große doppelarmige Kreuz von Lothringen.

Drei burgundische Soldaten hatten unter ihr versucht, eine Leiter zu erklettern. Auf ihren Gesichtern sah sie Spuren des apokalyptischen Geschehens. Einer drehte sich zu schnell um, strauchelte und fiel, mit verzweifelt in der Luft rudernden Armen, auf die gefrorene Erde zurück. Der zweite bekreuzigte sich wieder und wieder, gelähmt vor Angst. Der dritte begann, wie ein Affe nach unten zu klettern, und rief seinen Kameraden etwas Unverständliches zu. Panik ergriff die Gestalten, die wie Ameisen hin und zurück krabbelten, als wäre ihnen durch die Beschwörung der Hörner der Verstand geraubt worden. Eine Gruppe von Männern versuchte verzweifelt, die schwerfälligen Geschütze auf den Feind zu richten. Doch die Kanonen waren zu wuchtig, oder vielleicht waren sie auch verzaubert, und widersetzten sich böswillig ihren Herrn. Die Pferde waren außer sich und wehrten sich rasend gegen die Männer, die aufsteigen wollten, Yolande konnte den Eingang zum Pavillon nicht sehen — auch nicht, ob er dort wartend und einladend stand.

Das Geisterheer teilte sich, es umzingelte und verschlang die überraschten burgundischen Truppen. Unzählige Schreie stiegen auf und Geheul und Kanonendonner und Schmerzenslaute verwundeter Pferde, und über allem die Hörner, die ewigen Hörner. Man hatte den Bären mitgebracht, der einmal ein wimmerndes, halbtotes Junges gewesen war, das Milch brauchte. Er sah riesig aus, wie ein schwarzes Ungeheuer, das im Gemetzel des Feldlagers herumtappte. Er ging wie wahnsinnig auf den seidenen Pavillon los, der im wirren Durcheinander entsetzt fliehender Männer zusammenbrach. Die Reihen des burgundischen Heers hatten sich aufgelöst, überall rannten Männer über den sich blutig färbenden Schnee. Sie wurden von lothringischen Gewappneten niedergeritten oder von Schweizer Hellebarden und Lanzen in Stücke gehauen. Und zuletzt wurde jene Vision wahr, die zu verhindern Yolande jeden Gott und jeden Teufel angefleht hätte. In dem Menschenknäuel, das nun auf der kleinen Brücke unterhalb der Tore kämpfte, sah sie violette Seide und einen goldenen Panzer aufblinken, sah den hocherhobenen Arm, der das Wappen mit den Silberadlern ihres Hauses trug, und die burgundischen Banner, die stolz emporgehalten wurden, dann schwankten und sich neigten und wie ein Meteor zur Erde fielen, als sie selbst ohnmächtig auf den kalten, weißen Stein sank.

* * *

M *. . . Ihr habt mich gefunden, Euer Gnaden, wie ich besinnungslos dort auf dem Stein lag. Lange bevor mein Sohn blutbespritzt und triumphierend zu mir kam, habt Ihr mich dort gefunden. Er zog mit dem Bären, der neben seinem tänzelnden*

Pferd einhertrottete, stolz durch die Straßen, wo sich die Stadtbevölkerung, deren Knochen aus grauer Haut hervortraten, gesammelt hatte. Sie waren zu schwach, um zu jubeln. Sie streckten voller Staunen die Hände nach ihm aus, als er vorüberritt. Als ich erwachte, sah ich nicht seine blassen Augen, sondern die Euren, die von der braunen Kutte fast verhüllt waren. Eure Hände hielten einen Becher an meine Lippen. Vielleicht wart Ihr mit der Armee gekommen. Vielleicht wart Ihr aus den Nebeln der Berge und der von Wölfen heimgesuchten Wälder aufgetaucht, in denen er seine Männer gesammelt hatte. Vielleicht kamt Ihr auch aus Bern oder Basel: als Geldverleiher verkleidet oder als Kaufmann mit viel Gold, um Männer und Pferde und Waffen zu kaufen. Später raunte man von einem Wunder, Euer Gnaden. Daß mein Sohn, der keinen Pfennig besaß, eine solche Armee auftreiben konnte. Wo hatte er das Geld für all diese Truppen her? Man flüsterte sich zu, daß es vielleicht der König von Frankreich gewesen sei, der heimlich Spenden in seine verzweifelten Hände hatte tröpfeln lassen. Mein Sohn hatte Louis zwar gebeten, ihm zu helfen, Euer Gnaden, aber Louis hatte es abgeschlagen. Er wartete mit seiner Armee in Bar wohl auf den Ausgang der Schlacht. Und danach, wenn der Sieger zu erschöpft wäre, um Widerstand zu leisten, wäre er nach Lothringen einmarschiert. Wie wütend war er auf diesen jungen Mann, den er für einen Schwachkopf gehalten hatte! Auf diesen Dummkopf, der sich als großer Eroberer herausgestellt hatte und dem es gelungen war, wie durch Zauberei diese gewaltigen Kampftruppen aus dem Boden zu stampfen. Eine Armee, die selbst für die Spinne zu groß war. Und so begriff der König von Frankreich schließlich, daß Lothringen frei bleiben würde.

Eure Hände, Euer Gnaden. Hände, die aus einem weißen Stein und aus schwarzer Erde etwas beschwören konnten. Welchem alten Grab, welchem längst verschwundenen Königsschatz habt Ihr das Gold entrissen? Und doch gabt Ihr acht, daß er Euch nicht begegnete. Denn als ich ihn fragte, wußte er nichts von einem Mönch in brauner Kutte oder einem Kaufmann mit vielen glän-

zenden Münzen und meerblassen Augen, deren Iris schwarz umrandet war. Dieser Sohn, den Ihr noch nicht kanntet . . . Oder wußtet Ihr es bereits, als Ihr ihn als Führer der Vorhut der grauen Horde saht, mit dem Bären neben sich, und als die Sonne so golden und der Nebel so silbrig in seinen Augen schimmerte, wußtet Ihr da endlich, daß ich gelogen hatte? Daß er es war, den ich auf einem Wolfsfell vor einem ersterbenden Feuer empfangen hatte?

Ich konnte nicht weinen. Damals nicht, und noch lange, lange nicht. Ich konnte Euch nur etwas von Sinnlosigkeit und Schuld zuraunen. Aber ihr sagtet: Nichts ist sinnlos, Yolande. Vor langer Zeit hätte er vielleicht groß sein können. Er hätte mein Schwert sein können. Was Ihr in Dijon saht, habe ich auch gesehen: Kraft und Leidenschaft und Tapferkeit. Und wenn Nicolas am Leben geblieben wäre und Burgund Lothringen geheiratet hätte, wer weiß, was dann in diesem alten Land von Lotharingia erblüht wäre?

Schließlich jubelten sie doch, die hungernden Menschen in den Straßen. Ihre dünnen Rufe, die mit dem Fleisch von Hunden und Ratten genährt waren, schienen mich zu verspotten, als ich mich in meiner Verzweiflung an Euch klammerte. Warum, so fragte ich Euch, wird ein Mann wahnsinnig, der mit soviel Kraft und Leidenschaft und Tapferkeit begonnen hat? Was habe ich getan, das ihm den Wahnsinn brachte?

Nichts, sagtet Ihr. Nichts. Wir sind Gefäße, Yolande. Erinnere Dich, was Du einst in einem weißen Stein gesehen hast. Wir sind Gefäße, durch die die Götter leben können. Und wenn das Gefäß unförmig oder gesprungen ist, dann ist das nicht die Schuld der Götter. Wie konntest Du wissen, als Du das Gefäß sahst, daß es zerspringen würde und besser leer geblieben oder mit dem dünnen Wein gewöhnlichen menschlichen Ehrgeizes gefüllt worden wäre?

Ich sagte: Ich war blind, weil ich ihn liebte. Ich hätte es wohl sehen können. Aber ich dachte nur an den schönen Körper und die Lippen des starken Tieres und die Augen eines gehörnten, gelähmten, erdgebundenen Gottes. Welchen mächtigen Zauber habe ich in dieses rissige Gefäß gegossen?

Ihr sagtet zu mir: Du trafst auf einen Mann, der die Frauen haßte und fürchtete – und doch hast Du SIE heraufbeschworen, dunkel und schön und schrecklich. Ein Mann, der nur von seiner unvergänglichen Größe träumen konnte, weil er keine Söhne hatte – und Du drängtest ihm Deinen Sohn auf, der es wagte, seine Autorität in Frage zu stellen. Ein Mann mit einem wichtigtuerischen, dummen, lieblosen Vater, den er verachtete – und Du maltest ihm in den Farben von Liebe und Verehrung den Vater aus, der ihm in seinen verborgensten Träumen zarte Geheimnisse über die Sehnsucht des Menschen nach Licht ins Ohr flüsterte. Du hast nichts anderes getan, als den Wein einzugießen. Mach Dir keine Vorwürfe. Das Gefäß war von Anfang an verdammt. Verstehst Du nicht, weshalb ich in all diesen Jahren böse auf Deinen Vater war? Einst, als er noch jung war, erwählte er ein Gefäß und füllte es mit dem leuchtenden Wein der Vision. Das war Jeanne d'Arc, sie offenbarte die uralten Mythen und krönte den König in Reims. Aber dann wollte er seine Hand nicht mehr heben und behütete den Wein nur noch, wie ein Geizhals seinen Schatz. Er goß ihn allein in Schalen, die er selbst ausgesucht hatte; die sollten malen und Gedichte schreiben und die mikrokosmische Welt mit der Harmonie des makrokosmischen Tanzes erfüllen. Ich wollte ein Schwert, ein mächtiges Gefäß, das dem Lauf der Spinne hätte Einhalt gebieten können. Doch er weigerte sich. Wenn einem die Schuld an dieser Tragödie gegeben werden muß, dann Deinem Vater. Du bist, was er hätte sein können. Wenn ich das nur gewußt hätte.

O ja, sagte ich. Ich werde schwarze Magie benutzen, um weißer Magie zu dienen. Ich fürchte das Dunkle nicht. Doch ich bin nicht unbefleckt geblieben. Ich bin besudelt, weil ich einen Mann vernichtet habe.

Eure blassen Augen wurden zornig, Euer Gnaden. Ihr sagtet: Erinnerst Du Dich denn an nichts, was Dein Vater Dich gelehrt hat? Wir erwählen einen Großmeister nicht, weil er edel ist oder ein Seher oder unbefleckt. Wir wählen die aus, die Gefäß sein können und auch selbst den Wein ausgießen. Wir versuchen es, Yolande, und manchmal scheitern wir. Manchmal kann ein Mann darüber wahnsinnig werden. Und in einer Welt, die voll ist von Wahnsinnigen, kann er in seinem Wahnsinn gesund sein.

Mein Vater hatte recht, sagte ich wütend zu Euch, als er Euch Euer Schwert verweigerte. Er wollte keine Puppen schaffen und die Hoffnung hegen, daß vielleicht eine von ihnen den Versuch überlebte. Ich habe aus einem Mann, den ich liebte, ein Ungeheuer gemacht. Er hat meinen Sohn beinahe vernichtet. Er hat mich in eine Hexe verwandelt. Nicht Louis ist der Giftmörder, ich bin es. Ich, die diesen Mann benutzt und verschlungen hat.

Doch Ihr schütteltet traurig den Kopf, Euer Gnaden, und sagtet: Du hast ihn größer gemacht, als er war. Kennst Du SIE immer noch nicht?

Das Lager, sagte ich. Der Ort, wo sein Pavillon stand, bevor der Bär ihn zertrampelte. Er wußte nichts von der Begräbnisstätte und nichts von den weißen Steinen, die dort aus der Erde wachsen.

Ihr sagtet: Er hätte die Gebeine der Toten nicht entweihen dürfen. Es sind meine Toten. Die Gebeine meines Geschlechts. Er hätte die Schatten meiner Toten nicht stören dürfen.

Doch als endlich mein Sohn zu mir kam, Euer Gnaden, und in seinem zerfetzten Überwurf und mit Flecken von Ruß und Blut auf der Stirn vor mir stand, war es nicht Triumph, der aus seinen blassen Augen leuchtete. Sie glänzten, weil er Angst vor mir hatte, als er die Hexe anblickte, die seine Mutter war und die den Mann in ihr Bett genommen hatte, der ihn fast vernichtet hätte. Nie zuvor hatte er sich gefürchtet. Zwischen uns stand das Gespenst. Oder der Lebende. Denn man hatte ihn nicht gefunden: weder bei den Toten im Lager noch unter den Geflohenen oder den Gefangenen. Auch nicht bei der Brücke. Wir starrten uns an, mein Sohn und ich, und zwischen uns hing die Frage, ob er noch lebte oder tot war, und die Frage, ob ich meinen Sohn hassen würde wegen dieses Gemetzels. Während meine Seele in mir wimmerte, o ihr gnädigen Götter, laßt ihn leben, laßt ihn trotz allem leben, sonst habe ich sie beide verloren.

Ich glaubte, er würde fragen, ob ich seinen Feind wirklich geliebt hätte. Oder ob ich daran gedacht hätte, die belagerte Stadt zu verraten, während er bei den Schweizern nach Unterstützung suchte. Oder ob ich vergeben könnte. Seine Augen waren voller Qual, als sie in meine blickten, und der Nebel, der immer noch durch das Fenster wirbelte, wo die Kadaver im Wind schlenkerten, umwölkte sie.

Er kam zu mir, Euer Gnaden, und nahm meine Hände und forschte in meinem Gesicht, das, mit den ausgemergelten, von Gram gezeichneten Zügen, zu dem meiner Großmutter geworden war. Und er flüsterte: Sagt es mir. Aus lauter Stolz habe ich zuvor nie gefragt. Aber nun müßt Ihr es mir sagen. Ob der Mann, den ich vernichtet habe, mein Vater war . . .

***

Louis-Onze, der braune Zwerg, kroch wimmernd zu Yolandes Füßen. Es war wirklich ein Wunder, daß er noch lebte. Man hatte ihn gefunden, wie er, umgeben von aufgetürmten Toten, zwischen den Fetzen des zerrissenen Pavillons kauerte. Zuerst wollte er weder die Hände von den Augen nehmen noch essen noch laufen. Er mußte, zusammen mit den anderen Gefangenen, mit Gewalt in die Verliese des Schlosses geschleift werden. Yolande hatte seine Freilassung erbeten. Zwerge führten keine Kriege. Die meisten wurden von ihren Herren geschlagen und mißbraucht. Bei Einbruch der Nacht brachte man ihn zitternd und mit gebundenen Händen zu ihr.

»Ich werde Dir nichts antun«, sagte Yolande.

Der Zwerg beobachtete sie mit einem Blick, der so unergründlich war wie ihr eigener. Ihr bitteres Lächeln und die gemarterten Augen entgingen ihm nicht. Er machte eine übertriebene höfische Verbeugung und fiel kunstvoll auf sein Gesicht. Es war offensichtlich, daß diese Frau passend unterhalten werden mußte. Schließlich gehörte er ihr nun. Er hatte dem Duc de Bourgogne gedient, seit Jacques Coeurs Handelsschiff ihn als furchtsames Kind von der Levante mitgebracht hatte. Er hatte vorher noch nie einer Frau gedient. Die erste Gemahlin des Herzogs war schon lange tot; er konnte sich nicht an sie erinnern. Die zweite Gemahlin, die Prinzessin von Bourbon, die dem Herzog eine Tochter geboren hatte, hatte den Zwerg nicht gemocht und aus ihrer Gegenwart verbannt. Die dritte Gemahlin, eine Engländerin, hatte ihn mit einem dünnen Malakka-Stöckchen geschlagen. Er entsann sich nicht, seinen Herrn mit anderen Frauen gesehen zu haben. Da waren nur ein paar junge Pagen gewesen, so geschmeidig wie Mädchen. Und diese hier.

»Du mußt mir sagen«, sagte Yolande, »ob Du Deinen Herrn sterben sahst. Ich will Dich nicht kränken. Mein Sohn wird Dir auch nichts tun. Aber wir . . .«, sie stockte, »wir können ihn nicht finden. Er ist nicht unter den Gefangenen. Und auch nicht unter den Toten.«

»Die Toten, die Toten«, sang der Zwerg und klatschte dazu in die Hände. Er starrte sie an und ruckte seltsam mit dem Kopf, fast wie ein Vogel. »Man kann die Toten niemals finden. Sie sind sehr schlau. Aber Ihr, Madame, Ihr wißt, wie man sie findet.« Er begann, mit angenehmer, kehliger Stimme zu summen. »Morgen werde ich Euch die Toten zeigen.« Er verbeugte sich wieder und brach in lautes Weinen aus.

Sie konnte auch den Rest der Nacht nichts Vernünftiges aus ihm herausbringen. Er wechselte zwischen kindischem Schluchzen und hektischen Luftsprüngen, als er ihr die Gänge hinunter folgte, wo auf Bahren immer noch Tote und Sterbende hereingetragen wurden. Der wiedereingesetzte Duc de Lorraine fand anscheinend keinen Geschmack daran, seine Gefangenen aufzuhängen oder als Geiseln zu behalten. Die meisten wurden freigelassen, um über die gefrorenen Hügel in ihr herrscherloses Herzogtum zurückzukehren. Auf ihren Gesichtern malte sich immer noch Verwunderung. Niemand konnte glauben, daß er wirklich tot war. Yolande fragte sie beharrlich und unermüdlich aus. Die Geschichten verwirrten durch ihre unendliche Vielfalt. Manche raunten, er sei zum Rhein geflohen, um vom Kaiser Hilfe zu erbitten. Manche sagten, man habe ihn auf einem gewaltigen schwarzen Roß gen Norden nach Luxemburg eilen sehen. Andere flüsterten, er sei durch Magie weggezaubert worden, oder vielleicht verberge er sich auch, ungesehen und ungehört, in den dunklen Räumen des Schlosses und warte den Zeitpunkt ab, da er entwischen könne. Die ganze Nacht sprachen sie so zueinander; so als wäre es, nach allem, was sie seinetwegen durchgemacht hatten, unmöglich zu glauben, daß er nicht mehr lebte.

Bevor der Morgen dämmerte, fror es wieder. Im wie Perlmutter schimmernden Morgenlicht schickte der Duc de Lorraine einen neuen Suchtrupp los. Sie nahmen den Zwerg und zwei neue Gefangene mit: einen italienischen Knappen mit finsteren Augen und den portugiesischen Arzt des Duc de Bourgogne, der Schwarz trug. Keiner von ihnen hatte ihn gesehen. Keiner konnte sagen, ob, oder wo, er gefallen war. Die Sonne stieg, weiß wie ein blindes Auge, an einem bleiernen Himmel empor.

Die Toten fleckten immer noch die Felder jenseits der Porte de la Craffe. Yolande bat darum, die Männer begleiten zu dürfen. Ihr Sohn erhob Einspruch. Die Vorstellung des verstümmelten Körpers, der ausgestreckt zwischen ihnen lag, war zu schrecklich, um ihn ertragen zu können. Sie beharrte mit einer kalten Verbitterung darauf, in der er ihren einzigen Schutz gegen die Verzweiflung erkannte. Umhüllt von den Falten der Nacht und in Zwiesprache mit den Schatten und den Spiegelungen ihrer Erinnerungen, wußte sie, daß er tot war. Irgendwo in der eisbedeckten Landschaft jenseits der Mauern lag das leere Gefäß. Sie folgte dem Trupp über Schnee hin, der ein Geräusch machte, als knirschten Zähne.

Der Zwerg lief heulend voraus. Der portugiesische Arzt schwankte, dünn und gebeugt, hinterher und stieg vorsichtig über abgerissene Gließmaßen und gefrorenes Blut hinweg. Die Lippen des italienischen Knappen zitterten, und er sah Yolande haßerfüllt an. Dann ihr Sohn, mit eigenem Knappen und Reitknecht und zwei Gewappneten — und einem Gesicht, so bleich und blind wie der Himmel. Sie gingen immer weiter über den vereisten Boden, bis sie an eine ebene Stelle kamen, wo die Mauerzinnen in den milchigen Dunst stießen. Bald würde es wieder schneien. Yolande sah zu, wie die Männer jeden Körper untersuchten. Schließlich immer wieder ein enttäuschtes Kopfschütteln.

Sie ging weiter und ließ das Knäuel flüsternder Männer hinter sich. Der Himmel war ganz zu. Sogar die Hügel zerflossen in der Luft. Es sah aus wie ein blasses Bild, über das jemand Tränen vergossen hatte. Irgendwo ganz nah. Sie versuchte, das Gefäß ihrer eigenen Seele offen zu halten. Es war qualvoll, etwas aufzufangen. In ihrer Vorstellung stiegen Schreie und Stöhnen gefallener Männer auf, und ein dichter Nebel aus Angst und Haß. Die Ausdünstung der Astralhülle des Schlachtfelds, das nun für Jahrhunderte erdgebunden war. Bäume und Gras, Schafe und Blumen würden vielleicht etwas vertreiben, doch der Geruch nach Blut würde bleiben und in ewig wiederkehrender Taufe auch in Zukunft Blut auf sich ziehen.

Nah. Ganz nah. Die verschleierte Sonne krallte sich in sie. Sie kam an einen flachen Teich. Das mit roten Blüten gefleckte Wasser war zu einer dicken Schicht gefroren. An den Ufern lagen nackt und reifbedeckt die ausgeplünderten Leichen einiger Soldaten verstreut. Irgendwo hier. Das feine Band, das zu den tiefsten und zügellosesten Erinnerungen hinabreichte, zog und zerrte. Hier. Hier. Sie fühlte es, wie einen Pfeil, der jäh in sie eindrang. Ein heftiger Sturm von Gefühlen: grimmige Wut, und Haß, trostlose Angst, und ein bittersüßes, wildes Sehnen. Hier. Ich bin hier. Ich werde immer hier sein. Helft mir! Erlöst mich!

Die Eisschicht auf dem Teich knarrte unter ihren Füßen. Drei Körper waren in der glitzernden Haut eingefroren. Da sah sie die Hand: eine kräftige Hand mit breiten Fingern. Ausgestreckt, als wolle sie zu ihr.

Er war mit dem Gesicht ins Wasser gefallen. Seine Leiche war bereits ausgeplündert worden. Das Schwert und der juwelenbesetzte Dolch waren fort, der vergoldete Schild und der Helm, dessen stolze Zierde schon vor der Schlacht zerborsten war, und der Mantel aus violetter Seide. Hier war nur ein nackter, mitleiderregender Körper, der in den Schultern, im Rücken und in den Rippen wohl ein dutzendmal von Lanzen durchbohrt war. Das Blut hatte sich zu einer phantastischen Spirale geschlungen, als es im Wasser gefror. Er lag da, als wäre er im Herzen einer großen, dunklen Rose eingeschlossen. Sie kniete nieder und nahm die Hand und streichelte über die froststarren Haare und preßte ihre Lippen auf die tiefe Narbe seines Nackens, die war wie ein flehender Mund.

Nach einer Zeit fühlte sie einen Druck auf ihren Schultern. Der portugiesische Arzt half ihr aufzustehen; sein schmales Gesicht zeigte Kummer und Verständnis. Das Grüppchen der übrigen sammelte sich um sie. Ihr Sohn hatte sein Gesicht abgewendet. Der Arzt und der Knappe versuchten, den Körper aufzuheben. Aber das Gesicht war im Eis festgefroren. Als sie es anhoben, löste sich eine Wange ab, so dünn und mürbe wie Pergament. Die andere Wange und ein Auge waren ausgerissen: in der Nacht waren Wölfe auf der Suche nach Futter von den Hügeln heruntergeschlichen. Von einem Gesicht konnte man überhaupt nicht mehr sprechen.

Sie fanden den Kadaver des schwarzen Kampfrosses am nahen Ufer. Die Männer hatten ein kleines Feuer angezündet und begannen, den Leichnam zu waschen. Yolande ging von ihnen fort, über das Feld, wo über zerdrückten Narzissen und Schneeglöckchen einst ein Hochzeitsturnier stattgefunden hatte, das ein Zauberbild war. Ich bin hier. Euer Haß bindet mich. Meine Liebe bindet mich. Verzeiht mir. Oh, befreit mich!

Yolande wurde gewahr, daß der braune Zwerg ihr gefolgt

war. Er kauerte im Schnee und wimmerte. Seine Anwesenheit störte sie nicht. Auch er fühlte die Qual des körperlosen Toten. Leise begann sie den beschwörenden Zauber für die Erlösung der Seele. Als sie sich durch das Labyrinth des Gesanges bewegte, der war wie ein dunkler, mit weißen Totenblumen geschmückter Tunnel, kam es ihr so vor, als bewege sich der gefangene Geist mit ihr und berühre sie flüsternd. Um sie rankten sich auch die Gestalten all ihrer Toten: Ferri und Jehan und Nicolas und ihre Mutter und ihre Großmutter und die totgeborenen Kinder und jener andere Zwerg. Sie alle lagen schwer in ihr wie ungeborene Embryos. Was an Haß noch da gewesen war, hatte sich mit dem zerstörten Gesicht gelöst. Sie erkannte an der weißen Leere, wann er gegangen war. Durch die Falten ihres Umhangs fraß sich die Kälte. Es schien, als wolle sie nie wieder aufstehen. Sie hörte ein Geräusch und drehte sich um.

Der Zwerg kauerte in ihrer Nähe. Auf seinen abgehärmten braunen Wangen waren die Tränen zu kleinen Perlen gefroren. Er hatte zusammengetragen, was von den Toten auf dem Schlachtfeld noch an Beute übriggeblieben war. In seinen Händen hielt er einen Silberknopf und eine kleine Kanonenkugel und ein Stückchen von etwas, was aussah wie Brot. Augen, schwarz wie Trauben, sahen sie an, und dann bemerkte sie, daß der schwache, süßliche Geruch der Toten von einem anderen, freundlicheren Duft überdeckt war. Louis-Onze hockte auf dem weißen Boden und lächelte sie schief an, so als wolle er sagen: Na ja, schließlich war er auch nur eine Schachfigur. Er warf das Treibgut des Schlachtfelds in die Luft und fing an zu jonglieren.

15

Es schwirrten außerordentlich viele Gerüchte um, aber auch sie konnten nicht erklären, weshalb der Duc de Lorraine diese Kirche in so unvernünftiger Weise haßte. Kantig und einfach wie das Gesicht eines Bauern, ließ sie zugegebenermaßen die wunderbaren Arkana der Baukunst vermissen, die er in Florenz schätzen gelernt hatte. Ihr Grundriß enthielt keine Geheimnisse von Proportion oder Beschwörung. Doch das Gebäude war arglos, es wirkte tröstlich und beruhigend. Es beherbergte die geheiligten Gebeine seiner Vorfahren. Und trotzdem hatte er schon Pläne für ihren Abbruch gemacht und eine neue Kirche von unübertrefflicher Eleganz entworfen, die neben dem herzoglichen Palast gebaut werden sollte, der sich unter seinen genialischen Händen bereits verwandelte. Seine Abneigung war letzten Endes auf seinen überfeinerten Geschmack zurückzuführen: ein Wesenszug, den er von seinem Großvater geerbt hatte. Die geheiligten Überreste toter lothringischer Herzöge hätten diesen Widerwillen gegen gewöhnliche Steinmetzarbeit eigentlich beschwichtigen sollen. Aber die Gerüchte wußten nichts von der anderen Bewohnerin, der lebendigen, die nun von den toten nicht mehr zu trennen war.

Sie hatte eine bestimmte Art, Räume in Besitz zu nehmen. In seinen Phantasien sah er sie manchmal, wie sie, in ihr ewiges Witwenschwarz gehüllt, unsichtbare Kreise wob. Unverletzbare *temenoi*, deren Grenzen nur sie und ihre Erinnerungen überschreiten konnten. Gewöhnliche Orte, die sie auf diese Weise durchdrungen hatte, behielten noch etwas von ihr, auch wenn sie selbst nicht da war. Er mied sie, weil sie ihr gehörten. Ein Sitz unter der Eiche im Park; eine steinerne Bank im Hof; ein Stuhl vor dem Wandteppich. So hatte sie auch die Kapelle auf dem Vaudémont in Besitz genommen. Der Altar gehörte ihr, jungfräulich und unversehrt. So war es auch in Joinville, wo Ferri begraben lag, doch die Stätte ihrer inneren Wallfahrt war nicht das Grab. Er war oft zu diesem traurigen Denkmal gegangen und hatte dort zu beten versucht. Es konnte ihm seine Frage nicht beantworten. Es enthielt nur Gebeine. Sie hatte sich noch einen anderen, weniger erklärbaren Bezirk zu eigen gemacht: ein altes, aschebeflecktes Wolfsfell, das vor der Höhlung des Kamins im großen Saal lag. In einer kalten Winternacht hatte er ihr einmal vorgeschlagen, sie solle sich doch einen weniger zugigen Platz für ihre melancholischen Meditationen suchen. Sie hatte bloß gelacht.

Ein- oder zweimal hatte er etwas vom Küchenklatsch aufgeschnappt. Dienstboten, die ein gewisses Gespür hatten und unter ganz normalen Steinplatten irgend etwas anderes strömen fühlten, hatten gewispert, seine Mutter verkehre mit den Toten. René bezweifelte das nicht. Es war offensichtlich, daß sie mit irgend etwas Zwiesprache hielt — und er selbst hatte ja ihre Fähigkeit geerbt, Feinheiten in der Atmosphäre wahrzunehmen. Doch eine solche Zwiesprache, wie er sie in der Kirche wiederholt miterlebt hatte, war schändlich. Vielleicht sogar eine Art Totenbeschwörung. Er konnte seinen Zorn gegen nichts anderes schleudern als gegen das alte Gemäuer.

Er hoffte, wenn auch vergeblich, daß er sie heute hier nicht antreffen würde. Er war dankbar dafür, daß die Stadtbevölkerung diese Kirche nicht betrat. Sie hielten sie schon für eine Hure. Man würde sie als Hexe aus Nancy verjagen, und selbst er, der Herzog, könnte ihr dann nicht helfen. Doch es war nun Mittag, die Stunde, da die Sonne im ersten Abschnitt des Löwen ihren Höchststand erreichte. Einen so günstigen Zeitpunkt würde sie nicht versäumen. Er verstand die Riten der Beschwörung recht gut: Kindliche Spiele hatten sich mit den Erinnerungen an die Sieben und die Fünf vermischt, die auf dem schwarzweißen Steinboden ein Muster bildeten. Dies jedoch war kein heiliges Ritual, keine Beschwörung der Götter, daß sie herunterstiegen in Zauberbildsymbole, um

Harmonie in die vier Elemente der Erscheinungsformen auszustrahlen. Schlimmstenfalls war es ein schwarzer Ritus. Bestenfalls war es Wahnsinn, die Umarmung tragischer, aus Leid geborener Wahnvorstellungen. In den Küchen wurde gleichfalls geraunt, die Tochter des alten Königs René sei halbverrückt. Auch das zweifelte er nicht an — selbst wenn er es unter einem anderen, heiligeren Namen kannte.

»Ich empfinde es als Schande«, sagte er streng, »daß ich Euch stets hier finde. Als brächtet Ihr einem Leichnam Gebete dar. Vielleicht wäre es besser, wenn Ihr Nancy verließet und nach Vaudémont zurückkehrtet.« Seine Stimme hallte im leeren Kirchenschiff wider. Keine Heiligen stiegen herab, um ihn vor dem bedrückenden, bitteren Klang zu schützen. »Ihr könnt die . . .«, er stockte, »die Überreste mitnehmen, wenn Ihr wollt, um sie in Vaudèmont zu begraben.« Nur ein schwarzer, verschwommener Fleck war in der Dunkelheit zu sehen. Er konnte nicht einmal ihr Gesicht erkennen. »Ich kann nicht begreifen, warum Ihr den Leichnam nicht nach Dijon zurückgeschickt und ihn hier bestattet habt. Es ist eine Schande.«

Als sie sich, ganz kurz nur, umwandte, leuchtete ihr Gesicht erschreckend weiß und schwebte wie körperlos im Dunkel. Dem Sonnenlicht wurde der Eintritt durch die alten, winzigen Fenster verwehrt. Sie hatte den Zwerg bei sich, der bewegungslos dahockte.

»Es war sein letzter Wunsch«, sagte Yolande, »in Nancy bestattet zu werden. Wer bin ich, daß ich einem Toten seine letzte Bitte abschlagen könnte?« Sie schien zu lachen. Oder vielleicht kam das Geräusch auch von dem Zwerg, der im Staub herumschlurfte. »Was wollt Ihr von mir, René?«

»Ich muß mit Euch reden. An einem anderen Ort. Es ist sehr wichtig.«

»Wenn es wichtig ist«, raunte ihre Stimme, »dann könnt Ihr es mir hier sagen. Der Tote wird sich nicht über Euch lustig machen. Ich werde es Euch sagen. Ihr habt an den Bischof von Toul geschrieben und bittet um Auflösung Eurer Ehe. Weil Ihr eine neue Braut gefunden habt. Weil Ihr darauf brennt, legitime Söhne zu zeugen.«

Sprachlos vor Scham und Wut, starrte er sie nur an. Sie gab einen Laut von sich, der sowohl Schmerz als auch Entrüstung zu enthalten schien. Oder auch Spott. Sie war verloren und versank. Er wollte sie berühren, sie vielleicht retten; doch ihr Rücken und ihre Schultern erstarrten, wurden unter seinen Händen zu Stein. Kein Gefühl war möglich außer Wut.

»Ihr haltet es für Euer Recht«, fuhr er sie an, »Euch in meine Angelegenheiten zu mischen. Mein Handel mit dem Bischof von Toul ist meine Sache. Ihr werdet Euch dieser Heirat nicht widersetzen. Ihr vergeßt«, sagte er bitter, »daß ich kein Jüngling mehr bin. Und daß Ihr Euer Herzogtum an mich abgetreten habt.«

»Ach, René.« Es war der Seufzer einer alten Frau, die Schweres zu tragen hatte und einsam war. »Wenn es bloß die Frage der Heirat wäre, glaubt Ihr, dann würde ich mir Sorgen machen? Die Tochter des Duc de Gueldres ist eine gute Wahl. Eine ausgezeichnete Wahl. Eine flämische Prinzessin verbündet Euch mit dem Kaiser und seinem Sohn. Das ist ganz unverkennbar eine Beleidigung für den König von Frankreich. Übrigens: Ihr benehmt Euch wie ein Mann, der sich verliebt hat. Warum solltet Ihr nicht aus Liebe heiraten? Ihr habt Euren Krüppel doch liebevoll ertragen. Ich bin nicht gegen Eure Wahl, René. Ich habe Euch sogar geholfen. Die Tochter des Duc de Gueldres ist durch Heirat Nichte von König Louis' Tochter Anne. Und Anne will Euch unterstützen. Wenn es soweit ist, wird sie zu Euren Gunsten Druck auf den Papst ausüben, damit er Eure Ehe mit Jehanne auflöst. Seht Ihr? Ich stelle mich nicht gegen Euch.« Sie lächelte in sein verblüfftes Gesicht. »Aber es ist unglücklicherweise mehr als bloß die Frage einer Ehe. Es gibt andere Probleme. Über die Ihr nichts wißt. Und um dieser Dinge willen müßt Ihr warten.«

»Anne?« sagte er und versuchte verzweifelt, dem Faden zu folgen. »Ich verstehe nicht. Was habe ich mit König Louis'

Tochter zu tun? Welches Problem kann für mich von größerem Interesse sein als die Thronfolge in Lothringen?«

»Die Tochter des Duc de Gueldres«, sagte Yolande, »ist nicht immun gegen Gift. Und auch Ihr seid es nicht, und kein Kind, das sie gebären würde. Wir können es nicht riskieren. Da gibt es nämlich«, flüsterte sie, »das Problem, wer Ihr seid.«

Hinter ihr lachten die grotesken Schnitzereien des Denkmals über ihn. Er hatte niemals verstanden, was sie damit beabsichtigte, als sie dieses abscheuliche Monument in Auftrag gab. Es war ein Tanz verzerrender Spiegelbilder, die einander mit Komik und Schärfe nachäfften. Hinter dem Sarg stand auf seinem Sockel aufrecht und finster der gedrungene Körper, heroisch und steif in seiner Rüstung und der Herzogskrone, um den starken Hals das glänzende Goldene Vlies. René de Vaudémont wußte nicht, ob es ihm ähnlich war. Er erinnerte sich nur an ein zerfetztes Gesicht ohne Augen. Der Bildhauer hatte das Wesen des überheblichen Geistes in dem Porphyrgestein eingefangen. Darunter lag, auf den Sargdeckel hingestreckt, der gemeißelte Leichnam, auf dem alle Wunden lebensgetreu nachgebildet waren. Eine schreckliche Skulptur, die an das tiefe Leiden der Sterblichkeit, an die Verwundbarkeit des Fleisches erinnerte. Ihre obzöne, schamlose Nacktheit widerte ihn an. Dieses Monument war grauenerregend. Der Held und der ausgezehrte Leichnam, der Anfang und das Ende — und der Beginn des Mythos. In Dijon glaubte man auch nach drei Jahren immer noch, daß er eines Tages zurückkommen würde, um sie von der Tyrannei des Königs von Frankreich zu befreien.

»La, la«, summte der Zwerg. »Man sollte in Gegenwart der Toten nicht von Heirat sprechen.« Er trippelte davon. Hinter seinen Füßen stiegen kleine Staubwolken auf. Der Duc de Lorraine mußte einen Schrei unterdrücken, der sich aus seiner Brust empordrängte.

»Dann sagt mir«, flüsterte er mit tränenerstickter Stimme, »wer ich bin. Ihr habt mir gesagt, wer ich nicht bin. Das da«, er deutete heftig auf den nackten Stein, »hat mich nicht gezeugt. Ich danke Gott dafür. Glaubt Ihr nicht, daß ich alt genug bin, *ma mère*, daß man es mir sagen kann? Oder darf ich es erst auf Eurem Totenbett hören? Oder in Eurem Testament etwas darüber lesen?«

»Ihr werdet es hören«, sagte Yolande, »wenn er es für richtig hält.«

Er drehte sie zu sich herum. Ihr Körper war starr. Ihre Augen waren blind, entrückt. Etwas war schlimmer, als er begreifen konnte. Seit der Belagerung war sie schwierig geworden, unnachgiebig. Er kannte das alles: den bitteren Zorn, die eisige Kälte, die verzweifelte Einsamkeit. Aber es mußte noch etwas anderes geschehen sein. »*Ma mère*. Bitte. Ihr richtet Euch selbst zugrunde. Ich kann das nicht mitansehen. Ich bitte Euch. Es ist schon drei Jahre her. Ihr müßt versuchen zu vergeben.«

»Ich bin es nicht«, sagte sie und entblößte ihre Zähne, »die nicht vergeben hat.«

»Ich . . .«, begann er. Er blickte zur Seite. »Kommt mit mir. Wir werden uns bei Wein im Park unterhalten. Der Nachmittag ist wolkenlos. Wir haben schon lange nicht mehr miteinander gesprochen. Ich muß Söhne haben. Sie ist schön und klug und stark. Es ist ein fruchtbares Geschlecht. Ihr werdet sie so lieben, wie ich es tue. Sie . . .« — doch die Augen flackerten immer noch und machten ihm angst.

»Ihr werdet Söhne haben«, sagte sie mit dünner Stimme und starrte an ihm vorbei. Mit Mühe widerstand er dem Verlangen, sich umzudrehen, aber er wußte, daß er nur Grabsteine sehen würde. »Ihr werdet starke Söhne haben. Drei Söhne. René. Hört mich an. Glaubt Ihr, ich paare mich im Staub mit einem Inkubus? Ich komme nicht wegen der Toten hierher«, knurrte sie. »Ich komme, um die Ungeborenen zu suchen. Sie berühren einander, wo der Kreis sich rundet. Sie sind ein und dasselbe. Einst wußtet Ihr um diese Dinge. Verdammt nicht, was Ihr nun nicht mehr versteht.«

»Ich könnte es vielleicht verstehen«, sagte er, »wenn Ihr mir helfen würdet. Ihr sagt, Ihr dient einem Orden. Aber Ihr sprecht nicht davon, was das für ein Orden ist. Ihr lehrt mich die Geheimnisse. Aber Ihr sagt mir nicht, was ich mit diesem Wissen anfangen soll. Ihr bittet mich nur immer zu warten. Doch König Louis stirbt nicht, *ma mère.* Er ist stark. Er hat nun ganz Burgund und Franche-Comté und die Picardie. Nur Artois und Flandern bleiben der burgundischen Erbin, und die haben ihm nur wegen der Habsburger Armee widerstanden. Was habt Ihr mit König Louis' Tochter zu tun?«

»Anne«, sagte Yolande, »wird Euch helfen. Sie und ich«, sie lachte rauh, »haben eine Übereinkunft getroffen. Sie wird Euch gegenüber loyal sein, wenn Louis tot und sie die Regentin ist. Vertraut Ihr. Sie wird Euch nicht schaden.«

»Aber weshalb?«

»Wartet, René. Ich bitte Euch, wartet. Es wird nicht mehr lange dauern. Das verspreche ich Euch. Zwei Jahre vielleicht, oder drei. Ihr müßt mir glauben. Ihr könnt mich hassen, aber Ihr müßt mir glauben. Ich will Euch nichts Böses. Ich werde Euch Lothringen erhalten. Nichts kann es mir nun mehr fortnehmen. Ihr seid alles, was noch geblieben ist. Ihr seid seine einzige Hoffnung.«

»Wessen Hoffnung? Sagt es mir«, sagte er heftig und packte sie an den Schultern. »Um Himmels willen, nennt mir den Namen meines Vaters!«

»Er hat viele Namen«, sagte Yolande weich. »Er ist ein König.«

»O Jesus«, sagte er. »Warum spottet Ihr . . . Was ist denn?« flüsterte er. Ihre Finger waren zu Klauen geworden, die sich in seine Arme krallten. Ihr Gesicht war weiß und glatt und blutleer. »Seid Ihr krank?« fragte er. »Soll ich den Arzt rufen?«

»Nein. Nein, ich bin nicht krank. Es ist . . .«, sagte sie, und ihr Gesicht verzerrte sich. »Ich weiß nicht. Dieser Geruch. Warum tragt Ihr dieses Parfum? Ihr trugt es früher nicht.«

»Ich trage kein . . .«, sagte er und schloß verblüfft den Mund.

Sie schüttelte den Kopf. Ihre Augen waren riesig wie bei einem verdutzten Kind. Vielleicht machte er mit diesem Duft seiner neuen Braut den Hof. Mein Sohn, dachte sie, hat die genüßlichen Vorlieben seines Großvaters. Der nackte Steinkörper auf dem Sargdeckel schien sich zu winden, so als wolle er aufstehen, um ihr zu Hilfe zu kommen. Der Geruch war furchtbar stark, zu aufdringlich bei der Hitze.

»Ihr habt . . .«, begann sie, doch sein vertrautes Gesicht hatte sich aufgelöst oder verwandelt. Sie taumelte und fiel in seine Arme. Es war nichts Körperliches. Es hämmerte gegen die Türen ihrer Gedanken. Sie schauderte und flog rückwärts gegen die starre, gedrungene Figur auf dem Sockel, die das Schwert hielt. Wie eine Melodie lief es über die Staubkörnchen: Etwas atmete zum letzten Mal aus. Sie erkannte nun das Gesicht, das nicht das ihres Sohns war. O nein, klagte jemand, nicht er, nicht auch noch sein Tod; das ist der falsche Tod. Doch der in Stein gehauene Leichnam auf dem Sarg schien mit vollen, steinernen Lippen zu sagen: Ihr wißt es. Eure Träume haben Euch gewarnt. Alte Männer müssen sterben.

Ihr Sohn konnte sie halten oder sogar zu ihr sprechen. Sie aber war anderswo, an einem verdichteten Ort. Auf der Barke, die unter einem Baldachin von Lautenklang über schwarzes Wasser glitt, war nur der Steuermann mit der Kapuze, und das andere, das liebe Gesicht, das ihr das Leben gegeben hatte. Sie hatte ihn in diesen drei Jahre nur ein einziges Mal gesehen; hatte zuletzt an einem zeitlosen Platz in seinen Armen geweint, in der duftenden Umarmung des unveränderten alten Mannes inmitten der ewigen Blumen. Sie konnte das Gesicht des Steuermanns, des *Nautonier*, nicht sehen. Müßt Ihr gehen? fragte das Kind mit riesigen Augen. Doch er war so froh, endlich die Hülle abzustreifen. Man konnte ihn nicht bitten, die Fahrt abzubrechen und zurückzukehren, nur damit es einem selbst besser ginge. Jemand rief nach ihr. Er hatte auch zuviel verloren. Sie konnte nur fröhlich sein, diese neue Freiheit. Aber kann ich nicht mit Euch gehen? klagte sie. Warum muß ich hierbleiben? Nein, nein, raunte er. Ein König ist ein Gefäß. Seltsam, daß der Körper selbst im Sterben die Stimme nicht matt werden ließ. Die Kette lag schwer um ihren Hals, bläulich wie der Schein des bleich schimmernden Wassers. Die Form löst sich auf, sagte die Stimme, aber die Vorstellung, die *Idee*, bleibt. Diese *Idee*, dieses Gefäß: Wer außer Euch könnte es nehmen? Ihr müßt es nehmen, Yolande.

Doch ich bin nur eine alte Frau, schrie sie. Nein, seine Stimme flötete und trillerte wie ein Vogel, keckerte wie ein Pavian. Nein, Ihr seid die Königin von Neapel und Sizilien und Jerusalem. Ich habe Euch all das hinterlassen. Wer außer Euch könnte es nehmen? Wenn Ihr es nicht nehmt, wird es verloren gehen. Erinnert Euch, wem Ihr dient. Ihr habt ihm gedient, seit Ihr mit ihm gelegen habt. Nehmt es. Immer noch rief jemand nach ihr. Der Stein, gegen den sie nun trieb, war weich: ein Teppich, ein Bett, so weich wie die Unterseite von Blütenblättern, von Federn, von Pelz. Ich bin bei Euch, ich bin in Euch noch einmal geboren. Ich bin nie ein Narr gewesen. Ihr wißt es. Seht, wie frei und klar der Strom fließt, wie rein das Wasser ist. Habt keine Angst.

Aber ich werde Euch nicht lange überleben, mein Vater, nur eine kurze Weile. Ich bin so allein. Könnt Ihr mich nicht mit Euch nehmen?

Es ist noch Zeit genug, flüsterte er. Es gibt etwas, was ich nicht getan habe. Was ich nicht tun konnte, müßt Ihr tun. Nehmt es.

Man hatte Rosen um die Bahre gestellt: in Vasen, in Kannen, in Silberschalen schwimmend. Vielstimmiges Weinen stieg mit dem Rauch der Kerzen in Spiralen gegen einen See aus dunklen Blütenblättern empor. Das weiße stille Gesicht war wieder jung geworden, und auf seinen Augen schimmerten die Münzen. Habt keine Angst. Ich bin hier. Aber ich bin frei. Nehmt mein Schicksal, Yolande, und tragt es aus. Es gibt etwas, was ich nicht getan habe.

»Ich kann nicht«, stöhnte sie, »ich kann nicht.« Jemand hielt ihre Hand. Sie bewegte ihre starren Finger. Öffnete sie ihre Augen, so würde das bedeuten, daß sie annahm. Er hatte sie zurückgelassen. Die besorgten blassen Augen ihres Sohnes waren auf sie gerichtet.

»Ich bin hier«, sagte er und klammerte sich an ihrer Hand fest. »Wir sind allein. Vergebt mir. Ich wollte nicht ... Ich wußte es nicht. Ich hatte kein Recht, Euch zu quälen. Erzählt mir, was geschehen ist. Nein: Ich weiß es. Ihr habt einen Tod gesehen.« Er berührte ihr schweißnasses schwarzes Haar, das nun weiße Strähnen zeigte. Er schluckte. »Euer Vater.«

»Ja«, sagte sie. »Eine Geburt, ein Tod, eine Geburt. O René, wie kann ich um ihn weinen? Er lächelte. Ich kann nur mich selbst betrauern. So preisgegeben hier zwischen den Steinen. Warum«, jammerte sie, »warum lassen mich alle allein? Heiratet sie noch nicht«, sagte Yolande. »Es gibt etwas, was ich vorher tun muß.«

Sie hatte schon eine Entscheidung getroffen. Sie würde nichts sagen. Man würde es rechtzeitig aus dem Mund gewöhnlicher Boten hören. In zwei oder drei Wochen. Aus der Provence würde ein schneller Reiter geschickt werden. Der Bote würde in Nancy ankommen, während König Louis' Truppen über die weißen Türme von Tarascon herfielen. Der Geruch war noch da, leicht, zart, wie eine Umarmung. Es war ein sanfter Tod gewesen, nur ein Fieber. Das Wasser war ruhig gewesen, die Überfahrt sacht. In den kommenden Monaten würde es genug zu tun geben. Nun mußte sie nur ein wenig warten. Auf die andere Ankunft: noch vor dem Boten, bevor die Abgesandten das Testament brachten. Das Testament eines Bankrotteurs, der nur Dinge hinterließ, die er wie Schätze gesammelt hatte. Ein paar Juwelen, Malereien, Manuskripte, Statuen, eine Laute mit einer zersprungenen Saite. Titel von Ländern, die lange schon verloren waren. Und noch ein anderes Vermächtnis, das wie ein Fetus still in ihrem Leib ruhte.

Sie wartete jede Nacht lange auf ihn, allein in dem schwarzverhangenen Raum. Die Diener, die noch nichts wußten, glaubten, sie sei verrückt geworden, da sie ohne einen Tod trauerte. Als *er* endlich kam, brachte er den Ring des Großmeisters; und den aus Bergkristall geschnittenen Kelch, den schlichten Eichenstab, das eherne Schwert, die gehämmerte Silberplatte. Als sie in das verhüllte, alterslose Gesicht schaute, bemerkte sie, daß er im Begriff war, über geteiltes Leid zu sprechen und Trost zu geben. Die blassen Augen wanderten durch den Raum und starrten voller Staunen die schwarzen Wandbehänge an. Sie konnte ihn immer noch erschrecken.

Yolande kniete nieder und küßte die schlanke, gemeißelte Hand. Die Saphire, die aus ihrer Einfassung aus getriebenem Gold von ihrem Halse blinkten, schauten wie lachende Augen ins Dämmerlicht.

»Ihr müßt mir nichts von seinem Tod erzählen«, sagte sie. Und da begriff sie endlich, eine strenge, harte, alte Frau, daß er es war, der Trost brauchte und sein Leid teilen wollte. »Ihr müßt keine Gewissensbisse haben, Euer Gnaden. Er hat es mir selbst erzählt!«

★★★

♏ *. . . Blut, Euer Gnaden, ist die geheimnisvollste aller Substanzen. Ihr seid keine Frau und könnt das Rätsel des monatlichen Ausflusses nicht lösen, der den Ruf des Körpers nach Zeugung anzeigt und der nicht mit dem Tod, sondern mit der Befruchtung durch den Samen endet. Müssen Frauen ihr Blut als Sühne vergießen, wenn sie kein Leben empfangen haben? Oder müssen sie ihr Blut auffrischen, wie der sterbende und sich wieder erneuernde Mond, damit Leben gedeihen kann? Ich hatte meine Hand noch nie in das Blut eines hingeschlachteten Mannes getaucht, Euer Gnaden, bis die Mauern von Nancy davon trieften. Ich war so behütet und so verwöhnt gewesen, selbst in den Kriegen, die bis dahin gewütet haben. Ich hatte es vorher nie versickern sehen, wenn es aus dem Gefängnis des menschlichen Körpers schoß. Was erben wir mit dem Blut? Blut, so sagte mir einmal* *mein Vater, ist der Saft des Geistes. In seiner Hitze und in seinem Reichtum ist der Stoff verborgen, der das Universum zusammenhält. Die Sonne, sagte er, ist das Herz des Makrokosmos. Das Blut fließt durch die Glieder und die Organe, wie Leben, oder Liebe, durch das All strömt und die Planeten und die Sterne belebt. Blut, sagte mein Vater zu mir und lachte, ist der allmonatliche Ausfluß der Götter.*

Alles das wußte ich, Euer Gnaden. Und doch verströmte mit dem Blut, das, zu Eisblumen erstarrt, einen verstümmelten Leichnam schmückte, mein eigenes Leben. Was hätte ich meinem Sohn sagen können? Welche alten, magischen Kräfte sind in ihm enthalten? Um ihn herum schliefen die Toten, schlief das Blut des alten Lotharingia. Er ist ja nur ein junger Mann, der sich quält, weil er mit seinem Blut nicht vertraut ist. Aber wer von uns kennt unser Blut wirklich, das, eigensinnig sein Schicksal erfüllend, in Geweben und Knochen verborgen ist? Und was ist edles Blut, Euer Gnaden? Die Geschlechterfolge, der kostbare Stammbaum, der vom Vater auf den Sohn und den Enkel übergeht. Oder vielleicht auch, und das ist noch stärker, von der Mutter auf die Tochter und die Enkelin – denn wer weiß schon genau, wer sein Vater ist? Ihr solltet das am besten wissen, Euer Gnaden. Einst, in alter Zeit, verehrte Euer Geschlecht SIE. Die Mutter war damals heiliger als der Vater, denn der Samen des Vaters ergießt sich schnell und achtlos, in einer feuchten Frühlingsnacht, auf einem Wolfsfell, vor einem rasch ersterbenden Feuer. Eine Mutter dagegen: Wer kann ihren geschwollenen Leib anzweifeln? Und doch wolltet Ihr Söhne, obwohl Ihr eine Tochter sogar im Bett eines Königs gezeugt habt.

Einmal sah ich einen gewissen Ausdruck in den Augen meines Sohnes. Er fragte mich nicht mehr nach seinem Blut: Wie hätte ich ihm auch erzählen können, wann ich mit seinem Vater gelegen hatte? Aber er beobachtete mich über Wochen hin und vermutete zuerst eines und bald darauf wieder etwas anderes. Ich kenne sein Gesicht, Euer Gnaden, es ist mir so vertraut wie das Gesicht eines Liebhabers. So, wie ich Euer Gesicht kenne. O, wie quälte er sich selbst! Wer war in das Bett der Jungfrau geschlüpft? Wer, so sacht und schlau wie eine Taube, als meine Hochzeit schon bevorstand und ich in Vaudémont wie eine Nonne von der Welt abgeschlossen war? Er kannte die allgemein verbreitete Geschichte, daß Ferri mich entführt habe, daß er die zu frühe Frucht eines allzu hitzigen Mannes sei. Wer? Seine Gedanken klopften, schlugen, hämmerten. Wer? Ich wollte ihn nicht quälen. Aber vielleicht hatte ich Angst. In Wirklichkeit fürchtete ich seinen Spott, oder seinen Haß, der noch größer sein könnte als der Haß, den er jetzt verspürt. Oder, was noch schlimmer wäre, seinen Unglauben, denn seine Fähigkeit zu sehen war verschwunden. Doch das ist nicht die ganze Wahrheit, Euer Gnaden. Es ist das, was Ihr gern hören würdet. Vielleicht ist es so, daß ich etwas von Euch haben wollte. Etwas mehr als nur eine verhüllte Gestalt im Dunkeln und Geflüster und Träume. Vielleicht hoffte ich, Ihr würdet versuchen, Ihn kennenzulernen, vielleicht sogar Ansprüche auf ihn geltend machen und ihm seine Fähigkeit zu sehen wiedergeben. Vielleicht hoffte ich, daß Ihr meine Seele so gut kennt, um über meine Lüge zu lachen. Aber nur Liebende können so etwas sehen. Könige nie.

Ich sagte ihm, sein Vater sei ein König. Er dachte, ich wollte mich über ihn lustig machen. Ich hätte es ihm damals erzählt, doch ein Tod drängte herein, der mir die Sprache verschlug. Welchen König konnte ich damals, als ich unschuldig und eingesperrt war, außer meinem Vater gekannt haben? Da sah ich seinen Augenausdruck: einen Ausdruck von Entsetzen und Scham. Spürte den dunklen Atem eines begrabenen Schreckens, daß er womöglich das Kind einer Blutschande sei. Daß ich mich mit meinem Vater gepaart hatte und er der Sohn seines Großvaters sei. Der König von Sizilien war erst siebzehn Jahre alt, als ich geboren wurde, Euer Gnaden. Wie viele Frauen heiraten zwanzig oder dreißig Jahre ältere Männer und gebären ihnen Nachkommen? Vielleicht hätte ich es sogar getan, wenn wir Olympier wären. Denn alle Götter sind Brüder und Schwestern und Väter und Mütter voneinander, und auch in Ägypten, und sogar in

Arkadien, paarten sie sich so, damit das Blut rein bliebe. Doch mein Sohn wollte das Symbol, das sich ihm gezeigt hatte, nicht verstehen, so von Grauen gepackt war er. Was immer er auch von mir annahm, das wollte er nicht glauben. So regiert er Lothringen anmutig nach Ritterart und schmückt sein Land mit erlesenen weißen Kirchen und Palästen, träumt von seiner künftigen flämischen Braut – und grübelt über sein Blut nach.

Manche werden Euch sagen, daß Blut einfach nur Blut ist und daß die Abstammung eines Menschen nichts bedeutet. Daß nur der Wille eines Menschen und die Kraft seiner Seele sein Schicksal formen kann. König Louis glaubte, daß es so ist, weil er seinem Blut mißtraute. Und ich, die ich die unzähligen Pilgerfahrten und die Wiederkehr der Seele von ihrer langen Reise gesehen habe, weiß ebenfalls, daß die Seele, und nicht die Herkunft, ein großes Schicksal in sich tragen kann. Es gibt welche von hoher Abstammung, wie Philippe le Bel, der einst in Frankreich herrschte, dessen Vorfahren sich ihrer Gemeinheit schämen müßten. Und ich erinnere mich auch an ein häßliches Bauernmädchen mit träumerischen Augen, Euer Gnaden, die alle von ganz niederer Herkunft hielten und die wie jede andere im Feuer verbrannte. Doch sie stammte von Königen ab, und ich frage mich, ob dieses Gefäß unter der sanften Hand meines Vaters noch klarer und formbarer geworden ist. Und noch durchlässiger, damit der Mythos den Dung des Bauernhofes durchdringen konnte.

Ich trage das Blut meiner Großmutter in mir, ich teile auch ihr Schicksal: das einer strengen, harten alten Frau, deren Männer gestorben oder gescheitert sind oder in Vergessenheit geraten. Was hat meine Großmutter gesehen, Euer Gnaden? Erkannte sie, eine Königin, sogleich das Blut Eurer Ahnen, die gejagt wurden und sich versteckten, die sich in einem Land ohne König an ein geisterhaftes Königtum klammerten? Und wessen Blut fließt denn wirklich in Euch? Das Blut jener Gebeine unter weißen Steinen, die sich erhoben, um den Mann zu vernichten, den ich liebte, wurde vor langer Zeit einmal heilig genannt. Man sagt, die Langhaarigen Könige seien Hexenmeister gewesen. Sie sollen mit den Tieren gesprochen und Vögel gezähmt und die Dryaden auf den Bäumen verzaubert haben. Ist es Euer Blut, das Euch zu dem gemacht hat, was Ihr seid? Oder Euer Schicksal? Oder Eure Seele?

Als mein Vater starb, stieg mein Blut angstvoll auf und erzählte mir von seinem Übergang in den Tod. Doch dann verspürte ich eine große Erleichterung. Denn er quälte mich nicht, wie Ferris Tod, mit Schuldgefühlen, oder wie jener andere Tod, der mich alt und verbittert gemacht hat. Jetzt fühle ich, wie mein Blut etwas in sich trägt, das geboren werden will, Euer Gnaden. Ich bin zu alt, um noch ein Kind zu bekommen. Mein Blut tanzte und wirbelte durch den wolkenlosen Sommerhimmel, während mein Sohn über mir stand und meine Hand hielt und glaubte, sein Zorn habe mich niedergestreckt. Mein Blut raunte und erinnerte sich, wie es sich einst erinnert hatte, als ich mit Euch schlief. Beim Tode meines Vaters erinnerte es sich daran, woher es kam, und daher wollte es meinen Körper verlassen, um ihm zu folgen. Und als es enttäuscht und allein wiederkehrte, hatte es die kurze, mir noch zugemessene Zeit zurückgeholt, die das Schicksal mir gab.

Ich werde bald sterben, Euer Gnaden. Abraham Salomon, der mich nun behandelt, kennt die Bedeutung meiner bläulich verfärbten Lippen und der schlimmen Kurzatmigkeit; und des Schmerzes, der jäh wie ein Messerstich in meiner Brust aufsteigt. Er weiß es, obwohl er nicht darüber sprechen will. Doch mein Blut hat es mir schon gesagt. Ich bin müde und einsam. Mein Vater will heimkehren. Meine Großmutter möchte von ihren Mühen ausruhen, mein Gemahl sehnt sich nach Liebe. Mein Bruder fordert seine verlorene Würde zurück, und mein Geliebter schreit nach Blut. So werde ich schließlich Blut vergießen und dann meine Fahrt antreten. Denn wer bin ich, daß ich einem Toten die letzte Bitte abschlagen könnte?

Haltet Ihr mich für verrückt, Euer Gnaden? Vielleicht bin ich nun wirklich schwachsinnig geworden und lalle allein vor mich hin hier zwischen den Raben, die auf dem Wotansberg sitzen. Die Schatten sind voller Blut, doch es ist nicht der dunkle Ausfluß von Qual und Gemetzel, sondern der monatliche Lauf des Mondes, der Nacht, die letzte Drehung des Rades. Ihr, der Ihr niemals etwas verloren habt, was Ihr liebtet, könnt nicht von Schmerz zu mir sprechen. Das einzige, das Ihr verlieren werdet, Euer Gnaden, werde ich sein. Doch ich bin Eure Vollstreckerin und habe meine Aufgaben mit Sorgfalt und Respekt erfüllt. Den Ring, die Platte aus gehämmertem Silber, das eherne Schwert, den Kristallkelch und den Eichenstab will ich nach Florenz senden, wo Signor Filapepi sie erwartet. Ich habe das Netz in Eurem Namen gefestigt und jene an mich gebunden, die Eure Zukunft beschwören können. König Louis' Tochter: die Schwester meines eigenen Sohns. Und dann meinen Sohn. Denn nun muß ich ihm wohl von der Art seines Blutes erzählen.

Vielleicht werdet Ihr eines Tages dem Geschlecht dieses Sohnes begegnen, nach dem Ihr solange gesucht habt. Ihr seid ein Zauberer, aber kein guter Prophet. Ihr könnt nicht sehen, was ich gesehen habe, als ich unter den Toten die Ungeborenen suchte. Ihr habt noch nicht die Söhne meines Sohnes und auch nicht deren Söhne gesehen. Ihr haltet nichts von einer Tochter. Und doch wird sich Euer Blut durch mich, eine Frau, in die Zukunft schlängeln.

Die Akademien stehen in Blüte. Sie haben sich jetzt von Florenz nach Venedig, nach Mantua und Ferrara ausgebreitet. Sie werden sich, wie ein Strom, nordwärts durch Flandern und zum Rhein, sogar bis nach England ergießen. Der Maler wird den Fluß bewachen und ihn feinfühlig durch die Wasserläufe der Jahre lenken. Ich, die ich genug getan habe, werde verschwinden, denn ich bin nur eine unbedeutende Comtesse auf einem verarmten Hügel in Lothringen und die Tochter eines Mannes, den die Geschichte einen gescheiterten Narren nennen wird. Ich habe dreizehn Jahre lang das Schwarz der Witwe getragen und einstmals ging das Gerücht, ich hätte mein Bett mit dem schwerfälligen Großen Herzog des Westens, einem Wahnsinnigen, geteilt. Doch mein Blut wird sich an mich erinnern, das Blut, das immer wiederkehrt. Unser Blut. Habe ich nun nicht endgültig ein Anrecht darauf, daß unser Blut in den breiten Strom meines Vaters fließen wird, in den gewaltigen Kreis der Illusion, die wir Zeit nennen?

Ich habe Anne, das unansehnliche Kind, gehaßt, weil Ihr mit ihrer Mutter geschlafen habt. Ich hasse sie nicht mehr. Schließlich hätte sie auch meine Tochter sein können. Und wen außer Euch hätte ich als Boten schicken können? Wem außer Euch hätte sie die verzerrte Geschichte von einem namenlosen Liebhaber, von der Grausamkeit des gehörnten Ehemanns und der schmachvollen Geburt glauben können? Hat sie getobt, Euer Gnaden, oder geweint? Die Haut dieser Prinzessin aus dem Hause Valois ist wie Silber und weist kein Zeichen des Blutes auf, das sich darunter verbirgt. Vielleicht hat sie Euch nur angestarrt, hager und stolz unter ihren groben braunen Gewändern, und ihr Blut lauschte und erkannte stumm, wie es einst mir geschah. Ihr wolltet mit mir nicht darüber reden. Ich bin doch die letzte, die Euch deswegen Vorwürfe machen würde, denn ich konnte Euch von meinem Sohn ja auch nichts erzählen. Ihr sagtet nur sanft zu mir: Sie wird Dir dienen. Das soll sie – und auch meinem Sohn soll sie dienen. Doch wenn Ihr zu mir von Eurem Blut sprecht, Euer Gnaden, so denkt daran, daß es das Blut meines Vaters ist, und auch meines. Denn ich habe einen winzigen Durchgang in Eure Sehnen und Knochen gefunden und bleibe nun in Eurer Seele.

Mein unglücklicher Sohn: Was soll ich ihm sagen, Euer Gnaden? Wie soll ich Euch beschreiben? Ein Priester-König über verlorene Länder, über schwarze Erde, über Bäume und weiße Steine. Ein Zauberer und Magier. Ein Flüchtling, ein Ausgestoßener, den der König von Frankreich jagt. Ein Abtrünniger, ein Verschwörer. Eine Puppe des Hauses Anjou – oder die Hand, die an den Drähten von Anjous Puppen zieht. Ein armer Mönch. Ein reicher Edelmann, der vergrabenes Gold hervorzaubert. Ein starker Mann – und doch ein Mann, der Angst vor Frauen hat. Angst vor mir, weil ich mich vor dem König verneige und doch gesehen habe, wie der Mann, von Leidenschaft überwältigt, aufschrie. Kein liebender Mann – denn wann habe ich Euch jemals von Liebe sprechen hören? Und doch habt Ihr mich vielleicht geliebt, Euer Gnaden. Denn immer seid Ihr, im Gefolge der Todesflügel, zu mir gekommen, und Eros und Thanatos sind nur zwei Namen für denselben Gott. Und wer, außer einem Mann, der liebt, würde einer alten Hure wie mir dienen und die Rolle des gedungenen Mörders spielen und auf ihren erbarmungslosen Befehl hin einen König töten? . . .

★★★

»Es steht nicht in seinem Testament«, sagte Abraham Salomon. »Er sprach erst ganz am Ende davon. Er bat mich, es Euch eigenhändig zu geben. Wenn die Zeit gekommen sei.«

Der Arzt war einundvierzig Jahre alt. Die Sonne der Provence hatte ihn verbrannt. Er dachte an einen anderen Besuch in Nancy und einen erbärmlichen, ausgemergelten Leichnam. Er hatte die Absicht, solange hier zu bleiben, bis er nicht mehr gebraucht wurde. Die Zeichen sagten ihm, daß sich sein Aufenthalt nicht lange hinziehen würde.

»Die Zeit ist also gekommen«, sagte Yolande zerstreut. Sie hatte die Titel übernommen, die jedermann für absurd hielt. Neapel und Sizilien waren fest in den Händen Aragons. Jerusalem war ein Hirngespinst. Der alte Mann war tot. Trotzdem nannte sie sich in Verordnungen und Schreiben »Königin«. Sie legte ihre Hände auf das Päckchen, das in weiße Seide eingeschlagen war. Der Stoff war im Laufe der Zeit farblos und mürbe geworden, doch er war sauber.

Abraham Salomon wußte nicht, was er enthielt. Er hatte seinem verstorbenen Herrn zu lange gedient, um eine solche Frage zu stellen. Er hatte das Päckchen und die Botschaft bekommen, und den freundlich geäußerten Befehl, für eine Weile in Lothringen zu bleiben. Später, so hatte der Sterbende gesagt, könnt Ihr heimkehren. Ihr werdet die frostigen Winter der Ardennen nicht mögen. Die Kälte bringt die Wölfe von den Hügeln herunter. Der Regen frißt sich in die Knochen. Aber es wird nur für kurze Zeit sein.

Sie schien zu zögern, bevor sie das Päckchen auswickelte. Der Arzt beobachtete sie mit Interesse. Er konnte nur wenig vom König von Sizilien in ihrem Gesicht entdecken. Es war zu hart, wie die unbeugsamen Gesichter der schwarzen Frauen aus Holz, welche die Bauern aus alter Erde aufpflügten. Und doch war Würde in ihr und unergründliche Ironie, aber ohne die Heiterkeit ihres Vaters. *Binah*, dachte er unwillkürlich. Weisheit. Das Bittere Meer. Ihr Haar war nun fast weiß. Sie war vierundfünfzig Jahre alt. Im sanften Kerzenschein vor dem verblaßten Wandteppich sah man hinter den verhärteten Zügen Spuren einer wilden Schönheit hervoräugen. Vielleicht war das nicht für jeden sichtbar. Signor Filapepi, so dachte der Arzt, würde seine zauberhaften goldenen Madonnen niemals nach dem Gesicht dieser Frau geformt haben, das streng war und dunkel und bitter wie alter Wein. Abraham Salomon seufzte.

»Wohin werdet Ihr gehen, Monsieur Salomon«, fragte die Königin von Neapel, Sizilien und Jerusalem, »wenn ich tot bin?«

Das war keine Frage, wie er sie gewohnt war — besonders nicht von einer Frau. Er blickte in die undurchdringlichen Augen. Sie suchte weder Trost noch Versprechungen, daß sie geheilt würde. Er fand sie erstaunlich, wie es ihm schon vor langer Zeit gegangen war, als sie neben dem erbärmlichen Körper ihres Gemahls saß. Takt wäre sinnlos. Das würde sie nur wütend machen. Außerdem war sie zur Nachfolgerin ihres Vaters ernannt worden. Für kurze Zeit war sie es, der er gehorchte.

»Ich werde in die Provence zurückkehren«, sagte Abraham Salomon. »Ich habe Frau und Tochter dort zurückgelassen. In St. Rémy. In einer verschlafenen Stadt in der Provence kann man einen guten Arzt sicher brauchen. Ich habe immerhin König René le Bon gedient. Es wird mir nicht an Patienten mangeln.«

»Sie werden nicht lange warten müssen«, sagte Yolande. Der

braune Zwerg, genannt Louis-Onze, der im Schatten neben ihr saß, nickte orakelhaft mit dem Kopf und schniefte. »Aber, Monsieur Salomon«, sagte sie, »die Provence wird nicht das Arkadien sein, das mein Vater wollte. Ich fürchte für die Juden in der Provence. König Louis wird sie dulden, weil sie seine Schatullen mit Gold füllen. Doch man weiß nicht, wie der Dauphin sich verhalten wird.«

Der Arzt zog eine Augenbraue hoch und zuckte die Achseln. »Ich weiß das, Madame. Wir konnten uns unter der Hand Eures Vaters einer seltenen Ruhepause erfreuen. Zweifellos werden die Verfolgungen von neuem beginnen. Es wird sein, wie es vorher war. Nicht besser; nicht schlechter. Und wenn König Louis' Sohn die Juden hassen lernt, nun, dann lasse ich mich taufen und ändere meinen Namen. Wenn sich ein Baum vor dem Sturm beugen muß, so ist das für mich ohne Bedeutung. Ihr wißt, wem ich diene.«

Er wollte sie fragen, doch er wagte es nicht. Der Sohn, dessen Augen ihn nicht losließen, war nicht aufgetaucht. Der Raum war erfüllt von seiner Abwesenheit.

Sie lächelte ihn an. Ohne Zweifel war sie schon danach gefragt worden.

»Es gibt Gründe, Monsieur Salomon. Ich werde Euch zuerst die Gründe nennen, die vernünftig und praktisch sind. In Lothringen ist die Gefahr zu groß. König Louis weiß schon zu viel. Florenz ist weit und sicher. Ich werde Euch auch noch einfachere Gründe angeben, die genauso fadenscheinig sind. Mein Sohn hat genug Schwierigkeiten. Da ist die heikle Frage seiner Wiederverheiratung und der Dispens des Papstes. Da ist die wenig beneidenswerte Aufgabe, ein verarmtes Herzogtum, das noch Narben des Krieges trägt, zu regieren. Da ist das Problem, daß der König von Frankreich ständig ein Auge auf ihn hat, weil er unser Land begehrt. Aber natürlich ist keiner von diesen der wahre Grund.«

»Ich wollte nicht zu neugierig sein, Madame«, sagte der Arzt. »Ich frage nicht, was Ihr beabsichtigt.«

»Seid kein Narr, Monsieur Salomon. Wenn Ihr nicht nach meiner Absicht fragt, seid Ihr nicht mehr als eine Marionette, wie sie die Spinne dingt. Ich möchte in Frage gestellt werden. Glaubt Ihr, ich fordere nur Gehorsam? Die Wahrheit ist, daß ich ihn verloren habe.« Sie stockte und sah weg. »Er traf eine Wahl. Er wollte ein gewöhnlicher Mann sein. Er wies das Geheimnis zurück, als er diese Wahl traf. Kennt Ihr nicht den Mythos«, sagte sie sanft, »von dem jungen Gott? Er muß immer und ewig ein Jüngling bleiben. Dann verfügt er über die Macht der Magie und der Wiedergeburt aus Zerstückelung und kann frische Triebe wachsen lassen. Doch er kann niemals ein Mann werden. Denn wenn er zum Mann wird, stürmt die Welt auf ihn ein, und er verliert *Sie*, die ihm Leben gab, die seine Geliebte ist, aus der seine Macht strömt. Und dann würde die Erde verdorren und die Ernte ausbleiben und der Zyklus der Jahreszeiten würde durcheinandergeraten, wie Perlen, die von einer durchtrennten Kette abspringen und verlorengehen. So muß *Sie* ihn erschlagen oder einen anderen finden. Mein Sohn ist ein guter Mann, Monsieur Salomon. Er wird seiner neuen Braut treu sein. Er wird Lothringen mit Anmut und wie ein Ritter regieren und lange leben und starke Söhne zeugen. Er kann kein Großmeister sein. Er hat seine Augen verloren.«

Der Arzt saß schweigend und spielte mit der Seide. Er dachte an seine Frau und seine kleine Tochter, und an die Zikaden, die im sanften Sonnenlicht zwischen den heißen Steinen zirpten. Es war unendlich viel besser, sterblich zu sein — und kein Mythos. Die Gefäße der Götter waren gekreuzigte Könige und einsam.

»Wollt Ihr das Päckchen nicht auswickeln?« fragte Abraham Salomon leise, »und Euch das Geschenk Eures Vaters ansehen?«

Die Seide rollte sich wie ein Leichentuch ab und duftete schwach. Sie kannte die steinerne Schatulle nicht. Sie war klein, aber schwer, aus Alabaster geschnitten. Ein Kästchen, um Juwelen oder Gewürze oder Reliquien aufzubewahren. Der Deckel war wunderbar geschnitzt, eine Florentiner Arbeit, und mit ineinandergeschlungenen Weinreben und Blumen umrandet. In der Mitte war ein Muster, das sie kannte: der verdorrte Baumstumpf, dessen Wurzeln sich in einem gemeißelten Gewirr zur Quelle hinunterschlängelten, und mit dem einzelnen Zweig, der grünte. *Le temps revient*, verkündete der eingemeißelte Schriftzug. Durch den durchscheinenden Stein kam und ging das Licht, so daß er lebendig aussah, wie Haut.

Sie hob den Deckel. Ein Duft nach Rosen schlug ihr entgegen. Drinnen lag ein Pergament, und eine winzige Phiole.

»Er sagte«, murmelte der Arzt, »daß Ihr wüßtet, was damit zu tun sei.«

Yolande drehte sich dem Wandteppich zu. Der Engel lächelte gütig und hielt die Gabe hin. In seiner linken Hand drohte die Sense, doch der Blick des Teufels lag nur auf den schimmernden Trauben. Sie legte das Buch vor sich hin und öffnete es. Es war in Samt eingebunden und hatte Messingbeschläge. Die Seiten waren vergilbt und fleckig.

»Dieses Buch«, flüsterte sie. »Mein Vater hielt es nur für eine Legende, als Signor Ficino es ihm vor vielen Jahren brachte. Es ist eine große Kostbarkeit. Doch ich verstehe nicht, was ich tun soll.« Ihr Blick verlor sich und folgte einem Strang durch das Labyrinth des Musters. »Über diesem Buch sah ich ihn zum ersten Mal.«

Abraham Salomon schaute in die Schatulle und versuchte, seine Neugier zu verbergen. Yolande nahm die kristallene Phiole. Die Flüssigkeit war zäh wie Honig, aber klar. Sie reichte sie ihm. Er öffnete sie und hielt sie sich unter die Nase. Dann starrte er sie bleich und schweigend an.

»Ach«, sagte Yolande. »Und was für ein Gift ist es, Monsieur Salomon?«

Der Arzt wand sich. Er hätte die Phiole am liebsten fallen lassen. Sein Gesicht verzog sich.

»Mandragora«, sagte er leise. »Der Saft ist dickflüssig, trocknet aber unsichtbar. Es wird von Merkur, dem Herrn des Verstandes, beherrscht, denn seine Wurzel ähnelt einem Homunculus, einem nackten Mann. Man sammelt es unter dem Galgen, wo ein sterbender Mann seinen Samen verspritzt hat. Es ist geschmacklos und fast ohne Geruch. Es bewirkt Wahnsinn und Tod. Es gibt kein Gegengift.«

Ihre Augen waren zu großen, schwarzen Fenstern geworden. Er war beunruhigt über das, was dahinter flatterte.

»Also gut«, sagte sie brüsk. »Wie Ihr sagt: Die Zeit ist da. Habt keine Angst, Monsieur Salomon. Ihr habt nichts gesehen. Ihr wißt nichts. Das ist eine Sache zwischen meinem Vater und mir — und noch jemandem.«

»Ich fürchte um Euch, Madame«, sagte der Arzt. »Gott kennt mein Herz. Ich würde nicht trauern, sollte dieser heikle Saft sein beabsichtigtes Ziel erreichen. Aber ich bitte Euch, ihn fortzuwerfen.« Er flüsterte jetzt. »Es gibt keinen Weg, um ihn zu erreichen. Man kommt an ihn nicht heran. Nichts geht über seine Lippen, was nicht zuvor schon ein Dutzend andere berührt hätte. Niemand dient ihm, dessen Leben er nicht ganz genau kennt. So viele haben es schon versucht, und die hatten größere Möglichkeiten als Ihr. Und wenn es entdeckt wird . . .«, sagte er und biß sich auf die Lippen. »Madame. Euer Vater hat mich ermahnt, Euch zu beschützen und für Euch zu sorgen. Ihr seid krank. Werft es fort. Ihr könnt nicht den König von Frankreich töten.«

»Viele haben es versucht«, sagte Yolande. »Aber keiner hatte meine Vorteile. Und keiner von ihnen hatte so ein Schicksal wie ich.« Sie lächelte unbefangen wie ein junges Mädchen. Der Arzt sah wieder, wie in der verhärmten Hülle der dunkle, verlockende Geist herumwirbelte und winkte. »Ich kann meinen Vater nicht enttäuschen, Monsieur Salomon. Doch ich weiß nicht, was ich tun soll.«

Eine Bewegung, die der Zwerg machte, schreckte sie beide auf. Er hatte sich damit begnügt, schweigend und wie eine

Kröte zu ihren Füßen zu hocken. Nun sprang er auf und griff nach dem Pergament auf dem Tisch und begann herumzuhüpfen. Er kniete sich vor den Wandteppich. Seine Schultern wurden krumm. Seine grauen Augen verschatteten sich, und die Hände knüpften und flatterten, und seine Kinnlade wurde starr, so daß sein Atem sich durch die hängenden Lippen wie ein streichender Wind hinausdrängte.

Hätte der Engel nicht so heiter gelächelt, so hätte die Vorstellung sie wohl zum Weinen bringen können, als sie sich daran erinnerte, wann sie dies zum ersten Mal gesehen hatte. Louis-Onze setzte sich nieder, das Buch auf den Knien, und sah es sich an. Er kicherte und schüttelte den Kopf. Dann begann er, die mürben Seiten umzublättern.

»Ketzerei«, bellte er mit heiserer Stimme und blies die Worte durch hängende Lippen. »So ein Quatsch.« Er führte seine Finger an die Lippen und befeuchtete sie, wobei er ein wenig sabberte; schlug eine Seite um und führte die Finger wieder an die Lippen, saugte an ihnen und drehte wieder eine Seite um.

Der Mund des Arztes stand weit offen. Auf seiner Stirn glänzte Schweiß. Louis-Onze blinzelte ihm zu und kicherte.

»O, wie passend«, sagte Yolande, und ihr Lachen barst in die dunkle Halle. »Wie ungemein passend.«

»Aber wer wird gehen«, raunte Abraham Salomon, »und ein so tödliches Gift überbringen?«

Die Königin von Neapel und Sizilien und Jerusalem lachte immer noch. Der grobe, scharfe Ton hämmerte in seinen Ohren. Er starrte sie an. Die Kerzen warfen mildernde Schatten über ihr Gesicht und tilgten die tiefen Höhlen unter ihren Augen und die Spuren des Kummers, die sich zwischen Nase und Mund eingegraben hatten. Ihre Augen glitzerten wie schwarze Steine. Abraham Salomon hatte plötzlich Angst vor ihr. Diese unbeachtete Tochter, diese unbedeutende Braut. Ihr Haar, fahl und perlmuttern, glänzte wie silbrige Haut. Ihr Gesicht war von innen erhellt und leuchtete.

»Ich kenne einen Mann, der es überbringen wird«, sagte sie.

TEIL VI

Louis

Theatrum Orbis 1481-1483

Was ist eine schlimmere Strafe für die menschliche Seele als Gottlosigkeit? Welches Feuer hat eine so mächtige Flamme wie Gottlosigkeit? Welches wilde Tier könnte den Körper so quälen wie Gottlosigkeit die Seele? Oder siehst Du nicht, an wie vielen Übeln die gottlose Seele leidet? Sie schreit und weint: Ich verbrenne! Ich werde verzehrt! Was kann ich sagen, was soll ich tun? Ich weiß es nicht. Ich werde von dem Bösen zerfressen, das mich umschließt! Ich sehe nicht und höre nicht! Das sind die Stimmen der gestraften Seele.

Corpus Hermeticum

16

Philippe de Commynes stieg über die Schneeglöckchen und suchte nach einer geeigneten Stelle, wo die königliche Gesellschaft ausruhen und ihr mittägliches Mahl einnehmen konnte. Zuvor hatte man gejagt, obwohl der Wald noch immer starr unter einer hartnäckigen Reifdecke lag. Noch ein schlimmer Winter. Vielleicht würde nun endlich der Frühling kommen. Drei Jahre lang hatte es nur karge Ernten, eine grimmige, nicht der Jahreszeit entsprechende Kälte und Regenfluten gegeben, die alles überschwemmten — und Hunger. Beunruhigende Gerüchte gingen um. In den Küchen hatte der Sekretär immer wieder von den furchtbaren Steuerlasten und von Gottes Zorn flüstern hören. Der kommende Frühling: Er könnte, wenn der Himmel gnädig wäre, vielleicht eine Atempause bringen. Philippe de Commynes sah, wie sein Herr mühsam von seinem dampfenden Hengst stieg. Der König war achtundfünfzig Jahre alt. Davon hatte er zwanzig regiert. Die ganze Zeit über hatte er, in Krieg, Aufständen und Invasionen, eine fast schon übernatürliche Stärke bewahrt. Noch in den letzten Wintern, als er im Artois und in der Picardie kämpfte, um die burgundischen Gebiete wiederzuerlangen, hatte ihn eine nahezu dämonische Willenskraft angetrieben. Nun war es vorbei. Auf dieser freundlichen, friedlichen Hochebene war er ganz plötzlich alt geworden.

Die Diener breiteten einen bestickten Teppich über die zerfledderten Blumenreste und klappten die geschnitzten Stühle auf. Louis setzte sich unbequem auf einen Stuhl. Sein Haar war grau und schütter geworden. Niemand konnte ihn für eitel halten. Und doch zeigte er sich jetzt nie mehr ohne seine graue Kapuze und seine Mütze. In den letzten Monaten war auf seinen Händen mit rotem Ausschlag ein rätselhaftes Hautleiden aufgeblüht. Philippe de Commynes erschreckten die immer häufigeren Anwandlungen von düsterer Furcht und ängstlicher Hypochondrie. Und die Albträume. Etwas stimmte mit dem König ganz und gar nicht.

Man brachte kleine Ebenholztische und vergoldetes Geschirr und Schläuche mit Wein. Platten mit Brot und Käse und getrockneten Früchten. Die Sonne ließ den kühlen Tau in einem feinen Dunst aufsteigen. Das Gras war zart, und in der Luft lag ein Geruch nach steigenden Säften und feuchter Erde. Der Leibarzt des Königs, der ihm in letzter Zeit stets wachsam folgte, entzündete ein kleines Feuer. Louis wärmte seine kranken Händen und sah zu, wie der Rauch sich zwischen den knospenden Zweigen emporschlängelte.

»Mein Land«, sagte er und kaute an seinem Brot. »Es ist nun sehr groß, mein Land.«

Philippe de Commynes kannte sein Stichwort. Der König brauchte in diesen Tagen immer wieder Bestätigung.

»Frankreich war nichts«, sagte der Sekretär und reichte mit seit langem geübter Geste den Vorkostern Wein hinüber, »bevor Ihr es geschaffen habt.«

»Ja«, sagte Louis. Er stellte seinen Becher auf den Baumstumpf, der neben ihm aus der Erde wuchs. Es war eine alte große Eiche. Ein Ast war noch da und ließ an die Möglichkeit neuen Lebens denken. Irgendwo hörte man Wasser plätschern. »Anjou. Die Provence. Die Normandie. Die Picardie. Savoyen. Burgund. Ich habe ein großes Königreich geschaffen.«

»Ihr habt für Euren Sohn ein kostbares Erbe zusammengetragen«, sagte Philippe de Commynes wohl zum tausendsten Mal. Der Sohn — der Erbe, den der König niemals sah. Philippe de Commynes wußte, daß der Grund dafür die Häßlichkeit des Knaben war. Er war verwachsen, ein Buckliger, fast einem Zwerg ähnlich, mit niedriger Affenstirn und wulstigen, feuchten Lippen. Louis hatte mißgestaltete Dinge schon immer verabscheut.

Die schwarzen Löcher schlimmer Melancholie erinnerten

den Sekretär in unheimlicher Weise an einen anderen, der nun schon tot war. Auch der ständig wachsende Aufwand an übertriebenen Vorsichtsmaßnahmen. Die Messen, die Schenkungen an Kirchen, Klöster und Stifte, und heilige Reliquien von einer solchen Absurdität, daß selbst die Priester hinter vorgehaltener Hand kicherten. Soviel Geld für die unermüdliche Suche nach Gott. Philippe de Commynes staunte darüber, daß der König ein so großes Bedürfnis nach Vergebung hegte.

Und dann die Träume. Er hatte schon immer böse Träume gehabt. Aber in den letzten Monaten war es besonders schlimm. Seit dem vergangenen Sommer, als der König von Sizilien gestorben war. In der Nacht Angstschreie, und sogar nach dem Aufwachen noch lange Minuten, oder gar Stunden, ein weinendes Kind mit erregten, angstvollen Augen. Der Arzt hatte ihn vor zuviel Belladonna gewarnt. Doch ohne Belladonna wurde er von der Finsternis zermalmt.

»Wenn er nur älter wäre«, sagte Louis. Vogelgezwitscher, und das Plätschern eines verborgenen Flusses. »Er ist doch erst elf Jahre alt. Ich frage mich, ob ich überhaupt so lange leben werde, bis er ein Mann geworden ist.«

»Euer Gnaden werden ewig leben«, sagte der Sekretär pflichtschuldig. Er kannte die wahre, unausgesprochene Angst. Daß das Kind selbst das Mannesalter nicht erreichen würde. Überall waren Giftmörder: Der König glaubte, in einem Volk von lauter Giftmördern zu leben. Irgendwer könnte den Erben ermorden und einen neuen Bürgerkrieg beginnen. Der Dauphin lebte völlig isoliert von der Welt in Amboise, quasi als Gefangener, mit einer Garde von der Stärke einer kleinen Armee. Dabei waren alle Feinde tot.

»Ihr seid stark, Euer Gnaden«, sagte Philippe de Commynes. »Der Winter war . . .«, er hielt inne. Der König saß nun bewegungslos und steif, bis auf die Hände. »Euer Gnaden?«

Louis starrte mit weißem Gesicht auf ein Büschel Blumen. Der Sekretär schaute genau hin, konnte aber nichts Außergewöhnliches entdecken. Bloß die gewöhnlichen Boten des

Frühlings, die schamlos die kalte Erde durchstoßen hatten. Frühe Narzissen zwischen Schneeglöckchen, und eine wilde Rose, die gerade austrieb, winzige grüne Spitzen im Gras, die zusammengerollt waren wie Homunculi. Vielleicht war da ein Insekt oder sonst irgendein Tier.

Der König krabbelte mühsam auf die Füße.

»Euer Gnaden sind mit dem Platz nicht zufrieden?« fragte Philippe de Commynes verblüfft. Er hatte die Stelle besonders schön gefunden, dieses sonnendurchflirrte Wäldchen. Sie waren in der Nähe eines der königlichen Schlösser. Auf dem eigenen Land des Königs, in seinem eigenen Wald.

»Wir wollen zum Schloß zurückgehen«, sagte Louis gepreßt. Er betrachtete die Blumen noch immer mit finsterem Blick. Der zarte Duft stieg ihm in die Nase, vermischt mit dem Geruch nach Moos und feuchter Erde. Er schwankte ein wenig. Dieses unerklärliche Schwächegefühl und der Ausschlag quälten ihn erst seit kurzem. Die anderen Gebrechen waren ihm vertraut, waren ihm fast Freunde: gewöhnliche Begleiterscheinungen des Alters. Die Magenkrämpfe und die Verstopfung und die Hämorrhoiden. Sogar der seltsame juckende Ausschlag war noch zu ertragen. Er irritierte ihn, aber er tötete nicht. Doch die schläfrige Abgestumpftheit zermürbte ihn. Man hatte jeden Diener, jeden Kammerherrn befragt. Manch einer war in den eisernen Käfigen von Loches gelandet. Nichts ging über seine Lippen, das nicht schon ein paar Dutzend Lippen vor ihm gekostet hatten. Und doch hielt der Zustand an.

Vielleicht war die Sonne schuld. Ihr Licht war fahl und unruhig und sprenkelte das Gras wie die wogende Oberfläche eines Flusses. Er spürte nicht sofort, daß er fiel. Er starrte das Gestirn, das ihm wehtat, zornig an und versuchte, es am Himmel festzunageln. Es hatte kein Recht, herunterzustürzen und zu zerbersten. Es gelang ihm, es zu besänftigen, doch nun atmete es und blähte sich wütend auf. Und dann die Trommel, die doch nur das stolpernde Pochen seines Blutes war. Die

Trommel, und das unbändige Getöse des Wassers. Die Sonne schwoll weiter an und pulsierte und dröhnte. Irgendwer hatte einmal behauptet, die Sonne brächte alles an den Tag. In seinem Mundwinkel hing eine Speichelblase. Er streckte seinen Arm aus, um nach der alten Eiche zu greifen. Aber der Stumpf schwankte und kam ihm vom Boden her entgegen; sein Arm war davongeschwebt.

Philippe de Commynes konnte ihn gerade noch auffangen, als der geschnitzte Stuhl umstürzte. Die entsetzten Diener schwärmten herbei. Nach und nach kamen Laute aus seinen hängenden Lippen. Einige Wörter waren deutlich. Der Sekretär hörte eine relativ zusammenhängende Bitte um Hilfe, vermischt mit Lauten, die unverständlich waren.

»Ach«, gurgelte der König. »Dieser Ort. Ich kenne diesen Ort, wieso kenne ich diesen Ort?«

Wieso kenne ich diesen Ort? Die Steine stehen so nah beieinander wie Liebende, so nah, daß ich die Furche dazwischen nicht sehen und nicht fühlen kann. Ein Steinmetz von phantastischer Begabung. Ich habe so etwas nie zuvor gesehen. Ach ja, sie sind aus Alabaster, Monsieur. Ich habe noch niemals so zarte, durchscheinende Steine gesehen. Ich berühre die Oberfläche und finde keinen Riß und keine Naht. Ein vollkommen glatter Stein, und ein Geräusch. Ich kann das Geräusch kaum hören. Aber ich könnte schwören, es war ein Lied. Doch wie können Steine singen?

Denn die Welt besteht aus allen Arten von Formen. Die Formen liegen nicht außerhalb, sondern sie selbst ändert sie in sich. Da die Welt aus allen Formen erschaffen wurde, was ist also Er, der sie erschaffen hat?

Ich kann Euch nicht hören, Monsieur. Ich kann Euch nicht sehen. Ich brauche mehr Licht. Ah, dort. Ich danke Euch. Nun kann ich die Wand deutlicher sehen. Aber sie ist zu hoch. Ich kann nicht darüberschauen. Ich erkenne sie, obwohl ich sie nicht kenne. Ich bin sicher, es ist nicht Loches. Loches ist nicht weiß oder glatt wie dieser Stein, der ist wie die Haut einer Frau. Wußtet Ihr, daß Jeanne d'Arcs Hals unter dem erbarmungslos gestutzten Haar, unter dem häßlichen, sonnenverbrannten Gesicht weiß und zart war, Monsieur? Schlank wie eine Vase aus Alabaster. Überhaupt nicht wie der Hals eines Bauernmädchens. Oh, hier, wenn ich ein wenig drücke. Wer hätte das gedacht, daß sich in einer Wand ohne Kerben so neckisch eine Tür verbergen könnte? Ja, nun sehe ich ihn, den Gang aus weißem Stein. Auch das Geräusch wird deutlicher. Es ist wahr: Sie singen. Doch in Loches wurde niemals gesungen. Ach ja, dies ist nicht Loches. Ich bin verwirrt. Und doch kenne ich diesen Ort.

Denn ohne Form kann Er wahrhaft nicht sein, und wenn Er alle Formen in sich trägt, dann ist Er wie die Welt. Aber da Er bisher nur eine Form hat, ist Er geringer als die Welt. Was können wir also sagen, was Er ist?

Ich weiß, Ihr möchtet, daß ich eintrete, Monsieur. Ich werde versuchen, Euch die Freude zu machen. Mein einziger Freund, mein einziger Feind. Sie sind alle tot. Als sie verbrannte, tat mein Vater nichts dagegen. Aber ich hätte sie auch verbrannt, Monsieur. Man kann nicht dulden, daß eine Hexe lebt. Oh, im Gang wird es dunkler. Ein langer Tunnel, der ins Dunkel führt, wie der Tunnel der Erinnerungen. Ich weiß, daß Ihr vor mir oder hinter mir seid, falls ich ausrutschen oder fallen sollte. Doch ich bin nicht sicher, ob ich hier eintreten möchte. Ich habe einen solchen Gang vorher nie gesehen, aus ganz glattem Stein. Und ich habe Angst vor dem Geruch. Vergebt mir, aber Ihr wißt, wie ich diesen Geruch fürchte und hasse. Ihr wißt, daß mir davon übel wird.

Vom Schicksal bestimmt ist wahrhaftig alles Tun, o Kind. Und es ist bestimmt, daß der, der Böses getan hat, leiden muß. Und er tut es deshalb, damit er erleiden kann, was er erleidet, weil er es getan hat.

Nein, Monsieur. Vergebt mir. Ich denke nicht, daß ich jetzt weitergehen möchte. Ich fürchte, ich muß umkehren. Ich werde ein anderes Mal kommen und Euch die Freude machen.

Ich verspreche, daß ich versuchen werde, Euch zufriedenzustellen. Doch ich muß zurück. Ich habe etwas verloren.

Louis, Louis.

Aber ich habe etwas Wichtiges verloren. Etwas ist von mir abgefallen. Ich kann mich nicht erinnern. Ach, das ist es, mein eigenes Ich ist zurückgeblieben: meine Finsternis. Sie ist draußen, vor diesem dunklen Gang. Ich habe meine Finsternis nicht mitgenommen, Monsieur. Ihr habt mir die Haut abgezogen, mein dunkles Ich. Ich bin nackt. Mein Körper ist schon immer häßlich gewesen. Ich konnte es in ihren Augen wie in Spiegeln sehen: den unmöglichen, weißen Körper. Ich habe Angst davor, den Stein zu berühren. Warum, Monsieur, trennt Ihr mich von meinem Selbst? Ohne meine Finsternis kann ich mich nicht schützen. Ich kann nicht töten, ich kann nicht hassen. Ich könnte vielleicht sogar Reue fühlen. Ein so unschuldiger Stein. Warum tut Ihr das?

»Warum«, murmelte der König. »Warum?« Seine Haut war grau. Er stöhnte. Der Arzt nickte dem Sekretär erleichtert zu. Man hatte ihn am Fuß zur Ader gelassen und Decken auf ihn gehäuft und Federn unter seiner Nase verbrannt. Er öffnete die Augen und erblickte neben seinem Gesicht ein Büschel Frühlingsblumen, die arglistig über die unantastbare Grenze des bestickten Teppichs vorgedrungen waren. Er erbrach.

Da nun, was an Blut und Galle zuviel in ihm gewesen, herausgeflossen war, konnte er wieder stehen. Die Sonne blinzelte und tänzelte hinter den Wolken wie ein Jongleur. Mit fast unbeweglichen Lippen machte er Philippe de Commynes klar, daß er wie ein Mann auf dem Pferd ins Schloß reiten und nicht wie eine alte Frau in der Sänfte getragen werden wollte. Hinter ihm dröhnte der Wald und schlug mit Zweigen nach ihm, wie mit Flügeln. Er dachte an das Erklimmen endloser Stufen. Als er wieder erwachte, sagten sie ihm, er habe zwanzig Stunden wie betäubt geschlafen. Sein linker Mundwinkel hing herunter. Seine Finger, auf denen sich in Auswüchsen rohes, gemartertes Fleisch zeigte, zitterten heftig.

»Ihr müßt ausruhen«, sagte Philippe de Commynes. Der Arzt nickte zustimmend. »Ihr habt einen Schlaganfall gehabt. Aber es wird Euch bald wieder gut gehen. Ihr müßt ausruhen. Hier. Ich habe Euch etwas Wein gebracht, und Eure Musikanten. Und Eure Bücher. Ich werde Euch umsorgen, Euer Gnaden, bis Ihr wieder zu Kräften kommt.«

Es kam Louis in den Sinn, daß dieser unscheinbare Mann ihn liebte. Er mußte auch daran denken, daß diese verachtenswerte Kreatur die einzige lebendige Seele war, die ihn liebte. Eine Weile trieb er auf einem Meer von Selbstmitleid dahin, dann wurde er wütend.

»Hinaus«, sagte er.

Die Musikanten machten sich ganz klein und zupften furchtsam auf ihren Lauten. Er schaute liebevoll auf seine Bücher. Er hatte in letzter Zeit viel gelesen: ein lange vergessener Genuß, der in den ständigen Gefahren und Wirren seiner Regierungszeit ganz zurückgedrängt worden war. Sie waren in Reichweite neben seinem Bett aufgestapelt. Aristoteles und Augustinus, Cicero und Seneca, Tacitus und Thomas von Aquin. Und dann blickte er zu dem anderen Buch hin, das in seiner weißen Marmorwiege lag. Er haßte es wegen seines Blumengestanks und weil er es nicht verstehen konnte. Aber immer wieder verlockte es ihn. Die Alabasterschatulle war so glatt wie die Haut einer Frau. Zornig nahm er es heraus und griff so brutal in die vergilbten Seiten, als wären sie Fleisch.

Und die menschliche Seele, nicht jede, nur die fromme, hat etwas vom Teufel und etwas von Gott; und eine solche Seele wird, wenn sie um diese Göttlichkeit gerungen hat, nach dem Verlassen des Körpers ganz und gar Geist. Die gottlose Seele aber bleibt in sich selbst, ist durch sich selbst gestraft und immer auf der Suche nach einem irdischen Menschenkörper, in den sie eindringen kann.

Louis saugte an seinen Fingern. Obwohl es heller Morgen war, hatte man das Feuer neu entfacht und den Kranken in Felle und wollene Decken eingehüllt. Der Mönch, der

Mönch. Es gab etwas, was er vergessen hatte, etwas Wichtiges. Vor einem Monat erst war der Mann aus dem Schneegestöber vor den Toren des Schlosses aufgetaucht, vor diesem sicheren, von kahlen Winterwäldern umgebenen Kokon. Ein Abgesandter aus Lothringen: ein einzelner Franziskaner, der den Alabasterbehälter gebracht hatte. Offenbar hatte die alte Frau Angst. Es war ein seltenes und daher kostbares Manuskript. Ein dafür anfälliger italienischer Gelehrter-Fürst würde für dessen Besitz wohl viele Tausend Kronen bezahlen. Bestimmt war die Nachricht, daß der König von Frankreich in der Champagne Truppen zusammenzog, auch an den Hof von Nancy gedrungen. Aber der Mönch . . .

Diese hagere, aus heulendem Wind wie ein Spuk aufgetauchte Erscheinung, die in einer bitterkalten Nacht an die Tore pochte. Seine Robe war durchnäßt, seine vor Kälte blaugefrorenen Finger waren durchsichtig wie Alabaster. Die Schatulle war vom auflodernden Feuer wie von Licht überspült. Und die Augen, die zunächst von der Kapuze verdeckt waren.

Es lag wie eine halbverdaute Mahlzeit, das unerkannte Etwas, und drückte schmerzhaft gegen seinen Bauch. Es war so schwer, sich zu erinnern. An die Schönheit der kostbaren Schatulle, die allein schon tausend Kronen wert war. An das ruhige, marmorne Gesicht, das nur eine Handbreit von ihm entfernt war, und doch stets verhüllt. Wenn er einen Blick auf die Augen erhaschen konnte, schienen sie ihm irgendwie farblos, blau vielleicht, oder grau. Wasserfarben, himmelfarben, unbewegt. Nach einer gewissen Zeit wurde es unmöglich, die Augen von ihnen abzuwenden.

Die Comtesse de Vaudémont muß sich sehr vor mir fürchten, sagte Louis mit genau der richtigen Mischung von Verachtung und lässiger Drohung, wenn sie mich mit so einem geistlosen Zeug besänftigen will.

Ein wahrer König verschmäht selbst das bescheidenste Geschenk nicht, hatte der Mönch gesagt. Ein wahrer König ist ein Gefäß. Ein wahrer König ist frei von Arg und Undankbarkeit.

Ihr wagt es, dem König zu sagen, was Königtum heißt, hatte Louis verblüfft gesagt. Ihr, ein einfacher Mönch, dessen Leben von meiner Laune abhängt.

Die Wolfslippen lächelten, doch das Lächeln drang nicht bis in die verschatteten Augen, in denen nun Schnee wirbelte und Wind über unfruchtbare Weiten heulte. Diese spöttischen, hochmütigen Lippen. Der Mönch antwortete: Man kann nicht fürchten, was nicht existiert.

Warum nur fiel es ihm so schwer, sich zu erinnern? Es war, als läge ein Zauber auf ihm. Die Augen, silbrig und schwarz umrandet.

Louis rief nach seinem Sekretär. Vor Wut kaute er an seinen Fingern. »Philippe«, krächzte er. Er krümmte sich unter seinem Deckenberg wie ein gefangenes Tier. Die entsetzten Musikanten flohen aus dem Raum. »Philippe. Ich habe mich erinnert. Ich erinnere mich! Der Mönch! Der Mönch, der das Manuskript gebracht hat!«

»Euer Gnaden, Ihr dürft Euch nicht so aufregen. Ihr müßt ruhen.«

»Der Mönch!« schrie Louis. »Sagt mir, was Ihr über diesen Mönch wißt!«

»Gar nichts, Euer Gnaden. Er ist bloß ein umherziehender Mönch. Sie sind überall. Wir haben ihn natürlich durchsucht. Er ist harmlos.« Der Sekretär erinnerte sich auch. An die hagere Gestalt, deren sonderbar würdige Haltung jegliche Demut vermissen ließ. An die grobe braune Kutte. Er hatte diesen Mann sorgfältig ausgefragt: ob er am Hof von Nancy diene. Der Mönch hatte verneint; er sei durch Nancy gekommen, und dies liege auf seinem Weg. Philippe de Commynes konnte den Akzent nicht identifizieren, er war weder lothringisch noch sonst ein ihm bekannter. Vielleicht, so hatte der Mönch mit leisem Spott vermutet, habe es die Comtesse de Vaudémont für sicher und für vernünftig gehalten, ihm das

Geschenk mitzugeben. Kein Räuber würde einen armen Wandermönch überfallen. Dem Sekretär war es nicht gelungen, die Augen des Mannes deutlich zu sehen. Er war so still davongeschlichen, wie er gekommen war; der lautlose Schnee hatte ihn verschluckt. Als der König ihm seine Gewappneten hinterhergeschickt hatte, wozu er sich durch die Unverschämtheit des Mannes hatte hinreißen lassen, waren nicht einmal Spuren mehr von ihm zu entdecken.

»Nein«, schloß Philippe de Commynes, »ich habe ihn nie zuvor gesehen.«

»Ich auch nicht«, knurrte Louis. »Ich auch nicht. Aber ich könnte mir vorstellen, daß meine Frau Gemahlin ihn schon gesehen hat. Ja, meine Frau.« Er atmete hastig, als sei er gerannt und kümmere sich nicht um den aufsteigenden Schwindel. »Ihr werdet einen Trupp Männer nach Amboise schicken und die Königin vorladen. Ihr sollt auch Männer nach Nancy schicken, und nach Vaudémont. Ich möchte mehr über diesen Mönch erfahren. Ihr werdet Euren Leuten sagen, daß sie heimlich die Diener, die Stallburschen und die Bevölkerung der lothringischen Städte befragen sollen. Falls nötig, werdet ihr eventuelle Zeugen ganz diskret nach Loches bringen lassen. Jeden, der ihn kennt, oder ihn schon gesehen hat.« Er hatte sich endlich aus seinem Gefängnis aus Pelz und Wolle befreit. Philippe de Commynes sah mit Entsetzen, daß sich der Ausschlag nun auch auf seinen Füßen zeigte. Der Spann war mit rötlichen Schuppen bedeckt. »Ihr müßt Euch beeilen, Philippe. Findet diesen Mann! Seit er hier war, ist schon ein Monat vergangen. Findet ihn!«

»Aber wer ist er, Euer Gnaden?« fragte der Sekretär. »Was hat er getan? Seine Unverschämtheit ist doch eine solche Mühe sicher nicht wert? Ist er denn wichtig?«

Philippe de Commynes achtete nicht auf die Augen seines Herrn. Er dachte immer noch nach. Sein Blick war starr auf seine Erinnerungen gerichtet und konzentrierte sich auf eine verblüffende Belanglosigkeit.

»Eine wirklich eigenartige Haltung«, sagte der Sekretär schließlich, »für einen Mönch. Er hatte so steife, formelle Bewegungen. Ich habe so etwas nie zuvor gesehen. Wie einer, der Theater spielt. Ja. Wie ein Schauspieler auf der Bühne.«

★★★

... Es ist jetzt ein Rennen, Monsieur. Wie damals in Rom, und später in Byzanz, als die Pferde sich in Kraft und Mut miteinander maßen, und die Wagenlenker dazu schrien und ihre nagelgespickten Peitschen schwangen und manchmal auch in den Trümmern ihrer Wagen starben. Ihr seht: Mir mangelt es nicht gänzlich an jeder Poesie, obwohl ich ein praktisch veranlagter Mann bin. Doch für uns gibt es bei diesem Rennen kein Publikum. Keine begierige Menge, die von Toden schwärmt, deren Zeuge sie vielleicht werden könnte, und die in einem anhaltenden Orgasmus zu Ehren fremdartiger Götter heult. Überhaupt kein Publikum. Aber es wird einen Sieger geben. Und es ist kein Rennen, in dem es um Stärke geht, sondern um Schläue und List. So wie Philippe le Bel sich einst an den Templerorden heranmachte, sanft und freundlich, mit Folterwerkzeugen und mit Feuer.

Ich räume ein, daß Ihr Eure Diener gut dressiert habt. Da wurde ein Stallknecht zu mir gebracht, der in einer wolkenverhangenen Nacht aus den Ställen von Nancy verschwand und von dem man nie wieder etwas hörte. Bestimmt dachten seine Kameraden, er wäre davongelaufen. Ich machte ihn mit Loches bekannt, Monsieur. Ich ließ ihn mit der ausgesuchten Gastfreundschaft meiner Kerkermeister immer wieder befragen. Denn er hatte Euch gesehen, als Ihr wie ein böser Traum vor jenem scheußlichen Wandteppich in dem großen Saal schwebtet. Aber er wollte nicht reden. Dafür applaudiere ich Euch. Obwohl es natürlich auch sein kann, daß er trotz allem gar nichts wußte.

Der zweite Mann war gesprächiger. Er war nur ein Koch, aber dennoch ein Poet, denn das Feuer entlockte ihm treffliche Meta-

phern, die mein Onkel vielleicht verstanden hätte. Ich kann nicht behaupten, daß ich sie verstand, Monsieur. Ich weiß von keinem alten Geschlecht außer meinem. Von Charlemagne ist die Krone über die Kapetinger auf das Haus Valois gekommen. Und bei den Valois soll sie auch bleiben. Ein Sproß aus dem alten Geschlecht: Nennt Ihr Euch so? Seid Ihr denn ein trauriger Nebenerguß meines Vaters oder meines verrückten Großvaters? Oder ein unerwünschter Bastard der alten Hurenkönigin Ysabeau? Wie außerordentlich gewöhnlich, Monsieur. Wie furchtbar banal. Nur ein Valois-Bastard ohne Land und ohne Titel, der an den Wurzeln nagt. Oder seid ihr noch weniger als das, nur ein Wahnsinniger wie Charles de Bourgogne, der sich in seinem Wahn Traumbilder von Königtum ausmalt und aus Habgier und Hochmut Kronen hervorzaubert?

Ihr habt einst meine Gemahlin besessen. Das weiß ich nun. Natürlich bin ich nicht einfach ein gehörnter Ehemann, der vor Eifersucht und gekränkter Würde schäumt. Es hätte mir nichts ausgemacht, wenn sie sich mit Stallknechten gepaart hätte, wäre da nicht das heikle Problem des Erben von Frankreich. Vaterschaft ist doch eine sehr fragwürdige Angelegenheit. Ich habe meine Gemahlin nie begehrt, Monsieur. Und sie wollte mich auch nicht, wie aus dem Desaster unserer Hochzeitsnacht deutlich wird. Ich habe nur Savoyen geheiratet. Ich versichere Euch: Ich bin nicht wütend, nur weil Ihr Euch meiner Hure bedient habt. Doch Ihr habt ihr Euren Namen nicht gesagt. Welcher Liebhaber, Euer Gnaden, schleicht denn namenlos, gesichtslos in das Gemach einer Frau und hinterläßt unbekannten Samen, der in die Geschichte als Kind eines Königs eingehen muß? Der Duc d'Orléans schlich so in das Bett meiner Großmutter; aber wenigstens kennen wir alle seinen Namen. Edles Blut bleibt edles Blut, selbst wenn es vom Bruder des Königs vererbt wurde. Doch von welchem Blut seid Ihr? Was für ein unedler, kraftloser Strom hat sich ganz heimlich in dieses königliche Geschlecht gemischt?

Ich gebe zu, Ihr habt mich in die Enge getrieben, Monsieur. Sie ist nun zweiundzwanzig Jahre alt, meine Anne, und gegen eine enorme Mitgift, die dieser Herr mir bereitwillig gezahlt hat, mit dem Comte de Beaujeu verheiratet. Das Kind eines Königs hat einen hohen Preis. Und sie ist zur Regentin für meinen kleinen Sohn ernannt, sollte ich sterben, bevor er erwachsen ist. Ich kann dem Hof und dem Königreich ja nicht gut verkünden, daß da ein kleines Mißgeschick passiert ist. Der Comte de Beaujeu würde seine Mitgift zurückfordern. Aber sie wird nie etwas über ihre Herkunft erfahren, Monsieur. Nur ich werde die Wahrheit kennen. Ich und meine Gemahlin, die in ihrem keuschen Königinnengrab liegt. Eine kränkliche Frau in den letzten Jahren, und allzusehr dem Wein zugetan. Zweifellos war das die Ursache für den plötzlichen Schlaganfall, der sie so jung hinwegraffte. Bedauerlich für Euch, daß der Tod ihr die Lippen verschloß, wo doch die Ehe ihre Lenden nicht versiegelte. Wie könnte ich es ihrer Tochter sagen, da doch die Mutter ihren Liebhaber nicht einmal mit Namen kannte? Wie hätte ich Euch nennen sollen, Monsieur? Den Sproß aus dem alten Geschlecht, natürlich. Den Erben von Ring und Lilie. Letzteres ist poetischer, das hätte meinem Onkel gefallen. Doch auch nicht weniger hochtrabend und absurd. Oder sollte ich Euch »Euer Gnaden« nennen, als wäret Ihr ein König?

Ihr werdet mit Genugtuung hören, daß meine Hände bluten. Sie weinen und brennen und schreien nach ihrer eigenen Zerstörung. Und diese Übelkeit, die mich überkommt. Ich kann mich nie daran erinnern, was ich träume, wenn sie zuschlägt. Ich weiß, daß ich träume oder vom Träumen träume, denn ich erwache mit Stimmen in meinen Ohren und einem vertrauten Gestank in der Nase und Helligkeit in meinen Augen. Aber es wird nicht mehr lange dauern, bis mein Arzt die Ursache findet. Er ist ein kluger Mann, ein Florentiner, und er wird mich wieder gesund machen. Durch meinen Haß werden neue Kräfte geweckt. Glaubt nicht, Monsieur, Ihr hättet schon gewonnen, weil ich an den normalen Krankheiten alter Männer leide. Ich bin noch immer darauf erpicht, mich mit Euch in diesem Wettrennen zu messen.

Jemand hat das Gerücht in die Welt gesetzt, ich sei tot. Irgendein hinterhältiger Diener aus Anjou erzählt flüsternd Geschichten über das Ende des Königs. Das ist unanständig, Monsieur, und verabscheuungswürdig. Und nur, weil ich mich hier einmauere, weit fort von neugierigen Spitzelaugen. Weil ich klug genug bin, mich hinter diesen sicheren Mauern und hinter meiner mir ergebenen schottischen Garde als zuverlässigem Schild zu verbergen. Was würdet Ihr an meiner Stelle tun, wenn jenseits der Bastionen ständig Feinde lauern, Giftmörder und Verschwörer, die mir keinen Dank wissen, obwohl ich doch so viel für mein Königreich getan habe? Ihr könnt Euch nicht vorstellen, Monsieur, wie gewaltig die Zahl meiner Feinde ist. Oder vielleicht könnt Ihr es doch, denn in mir keimt der Verdacht auf, daß Ihr sie in die Welt gesetzt habt. Ihr, der abscheulichste Verschwörer von allen!

Ich habe diesen Gerüchten natürlich jede Grundlage entzogen. Ich habe mich in Tours und in Chinon meinem Volk gezeigt. Sie wissen, daß der König noch am Leben ist. Jemand hat jedoch die böse Geschichte in die Welt gesetzt, daß ich verrückt werde. Ihr denkt sicher, Monsieur, daß mein Volk nach so vielen Jahren Krieg mit einem wirklich Wahnsinnigen den Unterschied kennen müßte. Jemand hat jedoch meine Messen und meine Reliquien zum Gespött gemacht. Und das Volk raunt sich zu, sein Herrscher versinke in Finsternis und Schwachsinn.

Erlaubt mir, etwas über die Reliquien zu sagen. Natürlich kann ich nicht erwarten, daß Ihr es wirklich versteht. Eure Diener haben stets irgendeinen geheimen Unfug verehrt. Aber Ihr seid ein intelligenter Mann, Monsieur. Ihr und ich, wir wissen beide, daß die Heilige Kirche mächtig ist, wenn auch kaum göttlich. Ich bin ein pragmatischer Mann. Und doch hat auch die Kirche ihre Wunder gehabt. Unerklärliche Wunder, die durch Reliquien wie meine bewerkstelligt wurden. Wer bin ich, daß ich irgendeine verfügbare Hilfe ablehnen würde, und wenn es die Hilfe toter Überreste von Heiligen ist? Seht meine Reliquien als eine Art Talisman an. Schließlich hat mein Onkel sein ganzes Leben auf Talismanen aufgebaut. Warum nicht auch ich? Ihr wer-

det nun behaupten, daß Reliquien, Gebeine heiliger Männer, Kreuzessplitter, Zähne von Märtyrern, keine Talismane, sondern bloß Gegenstände von Götzenverehrung sind. Aber Ihr versteht das nicht. Ihr kennt das Grauen jener giftbrodelnden Träume nicht, in denen sie flüstern und kichern und sich in den Vorhängen verstecken. Oder Schatten, die sich wie Staubhäufchen in verwahrlosten Ecken verstellen. Ich habe die Stühle überrascht, wie sie mich boshaft beäugten, und die Wandteppiche, wie sie mich haßerfüllt beobachteten. Ich bin umzingelt. Ich werde bedroht. Ich klammere mich an diese Gebeine, weil die Mächte der Hölle selbst jeden Abend zischelnd, gurgelnd und heulend auf der Lauer liegen und mich jagen; und meine heiligen Ringe und meine gesegneten Leichentücher und meine zerborstenen Totenschädel helfen mir, ich rufe sie an in der schwarzen Blindheit der Nacht, und sie hören, sie umringen mich, und dann ducken sich die Schatten, und der Staub bleibt bloß Staub, und selbst der Mond, der mir übel will und mit Freuden Flüche auf mein Haupt häufen würde, zieht sich hinter Wolken zurück und läuft vor diesen Gebeinen davon ...

Doch ich vergesse mich. Das kommt von der Krankheit und den schmerzenden Wunden auf meinen Händen. Seht, ich bin nicht leichtgläubig. Ich bin nie ein leichtgläubiger Mann gewesen. Bauern mögen mit offenem Mund und starrem Blick vor bösen Vorzeichen und Flüchen des Schicksals erzittern. Die Welt ist nie durch Magie gelenkt worden. Verhielte es sich so, dann wären Eure törichten Diener nicht gestorben. Mein Onkel wäre ein großer König gewesen, meine Gifte dagegen wären wirkungslos geblieben, und meine Armeen wären von der Macht Burgunds vernichtet worden. Ich denke nicht, daß Ihr Euch über meine Reliquien lustig machen solltet. Ich sorge nur für jede Eventualität vor, wie ich es mein Leben lang getan habe.

Ich sage Euch, Monsieur, das Rennen ist schon vorbei. Die Wahrheit offenbart sich in der Realität, nicht im Traum. Und Realität ist, daß das Haus von Anjou ausgelöscht ist, daß Ihr gejagt werdet, daß ich der König von Frankreich bin und einen

Sohn habe, der später meine große Nation erben wird. Tatsächlich habe ich schon gewonnen. Wo ist nun Eure Magie? Vielleicht hättet Ihr Reliquien und geheiligte Gebeine anstelle von lebendigen Narren benutzen sollen. Eure plappernden Spione mögen mich beschimpfen, doch in Wirklichkeit können sie mir nichts anhaben. Ihr habt mein Hochzeitsbett befleckt und meiner Frau einen Bastard gemacht. In Wirklichkeit ändert sich dadurch nichts, denn mein Erbe, mein Sohn, ist von mir, und meine Tochter wird nie einen anderen Vater kennen als mich. Eure Diener in Lothringen krallen sich mit verzweifelten Händen an ihr jämmerliches, kleines Land und glauben, sie könnten mich mit Tricks und Schmuckkästchen verwirren und zum Narren halten. In Wirklichkeit sind sie ohne Macht und haben keinen Erben für ihr Herzogtum. Und meine Truppen stehen an den Grenzen und warten nur auf meinen Befehl.

Seht endlich der Wahrheit ins Gesicht, Ihr, der Ihr ein Leben lang unter meinen Augen gelebt und mit den Phantasien und den Träumen eines Wahnsinnigen jongliert habt. In Wirklichkeit seid Ihr ein Niemand, Monsieur. Kein Name. Kein Blut. Ein Sproß aus dem alten Geschlecht: Nun, alle Männer können sich so nennen. Sind wir nicht alle Adams Lenden entsprungen? In Wirklichkeit seid Ihr, genau wie mein Onkel, nur ein armer Narr, der sich etwas vormacht. Die Wahrheit ist die Realität, die ich schaffe. Es gibt keine andere. Denkt darüber nach, während wir unser Rennen veranstalten. Denkt darüber nach, während Eure Wagenlenker ihr nutzloses Blut über den festgetretenen Sand vergießen. Ihr habt mich immer unterschätzt, Monsieur. Noch an der Schwelle des Todes werde ich Euch besiegen. Philippe le Bel hätte es Euch sagen können. Schaut, Monsieur, das ist der Triumph des Willens . . .

* * *

Der Dauphin Charles hatte eine Schmeißfliege, zwei Zikaden und eine Wespe zerstückelt, die sich, trunken von der Sonne und mit einer juwelenbesetzten Nadel durchspießt, gegen die zerstörerischen Finger nicht wehren konnten. Sein größtes Interesse galt jedoch der Spinne: der komischen, dünnbeinigen Bewohnerin modriger Falten in unbenutzten Wandteppichen und verwahrlosten Ballen von Wolle und Seide. Der künftige König von Frankreich war zwölf Jahre alt. Er war frühreif, auf seiner Oberlippe wuchs schon ein leichter, schwarzer Flaum. Als sein Vater in Begleitung seiner Beamten eintrat, hatte er sich bequem auf einem sonnenbeschienenen Fleck ausgestreckt. Neben ihm lagen säuberlich aufgeschichtet sieben amputierte Beine. Niemand sollte sagen können, er sei nicht gewissenhaft. Die Sonne glänzte auf den abgetrennten Flügeln wie auf Glasscherben.

Sollte er den Abscheu seines Vaters gewahrt haben, so ließ er sich jedenfalls nichts anmerken. Er stand auf und verneigte sich unbeholfen. Auch wenn er später Schläge bekäme, hätte ihn doch nichts auf der Welt dazu bewegen können, die geröteten, leprösen Hände zu küssen. Niemand hatte ihm gesagt, daß er häßlich war. Einem zukünftigen König sagte man derartige ästhetische Ansichten nicht ins Gesicht. Der Haushofmeister in Amboise hatte ihm stets geschmeichelt. Und seine Lehrer lobten ihn überschwenglich und sprachen mit lüsternem Spott von seinen ihm früher versprochenen Bräuten: Elizabeth of York oder Marie de Bourgogne. Eines Tages würde er König sein. Es war ihm gleich, daß diese Verlobungen aus Gründen, die der Krone offenbar unangenehm waren, wieder gelöst wurden. Eines Tages würde er jede Frau auf der Welt besitzen können, die er begehrte. Man hatte sein Wams gepolstert, um den buckligen Rücken und die schmalen, abfallenden Schultern zu verbergen. Die Spinne, die noch nicht tot war, zappelte auf einem Bein herum und drehte sich wie wahnsinnig immer im Kreis.

Alle sahen schrecklich ernst aus. Pierre de Beaujeu, der Gemahl seiner Schwester, hatte vielleicht sogar Kummer; sein fleischiges, weiches Gesicht war in besorgte Falten gelegt. Und seine Schwester. Bis er ein Mann war, würde sie für ihn regieren. Unnahbar und eisig stand sie da, in ein Trauergewand aus schwarzer, silberdurchwirkter Seide gekleidet. Sonst hatte niemand der toten Königin Charlotte gedacht. Diese Schwester mochte vielleicht königlich sein. Ihre Augen erzählten von Berggipfeln und reinen Schneefeldern. Doch sie bedeutete ihm nichts. Nach einer Weile erinnerte er sich daran, daß dies hier eine Staatszeremonie war. Er verbeugte sich, von plötzlicher Furcht erfüllt, noch einmal und sah seinen Vater an.

Alle anderen verneigten sich auch. Der Tag war schwül, obwohl es schon Ende September war. Auf den Damast- und Seidenstoffen zeigten sich dunkle Schweißflecke. In der Luft hing ein Gestank nach nicht geleerten Abtritten. Der verhärmte alte Mann in dem abgetragenen grauen Kleid starrte auf ihn herunter. Der Dauphin dachte an einen Besuch vor drei Jahren. Damals tobte in der Picardie und im Artois zwischen den Truppen des Königs und dem verzweifelten Heer der burgundischen Restgebiete noch der Krieg. Da hatte man ihm als Siegespreis die Tochter des toten Duc de Bourgogne versprochen. Elizabeth of York war vergessen. Er erinnerte sich, daß die Hände seines Vaters damals weiß gewesen waren, wenn sie sich auch ständig bewegten. Die junge Duchesse de Bourgogne hatte von dem Befehl des Königs offensichtlich nicht viel gehalten. Sie hatte sich dem Sohn des Kaisers in die Arme geworfen und ihn geheiratet, bevor Louis irgend etwas unternehmen konnte, um sie daran zu hindern. Der Dauphin hielt sie ganz einfach für dumm, daß sie einen Habsburger seinem machtvollen Auftreten vorzog. Und jetzt war sie tot: von einem Pferd gefallen. Daß sie einen Sohn geboren hatte, ein Baby, das den Titel eines Duc de Bourgogne trug, war für den Dauphin ohne Bedeutung. Das hatten ihm seine Lehrer versichert. Sie war sowieso nicht hübsch gewesen. Brüste, so flach wie Teller, und dichte, schwarze Augenbrauen, die über der Nase zusammengewachsen waren.

Man hatte ihn darauf vorbereitet, daß der König über Staatskunst sprechen würde. Verglichen mit den Vorzügen künftiger Bräute und mit dem Wunder gemarterter Tiere, war dies ein trockenes und langweiliges Thema, und so konzentrierte sich der Dauphin auf die Hände seines Vaters. Das erweckte den Eindruck beflissener Aufmerksamkeit. Die Hände machten ihm angst, aber sie faszinierten ihn auch. Sie zappelten und zuckten wie die sterbende Spinne. Sie waren voller Ausschlag und Wunden. Er würde seine Lehrer fragen, ob sein Vater Lepra habe. Selbst er bemerkte, daß der alte Mann sehr krank war. Doch jeder tat so, als sei er majestätisch und gesund und kräftig.

Der Sohn und der Vater sahen einander unsicher an. Louis forschte in dem reizlosen Gesicht nach seinen eigenen Zügen. Sie waren da: die lange Nase der Valois, die schmalen Wangenknochen, die wulstigen Lippen. aber mehr wie ein unfertiger Tonklumpen. Der Knabe war ganz sicher von ihm. Er hatte neben dem Bett der unglücklichen Frau gestanden, und ihre erlöschenden Augen hatten ihn angeklagt. Und doch hatte er von ihr noch einmal die traurige, erbärmliche Geschichte hören wollen. Die Priester hatten ihn herzlos genannt. Sie konnten die Notwendigkeit seines Handelns nicht begreifen. Ja, dieser Knabe war von ihm. Doch war er roher, plumper. Wie ein Zwerg. Louis kämpfte gegen seine Übelkeit an und sprach nun über die Gefahren, denen ein Königreich unter der Herrschaft einer Regentin ausgesetzt sein würde.

Philippe de Commynes kritzelte eifrig mit. Die Rede würde später als königliche Verordnung an alle gerichtlichen Behörden und an die höchsten Beamten des Königreichs verteilt werden. Wenigstens könnte sich dann irgend jemand, wenn schon nicht dieses gefühllose Kind, daran erinnern. Wenn nur ein Lüftchen wehen würde! Unter den Fenstern wand sich die Loire träge und ölig von faulenden Fischen dahin. Der König sprach geheimnisvoll über die Verschwörungen und den Verrat, die während seiner Regierungszeit immer wieder vom

Adel ausgeheckt wurden. Durch die Fensteröffnung kam noch eine Wespe und schwebte über dem winzigen Leichenberg.

Der König stockte und rang die Hände. Jemand hustete. Die Hofbeamten scharrten unruhig mit den Füßen. Der Dauphin starrte auf den Sonnenfleck am Boden. Es war wichtig, daß niemand auf seine noch unfertige Arbeit trat. Louis schloß die Augen, das war die einzige Geste der Verzweiflung, die er sich erlauben durfte. Als er sie wieder öffnete, fand er den eisigen Blick seiner Tochter fest auf sich gerichtet.

Tochter. Klare Intelligenz formte ihre feinen, männlich wirkenden Züge. Sie würde eine gute, sogar eine hervorragende Regentin sein. Er hatte ihr die bestmögliche Erziehung gegeben. Obwohl sie eine Frau war, hatte selbst er die Notwendigkeit eingesehen. Er hatte sie mit einem schwachen Mann verheiratet, den sie beherrschen konnte und der dankbar sein würde, da er von niedrigerem Stand war als sie. Überdies kam der Comte de Beaujeu wahrscheinlich als Erbe für das Herzogtum Bourbon in Frage, da sein Bruder kinderlos und kränklich war. Eine gute Heirat. Eine starke Stütze. Das Problem war nur, daß Louis sie nicht anschauen konnte. Er sah wieder, wie ein recht unansehnliches, vernachlässigtes Kind erwartungsvoll den zugigen Saal betrat. Er sah einen schäbigen Jongleur in bunter Hose, und das Aufblitzen von Bestürzung und heftigem Zorn in den Augen einer dunklen Frau, und das weiße Gesicht seiner Gemahlin, das den Blicken schluchzend auswich. Und er hörte das unbändige Lachen seines Onkels.

Alle hatten es gewußt. Alle außer ihm. Niemand würde es diesem Kind jetzt noch sagen, das zu einer würdevollen, kalten Frau herangewachsen war, der man das Königreich anvertraut hatte, bis der wirkliche Erbe, der plumpe, rüpelhafte Erbe, König werden konnte. Niemand außer dem Vater. Die Zukunft grinste ihn höhnisch an. Sein Sohn war mißgestaltet und ein Dummkopf. Seine Tochter war nicht seine Tochter. Er sprach nun mit Begeisterung von seinen getreuen Hofbeamten und militärischen Führern. Er pries den Comte de Beaujeu und riet seinem Sohn, sich von den Ermahnungen dieses Mannes leiten zu lassen. Der Comte de Beaujeu verneigte sich mit gerötetem Gesicht; er schwitzte. Schließlich ließ er den Knaben auf ein Gebetbuch und eine heilige Reliquie schwören, daß er allen Anweisungen seines Vater gehorchen werde. Der Dauphin senkte den Kopf und schwor; doch die Hände, die in ständiger Bewegung waren, wollte er nicht küssen. Erleichtert kehrte er an seine wichtige Aufgabe zurück und begann mit lüsternem Vergnügen, an dem noch verbliebenen Bein zu zerren.

»Anne«, sagte der König. Er sah an der Art, wie sie sich umdrehte und ihrem Gemahl zu verstehen gab, er möge sich entfernen, daß sie eine vertrauliche Mitteilung erwartete. Ihre Augen waren verschleiert, man konnte in ihnen nicht lesen. »Anne. Ihr seht, wieviel auf Euch ruht.«

»Ja, *mon père.* Ich weiß.« Sie sprach vorsichtig, monoton. Vielleicht mochte sie ihn nicht, weil sie so viele Jahre vernachlässigt worden war.

»Anne. Ich . . .«, begann er. Es war lächerlich. Er fühlte sich so schlaff, daß er sich nicht vom Stuhl erheben konnte. Nahe am Fenster spielte der Knabe sein gemeines Spiel. Die Hofbeamten hatten sich diskret zurückgezogen. Irgendwo summte wütend eine Wespe. »Es gibt Dinge, die ich Euch hätte sagen müssen. Schon längst.«

»Ihr könnt es jetzt tun, *mon père*«, sagte die junge Frau. »Ich werde Euch sagen, ob sie etwas ändern.«

Louis zuckte zurück. Ein harter Brocken, seine Tochter. »Ihr müßt alles tun, um ihn zu beschützen. Vor dem Adel. Vor den Verschwörern. Es gibt so viele Feinde, die versuchen werden, ihn zu vernichten. Den Kindkönig zu stürzen. Die Frau, die für ihn regiert, zu stürzen.«

»Was für Feinde«, sagte Anne de Beaujeu kalt, »sind denn noch übrig?«

Er wollte schreien: Sie sind überall. Tagsüber tarnen sie sich.

Sie verbergen sich in der Nacht und grinsen uns in unseren Träumen an. Sie verbergen sich hinter Blumen und Bäumen. Sie flüstern und zischeln und speien auf die Reliquien und verfluchen uns. Die Nachmittagssonne vergoldete ihr dunkles Haar mit einer kupfernen Aureole. Er blickte zur Seite.

»Verachtet mich nicht, Anne«, sagte der König. »Ich bin kein nachsichtiger Vater gewesen. Aber ich werde Euch ein Königreich hinterlassen, in dem Frieden herrscht. Ich werde Euch ein großes, ungeteiltes Frankreich vermachen. Das ist keine kleine Sache.«

»Nein«, sagte Anne de Beaujeu. Das unansehnliche Kind, das so von Jongleuren angetan gewesen war. »Ein *France arrondie.*« Sie lächelte zart. »Ihr habt lange gewartet, *mon père*, bis Ihr mir diese Dinge sagt. Wie schwer muß es Euch jetzt fallen, da Ihr mich braucht. Ich verachte Euch nicht. Die Geschichte wird Euch einen großen König nennen. Ich werde mich an alles erinnern, was Ihr mich gelehrt habt.«

»Ach, Anne. Ich bin alt und krank. Und Ihr seid so kalt. So kalt.«

Sie zog die Augenbrauen in die Höhe. Sie waren fein geformt und über den blassen, prüfenden Augen elegant gebürstet. Sie beobachtete, wie er seine Hände bewegte, als wolle er etwas vertreiben. Er war blaß geworden. Vielleicht würde er wieder einen Anfall bekommen. Er kämpfte dagegen an. Seine Lippen zuckten.

»Es gibt einen Mann«, begann Louis. Nein, das wollte er eigentlich nicht sagen. Es hörte sich absurd an. Er saugte an seinen Fingern. »Eure Mutter«, begann er wieder.

Ihre Augen wurden plötzlich undurchdringlich und eisig. Dort, so dachte er, lag der Kern des Hasses. Sie hatte all die Jahre beobachtet und zuviel gesehen.

»Ich hatte Grund«, sagte er voller Verzweiflung. »Ihr wißt nicht, Anne. Es wird Gerede geben, wenn ich nicht mehr bin. Ihr werdet Gerüchte hören. Das ist alles Unsinn. Lügen. Da ist ein Mann«, sagte er wieder.

Bin ich ein Mann, Louis?

»Nein, nein, geht weg«, sagte er leise. Der Himmel hinter ihrem Kopf war bleich geworden und gespannt wie weiße Haut. »Ich meine . . .«, sagte er. »Ich hoffe doch, daß Ihr über dem Gerede steht. Das ist nur Dreck. Da gibt es welche, die schmutziges Gerede gegen Euch benutzen werden. Über mich. Über Eure Mutter. Die Adelshäuser«, sagte er.

»Klatsch«, sagte sie bestimmt, »ist kein Werkzeug der Adelshäuser. Klatsch ist ein Mittel, dessen sich der Thron bedient. Ihr habt es mich gelehrt. Was können sie sagen, woran Ihr nicht selbst schon gedacht hättet?«

O, wie sie ihn haßte. Er mußte würgen. Es war nicht zu ertragen. Sie stand da wie eine marmorne jungfräuliche Jägerin inmitten raunender Kiefern, eingehüllt in silberdurchwirktes Schwarz. Er wußte, daß er bald ohnmächtig würde. Das Gesumm der Wespe wurde lauter, und sein Atem rasselte dazu.

»Ich werde nach den Ärzten rufen«, hörte er sie aus weiter Ferne sagen. Wirklich ein Jammer, daß sie als Frau zur Welt gekommen war. Welch ein König hätte sie sein können! Und dann fiel ihm ein, daß Gott doch gütig gewesen war. Wäre sie ein männliches Kind gewesen und der Erbe, wessen Blut würde dann auf Frankreichs Thron sitzen? Immer noch waren ihre Mondaugen auf ihn gerichtet. Der Stuhl unter ihm schwankte. Vom Gang her hörte er Geräusche. Sie würden ihn wieder zur Ader lassen und übelriechende Dinge unter seiner Nase verbrennen. Der Knabe saß da und starrte ihn an; die Insekten hatte er vergessen. Vor seinem Sohn zusammenzubrechen! Diese Demütigung war bitterer als die Ohnmacht selbst.

»Anne, Anne«, flüsterte er. »Versprecht mir, daß Ihr mir in allem gehorchen werdet. Versprecht mir, daß Ihr niemandem erlauben werdet, das zu zerstören, was ich geschaffen habe. Versprecht es mir.«

Die Comtesse des Beaujeu neigte den Kopf und machte einen zeremoniellen Hofknicks, wie eine Schauspielerin vor einem applaudierenden Publikum. Ihr Mund war breit und beweglich, tierähnlich und seltsam unweiblich. Ihre Augen glänzten.

Denn die Seele, die in den Körper eines Menschen eintritt, erfährt, wenn sie böse bleibt, weder Unsterblichkeit noch hat sie am Guten teil, sondern ihr Weg führt sie zu den Reptilien zurück. Und dazu ist die böse Seele verdammt.

»Versprecht es mir«, schrie er, um die Stimme zu übertönen. »Hört nicht auf ihn. Versprecht es mir!«

Der Dauphin schlich näher und starrte ihn gebannt an. Louis versank in den eisigen Augen und sah endlich, daß sie es wußte, daß sie es schon lange gewußte hatte; daß die Kreatur trotz seiner Aufmerksamkeit zu ihr gelangt war und daß sie alles durchschaute. Dann kam ihre Antwort, und über ihre schmalen Wolfslippen glitt langsam ein Lächeln.

»Natürlich«, sagte sie. »Ja, ich verspreche, daß ich in allem meinem Vater gehorchen werde.«

17

Man hatte den alten Eremiten in einer Höhle in Kalabrien gefunden, deren Öffnung von Felsen bewacht war. Weil er sich weigerte, im Schloß von Plessis zu schlafen, hatte Louis ihm in der Nähe der Kapelle eine Klause bauen lassen. Er aß Wurzeln und Eicheln und ein wenig Obst. Er sollte der heiligste Mann der Christenheit sein; sogar der Papst hatte ihn um drei lange Gespräche in Rom gebeten. Als die Abgesandten ihm die Aufforderung überbrachten, er solle zum König von Frankreich kommen, hatte er nur gelächelt. Bisher hatte er noch keine Mitteilung von besonderem Offenbarungswert ausgesprochen. Und wäre der König nicht in einem solchen Meer unkontrollierbarer Angst versunken, dann hätte er den alten Mann in der Tat wohl falscher Angaben verdächtigen können. Doch Würde war am Rande des Abgrunds überflüssig; und alle hatten ihm die Heiligkeit des Einsiedlers bestätigt. Außerdem war dies die einzige noch verbliebene Möglichkeit.

Das Blut der Meeresschildkröten hatte sich als unwirksam erwiesen. Das Horn des Einhorns leuchtete weiß und kraftlos auf seinem samtbehangenen Sockel. Das geweihte Altartuch, über dem der heilige Petrus selbst Messen gelesen hatte und das ihm aus Rom geschickt worden war, hatte auch kein Wunder bewirken können. Der Bischofsring des heiligen Zenobius, den man vom Hof der Medici in Florenz erbettelt hatte, war herrlich, aber nutzlos. Das heilige Öl aus Reims hatte die häßlichen Entzündungen auf den Händen des Königs nur verschlimmert, die nun wie Weinranken seine Arme hinaufkrochen und in einer schuppigen Blume auf seiner Stirn blühten. Nur noch ein armer, alter Mann konnte ihm die Rettung bringen, der gelassen auf dem byzantinischen Teppich hockte, während die Sommersonne die entmutigende Reihe der heiligen Dinge und das Grün hinter den Fenstern der Empore vergoldete. Ein alter Mann flüsterte in einem hart betonten Französisch mit trockener Stimme gegen die Geräusche von Vögeln und Zikaden und Ziegenhirtenflöten einem anderen alten Mann etwas zu, flüsterte matt, daß Louis an seine Seele denken müsse. Ach, seine Seele.

Er beobachtete den Eremiten. Der alte Mann schien zu beten — oder zumindest deutete seine Haltung Demut an. Louis dachte über ein ganzes Leben im Dunkel einer Höhle und einen Haufen von Wurzeln und Eicheln und über das Gemurmel einer kleinen Quelle irgendwo auf einer trockenen kalabrischen Heide nach. Er wollte den alten Mann über den Tod befragen. Doch das Wort, das wie ein gefangenes Insekt zwischen seinen Lippen zappelte, blieb schließlich hinter seiner Zunge stecken und würgte ihn. Ich sterbe, dachte Louis. Ich sterbe schon seit Wochen, seit Monaten. Seit dem Frühling, der auf den Besuch des Mönchs folgte, sterbe ich langsam. Aber ich darf noch nicht sterben. Ich bin noch nicht fertig. Es gibt etwas, was ich noch nicht getan habe.

»Signor«, wisperte Louis. »Padre.« Wie redete man einen heiligen Mann an, der auf der Erde schlief und niemals Fleisch aß? Vater? Bruder? Herr?

Der alte Mann öffnete seine Augen. Er hieß Francesco de Paoli. Sein ovales Gesicht war glatt, doch gebräunt, gesprenkelt und gefleckt wie altes Holz. Seine Augen waren sehr dunkel. Beim Gehen hinkte er stark. Er war sehr, sehr alt. Keiner wußte, wie alt. Die Menschen in Kalabrien besuchten ihn auf Pilgerfahrten und brachten ihm Gold, das er unbeachtet ließ. Er lächelte Louis wohlwollend an und machte eine kleine Handbewegung.

»Erzählt mir«, sagte Louis. Sie hatten ihn wieder unter Fellen begraben, damit sein ausgezehrter Körper die Krankheit ausschwitzen konnte. Immerzu ließen sie ihn zur Ader, zwangen Zimt und Rhabarber als Abführmittel zwischen seine Lippen und rieben stinkende Salben auf seine Hände. Mit jeder Woche wurde er dünner. Sein Haar war ganz und gar ausgefallen. Sein Kopf glänzte wie ein Säuglingsschädel. »Erzählt mir, was Ihr über Gott wißt«, sagte er. »Sagt mir, ob Gott wirklich vergibt. Ob Gott Erbarmen kennt. Ich bin Gott niemals nahe gewesen. Sagt mir, ob Gott mich anhören wird.«

»Gott«, murmelte der alte Mann und seufzte, als wäre es der Name einer Frau. »Ich weiß nichts von Gott. Gott hat seine Absichten nicht deutlich kundgetan. Ihr sterbt, Euer Gnaden. Ich werde Euch etwas über den Teufel erzählen. Das ist gescheiter. Ihr habt seine Bekanntschaft ja schon gemacht.«

»Ich will nicht über den Tod sprechen«, fuhr Louis ihn an, »und auch nicht über den Teufel. Was wißt Ihr schon vom Teufel? Ihr seid ein heiliger Mann.« Heilig zwar — doch nie gab er ihm die Antworten, die er so dringlich wünschte. Kein einziges Krümelchen des Trostes. Immer sagte er etwas anderes, so als antworte er auf eine andere, unhörbare Frage.

»Ihr denkt, was der Sünder erleidet, ist das Feuer des Teufels«, sagte der alte Mann. Das Sonnenlicht schien auf seine grobe weiße Kutte, doch es durchdrang nicht seine Augen. »Das ist nicht der Teufel. Das ist nur die Schuld. Ich werde Euch sagen, was der Teufel ist. Der Teufel ist kalt. Der Teufel ist jeder Gott, der Gehorsam erzwingt. Vielleicht erkennt Ihr ihn jetzt, Euer Gnaden.«

Ein Fetzen von Lautenspiel flog über den Park. Die Musikanten, die man aus dem Krankenzimmer verbannt hatte, amüsierten sich auf dem Rasen mit den jungen Dienstmägden. Irgendwo meckerte eine Ziege. Der alte Mann lächelte wieder. Er schien ständig zu lächeln. Sogar Philippe de Commynes war ausgeschlossen worden, damit Louis Gott näherkam.

»Ich habe gerade ein Buch gelesen«, sagte Louis.

Der alte Mann schloß die Augen wieder. Immer noch lag verschämt das Lächeln auf seinem ovalen braunen Gesicht.

»Dieses Buch«, fuhr Louis stockend fort. »Es bekümmert mich irgendwie. Ich hätte gern Euren Rat.«

»Aber ich kann nicht lesen«, sagte der Eremit mit geschlossenen Augen.

»Dann werde ich es Euch erzählen. Es ist eine Sammlung vieler Bücher. Es ist sehr alt. Manche meinen, aus Ägypten. Ein Florentiner hat es aus dem Griechischen übersetzt. Es soll von einem großen Weisen, Hermes Trismegistus, geschrieben worden sein. Es spricht von einem Gott und von vielen Göttern. Vom Wunder des Menschen und von der Rückkehr der Seele. Ich habe Angst. Ich habe Träume«, sagte er und hielt inne. Der alte Mann lachte.

»Armer König«, sagte er. Er hatte noch alle Zähne; die Wurzeln und Eicheln waren freundlich gewesen. »Armer, verdammter König. Ich bin kein Theologe. Gott lebt in der Seele. Es gibt viele Seelen. Vielleicht gibt es auch viele Götter. Ich bin nur ein einfacher Mann. Ich kann Euer Buch nicht lesen. Wie kann ich Euch davon erzählen? Ihr müßt an Eure Seele denken.«

Louis. Deine Seele, Deine Seele.

»Nein«, sagte der König. »Nein, nein. Ich bitte Euch, laßt mich allein. Laßt mich. Allein.«

Der alte Mann beobachtete den König. Louis war aschfahl geworden. Er preßte seine Hände gegen die Stirn.

»Mit wem kämpft Ihr?« flüsterte der Eremit.

Der König rang nach Atem. Er warf sich unter seinem Bettzeug herum und kratzte an den Wunden auf seinen Fingern. »Helft mir«, sagte er. »Ihr müßt mir helfen. Sagt ihm, daß ich nicht mit ihm gehen kann. Ihr seid ein heiliger Mann. Sagt es ihm. Ich kann nicht gehen. Der Geruch. Ich kann den Geruch nicht ertragen.«

Der Anfall klang ab. Mit wächsernem Gesicht rang der König um Beherrschung. Er rieb seine Stirn, wo der Wundschorf aufgeplatzt war.

»Wem soll ich es sagen?« fragte der Eremit.

»Ich weiß nicht, was Ihr meint«, bellte Louis. »Ich habe nichts gesagt. Es war nur ein Schwächeanfall. Er ist vorbei. Es ist nichts.«

Der Ziegenhirt flötete wieder über dem Hügel. Ein weißer

Schmetterling segelte durch das Fenster und flatterte zwischen den Reliquien herum. Louis sah den alten Mann an. Die Olivenaugen blickten gelassen zurück.

»Ihr sprecht von einer Seele«, sagte Louis. »Ich glaube nicht an Seelen. Was für eine erbärmliche Seele besitzt denn der Mensch? Ich bin ein König. Seht mich an. Krank, hilflos. Voller Angst. Wie ein Aussätziger. Welch ein Gott würde denn eine solche Mißbildung, etwas so Schwaches wie den Menschen erschaffen?«

Das Lachen des alten Mannes klingelte wie ein Ziegenglöckchen.

»Magnum miraculum est homo«, flüsterte er. »Sowohl Gott als auch Teufel: der Achtung wert und der Ehrfurcht. Wollt Ihr dem Gott die Schuld zuschieben, weil Ihr Euch nur mit dem Teufel gepaart habt?«

Louis starrte ihn an. Seine Lippen zuckten. »Ihr kennt dieses Buch. Ich dachte, Ihr könntet nicht lesen.«

»Ich lese nicht«, sagte der alte Mann, »und schreibe auch nicht.«

»Helft mir«, krächzte Louis.

»Ich kann Euch jetzt nicht helfen«, antwortete der alte Mann.

Ich verbrenne, ich werde verzehrt! Was kann ich sagen, was soll ich tun? Ich werde von dem Bösen aufgefressen, das mich umschließt! Ich sehe nicht, ich höre nicht! Dies sind die Stimmen der Seele, die bestraft wird.

»Ich bitte Euch«, schrie Louis. »Ich bitte Euch, helft mir. Er will, daß ich eintrete, aber ich kann nicht eintreten, ich bin ohne Haut.«

Der Schrei brach durch die Tür. Der Sekretär stürzte ins Zimmer, hinter ihm der Arzt. Der König war ohnmächtig geworden und dabei halb aus dem Bett gefallen. Ein mit Wunden bedeckter Arm und ein Bein hingen verzerrt wie kraftlose Puppenglieder über der Bettdecke. Der alte Mann hockte ruhig in der Ecke, die Augen geschlossen. Vielleicht betete er.

Berührt meine Augen nicht, heulte Louis, denn der Arzt hatte die Augenlider hochgezogen und zerrte an den Wimpern. Berührt meine Augen nicht. Ich kann den Geruch nicht ertragen. Der Arzt tastete immer noch herum. Sie flüsterten. Er konnte sie nicht verstehen. Der Ziegenhirt flötete weiter, oder er sang. Die Tür stand offen: Der Gang neigte sich, glatt und weiß. Sie machten sich an seinem Fuß zu schaffen, ließen ihn nochmals zur Ader. Er ging durch die weiße Tür. Etwas glitzerte: Augen von Fledermäusen oder Ratten, oder Edelsteine, die in die Wände eingelassen waren. Wasser tropfte und plätscherte. Jemand sagte: Er hat wieder einen Schlaganfall gehabt. Nein, nein, schrie er, Dummköpfe, Idioten, es ist dieser Gang. Ich wollte diesen Gang nicht betreten, er stinkt nach Rosen. Blöde Schwachköpfe, könnt Ihr ihm nicht befehlen, mich allein zu lassen? Das Licht am Eingang war schwächer geworden. Er ging und ging und lauschte auf das Flöten und auf den Gesang. Wieder stand ihm eine Tür entgegen, aus polierter, alter Eiche. Er faßte sie an. Sie öffnete sich lautlos. Da ist kein Licht, flüsterte er. Ich kann nichts sehen.

Vielleicht hatte jemand eine Kerze angezündet. Ein schwaches, fluoreszierendes Leuchten schwebte zu einer Vorbühne empor, die sich hoch über ihm rundete und in sanfte Schwärze überging. Er sah die Ränge, eine Reihe über der anderen — aber keine Sitze, wie sie hätten da sein müssen. Es gab kein Publikum. Nur unbestimmte Formen glitten durch das klebrige Dunkel. Eine monotone Stimme sagte: Ach, Ihr kommt noch rechtzeitig. Fast wärt Ihr zu spät gekommen, das wäre schade gewesen. Aber ich wußte, daß Ihr rechtzeitig kommen würdet.

Aus seinem Fuß lief Blut. Dummköpfe, heulte er, Ihr werdet mein ganzes Leben ausbluten lassen. Er schlug um sich. Der Bühnenboden knarrte unter seinen Füßen. Von der Galerie kam Gemurmel. Warum gibt es keine Sitze? sagte er. Sie zerrten wieder an seinen Augenlidern. Die zarten Muskeln zuckten, die Haut schrie auf. Er drehte seinen Kopf weg, mußte würgen und starrte in Philippe de Commynes angsterfüllte Augen.

»Bringt die Blumen aus dem Zimmer«, sagte Louis deutlich.

»Ha!« sagte der Arzt und rieb sich die Hände, die voller Blut waren. »Seht Ihr. Der Aderlaß zeigt seine Wirkung. Ich sage Euch, es liegt daran, daß sich zuviel Blut im Gehirn staut.«

»Seid still«, fuhr der Sekretär ihn an. »Ach, Euer Gnaden. Gelobt sei Gott. Ihr werdet wieder gesund. Ihr seid fast eine Stunde ohne Bewußtsein gewesen.«

Speichel floß in einem dünnen Rinnsal aus dem Mund des Königs. Sie sehen aus, so dachte er wirr, wie Küken in einem Hühnerhof, wie sie da aufgescheucht um das Bett herumtrippeln. Er versuchte zu lachen und bekam keine Luft mehr. Sie hatten irgend etwas mit seinen Beinen gemacht. Er konnte sie nicht bewegen. Er spürte nicht einmal das leiseste Rinnen seines Blutes. Sie waren amputiert, verschwunden, lagen genau ausgerichtet neben den ausgerissenen Flügeln. Die weiße Marmorschatulle neben dem Bett grinste ihn boshaft an. *Le Temps revient,* lachte die eingravierte Schrift höhnisch. Der tödliche Duft legte sich auf seine Finger, kroch in seine Nasenlöcher und zerbarst zuletzt mit furchtbarer Klarheit hinter seinen Augen, die sich zusammenziehen, wegrollen und dem Gefängnis der Enthüllung entfliehen wollten. Man hatte ihn vergiftet. Seine Lippen wollten die Greueltat hinausschreien, aber der Laut wurde von der Flöte des Ziegenhirten übertönt. Wieder rief jemand. Und drückte, schob und stopfte ihm den Mund voll mit Blütenblättern. Der Arzt sagte: Nein, er ist wieder ohne Bewußtsein, er stirbt. Die Priester, ruft die Priester. Philippe de Commynes Stimme schrie: Ein Kurier nach Amboise. Nein, rief Louis, Ihr versteht es nicht, es ist meine Haut. Man hat mich vergiftet. Es ist das Buch; seine Seiten haben meine Haut abgelöst. Was für eine Bühne ist das nur, auf der nicht einmal ein Mann richtig stehen kann?

Die Zuschauer werden für Euch spielen, sagte die Stimme hinter ihm. Ein Maskenspiel. Ein Mysterienspiel, wenn Ihr so wollt. Die Zuschauer sind die Spieler. Der Spieler ist Zuschauer. Euer Fuß blutet. Ihr macht die Bühne schmutzig. Und auf Eurer Stirn ist ein Fleck.

Münzen klirrten dumpf, als er die Spritzer von seinem Bein schüttelte. Die Stimme sagte: Ihr müßt das Eintrittsgeld bezahlen.

Ich bin der König, brüllte Louis. Ich zahle kein Eintrittsgeld für armseligen Bauernzeitvertreib, wie ein gewöhnlicher Mann.

Dieses Theater, sagte die Stimme, untersteht nicht Eurer Zuständigkeit. Es ist nicht Teil von *France arrondie*. Kommt: das Eintrittsgeld. Wenn Ihr kein Geld habt, dann nehmen wir statt dessen auch die Münzen auf Euren Augen an.

Ihr habt mir die Augen herausgenommen, heulte Louis. Seine Finger krallten sich in den Augenhöhlen, aber die waren glatt und trocken unter dem geprägten Gold. Kein Blut floß daraus hervor; er fühlte nur schrumplige, saubere Haut. Ein kleiner Mann kroch vor ihm her und ließ Geld in einer Holzschale rasseln. Der kleine Mann kicherte. Er hatte einen gewaltigen Hosenlatz. Seine Haut und sein Wams schimmerten weiß in der Dunkelheit.

Aber jene Kreatur ist doch tot, zischte Louis. Ich sah, wie man die Leiche forttrug. Ich sah, wie sie steif ausgestreckt vor einem Feuer lag und noch im Tode grinste.

Der kleine Mann kicherte. Louis drehte sich um und sah nur Düsternis, die sich bewegte wie Nebelschwaden. Auf den Augen, die ihn beobachteten, lagen auch Münzen. Nein, sie waren in den Augen, die Silbermünzen. Ach, sagte Louis. Ihr. Ich habe Euch schon gesucht, Monsieur. Ihr wißt nicht, wie ich mich danach gesehnt habe, Euch endlich wiederzufinden.

Aus dem Abgrund unter der Höhlung brach jäh ein rauhes, beißendes Gelächter hervor und erlosch wieder.

Ich fürchte, Louis, daß Ihr sie ohne Augen nicht sehen könnt. Hier. ich will Euch Augen geben. Wir werden jetzt mit der Probe beginnen. Weicht doch nicht zurück. Es ist nur eine

Maske. Erkennt Ihr die prächtige Maske nicht, die einst bei jeder Tragödie zu Ehren der Götter benutzt wurde? Kommt. Setzt sie auf. Ja, so. Sie wird Euch helfen zu sehen.

Ich weiß, daß sie zuerst Unbehagen verursacht. Die Membran fühlt sich wie Gummi und ein wenig schleimig an. Das kommt daher, weil sie aus Haut gemacht ist. Nein, nicht aus menschlicher Haut. Fuchtelt nicht so verzweifelt mit den Händen. Sie ist älter als menschliche Haut, Louis. Es sind sehr alte Masken. Sie paßt vielleicht nicht richtig, aber es wird schon gehen. Die Augen sind aus Kristall geschnitten. Schaut: Dort über den Rängen ist nun ein trübes Licht aufgeblüht, wie eine vom Dunst verschleierte Sonne über einem dunklen Meer.

Horch! Das Geräusch, das Du hörst, kommt von schnatternden Affen, sie äffen menschliche Sprache nach. Beachte die Kunstfertigkeit, mit der der Hintergrund gemalt ist. Vor Dir drängen sich die Lehmhütten eines Dorfes zusammen, das kraftlos unter einem öden Himmel liegt. Dort ziehen Frauen, umsummt von Fliegen, Wasser aus einem vertrocknenden Brunnen nach oben. Die Frauen sind mager und abgehärmt. Die Ernte war schlecht; sie verstehen sich nicht auf den sandigen Boden. Zwischen versengten Bäumen jagen die Männer verzweifelt nach Wild. Vielleicht finden sie einen Schakal oder einen Löwen, den sie mit ihren Steinen erlegen könnten. Du schaust sie an und siehst, was aus ihnen werden könnte, wenn man sie nur darin unterwies. Wissen: die Sprache und die Fertigkeit des Pflanzens und des Erntens, der Zyklus der Jahreszeiten und der Sterne, die Kunst des Waffenschmiedens und des Fallenstellens. Du bist derjenige, der ihnen Kultur bringt und den rohen Stoff der Erde in die rhythmischen Muster wirkungsvoller Formen überträgt. Du bist Prometheus, der vom Himmel das Feuer auf die Erde brachte, um es dem unwissenden Menschen zu geben. Du bist Pallas Athene, sie schulte die Finger der Frauen darin, mit Schuß und Kette Stoffe zu weben. Du bist Asklepios, der die Namen von Kräutern und Blumen nannte, die Heilung und Schlaf bringen. Du bist Thoth, der das Alphabet erdachte, und Hermes, der Herr über Handel und Gewerbe. Du hast in den Tempeln des Studiums, in den Universitäten gelernt. Du bist den Spuren der Armeen gefolgt und hast Waffen für den Krieg ersonnen. Du bist der schlaue Dädalus, der das Labyrinth erbaute und dann dem Irrgarten, den er geschaffen hatte, nicht mehr entrinnen konnte. Du bist Hod, deren höchstes Vergnügen unter den Sephiroth in der Kunstfertigkeit von Fingern und Verstand liegt, die wie Nadeln am Wetzstein der Notwendigkeit geschliffen worden sind. Du bist Handwerker, Schreiber, Diplomat, Bote. Du hast Apolls Herde gestohlen und sie ihm wieder verkauft. Du bist listig wie eine Schlange, und Deine Rede fließt wie Honig von einer Kinderzunge. Deswegen, Louis, wird man sich Deiner als eines großen Königs erinnern.

Doch etwas hast Du nicht begriffen. Wenn ein Zweig vom Baum des Lebens abgehackt wird und den Stamm seiner Seele zu verleugnen sucht, dann ruft die Qual der verlassenen Äste die Rache der Götter auf den Plan. Denn der Baum des Lebens steht völlig ausgewogen und friedlich da, und wer seine Symmetrie zerstört, fordert die Bestrafung seiner gottlosen Seele heraus, damit der Baum wieder heil werden kann. Schau! Der schlaue Diener, der die Krone seines Herrn begehrt. Sieh den Mann, der für Silber den König verkaufte. Sieh den Hauptmann der Palastwache, der mit hungrigen Augen vor sich hin grübelt und die tödliche Lanze schon in der Hand hält, während sein gesalbter Herr ruhig schläft. Sieh den grauen Mann, der dort in dem staubigen Zimmer, in dem halbabgenagte Knochen verstreut liegen, seine Netze webt.

Sieh auf das, Louis, was Du hättest sein können, und auf das, was aus Dir geworden ist. Alle Seelen stammen von den Göttern her, selbst Deine. Doch nur der Narr trennt sich selbst von seinem Ursprung ab. Du bist ein Gehirn ohne Körper, ein Kopf ohne Genitalien, ein Ast ohne Wurzeln, von Fäulnis zerfressen. Erkenne die wahre Natur Deiner Sünde.

Hier. Nimm eine andere Maske. Du mußt nicht so wütend stammeln und stottern. Ich habe keine Visionen heraufbeschworen. Du selbst hast die Maske aufgesetzt und durch ihre Augen geschaut. Ich habe die Kristalle, durch die Du siehst, nicht beschmutzt. Es ist Dein Traum, Louis. Nimm nun die Maske.

Horch! Das Geräusch, das Du hörst, ist Lautenschlag, und es sind Stimmen, die sich zu einem Klangteppich erheben. Um dich herum regen und strecken sich fleischige Wurzeln aus der Erde. Du bist Gaia, die aus lauter Entzücken zuerst die unfruchtbaren Hügel begrünte und die Himmel mit Sternen schmückte. Du bist Aphrodite, die schäumendem Sperma entstieg. Du bist jene, die dem Gott der Ekstase folgt, die Lippen mit purpurnem Saft benetzt, und deren Körper sich weißleuchtend gegen das Leopardenfell abhebt. Du bist Pan, der den Frühling mit seiner Flöte in schlaftrunkene Erregung versetzt, während sich grüner Saft zwischen Deinen Schenkeln ergießt. Du bist Netzach, die Gott liebt unter den Sephiroth. Du bist die Kurtisane, die Königen dient, um an ihren Brüsten den Schmerz von Seide und das Stöhnen des Samtes zu spüren. Du besitzt weder Vergangenheit noch Zukunft — nur diesen wilden Tanz auf dem Berggipfel am Ufer. Durch Deine Hände tröpfelt Gold, Diamanten sind nur der Schaum auf dem Fluß, der gegen die Felsen schlägt. Deine Zähne leuchten weiß, Deine Lippen sind wie abgefallene Blütenblätter von dunklen Rosen. Der Tod kann Dir nichts anhaben, solange Lachen Deinem Mund entströmt und mit dem Wind dahinfliegt, dem Morgen Duft zu schenken.

Louis, wolltest Du Dich etwa mit einem solchen Gott messen? Wolltest Du Deine säuerliche Beize über solchem Fleisch ausgießen? Was bist Du ohne diese Wonne anderes als ein Kadaver, der nach Würmern und Fäulnis stinkt? Sieh, wie sie sich kupferlockig wieder erhebt von ihrem Totenbett, dem Du sie auszuliefern glaubtest. Sieh, wie neben Deinen blutenden Füßen Blumen aufblühen. Schau, wie sich die Weinreben trunken ranken und Deine Knöchel umschlingen. Lausche, wie die gefiederten Vögel rufen und die Rosen in Deinen Ohren schreien. Es wird Dir nichts nützen, wenn Du erbrichst. Du kannst nichts mehr abwerfen.

Glaubtest Du etwa, Du könntest sie vernichten? Ach, Louis, ich sehe, daß Du den Schmerz in Deinem Leib bemerkt hast. Das ist Arsenicum album, das über Götter keine Macht hat. Dein Haar fällt büschelweise aus, und Deine Fingernägel liegen über die ganze Bühne verstreut. Betrachte Dich selbst: die Kreatur, die sich herumdrückt, das Gesicht von wilder Gier gezeichnet, lüstern, ängstlich, begehrlich, die sich dann davonschleicht, um zwischen fleckigen Laken das über die Hände rinnen zu lassen, was sie nicht in den einladenden Schoß einer Frau fließen lassen kann. Leidest Du, weil man über Dich spottet? Armer Louis. Du flüsterst, daß Du nichts gegen Deine Impotenz tun konntest. Und nichts gegen den häßlichen Körper, so haarlos und bleich. Doch welcher Körper ist wirklich häßlich, es sei denn, das Leben erstarre in ihm? Schönheit ist keine Form. Du kannst den Duft nicht unterdrücken. Er entströmt dem Blumenkranz auf Deiner Stirn, der aus der Wunde gewachsen ist. Du kannst ihn nicht abreißen. Versuche es nicht. Die Blütenblätter sind rosig von Deinem Blut.

Noch eine Maske, Louis. Nein, wimmere nicht. Nicht ich bin es, der ohne Mitleid ist. Ich kann Dich bedauern und das, was Dich ausgemacht hat. Schrei doch nicht, ich verbrenne! Ich werde verzehrt! Es ist keine Strafe. Es ist nur Sehen.

Horch! Das Geräusch, das Du hörst, ist das Hämmern auf einen Schild, der Aufprall des Schwertes auf einen Brustpanzer, das Gewieher von Kampfrossen, das Stampfen marschierender Männer. Fühle das Heft in Deiner Faust, besetzt mit Perlen und Rubinen und Karfunkelsteinen. Das Schwert ist aus Eisen, durch Härte geschmiedet. Die wahnsinnige, unnachgiebige Ekstase des Kriegers leuchtet aus Deinen Augen und umwindet Deine Stirn mit einem feuergeschmiedeten Reif. Du bist der Schöpfer von Weltreichen. Du verlangst nach Gemetzel, badest in Blut. Du bist Ares, der ohne den Samen eines Vaters geboren wurde. Du bist Geburah, die unter den Sephiroth mit Gewalttätigkeit befleckt ist, doch reingewaschen durch Ehre. Du blickst auf Deine Hand mit der Klinge darin, doch Du äußerst keinen Schmerz. Du bist Gilgamesch, der selbst den Schrecken im Totenreich die Stirn bot. Du bist Theseus, der in der Finsternis nach dem Herz des Labyrinths griff, um das Untier zu erschlagen, das er selbst war. Du bist Herakles, der mit der vielköpfigen Hydra kämpfte. Du bist Konstantin, Artus, Karl der Große. Du formst Königreiche wie Brotlaibe. Deine Arme können Bäume entwurzeln. Deine kräftigen Finger können Paläste in Stücke reißen. Du bist eine Frau im Kettenpanzer, die vor Erlösungssehnsucht brennt und im Feuer verkohlt.

Schau auf die Kreatur, die dort zu Deinen Füßen kriecht. Sieh die angstglänzenden Augen. Sieh, wie sie sich duckt und wie eine Frau mit Küchengeschichten kämpft. Sieh, wie sie Meineide schwört und Gift benutzt, während die Männlichkeit dieses Wesens schlaff ist und hinfault. Glaubtest Du etwa, Du könntest den Kampf mit einem solchen Gott aufnehmen? Du warst geschickt auf dem Schlachtfeld, Louis. Aber was ist Geschicklichkeit ohne Ehre anderes als eine verschlagene Kreatur aus grauem Schleim? Ja, ich höre Dein Stöhnen. Ich bin nicht ohne Mitgefühl. Doch die Lanze, die Dir nun Schultern und Rücken und Rippen durchbohrt, hast Du selbst erschaffen. Lausche auf das Geräusch der geschlagenen Armee, wie sie heult und schreit, obwohl sie stumm ist. Spüre, wie sich die Kälte in Deine Knochen frißt. Schau, wie Dein Blut in eisiges Wasser strömt und Dich wie eine kalte Blume umarmt: Dein einziges Totenhemd. Armer Louis, Du schauderst. Es ist kalt, nicht wahr, wenn das Gesicht im Eis eingefroren ist, die reichen Gewänder von Deinem Körper gezogen werden und die Wölfe Deine Augen fressen?

Du glaubtest, ein friedliches Königreich zu hinterlassen. Ein

France arrondie, und die Feinde wären alle tot. Glaubtest Du denn, Du könntest ihn vernichten? Sieh, was Du heraufbeschworen hast. Sein Geschlecht, das, Glied auf Glied, Jahrhundert auf Jahrhundert, plündert und zerstört. Sieh die Zukunft, die Du als Vermächtnis hinterlassen hast, weil Du einen Phantasten wahnsinnig nanntest und alles daran setztest, ihn zu zertreten. Dein Gesicht hat sich abgelöst. Hier: noch eine Maske.

Ich fürchte, dieses verzweifelte Flehen wird Dir nicht helfen. Alles, was Du siehst, hast Du selbst geschaffen. Es gehört sich nicht für einen Mann, der sich selbst König nennt, zu flennen wie ein Kind, das mit zornigem Blick zwischen zerbrochenem Kriegsspielzeug hockt. Ich fürchte, Louis, Du hast keine Freude an unserer Probe. Aber ich versuche wirklich, Dir zu helfen. Ich weiß, daß Du jetzt kein Gesicht mehr hast, es steckt ja im Eis. Du wirst Dich daran gewöhnen. Hier. Nimm sie aus meiner Hand. Nicht ich bin es, der Dich dazu bringt, Reue zu fühlen.

Horch! Das Geräusch, das Du hörst, ist der Bittende, der die Götter anfleht. Es ist nicht das Gebet von einem, der sich geißelt, um auf diese zügellose Weise Erlösung von der Sünde zu erlangen. Es ist der Ruf des gütigen Menschen, der die Finsternis kennt, doch auch darin gefangenes Licht sieht und danach strebt, unter den Krüppeln und den Blinden die Harmonie hervorzuzaubern, auf die er einen Blick hat werfen können. Du bist Orpheus, der sogar das Leid der Steine kannte und sie durch seine Musik zum Weinen brachte. Du bist Isis, welche die Teile ihres zerrissenen Bruders, der ihr Geliebter war, aufsammelte und wieder zusammenfügte. Du willst nicht töten, denn kein fühlendes Wesen ist wirklich hassenswert. Du erreichst das Licht und drehst ihm den Rücken zu, weil sich andere auf dem Weg noch abmühen. Du bist Cheiron, der die Wunde in seinem eigenen Schenkel nicht heilen kann. Du bist Chesed, die gütig ist unter den Sephiroth und lachend in die Finsternis schreitet, weil sie weiß, daß letztlich alle Götter freundlich sind. Du bist ein König verlorener Königreiche, ein dichtender Fürst, der den Tod einer einzelnen Rose betrauert. Du läßt den Verbrecher am Schafott frei und begnadigst den Sünder vor dem Richtblock. Du bist der Heilige Narr, der den Abgrund zu seinen Füßen sieht und dennoch weitergeht, weil er weiß, daß Unschuld größer ist als der Tod.

Doch blick auf die Kreatur, die an Deinen Knöcheln kratzt und nagt und Dich einen Dummkopf und einen Versager nennt, einen Verrückten, einen Wahnsinnigen. Sieh unter der Verachtung den bitteren Neid, die Angst, der Himmel könnte nicht vergeben. Sieh die Wut des Menschen, dem Gnade angeboten wird, weil er sich dann selbst richten muß. Sieh, wie zornig derjenige wird, dem vergeben wurde, weil er selbst seiner gottlosen Seele nicht vergeben kann.

Glaubtest Du denn, Du könntest gegen solche Unschuld antreten? Glaubtest Du, Du könntest alles zerstören, was er erschaffen hat? Was ist ein Verstand ohne Erbarmen anderes als blinde Rohheit, die den Insekten die Flügel ausreißt und Folterinstrumente im Namen der Seelenrettung perfektioniert? Nein, Louis. Du kannst den Tränenstrom nicht stillen. Sie werden auf ewig weiterfließen. Der Schmerz, der an Dir nagt, ist kein Gift, es ist die Niederlage der tristen Welt, die blind ist und voller verlorener Götter.

Noch eine Maske, Louis. Nein, versuche nicht fortzulaufen. Hast Du noch nicht begriffen, daß es aus dem Acheron keine andere Tür gibt als die der Geburt?

Schau dorthin, wo die Ränge im Blau verschwinden, wo der Bogen des Wassers dem Land begegnet. Horch! Die Schreie kommen von Seevögeln, die gen Norden fliegen. Du stehst am Strand, wo auf dem Sand Salz glitzert, wo die bittere See ihren Kummer ausgießt. Du bist das Wasser, aus dem alles Leben kommt, in das Elohims Samen fiel, um Planeten und Sterne zu formen. Du bist Nut, die in sich den Embryo Ra trug und in versunkener Majestät fiebernd auf den Anbruch des Tages wartete. Du bist Tiamat, deren Sohn sie ansah und ein Ungeheuer erblickte und sie erschlug, damit er Mensch werden konnte. Du bist Binah, müde und weise, die von allen Sephiroth das Geheimnis in sich birgt, wie der Geist in der Materie abgetötet wird, im Seetang der Venen und Arterien untergeht, im Sand des Fleisches, im Salz von Blut und Tränen, in der weißen Gischt des Spermas, in den Korallen der Knochen und Zähne, den Perlen der Augen. Du bist Eva und Maria Magdalena, die Mutter aller Opfer, die aus unvorstellbaren Zeiträumen herüberklagt. Du bist Hekate, die in ihrer Rachsucht Geister beschwört und schwarze Vögel opfert. Du bist eine Königin, die mit der Weisheit aus Bitterkeit und mit dem salzigen Geschmack des Sehertums auf der Zunge über roten Staub herrscht, da ihre Gatten versagt haben oder gestorben sind. Du wartest zwischen zerfallendem Gemäuer, eine von einem Engel geschwungene Sense, die Auge für Auge nimmt.

Schau auf das krebsartige Wesen, das über den Sand kriecht. Es sieht die Sonne nicht und hört nicht den Trommelschlag der Wellen. Es glaubt, absoluter Herrscher über die Sandkörner zu sein — und ist doch nur eine verlassene Schale an einem unfruchtbaren Ufer, an dem von Wellen saubergespülte Vogelgerippe liegen. Was ist ein Verstand ohne Weisheit anderes als das faulige Gas eines unterdrückten Darmwindes? Glaubtest Du etwa, Du könntest den Kampf mit dem Meer aufnehmen? Glaubtest Du, Du könntest es vernichten? Krieche an den Rand des Wassers und sieh unter dem Schaum die weißen Glieder von jenen, die Du zu erschlagen meintest und die sich auf ihre Geburt vorbereiten. Sie hat nur ein Leben für ein anderes genommen.

Ich sehe, daß ich Dich zum Schweigen gebracht habe. O Louis, klügster und listigster aller Könige, glaubtest Du, daß ich es war? Was weißt Du denn von meinem wahren Kummer, meiner wahren Bosheit, meiner wahren Rache? Das Buch über die Ganzheit hat Dich vernichtet. Und paßt es denn nicht gut, blindester aller Herrscher? Es ist eine willkommene Atempause in dem Geschrei, diese fassungslose Sprachlosigkeit. Doch ich fürchte, wir sind noch nicht am Ende. Da sind noch drei Masken.

Horch! Das Geräusch, das Du hörst, ist die Stille weißer Steine, die zwischen uralten Eichen wurzeln. Um Dich herum ist nur Schweigen. Dies ist die Ruhe zwischen der letzten Kontraktion und dem Austreten des Kopfes. Vom Himmel starrt die Sonne, der Sohn, der wiedergeborene Tag. Du bist, was auf dem Schnittpunkt steht zwischen oben und unten; der Mensch, das *magnum miraculum*, dessen Füße aus dem Innern des Teufels entstehen und dessen Haupt gekrönt ist mit Sternen. Du bist Osiris, Dionysos, Tammuz, das Gestirn, das jede Nacht zermalmt wird und jeden Morgen neu aufgeht. Du hängst mit dem Kopf zur Erde, bist die Schale, das Gefäß der Gottheit. Du bist ein Jüngling mit goldener Haut, efeubekränzt, und zähmst die Tiere. Doch schau auf das Wesen, das sich auf Dich zu bewegt, gefangen in den zarten Bändern des Traumes. Es schleicht heran und will seine lüsternen Lippen am Geheimnis befeuchten. Sieh seine wütenden Augen, weil es Deine Augen nicht sehen kann, die vom dunklen Pelz des Tieres beschattet sind. Strecke Deine Arme der Sonne entgegen und schau in sein Gesicht und beobachte, wie die Lippen, als es endlich begreift, zucken und stottern, die weißen Hände durch die Luft fahren und die Augen voller Erstaunen sind.

Alle Dinge bringt die Sonne an den Tag, Louis. Du, der Du erklärt hast, der Mensch habe keine Seele, er sei eine Mißbildung: Sieh meinen eingeborenen Sohn, der ein Geschlecht von Königen zeugen wird, wenn Dein Geschlecht schon längst in den königlichen Grüften zu Staub zerfällt. Tiphereth: die ist wie Gott. Kannst Du den Gott dafür verantwortlich machen, daß Du Dich nur mit dem Teufel gepaart hast? Glaubtest Du etwa, Du könntest ihn vernichten? Hier ist der Kelch, der das Heilige Blut enthält, da Dein eigenes Blut aus Deinem Fuß strömt und Dich lähmt.

Ich sehe, daß Du endlich begonnen hast, den Aufbau zu begreifen. Verstehen ist etwas so Winziges. Sehen ist ein ganz bescheidener Besitz. Hier stehst Du in der Mitte und schaust zu, wie die Götter für Dich spielen. Hier ist das wahre Netz, von Meisterhand gewoben. Glaubtest Du etwa, ein solches Netz überlisten zu können?

Eine andere Maske. Diese wird die Haut verbrennen. Horch! Das Geräusch, das Du hörst, ist das Krachen splitternder Steine, wenn der Sturm gegen den Turm fährt und ihn in Stücke zerbirst. Du bist der Wille der Götter, kundgetan durch die Musik des Sturmes, das Chaos von Inspiration und Wahnsinn, den Beckenschlag der Hexenkunst. Du bist Uranos, der sich mit der Erde paarte und von seinen Söhnen entmannt wurde. Du bist Wotan, der am Baume Yggdrasil hing und durch die Liebkosung des Blitzes die Kunst der Totenbeschwörung erfuhr. Du bist Chochmah, die unter den Sephiroth gebietet über die Macht der Offenbarung und in einem einzigen klaren Augenblick ein ganzes Universum erdenkt. Du übst Magie aus: der Kelch, der Stab, das eherne Schwert und die Platte aus gehämmertem Silber. Du weißt, daß alle Dinge aus Klang und Vers gemacht sind. Du hängst an Deinem Kreuz und fragst Dich, weshalb der Blitz, nachdem er Dir die Wahrheit zeigte, Dich wieder verließ. Du ißt Wurzeln und Eicheln und lauschst verzückt der Musik der Gestirne im All. Du bist ein gejagter König ohne Thron. Dein ungeschorenes Haar fließt von Deiner Stirn, und silbriger Dunst wirbelt eingefangen in Deinen Augen.

Was ist ein Verstand ohne Inspiration oder ohne Vision vom Weltenplan anderes, Louis, als ein Rechnungsbuch, in dem die Realität in Spalten aufgeteilt und mit dem Zehnten bezahlt wird? Sieh die Kreatur dort im Kontor, die Karten von ihrer großen Nation anfertigt. Sieh das hölzerne Dach, das sie vor dem Regen schützt. Sieh, wie der Blitz den Himmel narbt und näherkommt. Höre den Donner grollen wie ein rasendes Tier. Glaubtest Du denn, Du könntest gegen den Sturm antreten? Glaubtest Du, Du könntest mich vernichten? Wußtest Du nicht, daß Du nichts bist außer in meinem Traum, der verschwindet, wenn ich erwache? Schau durch meine Augen in meine Augen. Da ist noch eine Maske.

Wir sind fast am Ende der Probe. Das Spiel wird bald beginnen. Sei ruhig, Louis. Du wirst es dieses Mal mit anderen Augen sehen. Ach ja, Du hast es natürlich schon einmal gesehen. Doch da Du eine Maske trugst, hast Du die Spieler demaskiert. Alle diese Augen, durch die Du geblickt hast: Das Sehen zieht die Haut ab. Setze nun die Maske auf.

Schau. Am Anfang ist nur Helligkeit. Nichts als Licht, denn von diesem Ort gehen alle Dinge aus. Es ist *Ain Soph* – kein Ding, das Nichts, worüber nichts gesagt werden kann. Atme ein, Louis. Atme aus. Das ist Dein Ausströmen. Damit wird der Sturm beginnen und der Blitz wird fruchtbar in das wartende Meer fallen. Schau. Nun wird der Hintergrund zwischen den Rängen vorbereitet. Sieh nach oben. Rauch ätzt schwarze Flecken gegen einen weißen, wie Haut gespannten Himmel. In der Ferne brennt wieder eine Stadt. Der Frost hat die Türme der Porte de la Craffe mit Salzschaum bedeckt. Schau, wie die Dreckklumpen fliegen und der Pferdekot aufspritzt, als nun das verrückte Bauernmädchen mit einem kleinen Trupp Gewappneter in den schlammigen Schloßhof einreitet. Die kalte Sonne vergoldet das Haar des jungen Ritters im schmutzigen Kettenpanzer und blauseidenen, mit weißen Lilien besticktem Überwurf. Seine Augen glänzen wie Saphire. Der Duft seines Parfums überdeckt selbst den Gestank der Abfälle, die von den eisenbeschlagenen Pferdehufen aufgewirbelt werden. Komm, Louis. Die Spieler sind bereit. Das Spiel wird gleich beginnen.

Nachwort
Der verlorene König

»Ich habe stets die Mythologie der Geschichte vorgezogen. Geschichte setzt sich zusammen aus Wahrheiten, die zu Lüge werden, Mythologien dagegen aus Lügen, die zu Wahrheit werden.« (Jean Cocteau)

Die Geschichte überliefert, daß im Jahre 1429, mitten im Hundertjährigen Krieg zwischen Frankreich und England, ein Bauernmädchen aus Domrémy (Bar) vor der Festung Vaucouleurs erscheint. Dem dortigen Kommandanten teilt sie mit, sie habe die »göttliche Mission«, Frankreich von den englischen Invasoren zu befreien und den Dauphin zum König krönen zu lassen. Sie will jedoch kein Geleit an den Hof des Dauphin in Chinon, sondern nach Nancy an den Hof des Herzogs Charles von Lothringen, den Schwiegervater von René d'Anjou. Von diesem fordert sie »Euren Schwiegersohn, ein Pferd und ein paar tapfere Männer, die mich nach Frankreich bringen«. Unter ihrer Führung kann das belagerte Orléans befreit werden, und sie, die »Jungfrau von Orléans«, führt Charles VII. tatsächlich zur Krönung nach Reims. Sie wird im folgenden Jahr gefangengenommen und 1431 von den Engländern in Rouen als Ketzerin verbrannt. Doch Frankreich kann in der Folgezeit alle seine Besitzungen, außer Calais, von England zurückgewinnen, und Louis XI., der Sohn von Charles VII., legt mit seiner Einigung der Nation zu einem »France arrondie« den Grundstein für die absolute Monarchie.

Schon in der Gestalt der Jeanne d'Arc mischen sich Geschichte, Legende und Mythologie, Wahrheit und Lüge also. Doch da dieses Geschehen, so unwahrscheinlich es uns auch anmuten mag, geschichtlich überliefert ist, wirft es die Frage auf: War der Auftritt von »la Pucelle« nicht möglicherweise von unbekannten Akteuren in die Wege geleitet worden?

Wenn ja, so dürfte René d'Anjou (1408-1480) einer von ihnen gewesen sein. Seine Mutter Yolande, Königin von Aragon, hatte großen Einfluß am Hof von Chinon und soll Fürsprecherin der Jeanne d'Arc gewesen sein. Nichts spricht dagegen, daß René sie auf den wichtigsten Etappen ihres Siegeszugs begleitet hat – doch ist über den Zeitraum von 1429-1431 wenig aus seinem Leben bekannt. In die Geschichte eingegangen ist er als »der gute König Réne«, der seinen Hof nach Tarascon in der Provence verlegt hatte und in den die Renaissance einleitenden Jahren vor 1500 als eine der bedeutendsten Persönlichkeiten der europäischen Kultur anzusehen ist: Vorläufer und Vertrauter der italienischen Gelehrten-Fürsten aus den Häusern der Szorfas und Medicis. Die bald darauf entstehenden Akademien sollten sich zu Hochburgen der esoterischen Überlieferung entwickeln, von denen die geistige Blütezeit der Renaissance ihren Ausgang nahm.

Über Renés Tochter Yolande de Bar (1428-1483) ist wenig bekannt. Nach dem Tod ihres Gemahls Ferri de Vaudémont soll sie die alte Kultstätte auf dem Sion-Vaudémont, wo die heidnische Göttin Rosmerta und später eine Schwarze Madonna verehrt wurden, wieder zu dem Hauptwallfahrtsort für ganz Lothringen gemacht haben.

Schon dies wären Ingredienzen genug für einen gewöhnlichen historischen Roman — zudem René d'Anjou und Louis XI., trotz Verwandtschaft und ihrer Verbindung durch Jeanne d'Arc, offenkundig politisch wie ideologisch Gegenspieler geworden zu sein scheinen . . . Doch unser historischer Roman ist ungewöhnlich und zumindest doppelbödig, denn sein Geschehen ist darüber hinaus mit einer geheimen dynastischen Tradition verknüpft, die sich sozusagen im »Untergrund« der abendländischen Geschichte bis heute behauptet haben soll.

Verlassen wir also den sicheren Raum der Geschichte und treten ein wenig über die Schwelle in das Reich der Mythologie. Eines der eindrucksvollsten archetypischen Symbole, ein zeitloser Mythos, ist der des »roi perdu« — des verlorenen Königs, eines mit übernatürlichen Kräften ausgestatteten Herrschers, der nach seinem Tode in einer anderen Welt auf den richtigen Zeitpunkt wartet, zu den Menschen zurückzukehren. König Artus von England, Friedrich Barbarossa in Deutschland gehören dazu. Weniger bekannt als jene ist der letzte Merowinger-König Dagobert II., dessen Bild mit dem von Jesus, dem höchsten der verlorenen Könige, zu der Figur des »Großen Monarchen« (so heißt er bei Nostradamus) verschmilzt.

Zwischen dem 5. und 7. Jh. herrschten die legendären Langhaarigen Priester-Könige der Merowinger über das Frankenreich. Sie scheinen Könige mit einem besonderen Legitimationsanspruch gewesen zu sein — und dieser beruht auf der These, daß Jesus mit Maria Magdalena verheiratet gewesen sein soll. Nach der Flucht aus dem Heiligen Land soll Maria Magdalena mit den Nachkommen Jesu in Marseille gelandet sein und im südlichen Gallien Aufnahme gefunden haben. Im 5. Jh. scheint sich dieses Geschlecht durch Heirat mit der königlichen Linie der Franken verbunden und damit die Dynastie der Merowinger begründet zu haben, deren Sonderstellung als Könige durch »heiliges Recht« offensichtlich auch von der Römischen Kirche anerkannt wurde. Die Merowinger wurden jedoch, mit dem Segen der Kirche, durch ihre eigenen Hausmeier, die späteren Karolinger, entmachtet und führten nur noch ein Leben als »Schattenkönige« weiter. Trotz aller Ausrottungsversuche konnte sich das Geschlecht durch das Mittel dynastischer Eheschließungen fruchtbar im französischen Adel verbreiten, wobei eine zentrale Gestalt Gottfried von Bouillon gewesen ist, der sich im 1. Kreuzzug mit Jerusalem letztlich nur sein rechtmäßiges Erbe zurückeroberte. In dieser geschichtlichen Phase kam durch Heirat auch die Verbindung des Hauses Anjou/Lothringen mit den Nachkommen der Merowinger zustande, was René d'Anjous Titel eines nominellen Königs von Jerusalem erklärt.

Wie verbindet sich nun die Mythologie wieder mit der Geschichte? — René d'Anjou war den geheimen Königen auch noch in anderer Weise verbunden. Die Merowinger-Linie arbeitete offenbar spätestens seit der Rückeroberung Jerusalems 1099 zur Wiederherstellung ihrer Rechte mit einem geheimen Orden zusammen, der »Prieuré de Sion«, deren weltlicher Arm für rund 200 Jahre die Templer waren. Dieser Orden wurde von einem Großmeister oder »Nautonier« (Steuermann) gelenkt — und ein solcher ist René d'Anjou nach geheimen Dokumenten von 1418 bis zu seinem Tode 1480 gewesen. Das Thema Arkadien und das Bild des »verborgenen Stroms« scheint für ihn das machtvolle Symbol für eine esoterische Überlieferung und gleichzeitig auch das Wissen um das Geheimnis einer untergründigen Erbfolge gewesen zu sein.

*Seine Nachfolgerin war, für die kurze Zeit von seinem Tode bis 1483, seine Tochter Yolande, die das Amt dann an den Italiener Filipepi, das ist Sandro Boticelli, weitergab, der es von 1483 bis 1510 innehatte und dann auf Leonardo da Vinci übertrug.**

Über den »roi perdu« zu dieser Zeit ist historisch natürlich nichts bekannt — aber wer sonst als er, der »Puppenmeister«, der gleichzeitig ist und nicht ist, könnte die Fäden zwischen den Welten ziehen?

---

* Zur umfassenden Information sind die beiden Titel des Autorenteams Henry Lincoln, Michael Baigent und Richard Leigh zu empfehlen: »Der Heilige Gral und seine Erben« sowie »Das Vermächtnis des Messias«, Bergisch Gladbach 1984 bzw. 1987.

Die **Unheilige Jungfrau** untersucht das Rätsel der Schwarzen Madonna, die als Gegenbild zur „Heiligen Jungfrau" für die Suche nach dem verlorenen weiblichen Wissen und der Ganzheit der Seele steht.

Ihre heidnischen Ursprünge finden sich in der Antike, in der keltischen Naturreligion und in der östlichen Überlieferung. Durch die Einflüsse der Gnostik und ihre Verbindung zu häretischen Strömungen hat sie auch Eingang in die christliche Kirche gefunden und ist vor allem in den weitverbreiteten Kult der Maria Magdalena eingeflossen. In ihrer Gestalt leben die starken vorchristlichen Göttinnen der Fruchtbarkeit, Sinnlichkeit und Weisheit der Erde weiter, die Religion und Natur miteinander versöhnen.

Im Schlußteil werden die wichtigsten Kultorte von Schwarzen Madonnen in Europa lokalisiert und beschrieben, was dem Buch auch einen hohen Gebrauchswert als besonderer Reiseführer gibt.

Ean Begg
Die Unheilige Jungfrau
Das Rätsel der Schwarzen Madonna
252 Seiten, engl. Broschur
ISBN 3-925828-10-9

edition Tramontane

MAGISCH REISEN

Mit dem Herzen die Welt erleben
und zu sich selbst finden

Ägypten (12281) von Bernd A. Mertz
Deutschland (12284) von David Luczyn
Frankreich (12287) von Gilbert Altenbach und Boune Legrais
Glastonbury (12289) von Dion Fortune
Griechenland (12282) von Bernd A. Mertz
Griechische Inseln (12295) von Anne Tappe
Indien (12286) von Wulfing von Rohr
Irland (12292) von Sabine Korte und Matthias Weigold
Nordamerika (12285) von Natasha Peterson
Österreich (12290) von Christine Cerny
Portugal (12294) von Safi Nidiaye
Spanien (12288) von Louis Charpentier
Toskana (12291) von Stefanie Risse
Türkei (12280) von Anne Tappe